高等院校人力资源管理专业规划教材

河北师范大学第十批精品教材资助项目和第十一批教学改革项目

劳动关系管理

主　编　刘素华

副主编　时金芝

ZHEJIANG UNIVERSITY PRESS

浙江大学出版社

图书在版编目（CIP）数据

劳动关系管理 / 刘素华主编. —杭州：浙江大学
出版社，2012.8（2025.8 重印）
ISBN 978-7-308-09448-1

Ⅰ. ①劳… Ⅱ. ①刘… Ⅲ. ①劳动关系－管理
Ⅳ. ①F246

中国版本图书馆 CIP 数据核字（2011）第 265354 号

劳动关系管理

刘素华　主编

责任编辑　　朱　玲
出版发行　　浙江大学出版社
　　　　　　（杭州市天目山路 148 号　邮政编码 310007）
　　　　　　（网址：http://www.zjupress.com）
排　　版　　杭州青翊图文设计有限公司
印　　刷　　杭州钱江彩色印务有限公司
开　　本　　787mm×1092mm　1/16
印　　张　　15.5
字　　数　　368 千
版 印 次　　2012 年 8 月第 1 版　2025 年 8 月第 7 次印刷
书　　号　　ISBN 978-7-308-09448-1
定　　价　　45.00 元

版权所有　侵权必究　印装差错　负责调换

浙江大学出版社市场运营中心联系方式：0571 - 88925591；http://zjdxcbs.tmall.com

前　言

　　和谐的劳动关系是经济社会和谐、快速发展的基础。二次世界大战以后满目疮痍的德、日两国经济的迅速崛起并成为世界强国,虽然原因很多,但两国有效的劳动关系处理机制在其中起到了重要作用。

　　近年来,我国劳动关系领域出现了新的趋势与动向——劳动争议和劳资冲突以每年30％多的速度快速增加,特别是集体劳动争议占到争议总人数的 2/3 以上,说明工人的权利诉求已不再是个别的,工人正在用集体行动的方式来表达自己的利益诉求,而且这种集体行动往往是在体制外自发无序进行的。这说明,劳动关系调整与和谐已成为转型时期我国企业、社会和谐发展的最重要问题。

　　劳动关系管理与人力资源管理在管理理念与方法上都存在着不同——人力资源管理是自上而下的,劳动关系管理则强调对等合作;人力资源管理的最终目标是增加企业竞争力,而劳动关系管理的目标是劳资两利。把劳动关系管理理念与方法融入企业人力资源管理活动,无疑对增进企业内部和谐、增强企业竞争力具有重要意义。

　　随着经济社会的发展,对劳动关系管理人才的需求将越来越多。但是,劳动关系管理课程落户我国高等学校课堂,不过是近年来的事情。因此,与其他学科相比,劳动关系管理无论从课程体系、教师队伍到教材建设,都处于不太成熟状态。加强教材建设是加快人才培养最为关键的问题之一,学科发展的需要为劳动关系管理教材建设提出了迫切要求。

　　本书是在国内外现有劳动关系管理教材基础上编写成的,编写过程中,借鉴了学科开拓者们大量的研究成果。比如,常凯先生的《劳动关系学》、程延圆先生的《劳动关系》和《员工关系管理》、郭庆松先生的《企业劳动关系管理》,就是本教材编写者案头常备之书,在此向几位先生一并感谢。初创学科的教材肯定不会像成熟学科的教材一样体系完善、内容系统、逻辑严密,所以,现存教材中内容系统全面性、结构逻辑严谨性、内容本土化等方面存在一些不太成熟之处不但是在所难免,也是学科开拓过程中必经阶段,不经历不成熟就难以达到成熟。本教材编写者力图在学科开拓者们现有教材基础上,做一些微小的探索,未必能达到预期目标,能起到抛砖引玉的作用,就足以令本教材编写者欣慰了。

　　本书的特点如下:

　　1. 在现行教材体系基础上,增加了《中国传统文化对劳动关系管理的启示》一章。因为我们的劳动关系管理是在中国进行、管理的是中国的劳动关系,要实现管理的有效性,就离不开对中国人人性的理解、离不开对中国长期土生土长的、实践证明行之有效的管理方法的学习与借鉴,这就需要挖掘中国传统文化中有哪些宝藏可以对我们今天的劳动关系管理带来有益启示。由于作者本身学养、功底的限制,难免会出现一些错误甚至严重错误,望前辈和同辈学者在指出缺点的同时予以宽谅。

2. 本教材分为上、下两篇,上半部分理论篇与下半部分实务篇,遵循不同的写作原则和写作风格,理论部分强调理论的严谨性、结构和内容的科学性、前沿性;实务部分强调内容的可操作性,力求简明扼要、通俗易懂、脉络清晰。

3. 本教材所使用的案例,大部分为本书编者自己根据有关资料编写的,而且也以近几年发生的事件为主,从案例中,能够反映出当前我国劳动关系领域的动态发展。

4. 教材主要针对人力资源管理专业本科学生的程度编写,基本符合本科生的知识结构和理解水平。

本书适合作为高等院校人力资源管理专业本科教材使用,也适合作为劳动关系管理培训的教材使用,对于劳动关系管理研究和教学人员也具有一定参考价值。

本书由河北师范大学商学院刘素华教授和时金芝副教授共同编写。由刘素华教授提出教材编写思路,在与时金芝副教授共同研究基础上确定编写提纲;刘素华教授编写理论部分一至四章内容,时金芝副教授编写实务部分五至七章内容;全书最后由刘素华教授、时金芝副教授共同修改、通稿。

受限于作者的水平,书中不足之处恐难避免,敬请各位专家不吝赐教,作者定当虚心接受,并在以后的修订中加以改进。

最后,感谢河北师范大学商学院现任及前任领导对本书的关注,感谢时金芝副教授的辛勤工作!

刘素华
2011 年 3 月于河北石家庄

目　录

上篇　理论篇

下篇 实务篇

上　篇

理　论　篇

第一章 劳动关系管理概述

【学习目标】

通过本章内容的学习，要求学生把握如下要点：

1. 劳动关系的概念、性质、类型
2. 劳动关系系统的主体、基本矛盾、运行规则、运行环境
3. 劳动关系管理的目标和内容

【引导案例】 群体性劳动关系事件频发说明了什么？

　　2009年，我国劳动关系领域发生的产业工人参与的群体性事件显著增加。4月，发生了河北保定棉纺厂千名职工沿国道"徒步进京旅游"事件；7月，发生了武汉锅炉厂千名工人3次堵车事件；同在7月，还发生了吉林通钢事件，以7个高炉一度停产、1名企业高管被殴致死的"双输"结果，震动全国；8月，河南林钢事件中，濮阳市国资委副主任被软禁90小时；11月，重庆嘉陵机器厂工人发生罢工……

　　显然，群体性事件的显著增加不是无缘无故的，它从一个侧面反映出当前我国劳动关系领域发展的一些带有趋势性、标志性的新动向，从中我们可以看到劳动者权利意识的觉醒，劳动者维权方式从个人维权向集体维权的转变，劳动者对群体力量的认识，劳动者不但关注个人利益也开始追求整体利益，等等。当然，这其中也反映出很多问题。比如，劳动者维权方式的不成熟，集体行动规则的不明确，劳动者集体权利的缺失，劳动者维权过程中工会的缺位，劳动关系调整机制的不健全，等等。相信，通过对这些令人深思的问题的探索，我们将学会运用法律的、机制的、体制内的、可控的方式来解决劳动关系问题，使我们的劳动关系处理逐渐走向成熟。当然，后面还会有很长的路要走。

　　劳动关系是人们全部社会关系中最基础、最本质的社会关系。对于组织来讲，劳动关系系统是构成组织运行的最基本活动系统，劳动关系状况的好坏直接关系到组织生产经营活动的正常开展以及组织目标的顺利实现；对于劳动者而言，其一生近三分之一的时间在劳动

中度过,工作条件、薪酬待遇等劳动关系状况不仅影响到他们的经济收入,而且还是社会尊重与自我价值的体现;劳动关系更是整个社会关系的基础,劳动关系状况直接决定着经济的发展与社会的健康和谐。因此,劳动关系管理日益成为社会与组织管理的重要领域,发挥着减少劳资冲突、促进劳资合作、增加员工福祉、提高组织绩效直至增进社会和谐的重要作用。

第一节　劳动关系的概念与性质

劳动关系是劳动关系管理的基础概念,是劳动关系管理逻辑体系的起点,把握劳动关系的概念、性质与类型,对于理解劳动关系系统的运动规律,掌握劳动关系管理的理论与技术具有重要意义。

一、劳动关系的含义

1. 劳动关系的概念

劳动关系是指劳动者与劳动力使用者在实现劳动过程中所结成的社会经济关系。

劳动关系与生产关系密切相关,劳动关系是生产关系的一部分,是其中最重要、最本质的部分。

一般地讲,生产关系就是生产中结成的人与人的社会关系[①]。生产关系的构成内容极为丰富,马克思在《政治经济学批判》导言中,从生产关系动态运动的角度把它分为生产、分配、交换、消费四个环节,认为"它们构成一个总体的各个环节、一个统一体内部的差别"[②],恩格斯也有类似的概括[③]。斯大林则从静态角度把生产关系的内容表述为:"(一)生产资料的所有制形式;(二)由此产生的各种不同社会集团在生产中的地位以及它们的相互关系,或如马克思所说的'互相交换其活动';(三)完全以它们为转移的产品分配形式。"[④]

结合马克思的"四环节"说与斯大林的"三要素"说,可以把生产关系的内容概括为如下三个方面:生产资料所有制关系;人们在生产中的地位和互相交换活动的关系;产品分配关系以及由它所直接决定的消费关系[⑤]。

生产资料所有制关系,回答的是生产资料归谁所有、由谁支配的问题。劳动关系形成需要具备的基本条件是,劳动者与生产资料分离,形成了除自身劳动力以外一无所有的自由劳动者,以及生产资料的所有者两个独立的主体。原始社会的所有制关系是劳动者与生产资料的自然结合,奴隶社会的所有制关系是奴隶主不但拥有生产资料而且拥有奴隶本身,封建社会的所有制关系是地主占有土地和不完全占有农民,农民自身又占有进行耕作的生产工具。可见,由于所有制关系,原始社会、奴隶社会和封建社会都不具有形成劳动关系的基本条件,只有在资本主义社会的所有制关系下才形成了占有全部生产资料的资本家和一无所

① 肖前,李秀林,汪永祥.历史唯物主义原理.北京:人民出版社,1983:98.
② 马克思恩格斯选集(第2卷).北京:人民出版社,1972:102.
③ 马克思恩格斯选集(第3卷).北京:人民出版社,1972:189.
④ 斯大林.苏联社会主义经济问题.北京:人民出版社,1961:58.
⑤ 肖前,李秀林,汪永祥.历史唯物主义原理.北京:人民出版社,1983:99.

有并且自由的无产者。可以看出,生产资料所有制关系决定了劳动者和生产资料的结合方式,不但是劳动关系产生的前提,而且是劳动关系性质与状态的基本决定力量。

人们在生产中的地位和相互交换活动的关系,包括劳动者之间、生产资料所有者之间、劳动者与生产资料所有者之间的地位和相互交换活动的关系,其中最基本的是劳动者与生产资料所有者之间的地位和交换活动关系。在资本主义社会里,劳动关系是人们在生产中的地位和交换关系中的最重要部分——劳动者与生产资料所有者之间的地位和相互交换关系。

生产关系中的产品分配关系,在资本主义社会中是劳动关系的重要内容。而生产关系中的消费关系,虽然反映出劳动关系的状态,但其本身则不包括在劳动关系范畴内。

2.劳动关系的不同称谓

受不同社会制度和文化传统等因素影响,劳动关系在不同国家或地区有不同称谓,如劳资关系、雇佣关系、劳工关系、劳使关系、员工关系、产业关系等,这种称谓上的不同从不同角度反映出该地区劳动关系的性质和特征。

比如,劳资关系在市场经济条件下使用最为广泛,这一称谓鲜明地传达出关系双方之间的区别,其阶级关系的对抗性质蕴含其中;劳使关系为日本人创造和使用,这一称谓用比较中性的劳动者和劳动力使用者来替代劳资关系的对抗意味,更能体现出日本劳动关系模式倡导关系双方利益协同的温和色彩;劳工关系多为海外华人和中国台湾地区使用,其特点是更为强调作为劳动关系一方的劳动者,特别是劳工团体的地位和作用;雇佣关系直指双方关系的本质是雇佣与被雇佣,并显示出强调个别劳动关系的色彩,更为不赞成工会者所喜用;员工关系源自人力资源管理体系,强调以资方为中心的和谐与合作是这一称谓所蕴含的精神;产业关系在欧美国家使用比较广泛,所涵盖的内容十分宽广,其涵盖的中心内容涉及与雇佣相关的所有方面,包括企业、个人和社会,劳动关系只是产业关系的一部分内容。相对于上述称谓而言,劳动关系一词,不但内容较为宽泛、适应性强,更为主要的是避开了所有制、阶级利益、政治立场等敏感字眼,所以成为国内学者所通用的概念。

二、劳动关系的性质

一事物的性质是该事物表现出的与其他事物不同的现象。就劳动关系而言,其性质就是指劳动关系主体之间相互关系表现出来的独特现象。一般来讲,主要有这样几个方面。

1.劳动关系兼具经济利益关系与社会关系属性

劳动关系从本质上说是经济利益关系。劳动关系双方建立劳动关系的基本动机都是为了追求经济利益——劳动者为了获得工资收入,管理者为了获得利润,是经济利益这个纽带把劳资双方连接在了一起。同时,劳动者与管理者之间的冲突与合作也是以双方的经济利益为核心展开的,劳动关系双方之间在价值创造上的"共同把蛋糕做大"和在利益分配上存在的"此消彼长"导致了双方的合作与冲突,成为冲突与合作最深刻的根源。

但是,人毕竟不是简单的经济动物,而是处在社会关系"网络"中之一员。按照马斯洛的需要层次论,在社会中活动的人除了有生存需要外,还有安全需要、社交需要、尊重需要以及实现自我价值的需要。劳动关系双方之间在互动过程中当然除了经济利益联系之外,还有其他社会性联系,诸如成就感、归属感的实现以及荣誉的获得等。这些都体现了劳动关系的社会性。不但如此,劳动关系还是社会关系中最重要、最基础的部分,正因为如此,劳动关系的和谐才能成为整个社会关系和谐的基础。

2. 劳资双方法律上地位权利的对等与实际地位力量的不对等并存

从法律上说,劳资双方的地位和权利义务是对等的。首先,双方都是劳动力市场上独立的主体,不存在任何依附关系,其法律地位平等。其次,双方建立劳动关系是一种"自由、公平"的交换行为,是否建立或解除劳动关系,完全取决于各自的自由意志,遵循平等自愿原则。再次,劳动关系的建立通过在协商基础上缔结劳动合同来表现。法律规定,劳动合同内容要同时包括双方的权利义务,不允许存在一方只履行义务而不享有权利,或只享有权利而不履行义务的"一边倒"合同存在,体现了双方权利义务的对等。最后,在发生劳动争议时双方的法律地位平等,都享有要求通过调解、仲裁乃至诉讼的途径解决劳动争议的权利。

然而,上述劳动关系双方权利、地位的对等性只是法律上、形式上的。在现实的劳动力市场上,劳动关系双方存在着实际地位和力量的不对等。首先,劳动关系双方对劳动关系的依赖性存在先天差异。虽然双方都希望通过结成劳动关系达到自己的目的,然而,双方对结成劳动关系的依赖度却存在着巨大差异。对于现阶段的劳动者来说,结成劳动关系进行劳动是谋生手段,是生存问题;而对于生产资料所有者来说,结成劳动关系只是获利问题。生存与获利对人的重要性是完全不同的。正是这种先天的不平等,造成了劳动者对生产资料所有者特定意义上的"依附"。其次,法律虽然规定劳动者和生产资料所有者彼此有自由选择的权利和平等的权利义务,但是劳动者要真正享受到这些平等自由的权利,还需要具备很多现实的条件。这些条件中最重要的有两个,一个是劳动关系双方力量大致平衡。市场经济中一定数量失业人口的常态存在,资本的稀缺性与独占性,使得资本拥有得天独厚的优势,劳动者力量先天不足;另一个是劳动关系双方在组织中的权力大致对等。权力是为他人做决策的权利。由于劳动关系的人身让渡特点,生产资料所有者一方天然地成为劳动者人身的调度者、支配者,必然地建立起一种以支配和服从为特征的双向关系,使得权力集中于所有者一方(人们虽然进行了一些劳动者参与决策分散权力的尝试,实际收到的效果却微乎其微)。由于现实条件的不具备或不完全具备,使得劳动关系双方权力和地位的平等只能停留在法律上、形式上。

三、劳动关系的类型

劳动关系的类型就是在劳动关系性质基础上依据不同标准对劳动关系进行的分类。

1. 按照对双方主体利益关系的不同认知和处理原则划分

自西方经济学产生以来,经济学家对劳动关系双方之间利益关系的认知大致形成了两种基本观点。以李嘉图为代表的古典经济学派,从价值分配的角度来分析劳资双方的利益关系,认为劳资之间是一种此消彼长的对立关系。而萨伊以后的现代经济学派则从资本、劳动、土地三位一体共同创造财富的角度分析劳资双方的利益关系,认为这是一种劳资共荣的协作、协调关系[①]。应该说,古典经济学派与现代经济学派从各自角度出发,都看到了劳资双方之间利益关系一个方面的情形,但也只看到了一个方面,对另一个方面则有所忽视。从实

---

① 郭庆松.企业劳动关系管理.天津:南开大学出版社,2001:8.

际情况看,这种认知是不够全面的,现实的劳资之间的利益关系是财富创造的一致性与价值分配的冲突性的统一。也只有承认这一点,才能合理解释劳资之间的合作与冲突。

秉承经济学家的不同理念,人们在劳动关系实践中,对双方之间的利益关系采取了冲突对抗、对等协商、利益一体等不同的处理原则,并由此形成了劳动关系的三种基本类型:

(1)利益冲突型劳动关系。这种类型的劳动关系强调主体双方之间存在利益的重大差异,乃至认为是一种剥削与被剥削的根本对立。在这种认知下,处理双方关系中理所当然地遵循了冲突和对抗的原则。为了有效获得自己的利益,双方都极力壮大自己的力量。所以,在利益冲突型劳动关系中,工会力量一般比较强大,通常都会建立起全行业甚至全国性的工会组织,代表劳动者积极发挥作用,通过集体谈判、组织工人罢工等方式,维护和争取劳动者的利益。而管理方为了自身利益并对抗强大的工会,通常也会发展起有实力的雇主联盟。又由于双方的注意力比较集中在利益划分上,从而对工人参与管理、加强双方合作等缺少足够关注,因而双方在处理利益关系时容易发生冲突,甚至罢工。这种类型的劳动关系就是在双方矛盾冲突—斗争—妥协的过程中维系与发展的。因第二次世界大战以前的资本主义国家的劳动关系多属这种类型,故其又可称为"传统型"劳动关系。在当代,因为历史、文化等原因,英国的劳动关系整体上仍基本属于这种类型[①]。

(2)利益协调型劳动关系。这种类型的劳动关系承认双方各自是独立的主体,存在独立的利益,但在承认利益差异的同时,又认为彼此利益具有依存性,可以协调起来,其劳动关系建立与运行的基础是权利对等和地位平等。由于具有利益上相互依存的认知和遵循对等协商的原则,这种类型的国家都比较重视产业民主,在生产经营活动中,尤其是劳动关系处理上,注意吸收劳动者参与决策。这种类型的劳动关系还主张通过劳动合作、协商谈判规范双方的权利义务,保障各自利益,实现共同目标。

因当代西方市场经济国家的劳动关系多属这种类型,故其又被称为"西方型"劳动关系。德国是典型的"利益协调型"劳动关系,产业民主、三方协商和集体谈判构成了德国协调处理劳动关系机制的"三驾马车"。德国拥有一套健全的产业民主制度,广泛推行"劳资共决",开展劳动合作,劳动者能够比较充分地参与生产经营活动和劳动关系的处理。德国的工会和雇主组织均能独立开展活动,并形成了一套通过集体谈判和集体合同来处理劳动关系问题的机制,使得很多劳资矛盾通过这些机制的正常运行得到化解。所以,德国的罢工活动比较少,劳动关系和谐,社会也稳定发展。

(3)利益一致型劳动关系。这种类型的劳动关系是利益协调型劳动关系的极端形式,其理论基础是劳资利益一体论。这种劳动关系通常是以雇主方为中心建立起来的,强调企业目标的单一性,赋予管理者权威。同时,主张在劳资之间建立起一种相互信任、相互理解、相互合作的关系,以及对劳动者实行激励的办法,认为劳资双方的利益完全可以通过企业内部的管理制度和激励机制达到协调一致。在这类劳动关系中,工会运动受到不同程度的抑制,而人力资源管理机制则相对健全。

属于这种类型的劳动关系的国家通常都有东方文化背景,如亚洲的韩国、新加坡等,因此又被称为"亚洲型"劳动关系。日本劳动关系的"亚洲型"色彩最为浓厚。日本企业文化深

---

① 郭庆松.企业劳动关系管理.天津:南开大学出版社,2001:9.

受儒家文化传统影响,家族观念色彩浓烈,劳资双方都把企业看做一个家族,强调彼此利益的一致性。同时,企业内部管理机制对这种企业文化观念予以了制度上的保证。通过实施"终身雇佣"、"员工持股"、"年功序列工资"等一系列制度,强化了员工对企业的忠诚和企业对员工的责任,使得劳资双方关系协调、共谋发展。因此,日本的工会组建率较其他发达国家为低,而且往往实行企业内部工会制度,很少有行业性或全国性的工会组织,劳动者的工会意识和工会对会员的凝聚力也不强,工会与资方的关系一般也较协调合作,容易就双方利益问题达成一致,罢工很少发生①。

2. 按照劳动关系主体各方的力量对比划分

广义的劳动关系主体除了劳资双方外,还有政府作为第三方对劳动关系进行调控监督。按照劳动关系各方力量对比,并综合考虑市场和制度因素,可以把劳动关系划分为均衡型、倾斜型和政府主导型三种。

均衡型劳动关系的基本特征是劳动关系双方的力量相差不大,可以形成彼此之间的制衡。在这种劳动关系中,劳动法律和相关制度某种程度上对劳资之间先天存在的力量和权力不对等进行了弥补,劳动者及其工会的力量在法律、制度的保障下有所提升,有权了解企业内部相关信息、参与经营管理决策和协商处理劳动关系事务。德国的劳动关系从劳资双方力量对比的角度看,就属于均衡型。

倾斜型劳动关系的基本特征是劳资双方力量对比悬殊,一方由于力量上占有较大优势,因此在经营管理及劳动关系事务中占据主导地位,拥有决策权利,另一方则处于被支配地位。倾斜型劳动关系又可分为向管理者方倾斜和向劳动者方倾斜。当然,从历史和现实情况看,劳动者占据主导地位的劳动关系只是极少数,绝大多数都是管理者方占据优势的劳动关系。

政府主导型劳动关系的突出特征是政府成为控制劳动关系的主要力量,并且决定劳动关系具体事务。新加坡以及我国计划经济时代的劳动关系都属于政府主导型劳动关系②。

第二节　劳动关系系统及其运行

把劳动关系作为系统来看待与研究,是系统方法在劳动关系管理领域中的运用,并为劳动关系研究提供了一种崭新的科学方法。

在系统论看来,一切事物都是以系统方式存在的。钱学森提出:"把极其复杂的研究对象称为系统,即由相互作用和相互依赖的若干组成部分结合成具有特定功能的有机整体,而且这个系统本身又是它们从属的更大系统的组成部分。"③贝塔朗菲则定义为:"系统是处于相互联系中的与环境发生关系的各组成成分的总体。"④

系统具有如下一般特征:①整体性。贝塔朗菲用亚里士多德的著名悖论命题:"整体大

①　郭庆松.企业劳动关系管理.天津:南开大学出版社,2001:10.
②　程延园.劳动关系.北京:中国人民大学出版社,2002:10.
③　钱学森,许国志,王寿云.组织管理的技术——系统工程.文汇报,1978-9-27.
④　贝塔朗菲.一般系统论.自然科学哲学问题丛刊,1979(1-2).

于各孤立部分之和"来表述系统整体性的含义。整体性是系统的最基本特征。②有机关联性。系统的整体性作为系统最基本的特征,是由系统的有机关联性来保证的。有机关联性概括起来包括两方面的内容:一方面是任何具有整体性的系统,它内部的诸因素之间存在着有机的联系;另一方面是系统同外部环境存在着有机的联系。有机关联性进一步具体化、深刻化了整体性的概念,使得整体性与"总和"区别开来,即系统是由不可分割的处于有机联系中的部分构成的,而不是由分离的东西的"汇集"。③动态性。简单地说,是指系统的有机关联性不是静态的,而是与时间有关的过程。贝塔朗菲就认为,任何系统都随时间不断变化。值得注意的是,系统动态性不是消极地反映系统是个过程,而且要显示出系统过程发展的方向性,从而进一步提出了有序性问题。④有序性。系统的有机关联性所表现出的结构、层次以及系统的动态性所表现的渐进分异的方向性,都使系统具有有序性的特点。⑤预决性。是指一个系统的发展方向,不但取决于实际的状态(贝塔朗菲称为实际条件),而且取决于一种对未来的预测,是两者的统一。一般系统论认为,系统的有序性不是为有序而有序的,而是按照一定方向而有序,不仅如此,这种方向是由一定的预决性或目的性所支配的①。

系统思想蕴含着深刻的哲学内涵,有普遍的适用性,对于理解事物本质及其运动规律具有方法论意义,为劳动关系及其管理研究提供了一个基本的理论分析方法和框架结构。

运用系统论整体的、联系的、开放的、运动的、发展的、能动的观点研究劳动关系,可以加深我们对于劳动关系本质及其运动规律的理解:劳动关系是一个复杂的有机系统,构成它的基本要素也就是劳动关系的主体——劳动者及其工会、雇主及其组织以及政府。劳动关系系统内部存在着劳资之间以冲突和合作为基本形式的相互作用以及政府对两者关系的监督调控作用。其内部要素之间的相互关系如图 1-1 所示。

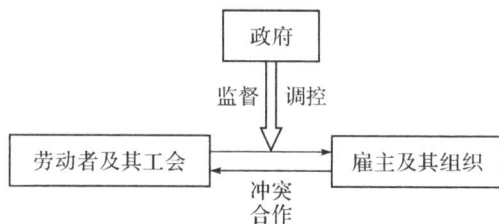

图 1-1　劳动关系系统构成要素及其关系

劳动关系主体之间的合作与冲突,促使劳动关系系统产生不断的运动变化,并朝着法制化、规范化、机制化、有序化的趋势发展。同时,形成了劳动者的就业质量、管理方的生产效率、劳动关系运行的各种规则等结果。劳动关系系统还是社会母系统中的子系统,既受社会环境影响和制约,其运行所产生的结果又会对整个社会发生影响。劳动关系系统的运行框架如图 1-2 所示。

---

① 王雨田.控制论、信息论、系统不够科学与哲学.北京:中国人民大学出版社,1986:428—438.

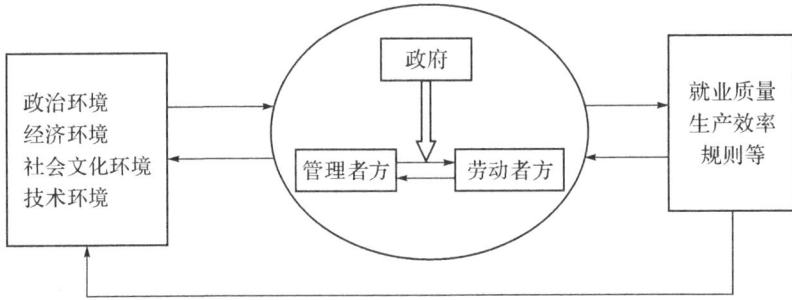

图 1-2　系统理论提供的劳动关系构成及运行分析框架

　　应从劳动关系系统内部各要素之间以及劳动关系系统与其外部环境的相互作用中探寻劳动关系系统发展的动力、阶段、目标等规律。

　　劳动关系系统的运行,虽然受劳资之间经济利益及社会政治、文化、技术等现实因素的支配和影响,具有不以人的意志为转移的客观规律性,但劳动关系系统的整体状态又同人的主观能动性发挥程度密切相关,其发展方向深受劳动关系主体的价值观念、对彼此之间利益关系的认知、对劳动关系系统的目的性期待、对系统模式的偏好选择等主观因素的影响。因此,应注意充分发挥劳动关系主体的能动作用,通过有效的劳动关系管理活动推动劳动关系的进步与发展。本章下面的内容将以系统思想为指导,对劳动关系系统的构成及运行机制进行具体分析。

一、劳动关系系统的主体

　　构成劳动关系系统的基本要素,也就是劳动关系的主体,可以从广义与狭义两个方面去理解。

　　狭义的劳动关系主体包括两方,一方是劳动者及以工会为主要形式的劳动者团体组织,另一方是管理者及其团体组织雇主协会。由劳动关系双方共同构成的组织就是所谓的用人单位。

　　广义的劳动关系主体除劳动者与管理者外,还包括政府。需要指出的是,政府作为广义劳动关系的主体,并不直接介入到与其他两方的利益关系中去,不发生与其他两方围绕价值的创造和分配所引发的合作与冲突关系,而只是代表国家以第三者的身份,通过法律、政策、经济等手段调解劳动力市场,协调、监督、干预劳资双方的关系。

(一)劳动者及其工会

1. 劳动者

　　劳动关系中的劳动者,是指现代产业社会中受雇于他人,以劳动工资收入为基本生活来源的体力和脑力工作者。

　　劳动关系管理中的劳动关系,通常是特指建立在社会化大生产基础上的现代市场经济中的劳动关系。在这种劳动关系中,劳动者受雇于各种不同的公司、机构或个人,使用雇主提供的劳动工具或设备,按照管理者的指令去完成管理者安排的生产任务,同时由雇主付给其劳动工资。也就是说,劳动者从事的是具有从属性和有偿性的雇佣劳动。

雇佣劳动中的劳动者的最主要特征是被雇佣,其基本标志就是以劳动工资为基本收入来源。因为劳动者是劳动力的所有者,可以自由支配自己的劳动力,所以才有可能成为雇佣劳动者;又因为劳动者除劳动力之外,没有其他的劳动资料,所以只能通过出卖自己的劳动力、接受雇佣来获得劳动力的价格——劳动工资,以维持生活。因此,是否以劳动工资为基本收入来源被雇佣劳动,就是判断是不是劳动关系中劳动者的基本标准。按照这一标准,在现代社会生产过程中,尽管也从事着某种社会性劳动,但只要不是作为受雇者而劳动,便不属于劳动关系中的劳动者。比如农民和个体劳动者、自由职业者、企业所有者,因不具有受雇佣的性质,显然都不属于劳动关系中的劳动者。而企业的经营管理者,广义上说虽然也是受雇者,但从劳动关系角度上看,因其是直接行使经营管理权,决定雇佣条件,直接管理支配劳动者,所以,在雇佣关系中是代表资产所有者行使雇佣权力的一方,不属于劳动关系中的劳动者[①]。

2. 工会

关于工会的概念,国内外学者做了许多界定,分别从不同角度强调了工会的某些特性。比较有代表性的,如韦布夫妇为工会下的定义:"工会者,乃是工人一种继续存在之团体,为维持或改善其劳动生活状况而设者也。"[②]该定义强调了工会组织的构成及其连续性。詹姆斯·坎尼森认为工会是"工人的垄断组织,它使个体劳动者能够互相补充。由于劳动者不得不出卖自己的劳动力从而依附于雇主,因此,工会的目标就是要增强工人在与雇主谈判时的力量。"[③]该定义强调了工会是工人垄断组织的性质,以及工会的目标和实现途径。马克思主义者更强调工会的社会政治作用,恩格斯指出:"通过工会使工人阶级作为一个阶级组织起来。而这是非常重要的一点,因为这是无产阶级的真正的阶级组织。"[④]此外,国际劳工组织的界定更强调工会的目的性,把雇员组织工会的权利与集体谈判权、罢工权作为整体看待。上述概念虽然侧重点不同,但多是围绕工会的性质、组织目标与职能、实现方式进行界说的。由此,可以给工会下如下定义:工会是由雇员组成的,主要通过集体谈判方式代表雇员在工作场所以及整个社会中利益的组织[⑤]。

历史上和现实中有形形色色的工会存在,其宗旨、结构、性质、职能表现出各自的特殊性。按照通行的分类方式,大体上可以从两个角度进行分类。以工会运动的宗旨是只寻求现实经济利益的增加,还是要推翻现存社会制度,抑或是在现行制度框架内求得一定的政治、经济、社会地位,可以将工会运动划分为三种不同的基本价值取向:强调阶级革命的马克思主义工会运动,其基本主张是强调工会运动应当是以阶级冲突和社会动员为特点的激进社会民主运动或共产主义工会运动;经济主义的工会运动,强调工会是职业利益的代表组织,应全力追求经济目标;作为社会整合载体的工会运动,从社会功能主义和有机主义出发,主张工会应当成为实现工业民主化的机制,促进社会整合。以工会的组织结构形式为标准,可以把工会划分为依职业原则形成的工会、依产业原则形成的工会、依企业原则形成的工会

① 常凯.劳动关系学.北京:中国劳动和社会保障出版社,2005:153.
② [英]韦布夫妇.英国工会运动史.北京:商务印书馆,1959.
③ James Cunnison. *Labor Organization*. London: Sir Isaac Pitman & Sons, 1930:13.
④ 马克思恩格斯选集(第3卷),北京:人民出版社,1972:29.
⑤ 程延圆.劳动关系.北京:中国人民大学出版社,2002:104.

和依区域性原则形成的工会几种基本类型。

工会是市场经济中劳资矛盾冲突的产物。个别劳动关系中劳动者与资本力量的不平衡、劳动者在强大的雇主面前的无力地位,促使劳动者结合起来形成与资本抗衡的组织力量。所以,工会的基本作用就在于平衡劳动关系双方的力量,并促使劳资冲突的解决走向制度化。

工会具有代表会员意志、维护会员利益、参与社会事务、监督企业生产经营和参与民主管理、协调劳资关系等多种职能。在诸多职能中,代表和维护劳动者利益(包括经济的、人身的和社会的权益)是最基本的方面。因为工会属于社会利益团体,为其会员维护权益、谋取利益是其天然职责,也是存在合理性的基本表现,各国劳动法律一般都对工会这一基本职能做出了明确规定。

工会实现自己职能的基本方式是集体谈判。通过集体谈判,为其会员谋求工资、就业、劳动条件等经济利益。在此基础上,还通过民主参与、三方机制等渠道实现促进产业民主,建立社会伙伴关系的社会政治职能。

【知识链接】 中国的工会制度

《中华人民共和国工会法》和《中国工会章程》规定了中国工会制度的基本内涵。中国工会在宗旨、职能和组织方面的主要特点表现如下。

中国工会自觉接受中国共产党的领导,工会组织在国家社会政治生活中,积极致力于最广泛地把职工组织到工会中来,并通过工会组织建设的加强,把工会建成"职工之家",成为党与职工群众联系的桥梁纽带,以达到巩固党的阶级基础、扩大党的群众基础的目的。

中国工会的主要社会职能是:维护职工的合法利益和民主权利;动员和组织职工积极参加建设和改革,完成经济和社会发展任务;代表和组织职工参与国家和社会事务管理,参与企业、事业和机关的民主管理;教育职工不断提高思想道德素质和科学文化素质,建设有理想、有道德、有文化、有纪律的职工队伍。中国工会将维护职工合法权益作为基本职责,坚持在维护全国人民总体利益的同时更好地维护职工群众的具体利益。目前,中国工会主张把全面建设小康社会作为新世纪、新阶段工人运动的主题。

中国工会实行产业和地方相结合的组织领导原则。同一企业、事业和机关单位中的会员,组织在同一个工会基层组织中;同一行业或性质相近的几个行业,根据需要建立全国的或地方的产业工会组织。除少数行政管理体制实行垂直管理的产业,以产业工会领导为主外,其他产业工会均实行产业工会与地方工会双重领导,实行以地方工会领导为主,同时接受上级产业工会领导的体制。县以上行政区域建立地方总工会,县和城市的区可在乡镇和街道建立乡镇和街道工会组织。

全国建立统一的中华全国总工会,它是各地方总工会和各产业工会全国组织的领导机关。基层工会、地方各级总工会、全国或者地方产业工会组织的建立,必须报上一级工会批准。各级工会组织设立经费审查委员会和女职工委员会。

中华全国总工会的最高领导机关是工会全国代表大会和它所产生的执行委员会。中华全国总工会执行委员会闭会期间,由主席团行使执行委员会职权。主席团下设书记处,书记处主持中华全国总工会的日常工作。中华全国总工会下属全国产业工会、中央级机关工会、中央级企业工会、各省(自治区、直辖市)总工会。

中国工会实行民主集中制组织原则。工会各级代表大会的代表和委员会由选举产生。地方各级总工会及工会基层委员会、常务委员会和主席、副主席以及经费审查委员会的选举结果,报上一级工会批准。

3. 劳动者权利

市场经济国家大多通过法律对劳动者及其工会的权利义务进行了规定。劳动者权利是指处于社会劳动关系中的劳动者在履行劳动义务的同时所享有的与劳动有关的权利。其具体内容包括劳动就业权、劳动报酬权、劳动休息权、劳动保护权、社会保障权、参与权、教育培训权、社会组织权等。

根据劳动者权利内容及实现方式的不同,劳动者权利可分为个别劳权和集体劳权。个别劳权即个别劳动者的权利,由劳动者个人享有并行使,其内容主要涉及劳动者的就业条件与劳动条件;集体劳权是劳动者集体的权利,由劳动者集体享有并由劳动者的组织——工会来代表劳动者具体行使。集体劳权的主要内容包括团结权、集体谈判权、集体争议权和民主参与权。集体劳权所涉及的主要是劳动者如何通过有组织的行动来维护和保障个别劳权的程序性权利,它与个别劳权是程序与内容、机制与目标的关系。集体劳权是劳动基本权,反映了劳动关系的基本特点——劳动者只有组织起来才能抗衡资本,才能限制劳动关系的实质不平等性,才能为个别劳权的实现提供基本的力量支撑。劳动者只有认识并争取到集体劳权以后,才能在社会经济关系和劳动关系中确立自己的法律地位,进而保障和实现个别劳权。

劳动者作为劳动关系的主体,在享有权利的同时,必须同时承担相应义务。我国《劳动法》规定,劳动关系中的劳动者主要有完成劳动任务的义务、忠实的义务,以及提高职业技能、执行劳动安全卫生规程、遵守劳动纪律和职业道德的义务等。

(二)雇主及其组织

1. 雇主及其权利

雇主是指劳动关系中相对于劳动者的劳动力使用者。在不同时期或不同地区,也有使用"资本家"、"所有者"、"企业主"、"经营者"、"管理者"、"劳动力使用者"等称谓的。在我国劳动法中则用"用人单位"的称谓来指称劳动力的使用者。

在劳动关系中,雇主与劳动者的权利是相互对应的。劳动者的权利即是雇主的义务,而劳动者的义务同时就是雇主的权利。由于在劳动关系中劳资双方实际地位与力量的不平等,雇主处于优势而劳动者处于劣势的地位,因此,各国的劳动立法都对劳动者的权利进行全面而明确的规定,而不是以规定雇主的权利和义务为出发点的[①]。

---

① 常凯.劳动关系学.北京:劳动社会保障出版社,2005:197.

雇主的权利可以大致概括为:①安排和指挥权。在劳动生产中雇主有权作出决策、安排任务、指挥劳动并要求下属执行。同时,雇主还有权要求劳动者遵守劳动纪律和职业道德、安全生产、完成生产任务、提高职业技能。②奖惩权。雇主有权根据企业生存和发展需要制定奖惩措施对雇员进行奖励和惩罚。奖惩权实际是安排指挥权的延伸和保证。各国法律一般不对奖励措施进行具体规定,但对可以采取的惩罚措施则做出明确规定。③团结权。是雇主为维护自己的利益而结成组织的权利。这是雇主在法律和实践中所享有的一项基本权利。团结权亦称组织权。④闭厂权。由于雇主不得以罢工为由解雇正当罢工工人,根据权利对等原则,在实践中许多国家普遍接受雇主使用闭厂的手段来对抗工人的罢工,但这一权利必须是作为对抗工人罢工的手段且不得在工人罢工之前使用。

可以这样理解,雇主除其固有权利外,《劳动法》意义上的劳动者权利基本上就是雇主应当承担的义务。具体地说,雇主的义务主要包括:平等雇佣劳动者的义务,不得对劳动者进行各种就业歧视;提供劳动报酬的义务;保证工人休息休假权利的义务;保证工人安全和健康的义务;提供社会保险的义务;提供职业培训的义务;不得控制干涉工会组织成立和活动的义务;不得拒绝集体谈判的义务;实行职工民主参与,包括参与企业的资本构成、管理决策、利润分配的义务。

2. 雇主组织

雇主组织是由雇主结成的群体组织,旨在维护雇主的利益同工会相抗衡。

雇主组织是由法人而不是自然人组成的,与纯粹的行业协会只关注本行业的生产经营活动而不处理劳动关系不同,它既负责本行业生产事务,也负责处理劳动关系。

雇主组织的具体形式虽然多样,但可归为三种基本类型:①地区性雇主组织。由同一地区的企业组成,代表该地区雇主利益,处理该地区劳动关系事务。②行业性雇主组织。由某一行业企业组成的单一的全国性行业组织。在一些国家中,这种行业组织不处理劳动关系事务,被视为纯粹的行业协会,而在另一些国家则作为地区和国家级雇主组织的中间环节,直接参与集体谈判和订立行业性集体合同,被看做处理劳动关系的雇主组织。③全国性雇主组织。由全国的行业性雇主组织和地区性雇主组织组成的国家级雇主组织,负责处理与工会协商劳资关系、参与劳动立法和劳工政策制定等劳动关系各方面的事务。

雇主组织的职能主要有:同工会集体谈判,与工会进行集体谈判是雇主组织最早具有也是最基本的职能;参与立法和政策制定,通过直接参与到立法机构中或建立三方协商机制或通过游说影响立法等不同方式参与到立法和政策制定中;为会员提供法律和培训服务。

雇主组织的基本职能是在劳动关系中代表雇主利益。但是这种代表作用也在随着经济发展和社会进步发生着内容和形式上的转变。传统的雇主组织的作用重心是协调雇主之间利益以形成一致力量同工会进行集体谈判,但随着处理劳动关系的机制不断法制化、规范化、制度化,其工作重心开始转向参与劳动立法和为会员提供服务上。特别是适应全球化和技术进步以及应对激烈市场竞争的要求,为雇主提供多方面服务越来越成为雇主组织工作的重要内容。

(三)政府

劳动关系中的政府,可以做广义和狭义的理解。狭义的政府是指国家机构中执掌行政权力、履行行政职能的行政机构,不包括立法和司法机构,具体说就是劳动行政部门的行政职能。广义的政府,包括各类国家权力机构,不但包括行政机构,还包括立法、司法机构。

1. 政府的角色

无论是做广义还是狭义理解的政府,其在劳动关系中的角色与劳动者和雇主的角色特征都有着极大的区别。作为劳动关系双方主体的劳动者和雇主,是劳动关系的直接参与者,双方之间存在着经济利益上的关系,并围绕着经济利益展开直接的合作与冲突。政府的角色则不同,它不与其他主体发生直接的经济利益上的冲突与合作关系,而是作为劳资双方之外的第三者,扮演着对劳资之间的利益关系进行监督调控的角色。

国内外学者对于政府在劳动关系中的角色,提出了不同看法,根据它们的分析,可以把政府的角色主要归纳为以下几种:

(1)规制者。指政府要运用法律和行政手段对劳动关系中的微观经济活动主体的活动与行为进行干预、规范和影响。政府规制的对象包括劳动关系中的所有微观活动主体,但从实际来看,更多地指向雇主,通过对其行为的约束和规范实现对劳动者的保护以及社会利益的维护。规制者是政府最基本的劳动关系角色,也是政府介入劳动关系事务的最重要方式。

(2)监督者。指政府对劳动关系运行及劳资双方的劳动关系行为进行监管。当然,这种监管是基于规制基础上的。

(3)促进者。政府虽然不直接参与集体谈判和企业民主,但以制定集体谈判规则和基本劳动标准等方式扮演着集体谈判和工人民主参与促进者的身份。

(4)调解与仲裁者。劳资之间发生矛盾、争议乃至冲突是现代产业社会中正常的劳动关系现象,政府不但要制定劳动争议、冲突的仲裁处理制度,还要具体承担仲裁者的责任,有时还要直接在劳资之间斡旋以调解双方的矛盾冲突。

除上述角色外,有的学者认为,政府在劳动关系中还扮演着就业保障与人力资源的规划者以及公共部门雇佣者的身份。

2. 政府的作用

基于对政府劳动关系角色的认知,政府在劳动关系中的作用应该具有制定劳动政策、构建并完善劳动力市场(保障就业)、改善劳动条件(劳动标准)和协调劳动关系四个主要方面:

制定劳动政策。劳动政策的制定对劳动关系的形成与发展具有重要意义。此处的劳动政策既包括劳动立法也包括劳动行政政策。立法是政府的一项重要职能,政府以劳动关系立法者身份,通过法律、法规来规范、干预、影响劳动关系,为劳动关系运行营造外部法律制度环境。同时,政府行政机关还通过制定具体的劳动行政政策来使劳动法律所规定的权利义务具体化,促进法律法规的执行,调整劳动关系。

建立与完善劳动力市场。劳动力市场是通过劳动力的供给与需求的运动实现劳动力资源配置的机制和形式,不但包括劳动力交易大厅等硬件措施,还包括一套运行的制度等软件设施。政府要通过制定一整套劳动力市场运行的战略、政策、措施、办法,实现劳动力市场运行的法律化、规范化、制度化,建立并不断完善劳动力市场。

不断改善劳动条件。劳动是劳动者一生中最重要、最基本的活动,它不仅是劳动者获取收入的基本来源,而且是劳动者参与社会、实现人生价值的主要途径。因此,劳动收入的多少、劳动环境的好坏、社会保障的有无,对劳动者具有至关重要的意义。同时,劳动者的劳动条件状况,还直接关系到经济的持续健康发展、社会的和谐进步。所以,维持并不断提高劳动者的劳动条件是政府责无旁贷的责任和理应发挥的基本作用。

协调劳动关系。劳动关系的协调最终需要劳资双方的努力,但在市场经济中劳资力量不平衡的情况下,政府必须通过建立劳动争议处理机制等,发挥协调劳动关系的作用。

二、劳动关系系统的运行动力

劳动关系系统的动态变化,是多种因素之间复杂的相互联结、相互作用的结果,其中既有客观利益等现实因素的作用,人的主体选择性等主观因素也发挥着重要的影响。正是在这个意义上,我们把劳动关系系统的动态变化称之为"运行",以同偏重强调客观性的"运动"一词有所区别。

劳动关系系统运行的动力何在?按照唯物辩证法的理解,事物运动的根本原因在其内部,是内部矛盾起着决定作用。劳动关系系统内部诸要素之间存在着不只一对矛盾:劳资之间的经济利益矛盾、劳资之间的权力矛盾、劳资之间心理预期方面的矛盾等。其中劳动者与雇主之间的经济利益矛盾,是贯穿劳动关系产生和发展始终,并对其发展起决定作用的基本矛盾。劳资之间围绕着经济利益关系展开的合作与冲突,是劳资矛盾的基本表现形式。劳资之间始终是既相互依存合作又互相排斥冲突,当劳资关系中合作的因素占上风时,劳动关系呈现出以合作为基本倾向的特点;当冲突的因素占据主导时,劳动关系则表现出冲突的特征。在具体的外部环境作用下,劳资之间围绕经济利益从冲突到合作,再到产生新的冲突,从而推动劳动关系系统不断运动并呈现出阶段性。在这种劳资之间的现实利益矛盾从产生到解决,旧矛盾解决新矛盾产生的过程中,劳动关系得以不断向机制化、法制化、规范化的方向前进。

(一)劳资冲突的根源及形式

冲突是劳动关系双方主体之间的经济利益矛盾已经激化,并且各自采取了各种斗争手段来争取自己经济利益的劳动关系运行状态。

1. 劳资冲突的根源

劳资冲突的根源包括以下四种:

(1)劳资双方客观利益的矛盾。劳动者和雇主结成劳动关系的目的各不相同,工人为了得到工资,雇主为了获得利润。按照马克思的劳动价值论,所有的价值都是生产性劳动创造的,如果雇主按照劳动价值付给工人工资,雇主就拿不到利润,从而也就丧失了投资的动机,资本主义经济最终也将瓦解。因此,剥削工人剩余价值作为资本主义经济存在的条件,在资本主义社会的存在是普遍的、合法的。资本与劳动之间存在的这种价值分配上的此消彼长、剥削被剥削的客观利益上的矛盾是导致冲突的深刻根源。

(2)劳动者异化劳动的性质。在资本主义市场经济中,雇主是法律上企业的所有者,拥有决定价值分配的权利。劳动者不是生产资料的所有者,也不拥有处置分配的权利,实际上不是在为自己工作,而是从事着与自己的产品相分离的为他人的劳动,所以缺乏努力工作的动机,这同雇主的期望和要求产生巨大差异,从而成为彼此冲突的根源。

(3)劳动者在生产中的从属地位。在雇佣劳动中,权力集中于管理方,以一种等级分层的方式逐级递减,劳动者在劳动过程中没有决策权,处于被安排、被决策的从属地位。即使在有着广泛的产业民主观念和相当完善的市场经济体系的西方发达国家,法律对管理者的权利做了很多限制,劳动者也仍然没有得到法理上应当拥有的权利。在自由、民主思想已成为人们基本价值观的现代社会,劳动者显然是不情愿于从属地位的,更遑论这种权力的分布不是他们的利益所在,而是所有者利益之所在了。这种权力分布的不均衡状态,造成了员工缺乏对雇主的信任感,从而成为冲突的根源。

(4)劳动合同无法周详的性质。从全球劳动力市场看,劳动合同并不普遍。即使订立了劳动合同,其内容也不可能包罗万象,很多内容无法表述或无法清晰界定,因此劳动合同不可能订得清晰、全面。劳动合同的模糊性、不完全性、复杂性,使得劳资双方难以通过订立全面清晰的合同来避免争议。

2. 劳资冲突的形式

劳资双方在冲突中,各自都会采取一些冲突形式来维护或争取自己的利益。在劳动者方面,冲突的基本手段主要有以下几种:

(1)罢工。罢工通常指企业内或行业内、地区内乃至一国内的全体劳动者或部分劳动者采取的共同停止工作的行为。罢工是冲突最明显的形式,是表达劳动者集体不满的唯一有效形式。罢工按照目的划分为经济罢工和政治罢工两大类,前者因为社会影响和破坏力特别大,被多数国家视为非法。后者虽然为当代多数国家法律的承认其合法,但通常都设有严格的限制规定;按照参加罢工的劳动者的范围和数量划分,罢工可分为单一罢工、团体罢工、总罢工、同情罢工、交换罢工、间断罢工、巡回罢工和拱手罢工几种形式。

(2)怠工。意指劳动者不需要离开自己的工作场所,也不需要停止工作,只是懒怠缓慢地甚至破坏性(如浪费原材料、破坏设备工具等)地工作。怠工的社会影响和破坏力相对较小,因此,多数国家法律承认其合法。但除非劳动者十分团结并一致行动,否则怠工很难取得理想的效果。

(3)抵制。意指自己不买自己企业的产品,以及通过广告等形式做反宣传,让社会上其他人也不买企业的产品,迫使资方出于销路的考虑而不得不接受劳动者的要求。

管理方在冲突中采取的主要形式有以下几种:

(1)闭厂。意指管理者拒绝工人进入企业参加工作来迫使劳动者就范。闭厂是管理者在冲突中对待劳动者的最强有力武器。

(2)黑名单。是管理者通过私下调查,将一些可能在劳资冲突中发挥重要作用的"危险分子"统一记录下来,暗中在本行业内传递,造成上了"黑名单"的劳动者丧失在本行业内再被雇佣的机会,以对付劳资冲突中的劳动者。"黑名单"给劳动者造成的伤害是严重的,很多国家将之列为非法。

(3)排工。指管理者在雇用新劳动力或解雇时,对某些劳动者(通常是工会会员)采取排斥的态度或拒绝雇佣,目的是防止劳动者利用工会和自己讨价还价。

(二)劳资合作的根源及形式

合作是劳动关系双方主体之间在处理经济利益关系时不存在矛盾,或者虽然存在矛盾,但仍能互相尊重、协商解决矛盾、共同遵行既定制度和规则的劳动关系运行状态。

一般认为,促成劳资合作的根源有以下几个方面:

(1)生存的压力。劳动者迫于谋生的压力,不得不与雇主建立雇佣关系。如果他们的行为与雇主的利益期望不符,就会受到各种惩罚甚至失去工作。即使劳动者可以采取集体联合来与雇主抗争,但无论是罢工还是其他的对抗形式,都会使劳动者收入受损,甚至引起雇主撤资或闭厂而失去工作。对工作的依赖,使得他们会尽可能选择与雇主合作的态度。

(2)劳动者对现行制度的接受。国外学者认为,劳动者愿意接受现行的雇佣制度安排,原因不外是接受了学校、媒体等社会化机构长期灌输的价值观念,降低了反抗意识,或者找不到更好的可以代替现行制度的制度,抑或是工人受生活范围及眼界的局限,从而产生的对现实生活和现行制度的满足感。

(3)工作本身带来的满足感。大多数工作本质上都有令人愉快的积极一面,劳动者可以从工作中获得某种自我价值感、社会归属感等心理满足感,使得他们乐于接受一定压力和责任,甚至承受超负荷工作而与雇主合作。

(4)管理方的努力。随着整个社会不断发展,管理方也不断采取一些进步的管理手段。管理方为了自己的利益也会向劳动者做出一定让步,这些都会在一定程度上提高劳动者对工作的满意度,削弱冲突的因素,增强合作的动力。

合作的基本手段包括各种形式的员工参与、集体谈判、三方协商机制等,详细内容见后面相关章节。

在如何认识和处理劳动关系问题上,始终存在两种基本的观点和态度。一种认为劳资之间以冲突和对立为主,强调劳动关系的冲突性质。如古典经济学代表人物李嘉图就认为劳资关系本质上是对立的。马克思主义经济学家更是强调劳资关系的阶级斗争性质,甚至主张只有用暴力手段推翻资本的统治,才能彻底解决劳资之间无法调和的矛盾。另一种观点则认为劳资之间虽然存在矛盾,但矛盾的处理仍是以协商、妥协为基本方式,合作应是劳动关系运行的基本形式。尽管存在着上述两种不同观点,但必须承认的是,劳资间的合作是人们追求的理想目标,也是劳动关系管理的目标指向,同时也体现了劳动关系不断向有序化、规范化、机制化、法制化方向发展的基本运动趋势。由于劳资合作对于劳资双方的利益实现,乃至整个社会平稳运行都具有积极的社会意义,因而世界各国政府都十分重视劳动关系的合作,并通过制定相应的劳动政策促成劳资双方的合作。

三、劳动关系系统的运行规则

劳动关系系统的运行规则,是劳动关系主体活动的基本依据。这个由法律、权力、道德、传统等多方面规范构成的规则网络,分别从政治、经济、社会、文化观念等多个角度对劳动关系主体的活动加以调整。其中法律规范是劳动关系系统运行最一般、最基本的规范手段,是国家为了确保劳动关系系统有序运行而依据劳动关系的运行规律所制定的规范劳动关系主体活动的法律、法规、规章、契约等。随着全球化时代的到来,包括联合国、国际劳工组织等国际机构所制定的规章、公约等也日益成为调整劳动关系系统运行的重要法律规范。

劳动关系系统运行规则可以有效约束和规范劳动力主体市场行为,使其有序化、规范化、法制化,从而保证劳动关系系统正常运行并发挥出应有功效。没有一个好的劳动关系系统运行的法律规则体系,劳动关系系统运行的秩序就无从建立,劳动关系系统也无法发挥应有作用,因此,建立、健全劳动关系系统运行的法律规则,具有十分重要的意义。以下是从不同角度对劳动法律规则进行的分类。

（一）从劳动法律规范的性质看，劳动关系系统运行的法律规则分为程序规则和实体
　　规则两大类

1. 程序规则

劳动关系运行的程序规则，是指处理劳动关系的方法与过程的规则要求。其具体规则主要包括以下三大类：

（1）个别劳动关系处理规则，即个体劳动者与雇主之间关系处理的规则，其基本方式是劳动合同制度。

（2）集体劳动关系处理规则，即劳动者集体与雇主或雇主组织之间处理关系的规则，其基本方式是集体合同制度。集体劳动关系处理规则是劳动关系系统运行的核心法律规则。

（3）劳动关系争议处理规则，是劳动争议发生时劳、资、政三方处理劳动争议的规则要求，它实际是劳动关系运行过程中的一种救济规则，是对前两种规则的补充。

2. 实体规则

劳动关系运行的实体规则，主要是法律对劳动关系各方主体之间权利与义务的规定和认可。由于劳动法律的立法宗旨是保护劳动者，所以，劳动关系运行实体规则的主要内容是关于劳动者权利的规定。这些规定从内容上说既涉及劳动者的基本人权，也包括劳动条件和就业条件；从权利主体的不同来看，又分为劳动者个人权利（个别劳权）和劳动者集体权利（集体劳权）的规定。个别劳权的具体内容主要涉及劳动条件和劳动标准的确定与实施，表现为劳动基准法，体现了国家在劳动者权利方面的基本准则。按照我国劳动法规定，个人劳权主要包括劳动就业权、工资报酬权、休息休假权、社会保障权、职业安全卫生权、职业培训权、劳动争议提请处理权。集体劳权通常是以团结权、集体谈判权和集体争议权为基本内容，第二次世界大战后民主参与权也发展成为集体劳权的内容。集体劳权是劳动基本权，反映了劳资双方的力量对比，它以个别劳权为基础形成，又是个别劳权得以实现的保证，集体劳权的实现程度反映了劳动关系法制化、规范化的程度。[①]

（二）从劳动法律的渊源看，劳动关系系统运行的法律规则有多种形式

劳动法的渊源，也称劳动法的形式，是指劳动法律规范以什么样的立法形式表现出来。依立法权限不同，我国劳动法有以下多种形式。

1. 宪法中的有关规定

自 1954 至 1982 年我国的四部宪法中对公民的劳动权、劳动者在劳动中的各项基本权利均作了原则上的规定。这些规定，是制定劳动法律规范的重要依据。作为国家的根本大法，《中华人民共和国宪法》第 42 条规定了公民有劳动的权利和义务；第 43 条规定了劳动者的休息权；第 44 条规定了退休制度；第 45 条规定了社会保险制度以及对特殊困难群体的保护；第 53 条规定了公民遵守劳动纪律的义务等。

2. 法律

法律是指由全国人民代表大会及其常委会制定的规范性文件，如《中华人民共和国劳动法》、《中华人民共和国就业促进法》、《中华人民共和国工会法》等。

----

① 常凯.劳动关系学.北京：中国劳动和社会保障出版社，2005：18－19.

3．行政法规

行政法规是指国务院制定的规范性文件。如《中华人民共和国女职工保护规定》、《中华人民共和国尘肺病防治条例》、《企业职工伤亡事故报告和处理规定》、《禁止使用童工规定》等。

4．部门规章

部门规章是指由国务院所属各部委制定的规章。人力资源和社会保障部（原劳动和社会保障部）是我国的劳动行政主管部门，其单独或与其他部门联合制定了大量的劳动规章。如原劳动部关于印发《关于贯彻执行〈中华人民共和国劳动法〉若干问题的意见的通知》、《企业经济性裁减人员的规定》，原劳动和社会保障部会同中华全国总工会、中国企业联合会/中国企业家协会联合制定的《关于开展区域性行业性集体协商工作的意见》、人力资源和社会保障部《劳动人事争议仲裁组织规则》等。

5．其他法律规范中有关劳动关系的规定

其他一些法律部门如经济法中的《企业法》、《公司法》、《税法》等也包含了一些与劳动关系相关的内容，如《中华人民共和国中外合资经营企业法》等。

6．地方性法规和经济特区法规

地方性法规主要是指各省、自治区、直辖市的人民代表大会及其常委会制定的劳动法规。民族自治区的地方人民代表大会有权依照当地民族的政治、经济、文化特点发布自治条例和单行法规。经全国人民代表大会常委会特别授权的经济特区制定的劳动法规，只是用于经济特区。

7．地方规章

地方规章是指省、自治区、直辖市人民政府，省会及自治区政府所在地的市，经国务院批准的较大的市的人民政府制定的劳动规章。

8．国际法律文件

经中华人民共和国批准的国际法律文件也是劳动法的渊源。主要包括：联合国的国际公约、国际劳工公约、国际间的双边或多边协议等。

9．国际惯例

在涉外劳动问题上，在互惠原则基础上，也需要在劳动关系处理上参照一些国际惯例。

10．法律解释

有关劳动关系问题的立法解释、司法解释及对行政规章的行政解释均为劳动法律形式的组成部分。

（三）从劳动法律的内容看，劳动关系系统运行的法律规则的构成部分

（1）劳动就业管理法。规定了劳动管理机构设置及其职权。

（2）劳动就业法。

（3）劳动关系协调法。包括劳动合同法、集体协商和集体合同法。

（4）劳动基准法。包括工资法、工时和休息休假法、职业安全卫生法、女工及未成年工特殊保护法、职业训练及职业资格标准法、职工奖惩规则。

（5）社会保险法。主要有养老保险法、失业保险法、工伤保险法、医疗保险法、生育保险法、遗属津贴。

(6)劳动争议处理程序法。包括劳动争议的调解、仲裁和司法程序,集体协商和集体合同争议的调解程序处理法。

(7)劳动监察监督法。规范了监督检查机构的设置及其职权。

(8)工会保障法。主要包括对结社权、协商权、争议权、参与权、监督权的规范。

四、劳动关系系统的运行环境

劳动关系系统的运行发展,是由系统内部劳资双方之间围绕着经济利益展开的冲突与合作所推动的结果。但是,这种内在矛盾运动又受到系统外部诸多因素的影响。人们通常把劳动关系系统之外能够对劳动关系运行的过程和结果产生直接或间接影响的各种条件和因素称为劳动关系系统的运行环境。

按照系统论观点,劳动关系系统是社会关系母系统的一个子系统,它要维持稳定和正常运行,必须同它的外部环境进行物质、信息与能量的交流,同社会关系母系统中其他子系统发生各种联系,也就是说它的运行受到诸多外部环境因素的制约和影响。劳动关系系统除了内部诸要素之间的相互作用以外,又受到外部诸因素的作用,使得劳动关系系统的运行更加复杂。因此,研究劳动关系系统的运行,就不能只分析其内部的矛盾关系,只有把它放在特定的环境之中,才能更准确、更全面地理解和把握劳动关系的本质和发展规律。

影响劳动关系系统运行的外部环境因素大致分为以下几类。

(一)经济环境因素

影响劳动关系系统运行的经济环境,包括宏观经济形势和微观经济状况两大类。劳动关系本质上是经济利益关系,经济环境通过失业率、就业结构、工资水平等影响到劳资双方的力量对比、劳资冲突与合作策略的选择、工会运动的发展等劳动关系层面,劳动关系状况反过来又影响宏观经济和微观经济的运行。所以,对经济环境因素的分析,也是理解劳动关系诸多特点的重要根据。对劳动关系产生影响的经济环境因素主要有以下几种。

1. 社会经济结构

社会经济结构即一定社会的生产方式。社会经济结构是整个社会的基础,制约着整个社会的经济、政治和精神生活,决定了社会的基本面貌。其中的生产力状况是现代劳动关系得以产生和发展的决定因素,而生产关系特别是其中的所有制关系决定了劳动关系的基本性质。

2. 经济体制

经济体制即经济运行的具体方式,集中体现为资源配置方式。经济体制主要有市场经济体制和计划经济体制两种基本形式。在计划经济体制下,包括劳动力在内的各种资源通过政府有计划的调配实现配置,企业没有工资、用人自主权,也无法形成真正意义上既冲突又合作的劳资关系。市场经济体制下,企业拥有用人、工资等自主权,成为独立的利益主体,包括劳动力在内的各种资源通过市场进行配置,劳资之间才能真正展开围绕经济利益的冲突与合作关系。

3. 产业结构

产业是由具有某种同类属性并相互作用的经济活动组成的集合或系统。产业结构就是各产业部门之间、各产业部门内部、各行业以及企业间的构成及相互制约的连接关系。产业结构决定着就业结构,直接影响就业容量与规模,并通过就业容量与规模影响到失业率,影响到劳资双方的力量对比以及劳动者的劳动和就业条件。

4. 劳动力市场

劳动力供求关系直接影响劳资双方的力量对比以及劳动力的价格。

5. 技术

技术的内容主要包括产品生产的工序和方式以及由此决定的资本密度、工作复杂性和对知识技能的需要等。这些因素对员工的岗位力量具有重要影响。同时,技术的变革也会带来对劳动力需求数量、质量、结构的变化,从而引起劳资之间力量关系的变化。

(二)政治法律环境因素

政治法律环境主要是指国体、政体以及法制状况,包括国体、政治体制、政治制度、党派关系、法律制度、国家产业政策等。政治法律环境是劳动关系运行的硬约束,对于组织处理劳动关系来说是必须遵守的制度规则。

1. 国体

马克思主义认为,国体是国家的本质,是国家的阶级性质。西方经济学一般提到国家的时候,往往是把国家看做超越各阶级之上,作为全社会的代表来履行公共管理职能,包括对劳动关系的调控、监督。但是马克思主义者从来都认为,国家绝不是超越于各阶级之上的公正第三者,它不但不是全社会的公正代表,恰恰是经济上占统治地位的阶级对其他阶级的统治工具。进行阶级统治是国家的基本职能,而公共职能归根到底是为了统治阶级所需要的稳定秩序,是为了实现统治阶级的根本利益和长远利益。所以,国家的阶级性质决定了一国劳动法律和政策的基本性质,决定了国家归根到底是服从和服务于生产资料拥有者阶级的根本和长远利益的。当然,由于其他条件的不同,以及国体类型的具体差异,劳动关系的阶级性质也会表现出具体特点。我国是工人阶级领导的、工农联盟为基础的人民民主专政国体,因此,从理论上说,我国的劳动法律、政策应该是维护包括劳资双方在内的全体人民利益的。我国的劳动关系应该是一种力量平衡、双方平等的劳动关系。

2. 政治体制

政治体制一般是指国家的政治权力结构及其运行机制。政治体制的内容十分复杂,包括政治权利结构、政党制度及其意识形态、政府工作机构和决策机制、法制建设、民主制度建设等,都以外部环境的方式影响和约束劳动关系的运作和处理。政治体制从根本上说分为两种,即民主与集权。民主化政治体制环境下的劳动关系一般具有民主化管理的倾向,集权化政治体制下的劳动关系则往往具有集权化管理的特征。我国目前正处于从计划经济下的劳动关系向市场经济劳动关系转变的时期,原来的利益一体型劳动关系能否顺利转化为利益协调型劳动关系,革除原有政治体制的总病根——权力过分集中起着关键的、决定性的作用。

3. 政府的方针政策

劳动关系双方的力量和实际地位是不平等的,这就需要政府通过制定各项公共政策来调节和引导,调整力量格局,形成和保持相对均衡的力量格局,从而使劳动关系处于和谐状态,进而达到社会的和谐稳定。可以看出,政府政策方针的好坏对劳动关系系统能否平稳、正常运行的影响是巨大的。政府的各种方针政策包括就业政策、财政政策、货币政策、教育和培训政策及其他政策,共同构成劳动关系系统运行的政策环境,其中的就业政策对劳动力市场以及就业组织中的劳动关系的影响最为直接,它一般通过政策对劳动力市场供求状况进行调整,并以经济激励和惩罚措施来调整就业组织内部主体的行为。

4. 法律制度

法律制度是劳动关系系统运行的重要外部环境,既包括法制尤其与劳动关系相关的法制是否健全,也包括法律的普及程度以及执行情况等。

一般情况下,与劳动关系相关的法律主要是指包括劳动就业管理法、劳动就业法、劳动关系协调法、劳动基准法、社会保险法、劳动争议处理程序法、劳动监察监督法、工会保障法在内的劳动法律。劳动关系本质上是一种劳动关系主体之间的权利义务关系,而法律恰恰是以国家强制力做保证的对法律关系当事人之间权利义务的规范。所以,法律特别是劳动法律对劳动关系的调整具有极为重要的作用,是现代劳动关系系统得以正常运行的基础条件,与劳动关系相关的法制的健全可以使得劳动关系主体行为有规则可依,与劳动关系相关的法律的普及可以使劳动者依法维护自己利益以及促进全社会对劳动关系的关注与监督,劳动关系相关法律的有效执行可以最终保证劳动关系有序运行。

当前,我国正处在向市场经济过渡时期,对劳动关系也相应进行了法律调整,初步形成了劳动关系的法律规则体系。但总体上看,尚存在立法层次偏低、权威性不足、内容不尽合理、法律执行不容乐观、缺乏有效的社会监督制约机制等问题。劳动关系是社会关系的基础,和谐社会的建立必须以和谐的劳动关系为基础。营造良好的劳动关系法制环境,是全社会必须给予高度关注的重大问题。

(三)社会、文化环境因素

社会、文化环境因素是指由社会的阶级、阶层结构和公平程度等所形成的社会秩序状况,以及价值观念、伦理道德、风俗习惯、宗教信仰等社会精神文化状况。社会文化环境为人们劳动关系主体的活动设置了制度与结构上的约束,并且影响着人们的思维方式和行为方式,它与经济和政治因素相互作用,共同影响着劳动关系的运行。

1. 社会的阶级、阶层结构

马克思用"阶级"一词来描述社会成员的分化。列宁系统阐述了马克思的阶级定义,他指出:"所谓阶级,就是这样一些大的集团,这些集团在历史上一定社会生产体系中所处的地位不同,对生产资料的关系(这种关系大部分是在法律上明文规定了的)不同,在社会劳动组织中所起的作用不同,因而领得自己所支配的那份社会财富的方式和多寡也不同。所谓阶级,就是这样一些集团,由于他们在一定社会经济结构中所处的地位不同,其中一个集团能够占有另一个集团的劳动。"

按照马克思主义经典作家对阶级的定义,阶级划分是阶级社会中人们的一种利益分化的必然结果,在阶级社会中,社会结构划分为经济上剥削与被剥削两大对立的基本集团,其划分标准是对生产资料的占有关系,强调了财富的来源和社会不平等,并且认为资本主义社会中无产阶级与资产阶级的矛盾是不可能在制度内得到根本解决的,必须以无产阶级政党领导的暴力革命方式推翻资本主义制度。显而易见,受马克思主义阶级斗争理论支配的劳动关系运作,必然是以劳资冲突为其基本表现形式的。

不少西方社会学家从阶层的角度解释社会成员的分化,如韦伯。与阶级的单一经济标准不同,阶层是从经济、政治、社会等多种角度来划分处于社会层次结构中不同地位的社会群体,阶层的划分通常按照财富的数量而不管财富的来源,不一定与对生产资料的占有(剥削)相联系。在这种社会结构的认知下,人们对劳动关系的认知及处理,当然也不会像在马克思阶级和阶级斗争理论指导下那样,具有强烈的价值取向了。

19世纪后期特别是20世纪以来,随着科学技术的发展及其在经济和社会生活中作用的提高,资本主义社会的阶级结构也发生了重要变化,其中突出特征就是管理阶层的出现。由于他们既不占有生产资料,又不从事体力劳动,因此被称为"新中间阶级"。这个阶层的独特的阶级地位,使其在劳动关系运行中具有与传统所有者不同的特点,这是值得研究与注意的。

从我国的情况看,经过改革开放三十年,我国的社会结构也发生了重大变化,各种身份制衰落,代之以新的分层结构。陆学艺等把当代中国人分为十个社会阶层,即国家与社会管理者阶层、经理阶层、私营企业主阶层、专业技术人员阶层、办事人员阶层、个体工商户阶层、商业服务人员阶层、产业工人阶层、农业劳动者阶层、城市无业及失业半失业阶层。阶层的变化与重组,直接影响着我国劳动关系的构成与特点,我国劳动关系的主体——劳动者和雇主也在这种社会结构变化中变动与重组。在此过程中,我国劳动者的权利缺失、地位下降问题凸现,是影响我国劳动关系健康运行与社会和谐的重大社会问题,必须给予高度重视。

2. 社会发展的公平程度

社会发展的公平程度应该包括社会的收入财富、政治权利、文化资源等方面占有的公平程度。

人们在考察收入和财富公平程度时,常用洛伦兹曲线、基尼系数等指标来测定。人们经济收入和财富的不平等程度是劳动关系主体之间博弈的结果,反过来又通过影响劳资双方的心理和行为来影响劳动关系系统的运行。

市场经济条件下的社会政治权利分配也是不平等的。政治权利不同的社会群体在社会的法律政策制定等方面话语权不同,因而能够表达和实现自己利益的程度也不同。拥有较多政治权利的社会群体往往能够通过对制定法律、政策施加较大影响来实现自己的经济利益;反之,拥有较少政治权利的社会群体则往往由于缺少政治话语权,无法影响法律、政策的制定,群体的经济利益自然无法得到保障。所以,政治权利的平等与经济地位的平等相互作用,影响社会群体的利益及其相互关系,必然会对劳动者与雇主这一市场经济下两大基本社会群体之间的利益和相互关系发生重要影响。

文化资源是现代社会中影响和改变人们政治、经济地位的基本途径之一,文化资源的公平程度必然影响到人们的经济利益和政治权利的获得与维持。因此,拥有多少文化资源,对于劳资双方权利维护、利益保证以及冲突与合作的具体运作等都具有重要意义。

3. 思想文化状况

作为劳动关系系统运行外部环境之一的社会思想文化,特指人们的价值观念、伦理道德、宗教信仰和风俗习惯等观念形态的存在。

人们的行为总是受着思想观念支配的,因而,一个社会的思想文化状况必然会影响到人,具体到劳动关系系统中就是劳动者和雇主的思维方式和行为方式。

思想文化环境对劳动关系运行的影响具体表现为:一定的劳动关系类型是在一定的理

论、观念、价值观、态度等社会思想文化背景基础上形成的。比如,日本利益一致型劳动关系的文化土壤正是形成于其注重等级、崇尚家族观念和团队精神的历史文化传统,而美国利益冲突型劳动关系则植根于其强调个人独立与竞争的文化传统。同时,文化也会对劳动关系起到广泛而深入的影响。比如,在父权制文化根深蒂固的我国香港特别行政区,雇主权威、服从、家长式决策、裙带关系等都成为劳资双方处理劳动关系时普遍接受的准则,并一直延续下来。

综上所述,劳动关系系统是在社会的经济、政治、思想文化等环境中运行的,这些因素单独以及相互交织在一起对劳动关系系统内部诸要素发生影响,劳动关系系统正是在系统内部要素与外部环境的相互作用中不断运动发展的。

第三节　劳动关系管理的含义与研究内容

本课程的名称是"劳动关系管理",所以,在第一节和第二节分别对劳动关系和劳动关系系统进行了介绍之后,我们的内容就要回到如何对劳动关系的运行进行管理这个落脚点上来,看看什么是劳动关系管理,劳动关系管理的研究对象、内容是什么,以及我们应当如何学习它。

一、劳动关系管理的含义

劳动关系管理,是管理活动的一种,在学科分类上属于管理学学科门类。既然是管理活动的一种,必然具备管理活动的一些基本特征。

关于什么是"管理",长期以来,学者们从不同的研究角度出发,对"管理"一词给出了不同的定义。比较有代表性的,如泰罗:管理就是"确切知道要别人去干什么,并注意他们用最好最经济的方法去干"[①];法约尔:"管理是所有的人类组织(不论是家庭、企业或政府)都有的一种活动,这种活动由五项要素组成:计划、组织、指挥、协调和控制。管理就是实行计划、组织、指挥、协调和控制"[②];孔茨:"管理就是设计和保持一种良好环境,使人在群体里高效率地完成既定目标"[③];小詹姆斯·唐纳利:"管理就是由一个或更多的人来协调他人活动,以便收到个人单独活动所不能收到的效果而进行的各种活动"[④];彼得·德鲁克:"归根到底,管理是一种实践,其本质不在于"知"而在于"行",其验证不在于逻辑,而在于成果,其唯一权威就是成就"[⑤]。

尽管管理的概念众说纷纭,但是我们还是可以从中概括出管理的最基本特征:首先,管理是一种活动,是一种行为。既然是活动、是行为,就应当有活动、行为的主体,即谁在进行管理;其次,要有活动、行为的客体,即管理谁、管理什么;再次,还要有行为活动的目的,即为

---

① [美]F.泰勒.科学管理原理.北京:团结出版社,1999:104.
② [法]法约尔.工业管理和一般管理.北京:团结出版社,1999:7.
③ [美]哈罗德·孔茨,海因茨·韦里克.管理学.北京:经济科学出版社,1998:2.
④ [美]小詹姆斯·唐纳利,詹姆斯·吉布森,约翰·伊凡.管理学基础.北京:机械工业出版社,2005.
⑤ [美]彼得·德鲁克.国外经济管理名著丛书管理——任务、责任、实践(上).北京:中国社会科学出版社,1987:7.

什么而进行管理。这三点是构成管理活动的基本要素,应该在管理概念中体现出来。当然,我们还应想到,任何管理活动都不是孤立的活动,它必须要在一定的环境和条件下进行,即在什么情况下管的问题。

根据上述管理概念应当具有的一般内涵,我们看到劳动关系管理活动实际上是可以由不同主体从不同角度来进行的。

1. 以企业管理方为管理主体的劳动关系管理

这是指企业管理方为了生产经营活动得以正常开展,而采取一系列组织性、综合性手段和措施,对劳资之间围绕经济利益而展开的冲突与合作进行协调、控制等,以达成调整与缓和劳资冲突、实现劳资合作为目的的管理活动。

站在企业角度,以企业为主体的劳动关系管理,与企业人力资源管理活动密切相关,通常被看做企业人力资源管理活动的组成部分,往往是一种从管理者角度出发的单向度立场,尽管人力资源管理也主张"以人为本",但应该看到,人力资源管理的终极目标始终是企业效益。在研究范围上,以企业为主体的劳动关系管理的关注点主要集中于企业层面的企业与员工关系上,因此也被称为"员工关系管理"。

2. 以工会为管理主体的劳动关系管理

这是指劳动者及其组织为了能够维持和获得自己的利益,由工会组织采取一系列组织性、综合性手段和措施,对劳资之间围绕经济利益而展开的冲突与合作进行组织、协调、控制等活动。当然,以工会为主体的劳动关系管理活动最终也只有通过调整与缓和劳资冲突、实现劳资合作才能实现获得和维持自己利益的目的。

以工会为主体的劳动关系管理与以企业为主体的劳动关系管理一样,通常也是单向度的,即站在劳动者一方的立场上,其关注点同样也主要集中在企业层面上。工会在管理劳动关系方面的职能往往容易被忽视。

3. 以政府为管理主体的劳动关系管理

在广义的劳动关系中,除了劳动者与管理者外,还包括政府这一主体。作为广义劳动关系的主体,政府并不直接介入到与其他两方的利益关系中去,不发生与其他两方围绕价值的创造和分配所引发的合作与冲突关系,而只是代表国家以第三者(尽管只是形式上的第三者)的身份,通过法律、政策、经济等手段调解劳动力市场,协调、监督、干预劳资双方的关系。显而易见,政府具有劳动关系管理的职能。

以政府为主体的劳动关系管理是指政府站在自身利益的立场上,以第三者的"面目",为协调、干预、监督、控制劳资双方之间的冲突与合作所采取的一系列法律、政策及经济手段和活动。当然,以政府为主体的劳动关系管理活动也是以调整与缓和劳资冲突、实现劳资合作为目的的。

需要指出的是,作为劳动关系管理研究,对劳动关系管理的把握,不应该站在雇主、工会或政府任何一方的单向度立场上,而是将各方主体的观点都考虑在内,从一种更独立、客观、公正的立场出发,以追求社会和谐与公正为目的。从劳动关系的社会现实出发,由于劳动者的弱势地位,在劳资关系问题上应该更加强调劳动者权力和利益的保护,并把更多的注意力放在对集体劳动关系和社会劳动关系的关注上。

此外,工会是形成集体劳动关系的基础。如果没有工会,劳动者就没有代表自己利益的团体,从而使集体谈判、三方协商和工人参与等劳资合作机制因缺乏载体而无法存在或流为形式;同时,抵制、怠工、罢工等工人用来与管理方冲突的几种形式也无法有效展开。这种情况下的劳动关系管理只有政府为主体的管理,以及企业管理方对工人单向度的管理。这种劳动关系不是市场经济条件下规范意义上的劳动关系管理,本书所探讨的劳动关系管理是以有工会组织存在为前提的。

二、劳动关系管理的研究内容

一门学科的研究内容是由其研究对象内在决定的。从前面可以看出,不管哪种主体的劳动关系管理,都是以围绕经济利益展开的劳资之间的冲突与合作为基本研究对象的,由此也就决定了劳动关系管理的研究范围和主要内容。

劳动关系管理的研究范围限定在两个方面:一是限于劳资冲突范围内的问题;二是限于劳资合作范围内的问题。

具体说来,劳动关系管理研究的主要内容包括:

(1)劳动关系的主体。包括政府、劳动者及其工会、雇主及其组织。劳资合作与冲突是围绕着主体之间的利益关系展开的,因此,劳动关系主体作为劳动关系系统运行的具体承载者,当然是劳动关系管理的研究对象。说到底,劳动关系管理就是研究如何协调、控制主体之间利益关系的。

(2)劳动合同管理。劳动关系系统的运行以劳动关系的建立为前提,劳动关系管理把劳动合同管理作为劳资之间展开合作与冲突关系的必备前提加以研究。

(3)集体谈判和集体合同管理。集体谈判与集体合同制度是市场经济条件下处理劳动关系的核心机制,是劳资合作的最主要形式之一,理所当然地成为劳动关系管理研究的核心内容。

(4)三方协商管理。三方协商机制是市场经济条件下,劳动关系系统运行制度化、法制化、规范化的基本机制之一,也是劳、资、政三方合作的基本形式之一,所以也是劳动关系管理研究的重要内容。

(5)工人参与管理。工人参与是促进劳资双方力量平衡,构建和谐劳动关系,实现劳资合作的重要组织手段,同样是劳动关系管理研究的核心内容。

(6)劳动争议管理。劳动争议与劳资冲突之间存在密切联系,特别是集体劳动争议与劳资冲突是劳资矛盾发展过程中的两个阶段,彼此可以相互转化,劳动争议也是劳动关系管理的内容之一。

(7)产业行动管理。在规范的市场经济条件下,产业行动是劳资冲突的基本表现形式,因此,劳动关系管理把它作为重要研究内容。

(8)影响劳动关系系统运行的外部环境。劳动关系系统运行的外部环境,对围绕劳资利益展开的劳资合作与冲突具有重要影响,所以也是劳动关系管理需要研究的重要内容。

三、学习劳动关系管理的目的、意义与方法

劳动关系管理作为一门应用性很强的学科的特点,决定了学习它的根本目的与方法。

(一)学习劳动关系管理的目的与意义

劳动关系管理产生和发展的历史过程说明,它从一开始就是适应对社会化大生产和雇佣劳动进行管理的需要而产生的,是在劳资之间冲突与合作关系不断运动中逐渐成熟起来的,是在人们对劳资矛盾处理中不断探索和总结经验基础上形成的。我们学习劳动关系管理的目的,就是要掌握前人通过经验教训总结出来的劳动关系运动规律,把握劳动关系处理的科学理念、方法与技巧,从而实现劳动关系乃至推动整个社会的和谐。

1. 有助于组织生产经营目标的顺利实现

组织的设立是为了达成组织的生产经营目标,从而最终获得经济效益。组织生产经营目标的顺利实现,有赖于组织各方面条件的支撑,组织内部良好的人与人之间关系,是其中不可或缺的基本条件。而劳动者与管理者之间的关系,又是组织内部人与人关系中最核心或最为重要的一种关系,因此,掌握劳动关系处理的理论与方法,处理好劳资关系,实现劳资双方的合作,对于组织生产经营目标的实现具有极为重要的意义。

2. 更好地获得与维护自身利益

劳动对于劳动者来说,不但是其获得经济收入的基本来源,也是实现社会融入与自我价值的基本途径。学习劳动关系管理,有助于劳动者及其组织在处理与管理方的关系中树立正确的理念,把握劳动关系运动的规律,掌握处理劳动关系的技巧与方法,有利于劳动者及其组织在劳动关系事务中实现与管理方的合作,并争取和维护自身利益。

3. 有利于促进整个社会的和谐发展

劳动关系是人们全部社会关系中最基础、最本质的社会关系,劳动关系状况直接决定着经济的健康发展与社会的稳定和谐。在现代社会中,劳动关系管理日益成为社会管理的重要领域,发挥着减少劳资冲突、促进劳资合作、促进社会稳定的重要作用。因此,学习劳动关系管理,掌握劳动关系管理的理论与方法,不但有利于组织和劳动者,对于社会和谐同样具有重要意义。

(二)学习劳动关系管理的方法

劳动关系管理的应用性特点,同样决定了学习它时所应当采取的态度与方法(劳动关系管理涉及许多学科的知识,其研究与学习方法也带有多元化的特征,此处仅从最基本的方法论层次做简单介绍)。

学好劳动关系管理课程,当然离不开书本知识的学习,掌握理论,把握规律,借鉴经验教训,是学好劳动关系管理课程的前提与基础性工作,不弄懂理论,就谈不上应用。所以,重视劳动关系管理理论的学习是学习劳动关系管理的基本要求和正确态度。

但是,劳动关系管理又是一门应用性很强的学科,学习理论必须要同劳动关系发展的历史进程结合,同不断发展的劳动关系现实结合,同中国的劳动关系现状结合,同自己的管理实践结合。科学技术的加速发展,带来了劳动关系领域的许多新问题,在经济全球化不断深化的今天,国际劳动关系的状况,已经成为我们处理国内劳动关系问题的大背景,不了解这种不断变化着的大背景,也将无法理解国内的许多劳动关系现象。

从国内劳动关系状况看,我国正在进行着的经济体制和政治体制改革都对劳动关系的运行和管理发生着至关重要的影响,不了解这些现实,就不可能理解国内劳动关系的各个方面,诸如工会问题、集体谈判问题、产业行动问题、三方机制问题、工人参与问题等。不断变化着的劳动关系客观现实和人们的管理实践,使我们面临许多前人没有遇到过的、书本上没有的新问题,这些都需要我们在学习中尊重事实,坚持科学的态度,不能抱着已有的结论固守陈规,要求我们独立思考,在实践中、应用中、探索中学习。也只有这样,才能发挥劳动关系管理的真正作用,在管理劳动关系的过程中实现协调和化解劳资冲突,达成劳资合作,促进企业目标、劳动者利益以及整个社会和谐的目的。

【本章小结】

本章实际上是劳动关系管理这门课程的绪论。这一章要对劳动关系管理中带有总括性、以后各章都会涉及、使用而又不可能专门论述的问题,勾画出基本轮廓,因此,它所涉及的内容是相当广泛的。概括地说,涉及这样一些基本问题:

劳动关系的概念、性质、类型。劳动关系是指劳动者与劳动力使用者在实现劳动过程中所结成的社会经济关系。劳动关系兼具经济利益关系与社会关系属性,劳资双方法律上地位权利的对等与实际地位力量的不对等并存。按照对双方主体利益关系的不同认知和处理原则划分,可以把劳动关系划分为利益冲突型劳动关系、利益协调型劳动关系、利益一致型劳动关系;按照劳动关系主体各方的力量对比划分,可以将劳动关系划分为均衡型、倾斜型、政府主导型劳动关系。

劳动关系系统的主体是劳动关系行为的承担者,狭义的劳动关系主体包括劳动者及其工会、雇主及其组织,广义的劳动关系主体还加上政府;劳资之间围绕着利益展开的冲突与合作是推动劳动关系系统运行的基本矛盾;同时,劳动关系系统运行还受到社会政治、经济、思想文化等环境的影响;劳动关系系统主体依据一定的活动规则来行动,在劳动关系系统的运行规则中最主要的是法律规则。

劳动关系管理是劳动关系主体对劳动关系运行的控制、协调活动,不同的劳动关系主体都可以从各自的角度出发,对劳动关系的运行进行管理。劳动关系管理的研究内容主要是劳资冲突和劳资合作范围内的问题。

【复习思考题】

1. 简述劳动关系的概念,以及劳动关系不同称谓的特点。
2. 怎样理解劳动关系的性质?
3. 简述从不同角度对劳动关系的分类。
4. 简述劳动关系系统的主体及其运行规则。
5. 怎样理解劳动关系系统运行的动力。
6. 怎样理解外部环境对劳动关系系统运行的影响。
7. 什么是劳动关系管理?怎样理解不同主体对劳动关系的管理。
8. 简述劳动关系管理的研究范围与内容。
9. 试述学习劳动关系管理的意义。

【案例讨论】 成都外国语学校教师罢课事件

2009 年 11 月 5 日,私立名校成都外国语学校发生劳资纠纷,导致该校老师大面积罢课,无辜卷入风波的数千名学生只能靠自习打发上课时间。

近期成都市教育局出台了关于进一步规范办学行为的相关规定,将在 11 月底前对成都私自办班的教师和在外兼职的教师进行全面清理。有知情人士透露,私立名校的老师此次要求加薪,可能与担心不能兼职影响收入有关。但参与罢课的老师矢口否认罢课事件与禁令有关。一位高三的老师称,罢课缘于老师联名向学校提出加薪,导火索是因为公办教师已经实行绩效工资,而私立学校至今不见动静。

一位参与罢课的老师向记者透露,原本老师们是联名向学校提出协商薪酬的要求,没想到遭到非常强硬的回绝,甚至在全体教师会上以"黑社会"口吻进行威胁,并称不上课大不了让学生都回家云云。觉得师道尊严受到侮辱的教师决定罢课以对抗,要求校方主动道歉。到晚上 8 点,该校参与罢课的教师仍然在学校操场静坐等待校方的处理意见。一位老师在电话里告诉记者,校方仍然没有表示要与教师代表对话的意愿。

与此相应的是,同属于一个集团的成都实验外语学校全体老师也在 5 日下午 3 点左右罢课,该校全体学生放学回家。该校也是全国名校,培养了多位高考状元。成都外国语学校附属小学中海国际社区分校的老师也在罢课,声援其他老师。

讨论:

1. 劳动关系的实质含义。

2. 劳动关系中合作与冲突的根源。

(本案例资料来自《成都日报》2009 年 11 月 5 日,参考刘文华《盘点 2009 年全国十大劳动争议案件和劳动关系事件》改编)

第二章　劳动关系的历史发展

【学习目标】

通过本章内容的学习,要求学生把握如下要点:

1. 了解劳动关系历史演进与变迁的基本历程
2. 掌握各阶段劳动关系的特点与时代背景
3. 能够联系实际分析我国当前劳动关系的现状与趋势

【引导案例】　　　　政府关于最低工资的暂缓令

为了应对来势汹汹的世界金融危机,2008年11月17日,人力资源和社会保障部宣布近期暂缓调整最低工资标准。12月,人力资源和社会保障部等三部门联合发出通知,明确提出"五缓四减三补贴两协商一暂缓"。在实践中,一些地区还创造了弹性用工、弹性工时、弹性工资的"三弹"制度,也为政府主管部门所认可。

这些发生在2008年末的事件,为2009年的劳动标准立法定下了基调——暂缓。当时人力资源和社会保障部的暂缓令一出,民间哗声一片。无论是网上还是媒体拥有话语权的人,都并非想要享受最低工资标准,除去"为民请命",他们内心更担忧的是公权力在收入分配上的"失语"。

从20世纪70年代末开始改革以来,政府对收入分配的干预和控制是朝着越来越少的方向发展,最低工资是政府手中保留的为数不多的行政调解手段之一。百姓总是寄希望于英明的强势人物来保证其收入,而政府正是这样的人选。但显而易见的是,最低工资调整是件吃力不讨好的事情,上调得过低,劳动者难以满意,企业也不会觉得好,因为毕竟还是上调了;上调得过高,企业难以承受,而大多数劳动者未必能受益,因为拿最低工资标准收入的毕竟只是部分劳动者群体。

因此,在金融危机背景下,政府在上调、下调和暂缓中明智地选择了暂缓。这一暂缓不只是权宜之计,某种程度上也代表了政府调控收入分配手段和方式的重大转变。

　　本书所讲述的劳动关系,主要指以机器大工业为生产力基础,以生产资料私人占有为生产关系,以雇佣劳动为特征的资本主义生产方式以来的现代劳动关系(第四章除外)。

　　劳动关系作为一个系统,既存在系统内部诸要素之间的联系和相互作用,又存在劳动关系系统与其外部环境之间的联系和相互作用。劳资之间基于经济利益的冲突与合作是劳动关系系统的内在矛盾、基本矛盾,它贯穿劳动关系发展始终并推动劳动关系发展。可以说,一部劳动关系的历史就是劳资之间基于利益而展开的博弈史。同时,这一基本矛盾的发展又受到政治、经济、文化、技术等外部环境的影响,使得劳资之间的冲突与合作在不同时期又有各自突出的表现,呈现出不同的特征,从而令劳动关系的发展呈现出阶段性。因此,本书主要依据资本主义的历史发展阶段,同时结合技术、政治、文化环境的特征,把劳动关系的历史划分为六个不同的阶段,即资本原始积累时期的劳动关系(15 世纪末—18 世纪中叶)、自由竞争资本主义时期的劳动关系(18 世纪中叶—19 世纪中叶)、垄断资本主义时期的劳动关系(19 世纪中叶—20 世纪初)、两次世界大战之间时期的劳动关系(20 世纪初—20 世纪中叶)、成熟资本主义时期的劳动关系(20 世纪中叶—20 世纪七八十年代)、全球化时期的劳动关系(20 世纪八九十年代至今)。

第一节　资本原始积累时期的劳动关系

一、时代背景

　　这一时期是现代劳动关系的形成时期。时间起始于 15 世纪末地理大发现之后开始的殖民掠夺,截止于 18 世纪中叶工业革命。

　　资本主义生产关系萌芽是在封建社会内部自发产生的,时间大致是 13、14 世纪。资本主义生产关系从萌芽开始,就显现出资本贪婪的本性,特别是在早期,对劳动的剥削与掠夺是极其野蛮与残酷的。为了掠夺资本主义发展所需的原材料和资本以及海外市场,他们大肆在海外建立殖民地,并从殖民地掠夺了大量的财富和劳动力;为了给资本主义发展提供劳动力和土地,他们在国内进行了疯狂的圈地运动。通过圈地运动和殖民掠夺等活动,他们累积起资本主义发展所需要的资本,使得资本主义生产迅速发展,资本的实力迅速增强。

　　但是,经济上实力逐渐增强并最终在经济上占据了统治地位的资产阶级在政治上仍然处于无权地位,资本主义的发展也受到封建制度的种种剥削与压制。资产阶级不满足于政治上无权的地位和封建政权对资本主义发展的种种限制,于是发生了 17 世纪的资产阶级政治革命。通过革命,资产阶级夺取了政权,建立了自己的政治统治,为资本主义发展扫清了道路。但是,由于资本主义制度的生产力基础并未建立,使得资本主义的政治统治并不稳固,动荡和复辟反复发生,直到产业革命发生,社会化的机器大生产取代了工场手工业,才为资本主义制度奠定了物质基础,资产阶级的政治统治才稳定下来,资本主义劳动关系也最终形成和确立。

二、劳动关系的基本特征

　　这一时期劳动关系的主要特点是:

（1）劳动关系的主体是以一种直接剥夺的方式形成的。早期的资本家阶级是通过原始积累的方式从封建贵族、商人转化来的；而劳动关系的另一方，则是在圈地运动中被迫离开土地，不得不出卖劳动力谋生的工人，他们既是自由的，同时又是除了自身之外一无所有的，从而具备了成为工人阶级的两个基本条件。资本与劳动结合，新型的雇佣关系就这样产生和发展起来。这一时期，不但形成了这种现代意义上的劳动关系主体，而且雇员人数逐渐增多，成为社会阶层结构中的主体。

（2）从劳动关系运行环境和运行规则来看，还没有形成约束劳动关系主体的各种运行规则与机制，整个劳动关系的形成过程充满了暴力与强制，无论是圈地运动还是殖民掠夺和贩卖奴隶，无不使用血腥的暴力手段，为资本主义劳动关系建立提供所需的资本、土地、劳动力。

马克思说过一段耐人寻味的话："当我们把自己的目光从资产阶级文明的故乡转向殖民地的时候，资产阶级文明的极端虚伪和它的野蛮本性就赤裸裸地呈现在我们面前，因为它在故乡还装出一副很有体面的样子，而一到殖民地它就丝毫不加掩饰了。"

据资料统计，在400年的被奴役过程中，非洲黑人被杀了上千万；圣多明各岛在18世纪上半期共输入奴隶280万人，而到1776年仅剩下65000多人，平均每年要死亡4万多人；按照每运至美洲一个奴隶，最少要牺牲10个左右非洲黑人的计算方法，奴隶贸易使非洲损失1亿人口，这个数字相当于1980年非洲人口总和；每个奴隶卖价1500万镑，可净赚1200万镑。

有资料统计，1486—1641年间，首开贩奴记录的葡萄牙殖民者从安哥拉运走奴隶达138.9万名，仅1575—1591年间，从安哥拉运往巴西的奴隶竟达10400人，1680—1836年间增至200万人。如果包括私人偷运及从刚果输出的在内，已达到300万人，这些数字还只是粗略的估计。至于葡萄牙人从莫桑比克（在16—17世纪中还包括莫桑比克以北的东非沿岸）运走多少奴隶，已难以估计。

（3）从世界范围看，现代意义上的劳动关系建立并不普遍，劳动关系发展也不同步。表现为资本主义劳动关系主要在欧洲和北美一些国家占据主导地位，亚洲的一些国家还处于封建社会，资本主义劳动关系只是作为萌芽状态而存在；同时，宗主国和殖民地的劳动关系发展不平衡，殖民地的资本主义早期经营所使用的劳动力除殖民地居民外，主要是通过奴隶贸易购买的非洲黑人，这些劳动者仍然是奴隶，不具备"自由"身份，还不是真正意义上的劳动关系主体——雇佣劳动者。

【知识链接】　　　　圈地运动

15世纪末叶、16世纪初叶，欧洲直通印度新航线的开通和美洲大陆的发现，以及环球航行的成功，使英国的对外贸易迅速增长，进一步刺激了英国羊毛出口业和毛织业的发展。羊毛价格不断上涨。养羊业成为获利丰厚的事业。往往10英亩牧场的收益超过20英亩的耕地。在丰厚利润的驱使下，英国开始了疯狂的圈地运动。英国圈地运动最早从工商业较发达的东南部农村开始。地主贵族最初圈占公有地,后来圈占小佃农的租地和公簿持有农的份地。在宗教改革中,国王把没收的教会领地赐给亲信宠臣,或卖给乡绅、土地投机家、市民、商人和工场主。他们变成新贵族,也大规模地圈占农民土地。根据 1630 年和 1631 年的调查报告,莱斯特郡在两年内圈地 10 万英亩,约占该郡土地 2%。大部分圈占地变成牧场。主要的圈占者是乡绅。1485—1550 年他们在莱斯特郡圈地的面积占圈地总面积的 60%。大批农民被迫出卖土地,或远走他乡,或到处流浪,陷于极端悲惨的境地。T. 莫尔在《乌托邦》(1516)中,辛辣地指责这是"羊吃人"。

第二节　自由资本主义时期的劳动关系

自由资本主义时期开始于 18 世纪中叶的产业革命,截止于 19 世纪中叶的第二次产业革命,这一时期资本主义处于自由竞争阶段。

一、时代背景

1. 产业革命使资本主义进入工业化时代

18 世纪中叶开始的产业革命,标志着资本主义工业化的开始,机器取代了手工工具,机器工业取代了手工作坊。由于新技术的采用、生产规模的扩大,提高了劳动生产率,带来了产量的飞跃,推动了社会发展和进步;工业社会带来的最大变化,就是工业生产逐渐取代农业生产而占据经济发展的主导地位,市场经济取代了小农经济,资本主义剥削制度(劳动关系)稳固下来;资本主义机器大工业,使得工人成为机器的附庸。

2. 资本主义发展进入自由竞争阶段

产业革命的发生带来了生产力的大发展和社会财富的迅速增加。但是,工人的生活状况并没有随着经济发展而改善。相反,资本家为了用更少的成本获得更多利润,往往采取压低工资、延长工时、增加劳动强度、不改善劳动条件和劳动保护措施,以及完全控制工人工作等办法剥削工人,工人过着极其悲惨的生活。以英国为例,当时的纺织工人每天工作时间长达 15~18 小时,但所得工资仅够糊口。工人住在像猪圈一样的贫民窟里,人畜杂处,疾病丛生,有的工人甚至根本没有固定住所。1844 年前后,伦敦有 5 万人每天早上不知道夜里将在何处住宿。工人们的生活毫无保障,一失业就只好挨饿。大机器生产的发展,排挤了成千上万的手工劳动者,使他们破产或者失业,造成庞大的劳动后备军。资本家还用童工、女工代替男工,从而使工人工资下降,生活日益贫困。恩格斯在描述资本主义剥削给英国工人带来的苦难时说:"妇女不能生育,孩子畸形发育,男子虚弱无力,四肢残缺不全,整代整代的人都毁灭了。"[①]这其实也是各国工人共同命运的写照。

随着大机器生产的迅速发展,资本主义生产社会化与私人占有之间的矛盾,充分暴露出来。资本家为了追逐利润,拼命扩大生产,而广大劳动者的购买力却非常有限,于是爆发了

---

① 恩格斯. 英国工人阶级状况. 马克思恩格斯全集(第 2 卷). 北京:人民出版社,1972:453.

生产过剩的经济危机。自1825年英国爆发了第一次经济危机以后,资本主义社会大约每十年就会周期性地爆发一次经济危机。而资本家总是把危机所造成的损失转嫁给工人,这就进一步激化了劳资矛盾。

但当时的各国政府普遍奉行自由放任政策,标榜自己的主要职责是保证"自由竞争",不干预市场经济的自发运行,对劳资关系采取不干预政策,完全交由劳动力市场自动调节。在劳资关系中,资本处于优势地位,劳动者的利益缺少法律和制度保障。

劳资之间这种利益冲突,必然引起他们之间的冲突与斗争。最初工人采取自发破坏机器、捣毁工厂的方式同个别资本家斗争。到19世纪末20世纪初,工人开始意识到破坏机器并不能阻止机器的使用,也不能造成消除工人贫困失业的根源。要改善工作和生活条件,就必须组织起来同资本家进行斗争。于是,工人开始建立工会,采用罢工手段进行有组织的斗争。但这些斗争只对工人生活产生了微小的改善,并没从根本上改变其被奴役和被剥削的地位,于是到了19世纪三四十年代,英、法、德等国的工人开始意识到要从根本上改善自己的处境,就必须进行政治斗争,改善政治上无权的地位。于是,工人反对资本家的斗争进入到开展独立政治运动的新阶段。

面对工人的斗争,资本家进行了激烈的抵抗,政府也采取了法律上不承认、严格限制甚至镇压的态度。当时各国的立法都禁止工人结社、罢工和示威。英国1799年颁布的《结社法》,法国1791年颁布的《夏勃里埃法》就是这类法律的典型代表。

3.亚当·斯密的管理思想

亚当·斯密是英国古典经济学家,他的管理思想是当时的主流管理思想。

斯密认为,劳动是国民财富的源泉,工资越低利润就越高;反之,工资越高利润就越低。因此,在斯密思想盛行的年代,企业将追求利润最大化作为唯一目标,雇主极力压低工人工资、延长工时、增加劳动强度以获得更多利润。

斯密认为,市场是一只"看不见的手",自由竞争和交易制度不但可以有效释放经济动力,还可以实现劳资之间公正的收入分配,进而达到全社会普遍富庶的目标。因此,他主张以"看不见的手"来自动调节经济运行,政府的职责应该是自由市场的"看门人",不能干涉市场的运行。斯密的这种思想成为当时各资本主义国家政府普遍奉行的理论,在其指导下,政府对劳动关系的运行采取不干预政策,雇主具有极大的雇佣、使用和解雇员工等权利,在劳资关系中占据着巨大优势地位。

二、劳动关系的基本特征

1.劳资矛盾处于尖锐冲突和激烈对抗之中,早期的斗争焦点主要集中在劳动者最基本劳动条件的改善上

资本家为了榨取尽可能多的剩余价值,采用延长工时、增加劳动强度、压低工资、不改善劳动条件和劳动保护设施以及完全控制工人工作等最原始和最残酷的剥削方式;面对资本的残酷压榨,工人们奋起反抗,他们通过破坏机器、烧毁厂房、停工怠工、罢工游行等形式,要求雇主提高劳动条件和工资。19世纪40年代以后,工人开始了政治斗争,马克思主义理论的出现,为工人的政治斗争提供了理论指导。从此,工人反对资本主义制度,为建立不同于资本主义的社会主义制度的社会主义运动就伴随着资本主义的发展而不断壮大,并深刻地

影响着劳资关系的发展。

2.劳工运动总体上处于分散、个别和局部状态

这种斗争多数是自发和分散的行动,没有周密组织和计划,绝大部分以失败而告终。在经历了失败后,工人们开始认识到只有联合起来依靠群体的力量,才有可能与雇主抗衡,达到自己的目的。于是,在一些行业中开始出现了最初的工人组织,这就是早期的工会。同时,工人阶级的政党也开始出现。

【知识链接】　　　　　　　欧洲与美国的早期工会

18世纪末19世纪初,西欧各国爆发了各种工人反抗斗争,他们通过破坏机器、烧毁厂房、停工怠工、罢工游行等方式,要求雇主提高工资改善劳动条件。由于这些斗争基本都是自发而分散的,最后往往以失败结局。工人们在实践中开始意识到联合起来的必要性,于是在一些行业中开始结成最初的工人组织,这就是早期的工会。

在同期的美国,也产生了工会。美国的早期工会大部分是在技术工人和半技术工人内部发展起来的,工会的目的是以其意志来规范所从事的职业。所以,美国的早期工会具有中世纪的同业互助会性质。随后,全国性工会在各行业中出现。到19世纪70年代早期,全国性工会发展到大约30个,会员人数大约有30万人。

3.政府对劳资关系采取自由放任态度

当时的政府标榜自己的主要职责是保证"自由竞争",将劳资关系交由劳资双方去处理,官方不予干涉。但在表面自由的背后,实际上是对雇主的纵容和对工人的限制与打击。处于弱势的工人不但缺少法律保护,而且在立法上禁止工人结社和罢工,其立法和政策明显偏袒雇主一方。面对工人的经济和政治罢工,政府动用军队进行镇压。这一时期各资本主义国家的政府都对工人罢工采取武力镇压的手段。比如美国1834年安德鲁总统在马里兰州对爱尔兰裔工人罢工的镇压、法国政府对里昂工人起义的镇压、英国政府对宪章运动的镇压、德国政府对西里西亚纺织工人起义的镇压等。

第三节　垄断资本主义时期的劳动关系

垄断资本主义时期开始于18世纪中叶的第二次产业革命,截止于20世纪初第一次世界大战之前。这一时期资本主义发展处于垄断阶段。

一、时代背景

(一)第二次产业革命带来的社会变革

1. 新技术革命带来了生产组织的变革

由于使用了电,原来以蒸汽机为动力的机器体系(包括发动机、传动机、工作机)现在连成一体,由此引起了生产工艺组织的变革。过去由于动力和传动装置的限制而将同种机器并列的工艺组织,已被按产品加工工艺组成的流水线所替代。

2. 资本主义从自由竞争发展到垄断阶段

科学技术的巨大进步、工业生产的迅速发展使欧美各国资本主义经济迅速发展,工业生产从"棉纺织时代"进入了"钢铁时代",重工业在工业生产中开始占据主导地位,工业总产值翻了一番。企业规模越来越大,财富逐步集中到少数资本家"精英"手中。生产和资本的高度集中,为少数大资本家与银行家的联合和实行垄断创造了条件。垄断组织在各部门陆续建立,并发展为工业资本与银行资本相融合的金融资本的统治,资本主义从自由竞争发展到垄断阶段。

(二)社会矛盾不断加剧

在这个阶段,贫富差距不断扩大,社会矛盾日趋尖锐。由于资本主义垄断趋势的不断加强,竞争日益加剧,经济危机周期性爆发,广大工人所受的剥削和压迫愈益沉重,生活状况愈益恶化,工人同资本的矛盾愈益尖锐。从 19 世纪 70 年代到第一次世界大战爆发的 40 多年时间里,主要资本主义国家先后经历了五次世界性经济危机的打击,每次经济危机都使资本主义国家的生产急剧下降,企业大批破产,资本贬值,工资削减,失业人数增加,生产力遭到严重破坏。与此同时,工人对资本展开了不屈不挠的斗争。

这一时期,西欧、北美各国基本上都完成了资产阶级革命,先后建立了资产阶级专政的国家政权。政府开始意识到,为了稳固政权巩固统治,就不得不要求雇主方做出些让步,同时也要对劳工的工作保障等方面加强管理。

(三)科学管理理论

随着技术革命和流水线作业为基础的生产的发展,产生了新的劳动组织和现代管理体系,这就是泰勒制。以弗雷德里克·泰勒为主要代表人物的科学管理理论以提高生产效率为目标,以科学管理方法代替传统的经验管理,提出通过建立各种明确的规定、条例、标准,使一切科学化和制度化,是提高管理效能的关键。科学管理的内容包括劳动定额、激励性的工资报酬等。

科学管理思想对这一时代产生了深刻影响,各企业纷纷以此为依据制定新的管理方法。管理的改进不但提高了劳动生产率,也为工人创造了更加公平合理的竞争环境。著名管理学家哈罗德·孔茨对泰勒评价道:"尽管看起来过分关注于车间一级的生产率,然而恰恰相反,贯穿在泰勒著作中的主旋律却是强烈的人道主义。他认为,要精心选人用人并加以培训,让他们都能够做干得最好的工作。他还认为,工人、主管人员和工厂主的利益,是能够也应该能够协调一致的。此外,泰勒还强调主管人员精心制订先进计划的重要性以及主管人员有责任设计工作制度,以帮助工人把工作做得最好。但是,当他谈到管理时,他从来没有忽略过这样的事实:雇主与工人之间的关系无疑是形成这种艺术的重要部分。"

当然也应该看到,流水线式的生产和泰勒制也成为资本家提高劳动强度、加强剥削的重要手段。泰勒制加强了工人对资本家的实际隶属,使工人进一步附着在工作岗位上。

二、劳动关系的基本特征

1.工人力量不断增强,劳资力量对比发生变化,劳资矛盾的激烈程度有所减弱

随着资本主义大工业的发展,工人队伍不断扩大。以德国为例,1882年工业在业工人为730万,1895年增至1020万。而且,随着第二次产业革命引起的资本和生产集中,工人更加集中起来,工人力量不断增强,工人罢工斗争继续发展。在欧洲、北美工业较发达国家,罢工规模之大、次数之频繁、参加人数之多,都是前所未有的。仅1900—1904年间,德国工人罢工就达7000多次;1900—1905年,法国工人罢工人数达1107000人次。特别是1836年5月1日,美国近40万工人为争取八小时工作日而举行的总罢工,芝加哥工人与警察进行了英勇的搏斗,震动了世界。

这一时期,工人进行了建立自己政权的尝试——巴黎公社。公社失败后,到19世纪70年代末,工人运动重新高涨起来,并且越过西欧和美国的范围,扩展到了东欧的俄国、波兰、匈牙利、捷克、塞尔维亚、亚洲的日本和印度,以及非洲的南非联邦等国家。

这一时期,马克思主义理论得到更加广泛的传播,马克思主义同工人运动进一步结合起来,在欧美各国相继成立了社会主义政党。1869年德国社会民主工党建立,1876年美国劳动人民党建立,1879年法国建立了法国工人党,1884年英国成立了社会民主联盟。此外丹麦(1871)、西班牙(1879)、比利时(1879)、意大利(1882)、波兰(1882)、挪威(1887)、奥地利(1888)、瑞典(1839)和瑞士(1889)也成立了社会主义政党或团体。俄国的普列汉诺夫于1883年9月在日内瓦成立了宣传马克思主义的团体"劳动解放社",1898年俄国社会民主工党成立。这些政党建立后,提出了改造资本主义和实现社会主义的主张,社会主义运动得到迅速扩展。

在工人斗争的巨大压力下,各国政府相继废止了禁止结社的法律。因此,各国的工会组织得到空前的发展,工会组织广泛建立,队伍逐渐壮大,并且形成了层次。1886年12月,美国劳动工人联合会(简称AFL)成立,这是一个以熟练工人为主的在不同职业的基础上组织起来的全国性总工会。1905年,在美国的芝加哥,世界产业工会成立。

由于劳资力量对比的变化以及工人的不屈斗争,迫使资方不得不做出一些让步,劳资矛盾的激烈程度有所降低。

【知识链接】　　　　　　　德国工人阶级政党的建立

德国社会民主党(SPD)1863年5月23日成立于莱比锡,是德国历史上建党最早、最传统的民众党。140多年以来,社会民主党为争取自由、公正、民主和进步进行了不懈的努力和奋斗。它的历史可以追溯到1848年。

1848年德国工业化初期,在手工业作坊转化为大机器生产的过程中,大批的

手工业者和小农涌入城市,出现了工人阶级。这些无产者在极其恶劣的条件下,每日劳作 12～17 个小时,童工每天工作 10 小时以上,女工所得劳动报酬远远低于男性工人,没有休息日,没有劳动保险,没有政治权益,受尽了资本家残酷的压榨和剥削。1948 年,德国爆发了要求议会制、集会自由、新闻自由的资产阶级民主革命,但是,新生的议会仅仅存在了几个月就被血腥镇压了。然而,这场资产阶级民主革命却唤醒了工人阶级的觉悟。1848 年三月革命爆发前夕,德意志联邦涌现出两个工人运动组织:一个是由马克思和恩格斯领导的共产主义联盟,一个是由施泰凡·鲍恩领导的工人联盟。前者盟员较少,其活动中心在西普鲁士,后者声势浩大,拥有 15000 名成员,主要活动区域在柏林、萨克森以及德国南部的巴伐利亚。德国的工会诞生了。然而,三月革命失败,新生的工会组织被扼死于摇篮之中。

三月革命失败之后,德意志帝国诞生之前,随着工业化进程的迅猛发展,德意志联邦的政治气候也日益宽松自由,普鲁士要求更换帝位、废除君主制的呼声越来越高,偃旗息鼓多年的工人运动才又东山再起。1863 年 5 月 23 日费迪南·拉萨尔在莱比锡宣布成立了"德国工人联合会",德国社会民主党的前身诞生了。该工人联合会的行动口号是"自由,平等,博爱",继续 1948 年的社会民主革命。

拉萨尔逝世五年之后,奥古斯特·倍倍尔和威廉·李卜克内西于 1869 年 8 月在埃森纳赫缔建了"德国社会工人党"(SDAP)。社会工人党以马克思和恩格斯的社会学说为指导思想,致力于消灭私有制的资本主义生产方式,消灭阶级差别,建立一个公正平等的社会主义民主国家。由于德国工人联合会和德国社会工人党的基本纲领大同小异,政治方向基本一致,于是,经过了几年的磨合,德国工人联合会与德国社会工人党终于在 1875 年的戈塔尔(Gothar)党代会上实现了两党统一。

2. 劳资斗争的方式出现一些变化

雇主在不断加强的工人运动压力下,开始出现让步,从早期对工人的直接剥削和压迫,转变为通过改进管理,增加在工作中科学的分析和对工人的激励,来追求利润最大化的目标。

工会代表工人与资方谈判的方式开始出现,劳资斗争的方式出现了一些变化,除了传统的对抗斗争方式以外,经过谈判—罢工—再谈判的反复较量,集体谈判制度得到确认。

3. 政府采取了"建设性"干预政策,劳资关系开始向有序化、法律化方向发展

为了稳固政权巩固统治,各国政府不得不放弃了自由竞争时期对工人运动或放任或压制以及对雇主行为一味纵容的对劳动关系放任态度,采取了对劳动关系的所谓"建设性"干预政策。各国相继出台了诸如减少工时、妇女和儿童就业保护、以社会援助的形式发放各种津贴和失业补助等劳动法律法规。到 19 世纪末 20 世纪初,各国的工厂法、劳动保护法、劳动保险法、工会法、劳动争议处理法等法律大量出台。比如,英国在 1871 年颁布了世界上第一部工会法;各国开始建立起劳动行政管理机构,有了对劳动事务进行管理的部门;英国 1875 年又颁布了《企业主和工人法》,允许工人团体和企业主订立契约和合同;1904 年新西兰出现了比较规范的集体合同法,集体合同制度得到国家法律的承认和保护,最终得以确立下来。

第四节　两次世界大战之间的劳动关系

两次世界大战之间时期开始于20世纪初的第一次世界大战，截止于20世纪中叶第二次世界大战结束。20世纪上半期的两次世界大战期间，是劳动关系从上一阶段的初期国家干预，向下一阶段的全面制度化、法制化的成熟资本主义劳动关系转变的过渡时期。

一、时代背景

这一时期最突出的时代特征就是两次世界性战争和历史上最严重的经济危机。

1. 第一次世界大战

19世纪末20世纪初，资本主义完成了从自由竞争阶段向垄断阶段的最后过渡，成为具有对外侵略扩张倾向的帝国主义。各帝国主义国家之间矛盾日益尖锐。德、美等后起的帝国主义国家，由于利用最新科学技术成就，采取大规模的垄断组织形式，向新兴工业部门大量投资，迅速赶上和超过了英、法等老牌帝国主义国家。其中，美国的工业生产总额已跃居世界第一位；德国则在欧洲首屈一指；日本工业的发展速度也超过了其他许多国家。但当这些后起国家挤进帝国主义的行列时，英、法等老牌帝国主义国家已经把世界领土瓜分完毕。于是，后起国家要求按照"资本"和"实力"重新瓜分世界，英、法等国则想继续保持甚至扩大殖民地范围，这就不可避免地要引起为争夺市场、领土和势力范围而重新分割世界的战争。到第一次世界大战之前，以英国为首的协约国集团和以德国为首的同盟国集团最终形成，两大军事集团之间的斗争愈演愈烈，到1914年终于爆发了第一次世界大战。

第一次世界大战是一场主要发生在欧洲但波及全世界的世界战争，也是欧洲历史上破坏性最强的战争之一。大约有65000000人参战，16000000人失去了生命，20000000人受伤。由于大批劳动力被送上战场或从事军事生产，使得一般工业、农业、畜牧业等生产急剧下降，给社会生产造成了巨大破坏。

第一次世界大战期间，各资本主义国家的工人运动风起云涌，德、奥、匈、俄、英、法、美、日等国不断举行大规模的罢工运动和反战集会，俄国仅1914年后半年，就发生罢工70次，有将近35000人参加，到1916年罢工达1500次，参加人数超过100万。

第一次世界大战打出了世界上第一个社会主义国家苏联。苏维埃政权的建立，从根本上推翻了资本的统治，工人掌握了国家政权，增强了各国工人的斗争信心与勇气，为各国工人树立了光辉榜样。从此，社会主义制度作为资本主义制度的竞争物而存在，对资本主义制度造成了强大的威胁，迫使资本主义国家进行各种改革，以维持自己的统治，这对改善资本对工人的态度以及政府对劳动关系的态度起着巨大的作用。这也是第一次世界大战后促进资本主义改革的重要原因。

2. 第二次世界大战

1939年9月1日—1945年9月2日，爆发了以德国、意大利、日本法西斯轴心国（及芬兰、匈牙利、罗马尼亚等国）为一方，以反法西斯同盟和全世界反法西斯力量为另一方的第二次全球规模的战争。

战争的根本原因是资本主义经济政治发展不平衡。经济上,第一次世界大战后,德国不甘心《凡尔赛和约》对其的严惩和限制,依靠美国的扶植,经济再度超过了英法;意大利在第一次世界大战后经济衰落;日本侵略亚洲国家的同时,美英等国禁止向日本输送石油战略物资,导致日本经济发展受到阻碍;政治上,1929—1933年资本主义世界严重的经济危机引起了政治危机,德国和日本建立了法西斯专政,而英、法、美继续坚持资产阶级民主制度。

战争的直接原因是由于1929—1933年资本主义经济危机的沉重打击,德意日法西斯为摆脱危机、转移国内人们的斗争视线,发动了第二次世界大战。

从欧洲到亚洲,从大西洋到太平洋,先后有61个国家和地区、20亿以上的人口被卷入战争,作战区域面积2200万平方千米。据不完全统计,战争中军民共伤亡9000余万人。

战争对世界经济造成了巨大破坏,40000多亿美元付诸流水。以中国为例,按1937年的比价计算,日本侵略者给中国造成的直接经济损失1000亿美元,间接经济损失5000亿美元;苏联在1941到1945年卫国战争期间,物质损失按照1941年的价格计算达6790亿卢布,并且造成了大量男性劳动力伤亡。

第二次世界大战最后以美国、苏联、中国、英国等反法西斯国家和世界人民战胜法西斯侵略者、赢得世界和平与进步而告终。第二次世界大战后世界政治格局形成了社会主义和资本主义两大阵营的对峙,形成约半个世纪的"冷战"国际关系。

3.1929—1933年资本主义经济危机

1929年10月24日,美国纽约华尔街证券交易所出现抛售股票的狂潮,收盘时转手的股票达到1300万股,创历史之最。随之而来的是股票市场的崩溃和银行的挤兑风潮,美国经济陷入绝境,史称"黑暗的十月"。资本主义发展史上最严重的一次世界性经济危机爆发了。

这次大危机的爆发有着深刻的社会根源。由于生产社会化与生产资料私人所有制之间的矛盾,美国国内的贫富差距不断扩大。1929年美国贫困户家庭占到家庭总数的60%,这大大限制了社会购买力。当时出现的投机狂热增加了金融市场的不稳定性。1928年8月美国股票市场的平均价格相当于5年前的4倍,刺激了市场的虚假繁荣。

这场危机来势凶猛并持续了四年时间,从美国迅速波及整个资本主义世界,给资本主义世界经济造成了严重破坏,人们常常用"大萧条"、"大恐慌"来形容这场危机。

二、劳动关系的基本特征

1.危机、战争和革命极大地影响着这一阶段劳动关系的发展,劳资关系领域的许多重大变化都受到这些因素的影响

这一期间,资本主义国家的政治与经济都处于动荡之中,生产和贸易受到严重破坏。由于民族矛盾突出,劳资矛盾退居次要地位。

第一次世界大战结束时,世界上出现了第一个社会主义国家苏维埃俄国;第二次世界大战结束时,出现了与资本主义阵营对峙的社会主义阵营。这对于受苦受难的各国工人阶级是极大鼓舞,并形成了对资本主义制度的强大压力和竞争。工人阶级不仅继续要求改善劳动和生活条件,而且要求参与经营和管理;各国政府则被迫更加全面地干预劳动关系的方方面面。

20世纪二三十年代的经济危机,造成大量企业破产和工人失业,使劳资关系再度紧张起来。受经济危机和俄国革命影响,各主要资本主义国家都爆发了以政治要求为目标的较

大规模的罢工,如英国的罢工在 1919 年达 1352 次,法国达 2026 次。在美国,劳动者在 20 世纪 30 年代的萧条年间及 20 世纪 40 年代初的战争年间变得非常强大。随着上百万的产业工人第一次加入工会,工会运动在那段时间迅速增加。虽然第二次世界大战期间工会进行了极大的克制,但是战后还是很快爆发了一系列武力罢工和其他工人抗议活动。为缓解劳资关系的再度紧张,政府加强了对劳动力市场的宏观干预。这种干预以"罗斯福新政"为主要代表。为减少大萧条带来的失业、缓和劳资矛盾,罗斯福政府颁布了《产业复兴法》,该法律规定:工人有组织工会、参加自己选择的任何工会和通过自己的代表同资方签订集体合同的权利,该法律还规定了最低工资和最高工时等。

2.政府进一步放弃了原来的不干预政策,开始从初期的国家干预向制度化、法制化过渡

这表现在:

(1)国家的劳动行政管理职能得到空前发展,成为政府宏观调节劳资关系的主要手段。政府对产业发展和劳动力市场等诸多领域都进行了调控。

(2)国家加强了劳动保障方面的立法。如 1933 年罗斯福政府颁布了《产业复兴法》,1935 年又颁布了《国家劳动关系法》(又名《瓦格纳法》)。

(3)工业民主化和三方协商机制首次出现。工业民主化和三方协商机制首次出现,集体谈判的范围进一步扩大,使协调劳资关系的方式更加丰富,内容更加宽泛。

这一时期,三方性原则开始出现。最初的形式是,由政府的劳动部门安排雇主和工人代表或工会代表参加会议,共同讨论一些双方都关心的问题。经过发展,逐步演变为政府在制定产业政策时,主动征求双方的意见,政府参与调解双方关系,使双方的矛盾控制在一定范围内。

三方合作的方式在当时主要有两种:一种是在政府主持和法律约束下以集体方式处理劳动关系;另一种是雇主组织和工人组织(工会)共同参与劳动法的拟定和实施。

第一种合作方式——集体谈判和集体协议制度逐渐在各国兴起。在集体谈判制度中,以管理方和劳动者集体按照事先规定的程序通过讨价还价来共同决定工资和其他工作条件,而政府在谈判过程中作为第三方,除了帮助制定程序和规则外,还担负着调解和仲裁双方纠纷,以及提供其他服务的责任。

第二种合作方式——在政府制定劳动立法过程中,政府从原来只听取雇主方意见转变为邀请雇主和工人代表共同参与协商。一些国家还为此专门成立了由三方共同参加的机构。当然,三方性原则在当时还并不普遍与完善。

3.各国都进一步发展了社会保障制度,提高了社会保障水平

1935 年罗斯福政府通过了《社会保障法》,标志着现代社会保障制度从社会保险制度向综合性社会保障制度的转变。

第五节　成熟资本主义时期的劳动关系

成熟资本主义时期是资本主义劳动关系的成熟时期,起始于 20 世纪中叶,截止于 20 世纪七八十年代。

一、时代背景

1.第三次科技革命

科学技术革命包括科学革命、技术革命和产业革命三个既有联系又有区别的过程。它们在近代以来,特别是20世纪以来,逐渐联系在一起,依次而出现,又在交错中进行。科学革命是技术革命的理论基础,人类在对自然界及其发展规律的认识过程中产生的飞跃被称为科学革命;技术革命是在人类改造自然过程中关于制造和操作的系统知识的社会性和根本性的变革;产业革命是由技术革命引起的,是指国民经济的实际产业结构发生了根本变革,致使经济、社会等方面出现了崭新的面貌。

第三次科技革命是人类文明史上继蒸汽技术革命和电力技术革命之后科技领域里的又一次重大飞跃。它始于第二次世界大战后初期,50年代中期至70年代初期达到高潮,70年代以后进入一个新阶段。它以原子能、电子计算机、空间技术和生物工程的发明和应用为主要标志,涉及信息技术、新能源技术、新材料技术、生物技术、空间技术和海洋技术等诸多领域的一场信息控制技术革命。

第三次科技革命给人类的生产和生活带来的影响是巨大的(见表2-1)。它引起生产力各要素的变革,使劳动生产率有了显著提高;使整个经济结构发生了重大变化,第三产业比重上升;不仅加强了产业结构非物质化和生产过程智能化的趋势,而且引起了各国经济布局和世界经济结构的变化,世界各地联系更紧密;强化了国家资本主义和科技竞争,扩大了发达国家同发展中国家的经济差距;极大地促进了社会生产力的发展,使生产的社会化程度不断提高,这就使得原有的私人垄断不能适应生产力高速发展的需求,因而迫切要求国家垄断的充分发展和国家对经济的全面干预,从而推动资本主义由一般垄断向国家垄断过渡;促进了国际贸易的发展、世界货币金融关系的变化和生产要素的国际流动;推动了跨国公司和国际经济一体化的发展,并引起了世界经济结构和经济战略的变化。

表2-1　第三次科技革命的兴起和发展

原子能(美国)	试爆第一颗原子弹	1945年	原子能成为新能源
电子技术(美国)	第一台电子计算机 微型计算机迅速发展	1946年 20世纪70年代	计算机的应用对人类生产生活产生重要影响
航天技术(苏联) (美国)	人造卫星上天 宇宙飞船载人 把人送上月球	1957年 1961年 1969年	
生物工程	生物工程形成,基因工程是其核心技术,掌握了克隆技术	20世纪70年代	人类通过改变细胞的遗传性,达到改良品种和创造生物新类型的目的
海洋工程技术 新材料技术	海上石油开采、海水淡化等 光导纤维 超导材料	20世纪70年代 20世纪70年代 20世纪80年代	

2.社会主义阵营的出现

第二次世界大战后在东欧和亚洲出现了一系列社会主义国家,包括南斯拉夫、罗马尼亚、捷克斯洛伐克、波兰、德意志民主共和国、匈牙利以及中国、蒙古、朝鲜、越南,世界政治局势形成了社会主义和资本主义两大阵营的对峙,形成约半个世纪的"冷战"国际关系。社会主义制度和阵营作为资本主义制度和阵营的对立物出现,是对资本主义制度的竞争、挑战与威胁,迫使资本主义必须完善自己的社会制度。而劳动关系是整个社会关系的基础,雇佣劳动制度是资本主义各项社会制度的基础,为了资本主义能在威胁中生存下去、在竞争中取得胜利,迫使资本主义各国对劳资关系做出巨大改善。大约从 1948 年开始,在工会领导中更加温和的一派与更具远见的大企业官员之间逐渐形成了资本与劳动之间的妥协——大多数大资本非正式同意集体参加与工会进行的劳资谈判,而工会则同意限制关于工资和工作条件问题的讨价还价,并同意承担在后来成为标准 3 年劳动合同期间阻止罢工的责任。这种资本与劳动之间的妥协,对工人意味着定期的工资上涨,而对资本来说则能确保对生产过程的连续控制,同时作为确保工资成本稳定性和可预见性的方式。这种资本与劳动之间妥协的结果,使得这一时期的实际工资和劳动生产率都得到相对较快的增长。在美国,生产工人的实际小时工资在 1948—1973 年间每年增长了 2.2%。同时,第二次世界大战后的 25 年经常被称作资本主义的"黄金时代",因为它通过许多方式实现了有数据以来所有时段中最好的经济绩效。例如,在美国 1948—1973 年年均 GDP 增长率为 3.94%,自有数据以来在任何长时期中是增长最快的一段时间(美国经济分析局,2007)。

3.福利国家的出现和社会保障制度的完善

随着第二次世界大战后全球经济的快速发展,出现了像英国、瑞典这样的福利国家。福利国家以社会保障制度完善、社会保障水平高而著称。在其他西方国家,社会保障制度也有了不同程度的发展。现代社会保障制度于 20 世纪四五十年代进入成熟阶段。社会保障制度的发展对于改善劳动关系具有相当重要的意义。

二、劳动关系的基本特征

这一时期劳动关系的总态势是趋于缓和与合作,劳资之间大规模的激烈对抗冲突减少,代之以机制化、规范化的行为,劳动关系进入成熟时期。具体表现如下。

1.政府加强对劳动关系的干预

经过前几个时期劳动关系的发展,政府不但认识到调整劳动关系的重要性,而且调整手段也已经相当完备——立法体系完善、社会保障制度完善、调整机制齐全、管理与服务机构发达,政府对劳动关系的影响方式从不干预、直接干预到通过立法间接干预,形成了一套规范化、制度化的法律体系和调整机制。

2.劳资力量相对平衡

政府采取了更多的产业民主化政策,其中最重要的是工人参与企业管理,主要体现在三方原则的广泛推广上,即政府、企业和员工合作共同制定产业和劳动政策。有的国家在全国一级的产业层次上由政府主持下的雇主协会和全国性产业工会谈判;也有的按照政府的法律规定在企业层面上由雇主与企业工会谈判;还有些成立了由三方参加的民主决策机构(如劳资议会)。国际劳工组织就是一个三方组织,它积极倡导劳动关系领域的三方原则,在制定劳动法规、调整劳动关系、处理劳动争议等方面,形成三方代表共同参与决策,互相影响、互相制衡。

集体谈判制度仍在进一步完善,并被西方国家普遍采用。雇主与工会代表通过相对公平的谈判来决定工资和工作条件等内容,所有员工(包括工会会员和非工会会员)都可以享受谈判带来的福利增加,集体谈判逐步成为处理管理方与员工之间日常问题的主要手段。

工会会员比例有所上升,工会运作更有效率。比如在美国,1947年颁布了《劳动关系法》,对工会权利进行了规范与限制。1955年劳联和产联合并,结束了两大工会力量的长期竞争,合并后的运作更有效率。工会的数量虽然不像第二次世界大战期间那样迅速增加,而多是旧有工会的延续,但同时参加工会的会员人数却不断增加。

各国公共部门的工会发展壮大起来。从1972年起,美国制造业和建筑业蓝领工人中的工会组织数量骤减,同时从1960年起,公共部门尤其是州、地方和联邦政府雇员中的工会组织则维持了较长时期的增长。1985年工会在政府雇员中的代表率美国为36%、德国为58%、英国为81%;同期在私营部门工会代表率则分别为14%、28%、38%。

第六节　全球化时期的劳动关系

全球化时期大致是从20世纪八九十年代开始至今。

一、时代背景

1. 互联网技术

1969年9月2日,两台计算机第一次被连接在一起,构成阿帕网。这原本是美国国防部先进研究项目局的研究项目,而后却发展成为因特网的基础。

卡恩和瑟夫于1974年提出一组网络通讯协议的建议,这就是著名的TCP/IP协议。这项协议使阿帕网能够与其他网络相通,并形成今天的因特网。1983年1月1日,TCP/IP协议成为网络标准,因此这一天也可能成为因特网的生日。

自1993年起,因特网面向商业用户并向普通公众开放,用户数量开始滚雪球式增长,各种网上服务不断增加,接入因特网的国家也越来越多。全球因特网用户每年增长率都超过15%,目前全世界上网的总人数已远远超过1亿。互联网技术为加强全球经济联系提供了技术支持,成为经济全球化的重要推动力。

2. 经济全球化

全球化是指跨国商品与服务贸易及国际资本流动规模与形式的增加,以及技术的广泛传播使世界各国经济的相互依赖性增强。

在21世纪八九十年代以来,在跨国公司、世界贸易组织、国际货币基金组织和国际互联网的共同推动下,以商品、服务、资本、信息、劳动的跨国界全球流动为主要内容的经济全球化以前所未有的速度和规模推进。

3. 苏东剧变和社会主义阵营解体

自1989年起,东欧局势发生激烈动荡,东欧各国的共产党和工人党在短短几年时间内纷纷丧失政权,社会制度随之发生根本性变化。1991年12月25日,第一个社会主义国家苏联解体,短短几年的时间内,拥有千万党员的苏共亡党,拥有69年历史的苏联解体,社会主义阵营也不复存在,国际政治格局从两大阵营对峙变为资本主义一家独大。资本主义制度失去了对之造成威胁的竞争者。

二、劳动关系的基本特征

1.新自由主义劳动关系模式出现

第二次世界大战后达成的劳资之间的妥协自 1967—1973 年间开始削弱,从 1973—1979 年开始向一种新的劳资关系模式过渡。大约在 1979 年,一种新自由主义模式出现。最初是在英国和美国,在随后的几年中,新自由主义模式开始蔓延到许多其他国家。20 世纪 80 年代,主要的全球经济制度转向了新自由主义。

新自由主义劳动关系的特征之一是主张自由市场、反对政府干预的意识形态取代了原来主张政府干预成为主流意识形态。

资本与劳动的关系,从之前的彼此妥协转变为现在完全的资本支配劳动。私有化和解除管制,取消和减少社会项目,极大地削弱了工人阶级的谈判力量。不受限制的竞争迫使雇主压低工资、延长劳动时间。在英国和美国,新自由主义时代的开始以政府领导的对工会的进攻为标志,在英国是矿工的工会,在美国是空中交通管制员的工会。在美国,大多数大资本放弃了其早期对工会的承认,同时使用各种办法削弱工会并在可能的地方取消工会。新自由主义的意识形态坚持认为削弱工会和取消社会项目对经济发展是必需的。

新自由主义劳动关系模式的影响可以很清楚地从美国在新自由主义时期劳动力市场的数据中看到。1979—2000 年(经历了最近一次经济周期的波峰年份),生产工人的实际小时工资实际上下降了 4.4%,同时劳动生产率却在继续上升。因此,美国的新自由主义时期,所有生产率提高所带来的利益都流向了资本。在美国,2005 年大公司首席执行官(CEO)的平均薪金为普通工人的 411 倍,比 1982 年的 42 倍(AFL-CIO,2007)增长了近 10 倍。最近的数据表明在美国流向最富有的 1% 人口的收入比例达到了 1929 年以来的最高水平。

然而,新自由主义劳动关系模式在总的经济绩效中没有出现所期望的改进。与以前的劳资妥协时期的 GDP 增长为年均 3.94% 相比,美国 1979—2000 年的 GDP 增长为年均 3.10%。劳动生产率增长在 1979—2000 年为年均 1.73%;使用可比数据,劳动生产率增长在 1948—1973 年为年均 2.77%。

2.劳资关系的均衡态势被打破,强资本弱劳工的格局形成

随着经济全球化的发展,资本跨国流动的能力越来越强,使得它在与国家的谈判关系中具有更强的讨价还价能力,迫使国家为了留住资本而降低关税、取消管制、出台优惠政策,而这在很大程度上是以牺牲劳工利益为代价的。相对于资本实力的增强,工会作为一种集体力量则出现了分散化的迹象,难以组织起来与强大的资本相对抗。

3.经济全球化削弱了工会的生存力和实力

产业结构调整对工会力量和工会运动传统基础的制造业蓝领工人等传统工人的影响很大,第二产业的缩小造成了产业工人数量的减少,第三产业的扩大则带来了劳工队伍的分化,削弱了劳工形成大规模组织的可能性,因此工会组织率大幅度下降。同时工会运动还不适应跨国公司的加速发展。随着跨国公司的发展,生产国际化,劳动关系也超越了国家疆界,而工会活动仍在一国范围内,只是和本国的子公司打交道,这就对工会的实力和生存造

成了威胁,对其发挥作用起了巨大的限制。

4. 经济全球化使集体谈判制度受到威胁

集体谈判曾是工会维护劳工利益的主要途径,并得到法律认可。第二次世界大战后西方国家工人工资的增加、工时的缩短、劳动条件的改善、福利水平的提高,绝大部分都是通过集体谈判方式取得的。但现在,在资本外迁压力下,工会被迫放弃增资要求,有些国家取消比较集中的中央级、产业行业级别的谈判,由企业工会和企业主自行谈判;有的甚至取消集体谈判,由工人自行与雇主谈判。由于集体谈判制度不适应跨国公司跨国经营的全球化视角,因此其作用受到很大局限。

经济全球化使政府失去公正立场。为提高全球竞争力,发达国家政府争相降低关税、削减社会福利,导致失业率上升和劳动者的就业质量下降;发展中国家为吸引外资,纷纷以廉价劳动力为优惠条件,竞相压低工人工资,甚至以承诺压制工会和工人运动为条件。此外,政府还放松对劳动力市场的管制,使工资低、缺乏保障的非正规就业工人大量增加。以牺牲劳工利益来追求经济发展,已经成为许多国家公共政策的出发点,政府明显失去了公正立场。

总之,经济全球化,给劳动关系领域带来了许多新问题、新情况、新特点,引起了全球劳动关系格局的重大变化,为全球劳动关系领域带来了新挑战。

【本章小结】

本书所讲的劳动关系,特指以机器大工业为生产力基础,以生产资料私人占有为生产关系,以雇佣劳动为特征的资本主义生产方式以来的现代劳动关系。

劳动关系作为一个系统,在其内部基本矛盾的作用下不断运动、发展,同时,这一基本矛盾的发展又受到政治、经济、文化、技术等外部环境的影响,使得劳资之间的冲突与合作在不同时期又有各自突出的表现,呈现出不同的特征,从而令劳动关系的发展呈现出阶段性。

本书主要依据资本主义的历史发展阶段,同时结合技术、政治、文化环境的特征,把劳动关系的历史划分为六个不同的阶段,即资本原始积累时期的劳动关系(15 世纪末至 18 世纪中叶)、自由竞争资本主义时期的劳动关系(18 世纪中叶至 19 世纪中叶)、垄断资本主义时期的劳动关系(19 世纪中叶至 20 世纪初)、两次世界大战之间时期的劳动关系(20 世纪初至 20 世纪中叶)、成熟资本主义时期的劳动关系(20 世纪中叶至 20 世纪七八十年代)、全球化时期的劳动关系(20 世纪八九十年代至今)。在不同的时代背景下,各个阶段的劳动关系呈现出了各自独有的特征。

【复习思考题】

1. 劳动关系发展各历史阶段的时代背景和劳动关系特点是什么?
2. 回顾劳动关系发展的历史,你能总结出哪些规律?
3. 当前我国劳动关系具有哪些特点?
4. 思考国际劳工组织和国际劳工标准在全球化时期调整劳动关系中能起到哪些作用。

5.谈谈你对未来全球劳动关系走向的预测及根据。

- -

【案例讨论】　　　　　杭州讨薪女工遭暴力凌辱

"老子有钱,花 10 万块钱买你一只手你信不信?"面对前来讨薪的女工,杭州风格服饰有限公司的老板栗某不仅不肯付钱,还找人对女工王鸿丽和她的丈夫肆意殴打凌辱。

32 岁的吉林女子王鸿丽原是杭州风格服饰有限公司的业务主管,在过去的一年中,她为公司接了三笔业务,按约定可以提成 4.6 万元。然而她却万万没想到,为了拿到自己应得的报酬,她和丈夫有了噩梦般的讨薪经历。

据王鸿丽称,在第一次去讨薪时,老板栗某就找人威胁自己,还说:"我告诉你,老子有钱,花 10 万块剁你一只手,老子就算杀个人也就两三年。""下次再来就剁了你!"而当她和丈夫郝刚第二次前往风格服饰公司时,竟被几个人围住殴打,并被刀刺伤,郝刚被打昏过去。一名喝了酒的男子还威胁要强奸王鸿丽,并对其进行侮辱。在他们威胁下,王鸿丽被迫签下文书,承认出卖公司秘密,承认自动辞职,工资奖金都不要了,承认威胁过老板娘。离开公司后,她还接到老板电话,威胁她:"如果报警你就死定了。"

由于王鸿丽在讨薪时携带了录音笔,整个施暴过程被全程录了音,当天下午,王鸿丽向杭州市西湖公安局文新派出所报案。

讨论:

1. 市场经济追求的是等价交换,但资本却无视这一原则,这背后的深刻根源是什么?

2. 怎样才能使只干活不给钱、讨薪变成讨打的事件不再重演?

第三章 劳动关系管理理论[①]

【学习目标】

通过本章内容的学习,要求学生把握如下要点:

1.当代劳动关系管理理论的渊源

2.当代劳动关系管理理论中新保守派、管理主义学派、正统多元论学派、自由改革主义学派、激进派的劳动关系管理理论

3.当代劳动关系管理理论的进一步发展

【引导案例】 管理主义模式的典范——日本的劳动关系

自20世纪70年代后期开始,日本劳动关系模式在世界范围产生了巨大影响,直到90年代中期日本经济遭遇困难,该模式的影响才开始减弱。日本文化深受中国儒家思想影响,在其文化传统和价值观念影响下,企业更像"家族",雇员被当成企业的终身成员,雇主愿意对其进行投资和提供长期的就业与工作保障。而雇员也把企业看做自己的"终身归属",愿意为企业分担责任。"终身雇佣"、"年功序列""企业工会"是日本劳动关系的突出特点。在日本,工会以企业为基础,并且在企业里发挥着高度合作的作用。在每年3月举行的"春季劳动攻势"中,谈判双方之间也没有那么直接对立,而且不太容易引起罢工。

劳动关系管理理论是伴随着劳资矛盾的运动,为适应更好地解决劳动关系问题的社会需要而形成和发展的。同时,劳动关系管理理论的产生,又离不开劳动关系管理实践的发展,是对劳动关系管理实践经验的上升、总结与系统化。

工业革命是资本主义发展历史上的重要里程碑。它是资本主义工业化的开始,即从手工工场到大机器工厂的一个飞跃,也是社会关系的一大变革。恩格斯在谈到英国工业革命

[①] 本章部分内容参引了郭庆松《企业劳动关系管理》、程延圆《员工关系管理》和常凯《劳动关系学》的部分观点。

时指出:"英国工业的这一番革命化,是现代英国各种关系的基础,是整个社会发展的动力。"[①]工业革命的最重要后果是,使资本主义从工场手工业时期进入到工业资本主义时期,机器大工业的生产力为资本主义制度奠定了物质基础,并引起了社会经济结构和社会关系的一系列深刻变化。从此,资产阶级与工人等人民群众的反封建同盟结束了"蜜月期",无产阶级与资产阶级之间的矛盾上升为社会的主要矛盾,劳资之间的关系开始成为困扰资本主义制度的重大社会问题,始终伴随着资本主义发展的整个历史进程。劳动关系管理理论就是适应这样的社会需要应运而生的。而劳动关系管理实践的发展为劳动关系管理理论的建立提供了可供总结的经验与教训,在对实践经验的总结与上升过程中,劳动关系管理理论也经历了从萌芽到产生再到形成多种流派的发展历程。

第一节　劳动关系管理理论的渊源:劳工运动理论

英国工业革命从 18 世纪 60 年代开始,到 19 世纪 40 年代前后,英国的大机器生产已基本取代了工场手工业生产,工业革命基本完成,英国成为世界上第一个工业国家。法国的工业革命开始于 18 世纪末 19 世纪初,到 19 世纪中期基本结束。此后,德国、美国、日本等国也纷纷加入工业革命的行列,到 19 世纪末,这些国家先后都完成了工业革命。本节介绍的作为劳动关系管理理论渊源的各种劳工运动理论,大致是从 18 世纪后期开始到 19 世纪末 20 世纪初叶,产生于主要资本主义国家的工业化从开始到基本完成时期,反映了这一时期劳工运动和劳动关系管理特点的几种具有代表性的劳工运动理论。当然,这些理论之间并非彼此孤立的,时间上也不一定是截然分开的,这些理论之间存在着共存、交叉、批判、继承、发展的密切联系。

一、亚当·斯密的劳工运动思想

关于劳工问题的研究可以追溯到英国古典经济学家亚当·斯密(Adam Smith,1723—1790)。他一生发表了两部重要著作:《国民财富的性质和原因的研究》(中文旧译《国富论》,1776)和《道德情操论》(1759)。在这两部著作中,他直接或间接地阐述了关于劳工问题的思想,对后来的劳工运动理论和实践都产生了巨大影响。

亚当·斯密第一次系统地论述了劳动价值论的基本原理。他认为,财富是由生产部门创造的,商品的价值是由劳动决定的,资本主义社会三大阶级——工人阶级、资产阶级和地主阶级的三种收入——工资、利润和地租,都是来自于劳动所创造的价值,利润和地租是劳动创造的价值的一种扣除。由此,他接触到剩余价值的来源问题,在一定程度上揭示了资本主义社会阶级对立的经济根源以及劳工问题的实质。

亚当·斯密还高度关注分工问题,认为劳动分工既是社会整合的力量和经济发展的根本原因,又是社会不平等的根源。

亚当·斯密思想中对后世产生最大影响的要属他强调市场"看不见的手"的作用和所谓

---

① 恩格斯.英国工人阶级状况//马克思恩格斯选集(第 1 卷).北京:人民出版社,1972:674.

的"自由放任思想"。他认为,市场是一只"看不见的手",自由竞争和交易制度不但可以有效释放经济动力,还可以实现劳资之间公正的收入分配,进而达到全社会普遍富庶的目标。据考证,"看不见的手"一词并非亚当·斯密所首用,1661年查理二世时代一个牧师就已经使用过这样的词语:"大自然在万物之中都通过看不见的手发挥作用"。亚当·斯密本人并没有论证市场这只"看不见的手"是如何实现稀缺资源在各种需求之间有效配置的,他的论述只能算作天才的"猜想"。甚至他本人也没有使用过"自由放任"的术语。

任何理论都是有前提的,亚当·斯密的"自由放任"思想也不例外。其核心前提有两个:一是个人追求私利的经济活动有益于整体社会福利的增进;二是凭借价格机制这只看不见的手的调节,一个社会的经济活动可以永远持续。事实上,亚当·斯密反对的只是政府对微观经济活动的干预和对市场机制的破坏性干预(只有这样才能理解《国富论》和《道德情操论》的所谓"斯密悖论")。可以合乎逻辑地认为,上述观念作为亚当·斯密理论的基本原则,同样也是他劳工思想的基本出发点。

亚当·斯密还对早期的工人协会和雇主协会进行了研究。他认为,工人是为了多得工资而联合起来,雇主是为了少付工资而联合起来。尽管都是为了实现自身利益的组织,但两者联合的性质是不同的——工人协会往往是防守的,雇主协会则往往是采取进攻措施压低工人工资。他还认为,由于工人在经济上的维持能力总比不上老板,因此,工人的协会往往更具有暴力性和侵犯性。而这种"过火和愚蠢的行动"一般不会以给他们带来经济利益而告终,恰恰相反,而是以其"魁首"的被惩治或摧毁而告终。

《道德情操论》是亚当·斯密心目中分量最重的著作。他本人一生把大部分心血倾注在《道德情操论》的写作与修订上,从1759年首版到1790年去世,他先后共对《道德情操论》修改过6次,而《国富论》恰恰是在修改《道德情操论》过程中完成的。可见,我们不能把亚当·斯密一生这两部重要著作简单看做对立关系,所谓"悖论",从某种意义上说,是后人对亚当·斯密思想的"误读"或有意"误读"而已。在《道德情操论》中,亚当·斯密的基本精神就是"全社会的财富如果不能被全社会的成员所共享,这个社会就是不稳定的"。可以说,这一观点是理解真正的"市场经济"的锁钥,是全面理解亚当·斯密思想的关键,也是亚当·斯密对待劳工问题的基本态度。

亚当·斯密生活在英国工业革命前后,其思想反映了刚刚开始产业革命,对资本主义生产方式所带来的巨大生产力满溢赞美之情,对资本主义制度在战胜封建制度中所显现的勃勃生机充满信任之心,对资本主义经济制度的未来满怀希望的社会心理。同时,亚当·斯密的思想又是深刻的,他的思想中不乏对资本主义经济制度可能带来问题的思考,他关于劳工问题的许多思想直到今天依然闪烁着耀眼的光芒。

二、马克思的劳资关系和劳工运动理论

继亚当·斯密之后,卡尔·马克思(Karl Marx,1818—1883)系统研究了欧洲的劳工运动,形成了自己富有深刻理论内涵并产生巨大历史影响的劳资关系和劳工运动理论。

马克思理论产生于19世纪40年代,距欧洲工业革命开始已有100年左右。此时,资本主义经济制度在欧美主要国家占据了统治地位,资本主义制度本身生产的社会性与生产资料私人占有的基本矛盾日益暴露,经济危机周期性爆发,工人日益贫困化,社会矛盾尖锐,劳

工运动此起彼伏,无产阶级与资产阶级的斗争在欧洲最发达国家上升到首要地位。英国宪章运动、法国里昂工人起义、德国西里西亚纺织工人起义,标志着无产阶级已经作为独立的政治力量登上历史舞台,从自在阶级成为自为阶级,迫切需要一种理论对无产阶级的斗争和工人运动提供指导,马克思主义劳资关系和劳工运动理论就在这样的时代呼唤下应运而生。

对资本主义社会劳资关系的分析是马克思理论的出发点,彻底解决劳资问题是马克思理论的落脚点,劳资关系和劳工运动的思想贯穿于全部马克思学说之中。

马克思劳资关系和劳工运动思想的理论基础是剩余价值理论。马克思指出,工人所得到的工资报酬总是少于其劳动生产出的全部价值,两者之间的差额就是剩余价值,被资本家以利润的形式所攫取。所以,资本家与工人之间的关系是一种剥削与被剥削的关系,工人阶级与资本家阶级之间存在着不可调和的阶级矛盾。

马克思认为,劳资关系是资本主义社会最基本的社会关系,工人与资本家的利益冲突,超出了工作场所的范围,是一种宏观意义上的社会矛盾,而且是资本主义社会最基本的社会矛盾。这种矛盾不可能在资本主义制度范围内得到彻底解决,因为剥削制度恰恰是资本主义制度赖以生存的基础。要彻底解决劳资矛盾,就必须运用暴力革命的手段推翻资本主义制度,代之以新的公有制为基础的社会制度。

同时,马克思肯定工会在协调劳动关系中的作用,认为组织工会是必要的,工人通过工会组织起来,运用集体谈判和罢工等手段,可以在一定程度上减轻资本家的剥削程度。马克思将劳工运动看做是社会主义运动的最初表现形式,工会运动不应满足和停留在眼前的一些微物质利益上,应该把工会运动引向深入,把目标引向夺取政权的政治革命上。当然,劳工运动要想取得变革社会的胜利,必须依靠无产阶级政党的领导。

马克思针对工人运动还提出了"全世界无产者联合起来"的号召,在全球化日益加深的今天,这无疑是应对全球化带来的世界范围劳动关系问题的切中时弊的良策。

三、马克斯·韦伯的工业资本主义理论

马克斯·韦伯(Max Weber,1864—1920),是与马克思同时代的著名德国社会学家、经济学家和管理学家。他的研究成果涉及社会学、政治学、经济学、管理学乃至宗教学,其中对后来的劳动关系管理理论发展产生最大影响的,当属他关于官僚集权理论的研究。

韦伯所处时代:德国的经济结构与政治结构、社会价值体系之间存在着"明显的分裂","经济结构越来越受工业制度和资产阶级的统治,而文化价值体系和政治结构仍然受传统的半封建社会价值观和官僚保守主义的支配"。其结果是,德国的政府、军队及工业企业中存在着复杂的组织结构和管理制度。韦伯深刻认识到这些制度的特点与缺陷,并对这些特征及缺陷的原因进行了深入的分析,从而提出了他的官僚集权理论。

韦伯在他的官僚集权理论中提出的"官僚制",是一种权力依照职能和职位进行分工和分层,以规则为官僚主体的组织体系和管理方式。韦伯认为,由于官僚制组织的行为驱动力是"精于计算的理性",其运行遵循法律与程序,而"资本主义需要可以像机器一样可靠地在法律基础之上运行",因此,"官僚制组织"是"与工业化大生产相适应的最为理想的组织形式"。当然,韦伯本人并不欣赏官僚制度,只是认为它有效并且没有更好的选择罢了。按照他的说法,不断理性化的结果将会是一个"冰冷的北极夜晚"——人类生活的理性化造成个

人陷入一种以权力统治和理性为根基的"铁笼子"里。他悲观地认为,社会主义革命的结局是,由于自由市场和其机制遭到废止,国家不但不会消失(马克思预言共产主义社会将会达成这个目标),反而将开始规模惊人的过度官僚化。

韦伯的官僚集权理论的劳动关系意义是十分明确的。首先,官僚组织是以"精于计算的理性"为行为驱动力的,所以,利润是企业的理性追求目标,这与劳动者的工资追求存在利益上的冲突。其次,这种冲突是可以控制的,因为官僚制不但具有技术方面的效率,同时也具有控制下属、保持组织稳定方面的效率。并且这种冲突主要是以管理者与工人之间的冲突为表现形式,而非所有者与无产者之间的直接"阶级"冲突。再次,官僚制荷载的是一种非人格化、理性化、制度化的精神,在这里每个人都是组织这架庞大机器上的一颗"螺丝钉",劳动者要受到层层的统治,无法发挥个人的主动意识,难以在工作中找到认同和生活的意义。

总之,韦伯的官僚集权理论既肯定了工业资本主义劳动关系体系的主流和核心,又看到和预见到了它可能带来的社会问题。正因为如此,这种思想从某种意义上成为自由改革主义学派的理论渊源。

四、韦布夫妇的产业民主理论

韦布夫妇(Sidney and Beatrice Webb,1858—1947),是费边主义理论家和西方劳工运动理论的先驱。他们关于劳动关系方面最主要的著作是《工会运动史》(1894)和《产业民主》(1897)。

费边主义是19世纪后期流行于英国的社会思潮,全称"费边社会主义",他们认为资本主义在根本上对大多数人是不公平的,主张采取渐进措施对资本主义实施非暴力改良实现社会主义。作为费边主义理论家,韦布夫妇在劳工问题上也提出了具有改良性质的思想。

韦布夫妇看到只有政治民主还不是完整的民主,因而最早提出了产业民主思想,他们的理论被称为产业民主理论。他们认为,劳工运动既要有政治方向,又要有经济方向。劳工运动在政治上要把政治范围的代议制民主原则扩大到产业范围中去;在经济上劳工运动将"使工人摆脱竞争",从而消除由于自由劳动市场和个体工人交涉权力的不足而使产业工人所处的仆从状态。按照他们的观点,劳工运动要达到其经济目标,可以采取控制劳工数量和统一工资水平两种方法。

按照韦布夫妇的观点,劳工运动的真实原因在于工人阶级方面要求提高自己在工业社会中的经济和社会地位。只要这种社会还存在,劳工运动就不可避免。正如他们在《产业民主》中所指出的,民主国家要想达到最充分、最完美的发展水平,关键就在于,有关人员的需要和愿望应该成为决定就业条件的主要依据。

韦布夫妇也是工会主义的信徒。他们认为,工会是能将民主带进产业的主要机制,工会的主要职能是进行各种旨在改善工人们日常工作条件的活动,如建立共同的保险制度,开展立法活动,与雇主就工资和工作规则进行集体谈判等。正如他们在《产业民主》中指出的:"在无工会组织的行业,劳动者个人无论是在寻找工作,还是接受或拒绝雇主提供的就业待遇时,除了考虑自身所处的紧急状况之外,并没有与其同伴进行交流。为了出卖劳动力,劳动者个人不得不与雇主进行艰难的个人交涉,但如果工人们团结起来,推选代表以整个团体的名义与雇主谈判,其弱势地位将会即刻得到改变。雇主也无须再分别与每个雇员签订一系列的个别劳动合同,而只要签订一个能够满足集体意愿、规定集体劳动条件的协议即可。根据这一集体协议所确立的准则,自签订之日起,所有特定群体、特定阶层、特定等级的人员都要遵守。"

此外,韦布夫妇还在《产业民主》中提倡将"最低工资保护"作为国家"最低政策"的一个组成部分。

韦布夫妇的劳工运动理论在大多数西方市场经济国家产生了巨大的影响。他们关于集体谈判活动的思想对西方集体谈判制度的形成发挥了不可磨灭的作用,由其产业民主思想而演进成的社会改良和社会整合思潮成为欧洲劳工运动的主流。

五、康芒斯的劳工运动和工会理论

约翰·R.康芒斯(John Rogers Commons,1862—1945),早期制度经济学派代表人物,美国研究劳工运动的著名学者,主要著作有《资本主义的法律基础》(1924)、《制度经济学:它在政治经济学中的地位》(1934)和遗著《集体行动经济学》(1950)。

康芒斯生活的时代,美国已经成为典型的垄断资本主义国家。垄断资本主义的发展,造成了严重的贫富分化,国内阶级矛盾十分尖锐,罢工运动此起彼伏。为维护资本主义制度的需要,制度学派应运而生,康芒斯就是早期制度学派的重要代表人物之一。

康芒斯认为,制度的实质就是"集体行动控制个体行动"[①],这种控制主要是通过道德的、经济的和法律的制裁来实现,其中最重要的是法律。在他看来,集体行动控制个人行动的目的和结果总是对个人有益的,因为集体行动在人与人之间建立起权利、义务以及没有权利和义务的社会关系;集体行动要求个人去实行、避免和克制;集体行动产生安全、服从、自由和暴露;集体行动的运行规则和统治权是贯穿一切经济行为的共同原则;集体行动还通过它的帮助、强制或阻止来决定一个人能或不能、必须或不必、可以或不可以做什么事情。一个强有力的社会经济制度,正是通过集体行动来协调人们之间的利益冲突,来决定什么是合理的。因此,集体行动的意义就在于为经济生活中个人的行为建立一个行为规则,以指导和约束变化无常的个人行为,从而使个人行动符合社会的利益。

康芒斯认为,冲突、依存和秩序是经济生活中最主要的三种社会关系。对于三种社会关系中的"冲突",以前的经济学总是把消灭它作为自己的目标。它们只研究未来的理想化的协调,而不对现有冲突以及怎样从冲突中产生秩序进行科学研究。而他的工作则是研究如何从冲突中产生秩序。在康芒斯看来,法律在调和利益冲突、维护社会秩序方面具有重要作用——冲突可以通过公正的仲裁人——国家及其体现者法院进行调节。

康芒斯不但将工会看做工人联合起来的一种力量,同时还把工会看做一项经济制度。当工会作为一项经济制度的代表就工资和有关雇用问题与雇主进行谈判时,便可以将其定义为"双边集体行动",即集体谈判。康芒斯认为,劳工问题是由于劳动关系的运行不当或是劳动关系中缺乏有效的平衡机制所导致的,而集体谈判就是处理劳工问题的重要方式之一,通过集体谈判可以建构平衡的劳资关系。

康芒斯不承认工人阶级和资本家阶级是资本主义社会的两大基本阶级。他说:"世界上

① John R Commons. *The Economics of Collective Action*. Madision. University of Wisconsin Press,1970.

不仅有两种阶级,像马克思所说的那样,而是在利益相同之中有多少不同就有多少阶级。"既然劳资双方在进行着无休止的竞争,那么社会就应该建立规则制度来缓和这种冲突。他还认为,美国的劳工运动本质上并非具有阶级意识,而是具有与雇主阶级既相互分离又相互合作的工资意识。

为了证明不同阶级之间的利益冲突是可以协调的,康芒斯特别举出威斯康辛州经过劳资双方集体谈判订立失业保险法案的事例:起初,在制定一个什么样的失业保险法案上,威斯康辛州代表雇主利益的制造家协会和代表工人利益的劳工联合会之间存在严重的对立与分歧。然而,雇主与工人之间又有共同的利益存在,他们相互依赖。于是由州产业委员会出面,组织了一个由一名州产业委员会代表担任主席,雇主和劳工各三名代表共同参加的咨询小组,负责制订州失业保险法案。经过多次集体谈判,最后达成了一个劳资双方都能接受的协议,使相互对立的雇主与劳工之间的利益冲突得到了协调,当保险法案最后拟成时,它通过了立法。康芒斯还特别指出,这种经过对立各方之间集体谈判达成的协议具有一个很大的优点:它们是由雇主和工人共同拟订的,不是由一些完全不懂产业业务的法律家和议员来拟订,因而它们是切实可行的,雇主和工人双方都可接受。康芒斯认为威斯康辛州是一个缩影,它充分证明,无论什么样的社会集团之间发生什么样的利益冲突,只要把有关的双方组织起来,积极营造一种合作精神,通过集体的谈判,冲突就会得到协调,理想的社会秩序就会建立起来。

总之,康芒斯采用制度分析方法,通过对劳资关系、工会和集体谈判的研究,论证了资本主义社会的矛盾和冲突完全可以通过建立制度和规则达到协调和平衡的目的。

第二节 当代劳动关系管理理论的各种流派

系统地对劳动关系管理问题进行研究的劳动关系管理理论体系形成于20世纪40年代。伴随着劳资矛盾的发展和劳动关系管理实践活动的深入,在吸收了前辈学者思想营养的基础上,围绕着劳资之间利益的差异程度及其重要性、劳资力量的分布和冲突的作用、劳资矛盾的解决方案、工会的作用等问题形成了新保守派、管理主义学派、正统多元学派、自由改革主义学派、激进派五大学派的观点。这些观点是对劳动关系管理实践经验的总结,其产生以后又对劳动关系管理实践、对政府的劳动关系政策等发生了巨大影响。

一、新保守派的观点

新保守派也称新古典派或新自由派。基本上由保守主义经济学家组成,由其观点秉承了古典学派强调市场自发调解和决定作用而得名。从经济学家的立场出发,这一学派主要关注经济效率的最大化问题,并像古典学派一样充分肯定市场的力量,认为市场不仅能实现企业追求效率最大化的目标,而且也能确保雇员得到公正待遇,所以,他们把研究的重心放在对市场力量作用的分析上。

新保守派认为,劳动关系双方都是具有经济理性的市场主体,他们各自具有不同的利益和目标,但同时又能彼此协调目标和利益上的差异。因为从长期看,劳动力市场上供求是趋于均衡的,这就决定了劳资双方作为供求双方的力量是基本平衡的,任何一方不会处于相对劣势;劳资双方都是劳动力市场自由、独立的主体,两者之间是完全自由、公平的交换关系。如果管理方不满意,就可以自由地替换工人,同理,如果工人不满意,也可以自由地辞去工作另寻他就;雇员可以获得与其技术、能力、努力程度、最终成果相适应的工资报酬和工作待遇。在某些企业,雇主为了获得员工更高的工作效率,会提供给雇员超过其他雇主所提供的工资待遇,同理,雇员想得到更高的工资福利,就可以通过付出更多劳动获得。因此,在市场运行和管理方策略不受任何干扰的情况下,劳资双方都会得到各自所追求的目标和利益——管理方得到高效率,雇员得到高工资、福利,实现目标和利益协调,形成皆大欢喜的双赢局面。由于劳动力市场机制可以保证劳资双方利益的实现,所以劳资双方的冲突就显得微不足道,研究双方的力量对比,也没有什么现实意义[①]。

新保守派严格按照市场供求因素的理论分析劳动关系,不注重分析和研究工会、企业及政府的作用和行为特征。他们认为,工会的作用是负面的,工会实际形成的垄断制度,阻碍了本可以自由流动的劳动力市场关系,破坏了劳动力市场供需平衡和劳资力量均衡,使管理方处于劣势地位。而由于工会人为抬高了工资,造成产品价格上升,降低了企业在产品市场上的竞争地位,也削弱了雇主对雇员的工作保障能力,造成的是两败俱伤的局面。因此,理想的劳动法应该使工人难以组成工会,或即使有工会存在,其权利也很小。显然,新保守派忽视或贬低工会作用的观点是片面的,连新保守派经济学家们自己也逐渐开始意识到这一点。因此,近年来他们也开始关注劳动关系系统内各要素的特征和作用,开始对工会的组织化水平、集体谈判的性质和结构、工人的罢工行动等进行研究。

新保守派经济学家为劳动关系管理的理论研究提供了较为合适的研究方法。他们采用建立模型的方法来研究工资决定以及罢工问题,在对劳动力市场供求因素进行典型理论研究时,经常采用对模型进行理论说明、对现有统计数据进行统计论证、选取有代表性的统计数字来确定重要变量等方法。他们的这种研究方法在20世纪七八十年代得到了进一步发展。

二、管理主义学派的观点

管理主义学派主要由人力资源管理专家和组织行为学者组成。从专业角度出发,他们认为员工的行为动机和员工对组织的认同和忠诚问题,对获得组织的高绩效具有重要意义。因此,他们的关注点主要集中在员工工作动机以及员工对组织的认同和忠诚问题上,主要研究不同的管理策略和管理手段对雇员的影响以及建立雇员对组织高度认同、管理方与雇员之间相互信任的管理模式的问题。

管理主义学派认为,员工和管理方都希望自己的企业赢利和兴旺发达,因此,双方在利益上基本是一致的,虽然也不免会有利益上的局部冲突,但不存在根本利益上的矛盾。造成劳资冲突的主要原因在于员工认为自己始终处于被管理的从属地位,管理与服从的关系是员工产生不满的根源。解决这个问题的办法就是,组织改善现有管理模式,建立一种“高认同感”的、“进步的”、“高绩效”的管理模式。

---

① 本节五大学派的观点参考了程延圆《劳动关系》中的部分内容。

这种高绩效、高认同感的管理模式内容包括高工资和高福利、保证员工得到公平合理待遇、各种岗位轮换和工作设计等。如果这些管理政策得到切实落实,生产效率就会提高,员工的辞职率和缺勤率就会降低,劳资之间的冲突会减少,工作中存在的其他问题也会迎刃而解。

与新保守派相比,管理主义学派对工会的态度有所松动。一方面,他们站在企业人力资源管理者的角度认为,工会的存在威胁到管理方的管理权力,并给劳动关系带来不确定性甚至是破坏性的影响,因此,他们不主张雇员参加工会和以工会作为自己的代表进行集体谈判,而主张以加强企业人力资源开发和管理、健全人力资源管理制度来替代工会的作用,以排斥和阻止劳工运动,从而建立起一种"新的劳动关系"。但同时他们又主张,在已经建立工会的企业,管理方应该承认工会存在的既定事实,并同工会领导人建立合作关系,使他们相信那种传统的、"起破坏作用的"工会已经过时,只有那些愿意与管理方合作的工会才有可能在未来生存。

管理主义学派在对待集体谈判的态度上也显现出灵活性。他们建议管理者要以合作式的技术革新和劳动组织的重新组合、个人收入发展计划、员工培训、职业发展计划以及企业合作信息系统等方式提示员工:员工利益的获得与员工自身的发展有多种方式,员工没有必要再让工会作为自己的代表。他们认为,这些管理手段的运用完全有可能降低员工在集体谈判前对工会代表权的承认比例。

在对待市场机制自发作用的态度上,管理主义学派比新保守主义更多地认识到"纯市场"的局限性,因而主张采取加强人力资源管理的方式改善劳资关系。

三、正统多元化学派的观点

正统多元学派主要由采用制度主义方法的经济学家和劳动关系学家组成。他们关注的主要问题是实现经济体系对效率的需求与雇佣关系中对公平的需求之间的平衡,并认为劳动法律、工会和集体谈判制度是实现这种平衡和建立最有效劳动关系的基本途径,从而把研究重点锁定在劳动法律、工会和集体谈判制度上。该学派是第二次世界大战以来发达市场经济国家长期奉行的传统理念的延续。

正统多元学派认为,管理方的目标是组织效率和经济效率,雇员的目标是公平、公正待遇,两者的目标是相互矛盾的,政府和社会应该实现经济体系中对效率的追求和雇佣关系中对公平、公正的追求两个目标之间的平衡,劳动法律制度、工会制度、集体谈判制度是实现这一平衡的有效手段。正因为如此,该学派的思想成为发达国家劳动法律体系的理论基础,它本身也成为劳动关系领域的主流学派。

正统多元学派认为,劳资双方的共同利益是两者关系的主要方面,两者之间的利益冲突只限于诸如收入和工作保障等具体问题上。但他们也认为,劳资冲突的主要根源,并不在于雇员处于从属地位,而在于组织中效率与公平目标之间存在的矛盾。这些相互冲突的目标及具体利益完全可以通过双方之间存在的共同的、根本的利益加以解决,解决的方法就是将冲突通过各种渠道转化为可以控制的双方共同遵守的规则。

正统多元学派认为,劳资双方的力量是不均衡的。相对于雇主来说,雇员往往要面对劳动力市场的机会稀缺——能够选择的工作种类很少,如果辞职,很难再有选择机会。所以,在劳动力市场上,大多数雇员处于相对不利地位。而工会和集体谈判制度有助于弥补这种不平衡,使雇员能够与雇主处于平等地位,并形成产业民主氛围(该学派强调更为集中的、产业层次上的集体谈判,反对因任何偏见替代罢工工人。他们还主张用工人代表制度等形式来保证劳动标准的实行,如建立工人与管理方共同组成的委员会,在公司董事会中吸收工人代表,建立"工作委员会",工人代表可以分享企业信息,参与协商以及联合决策等)。这不仅可以维护雇员利益,确保更广泛的公平,同样可以起到鼓舞雇员士气、降低流动率、提高劳动生产率的作用。这些制度产生的经济效益足以抵消高工资、高福利给雇主增加的成本,因而工会和集体谈判是"劳资两利"、具有积极作用的制度。

四、自由改革主义学派的观点

自由改革主义学派富有批判精神,积极主张变革。他们认为,对经济效率的追求只是人们追求更好生活的手段,而不应该将其作为一种终极的价值判断标准,因而他们十分关注如何减少或消灭工人受到的不平等和不公正待遇。他们的研究内容比较松散——包括对歧视、不公平、大量裁员、关闭工厂、拖欠工资与福利、危险工作环境、劳动法与集体谈判制度中的缺陷等问题,他们认为这些问题是重要并具有普遍意义的,有效解决这些问题的途径是政府要在工会和劳动法律制度之外,更多地干预劳动力市场。

自由改革主义学派认为,劳动关系是一种不均衡的关系,管理方凭借其特殊权利处于主导地位。但他们并不认为现存的劳动法律能够为工人提供足够的保护,而且公正、平等地对待工人既不符合管理方利益也是其自身能力所不及,只有加大政府对劳动关系的干预力度,才能确保工人获得平等公正待遇。

自由改革学派在理论上最突出的特点就是提出了"结构不公平理论"。该理论将经济部门划分为"核心"和"周边"两个部门。"核心部门"一般是指规模较大、资本密集、在市场上居于主导地位的厂商,"周边部门"则是较小、劳动密集、处于竞争性更强市场上的厂商。该学派认为,由于核心部门的经济实力强,更能消化和转移附加成本,并且在核心部门的员工具有更多的关系力量,所以,与周边部门相比,核心部门能够为雇员提供更优厚的劳动条件,采取更进步的管理方式。而周边部门的工作岗位相对不稳定,甚至是临时性、非全日制的,容易受到裁员政策的影响,因而是更需要工会和集体谈判制度来保护。

自由改革主义学派严厉指责现存的劳动关系体系,对工会也表示不满。因为尽管工会和集体谈判是非常必要的,但现实的情况却是,在最需要工会保护的周边部门,工会恰恰是最无效的。因为周边部门的员工罢工力量很小,管理方迫于市场竞争的压力也不可能做出实质性让步,工会与管理方之间的尖锐对立也使其无法为会员争取更多的利益。即使在规模较大、在产品市场颇具影响力的企业,工会发挥的作用也是有限的——因难以战胜拥有强大权力的资方而无法为其会员提供切实有效保护,有时甚至连自身都无法保全。

近年来,自由改革主义学派对经济全球化带来的劳工问题和工会状况给予了特别关注。自 20 世纪八九十年代以来的又一次加速经济全球化浪潮,给全球劳动领域带来了巨大影响,失业率上升、就业质量下降成为世界性的劳动问题。发达国家的雇主为减少用工成本纷纷把工厂移向海外人工成本较低地区,从而使发达国家工作岗位减少,损害了雇员的利益,工会的集体谈判力量也遭到削弱,这一问题引起了自由改革主义学派的高度关注,他们主张强有力的劳动法和各种形式的工人代表制度,关注更广泛的社会经济政策,反对市场化,尤其是自由贸易协定,主张强势工会,认为工会应该比以前更加关心更为广泛的社会问题和事务。

五、激进派的观点

激进派主要由西方马克思主义者组成,他们关注如何消灭工人受到的不平等、不公正待遇,以及劳资冲突和冲突过程控制问题。该学派以西方马克思主义为理论基础,具有深刻的思想内涵。

激进派认为,劳资关系中,资本与劳动的利益是完全对立的。资本希望以尽可能少的成本获得尽可能多的收益,工人在工作中遭受着资本的剥削。劳动和资本的对立和冲突不仅表现在工资收入、福利保障等具体问题的对立上,而且还扩展到以劳资关系为基础的整个宏观经济中,工人遭受的不平等、不公正待遇是资本主义经济体系本身固有的问题。

激进派认为,劳资之间的力量是不平衡的,工人由于工作机会有限而处于一种内在的劣势地位。在资本主义制度框架内,工会的作用非常有限,工会尽管可能使工人的待遇得到一些改善,但这些改善是微不足道的。在小企业,工会能争取到的让步会受到更多竞争的限制,而在大企业虽然较少受竞争限制,但雇主可以采取关闭工厂和组织重新设计的手段来应对工会。特别是在技术变革和国际竞争不断加剧的今天,工会越来越显得力不从心。要使工会真正发挥作用,解决工人所处的劣势地位和被剥削问题,必须提高工人对自身劳动权和报酬索取权的认识,了解劳动关系对立的实质,并进而开展广泛的与资本斗争的运动,向资本的主导权挑战,最终建立起员工所有和员工自治制度。

激进派认为,其他学派所提出的"和谐劳动关系"只是一种假象。这是因为,管理方通过精心设计安排工作岗位,实际上是以减少对工人技术和判断力的要求来达到降低劳动成本、增加劳动产出的目的。这种剥削方式只不过是让企业在产品和服务内容及技术一定的情况下,可以更多地获得利润;管理方通过监督和强迫结合的办法控制工人行为,这种所谓"进步的"管理方法与传统的管理方法相比,只不过是一种更加圆滑的策略而已。对于劳资之间不可调和的冲突来说,这些策略从来也没有完全发挥过作用;管理学派的策略和方法实际是为管理方服务的,但媒体和教育体系却把它宣传为一种"双赢"策略,而将冲突仅仅描述为组织内部的矛盾,其目的是通过舆论导向使工人相信现存制度是合理的,并制造出资本主义劳动关系和谐的假象,来防范哪些威胁到现存体制的事情恶化和传播。可以看出,激进派对各种劳动关系理论的本质的认识是十分深刻的。

上述各派劳动关系管理理论的观点,反映了不同社会群体和个人对价值理念和目标的追求,他们之间没有也不可能达成"共识"。尽管如此,我们仍能从他们的争论中,从不同角度加深对劳动关系的理解和认识。

第三节　劳动关系管理理论的整合与发展

进入 20 世纪上半期以来,在短短的 30 多年时间内连续发生了两次世界大战和一次世界性经济危机,打破了资本主义制度的种种神话,暴露了资本主义制度内在的严重弊端。战争和萧条的岁月引起人们普遍的的消沉、不满和怀疑,并又恢复了对社会主义和共产主义的兴趣。为了挽救资本主义制度免于全面毁灭,医治严重的失业和危机,资产阶级理论家提出了种种学说和理论,其中最著名的当属 20 世纪 30 年代英国人约翰·梅纳德·凯恩斯(1883—1946)提出的主张国家采用扩张性经济政策,通过增加需求促进经济增长的经济理论。"凯恩斯主义"产生的重大影响也波及劳动关系领域,出现了以体制内调整劳动关系、缓和阶级矛盾为基本目标的劳动关系系统理论以及在微观应用层面总结劳动关系管理经验的劳动关系策略理论。

【知识链接】　　　　　　　　　　凯恩斯主义

约翰·梅纳德·凯恩斯(1883—1946),生于英国剑桥。他创立了现代宏观经济学的理论体系,实现了西方经济学演进中的第三次革命,他于 1936 年发表的著作《就业、利息和货币通论》,与马克思的《资本论》和斯密的《国富论》一起被并称为欧洲资本主义世界三大经典经济学理论著作。

凯恩斯主义(也称"凯恩斯主义经济学")主张国家采用扩张性的经济政策,通过增加需求促进经济增长,即通过扩大政府开支、实行财政赤字等来刺激经济维持繁荣。

凯恩斯的经济理论认为,宏观的经济趋向会制约个人的特定行为。18 世纪晚期以来的"政治经济学"或者"经济学"建立在不断发展生产从而增加经济产出,而凯恩斯则认为对商品总需求的减少是经济衰退的主要原因。由此出发,他认为维持整体经济活动数据平衡的措施可以在宏观上平衡供给和需求。因此,凯恩斯以及其他建立在凯恩斯理论基础上的经济学理论被称为宏观经济学,以与注重研究个人行为的微观经济学相区别。

凯恩斯经济理论的主要结论是经济中不存在生产和就业向完全就业方向发展的强大的自动机制。这与新古典主义经济学所谓的萨伊法则相对,后者认为价格和利息率的自动调整会趋向于创造完全就业。试图将宏观经济学和微观经济学联系起来的努力成了凯恩斯《通论》以后经济学研究中最富有成果的领域,一方面微观经济学家试图找到他们思想的宏观表达,另一方面如货币主义和凯恩斯主义经济学家试图为凯恩斯经济理论找到扎实的微观基础。第二次世界大战以后,这一趋势发展成为新古典主义综合学派。

一、劳动关系系统理论

劳动关系系统理论是以系统的方法研究劳动关系问题,对劳动关系领域的各种现象进行整体的、有机的、有序的、动态的、发展的说明的劳动关系管理理论。这一理论由美国经济学家邓洛普创立(标志是 1958 年《劳动关系系统》出版),经克瑞格、福克斯、达福梯、安德森以及寇肯、桑德沃等人的修改完善,逐渐成为劳动关系理论研究的主流形态。

(一)邓洛普的系统理论

邓洛普是美国劳动力经济学制度学派的代表人物之一。1944 年,出版了他的基于经验数据而完成的劳动关系理论经典之作《工会下的工资决定》,把工会看做经济制度中的经济"活动人",认为它的行为可以用工资和雇用最大化经济模型来解释,从而开创了用经验数据来检验现存劳动关系理论及其基本假设和研究基础之先河,有力地推动了当代劳动关系理论的发展。1950 年,邓洛普完成了《产业与劳动关系》一书。在这本著作中,他提出了一个将经济、技术和社会因素包含在内的集体谈判和劳动关系分析框架。1958 年,出版了他的经典创新之作《劳动关系系统》,该书在整合了经济、技术和社会因素的基础上,将制度理论的合理因素吸收进来,最终形成了他用来解释影响劳动关系系统的多种因素及其相互关系的理论框架。

邓洛普把系统的概念和方法引入了劳动关系研究,他把劳动关系看做是社会大系统中一个相对独立的子系统,尽管它同经济系统、政治系统有部分重叠和交互作用,但它本身不是经济或政治系统的一部分。

邓洛普认为,劳动关系系统在发展的每一个阶段都包含特定的行为主体、特定的环境、涉及整个劳动关系系统的意识形态以及管理工作场所和团体的规则这四个构成劳动关系系统的基本要素。

1. 主体

主体包括各级管理层、雇员阶层和与劳动关系有关的特定政府机构三类。这三类主体互相影响、互相作用,成为各种劳动关系行为的载体。

2. 环境

环境是规定、影响或限制劳动关系主体行为的各种外在因素。这样的环境因素很多,大致可以分为三类:一类是工作场所和工作团体的技术条件,一类是市场或预算约束,还有一类是整个社会系统中的权利所在和分配。

3. 意识形态

系统内的意识形态是主体普遍奉行的一套思想和信念,这些思想观念直接影响劳动关系各方对自身和其他主体角色的认识,对劳动关系系统的运行能够起到很大影响。只有在各方角色的意识形态保持基本一致时,劳动关系系统才能稳定运行,否则系统内部就会出现冲突。广义的意识形态也指劳动关系系统的文化环境。

4. 规则网络

规则是劳动关系系统运行必须遵循的制度、章程、法律等,用来约束行为者在工作场所雇佣关系中的行为。劳动关系系统中的规则随过程变化而变化,而这些规则及其变化反过来又使劳动关系出现不同运行态势。

邓洛普理论指出,就劳动关系系统的运行而言,包括输入、转换过程、输出三大部分或阶段,输入部分包括主体、环境、意识形态;转换过程则是主体之间以集体谈判、调解、仲裁、立法的方式交互作用;输出部分是转换过程产生的结果,即达成了主体的共同行为规则。最后,系统规则再反馈到输入部分和转换过程来约束主体行为,产生对劳动关系系统运行的影响。在这里,邓洛普劳动关系系统理论的政治意味是不言而喻的。系统规则的形成不但意味着冲突在制度内得到了解决,同时还意味着资本主义社会的各个阶级或利益集团确保了自己原有的地位,如图 3-1 所示。

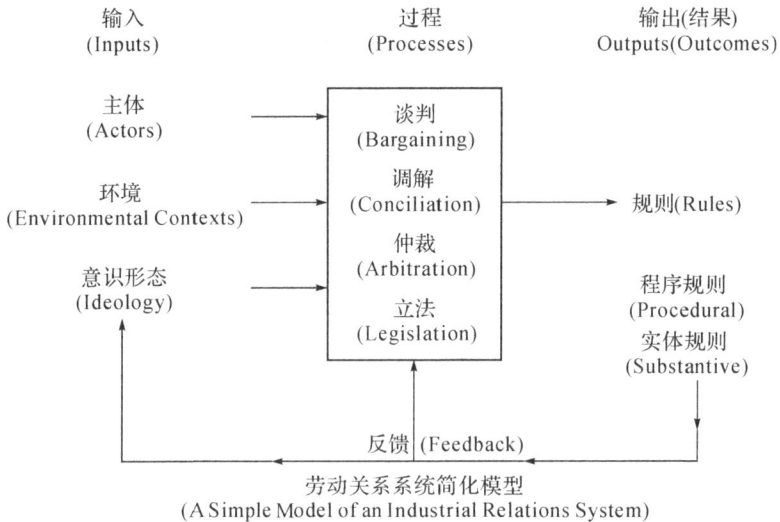

图 3-1　劳动关系系统的运行

资料来源:J. T. Dunlop. *Industrial Relations Systems*. New York: Henry Holt, 1958.

邓洛普的劳动关系系统理论为劳动关系管理研究提供了一个有用的分析框架。他力图在相对零散的目标之上创建一个在更广泛基础上的谈判模式,力图建立一个一般理论以解释和理解劳动关系中可能发生的一切现象,并解释每一种规则的产生依据、过程及作用。他的这个理论框架可以应用到任何国家、任何产业的劳动关系分析中,成为劳动关系最经典的理论模型。

邓洛普的理论框架也存在着不少缺陷,因此近年来遭到了一些批评。其主要有:一些学者认为,邓洛普的理论体系是静态的,忽视了劳动关系系统运作中的动态因素,描述了产业体系中组织的相互作用,但忽视了个人在其中的作用。一些学者认为,邓洛普理论体系的关注面过于狭窄,仅仅重视产业冲突的解决规则,而不重视这些冲突产生的缘由。也有学者认为,邓洛普理论只承认意识形态的共同点,却不认可其不同点和多样性,重视组织中的正式关系而不重视非正式关系。当然,这些批评并没有从总体上否定邓洛普理论作为一种劳动关系分析方法的意义。

(二)桑德沃的系统模型

受邓洛普理论框架启示,美国学者桑德沃(Marcus H. Sandver)在 1987 年出版的《劳动关系:过程与结果》一书中,提出了自己的劳动关系管理分析的理论模型。

桑德沃模型的逻辑是,在劳动关系及其管理的运行过程中,导致工作紧张冲突的基本因素主要包括外部环境因素、工作场所因素和个人因素三大类。工作紧张冲突的解决依赖于管理、个人撤出和劳工运动。劳工运动在解决紧张冲突时的基本手段是集体谈判,工会一般会就工资、工时、工作条件等同雇主或管理者进行谈判,并在集体谈判基础上签订集体合同和有关协议;集体合同和有关协议中有关工时、工资、工作条件等方面的规定成为工作场所的行为规则,或对工作场所产生影响,使工作场所得到改善;工作场所的改善又会对外部环境产生影响,使外部环境也得到改善;外部环境的改善反过来又影响劳动关系及其管理的运行。如图 3-2 所示。

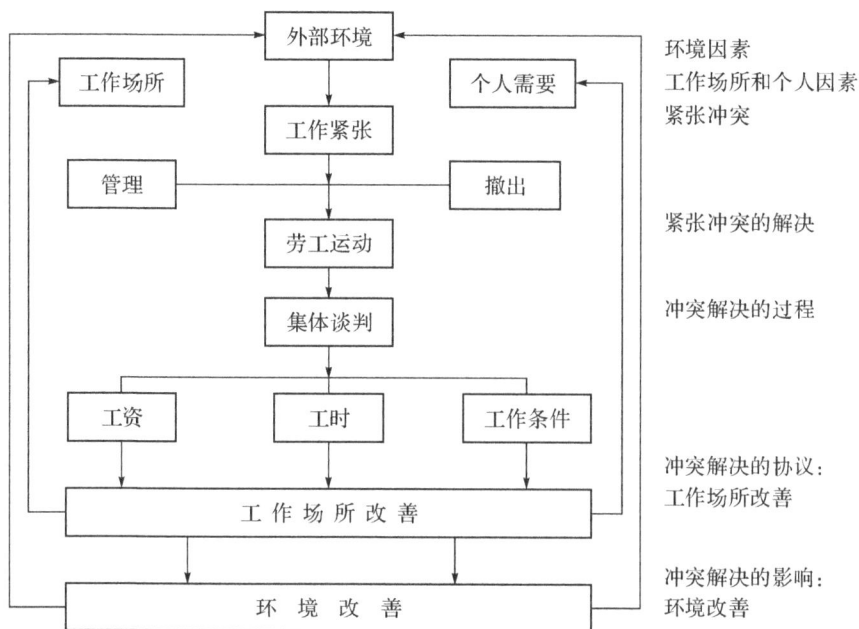

图 3-2　桑德沃模型

资料来源: M. H. Sandver. *Labor Relations*: *Process and Outcomes*. Boston: Little, Brown and Company, 1978:26-34.

　　桑德沃模型具有一些突出的特点。该模型是建立在心理学、经济学、管理学、法学和社会学等多学科基础之上的;同时,该模型也是多因素的理论分析模型,它将决定劳动关系管理特征和变化的多种因素都包含在内。不仅如此,该模型还对影响劳动关系运行的各项因素进行了具体分析,较为全面地分析了劳动关系紧张的产生、解决及后果。正因为具有这些特点,才使它在西方学术界产生了较大影响。

　　桑德沃模型也存在着明显的问题。比如,劳动关系在运行中,不仅存在着主体之间的紧张冲突,主体之间的合作也是劳资关系的基本表现形式,并且往往存在着合作中有冲突、冲突中又有合作的复杂情况,把劳动关系运行仅仅理解和表述为紧张冲突的产生和解决显然是对劳动关系运行的简单化理解。

　　(三)安德森模型

　　劳动关系系统理论在邓洛普首先建立起来之后,经历了克瑞格、福克斯、达福梯、伍德、安德森、寇肯、凯兹、迈克西、弗兰德斯等人的发展,逐渐走向成熟,劳动关系系统模型也越来越成熟。著名劳动关系专家安德森等人建构的劳动关系系统模型就是一个比较成熟的理论模型。

　　安德森模型由投入、主体、转换过程、产出四个相互连续、交互作用的相关部分或阶段构成。投入实际是指劳动关系系统运行的外部环境,投入部分所包含的要素主要有法律环境、经济环境、政治环境、社会文化环境、技术环境；主体是各种劳动关系行为的承担者，包括雇主及其组织、雇员及其组织和政府；转换过程是指主体之间在各种输入环境中通过集体谈判、单方行为、争议处理程序、劳资合作、利益仲裁和经济行动；产出是指经过主体之间的相互作用的转换过程所产生的结果，包括劳资矛盾、工资福利、工作条件、管理方权利、辞职、旷工、工作态度和生产效率。如图 3-3 所示。

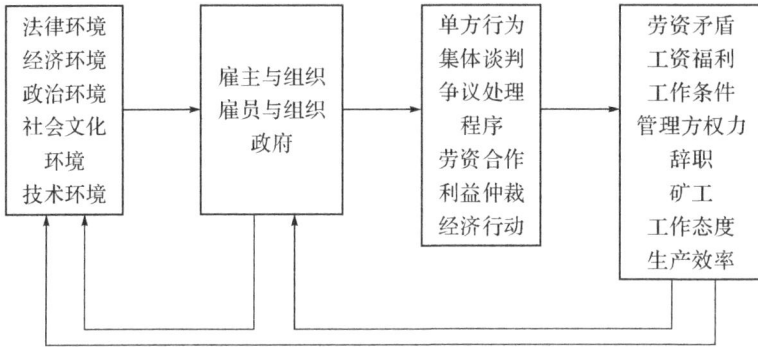

图 3-3　安德森模型

资料来源：Morley Gunderson：Union-Management Relations in Canada, 3rd ed. Addison-Wesley Publish Limited. 1995.

与之前的一些模型相比，安德森模型容纳了更多劳动关系现象或要素，在投入中，除了市场、技术和权力之外，还包括其他外部因素；在主体中，不仅包含了雇主和雇员组织，也包括了个人；在转换阶段，不仅包括了集体谈判和法律程序，也包括了单方行为、经济行动和劳资合作；在产出中，既包括了工资、福利、工作条件，也包括了生产效率、法律、劳资矛盾、管理方权利、辞职、旷工、雇员工作态度等，更全面地解释了劳动关系系统的运行。而且，安德森模型还更加明确地表达了劳动关系系统的动态性及各环节之间的因果联系与交互作用。

二、劳动关系策略理论

劳动关系策略理论是劳动关系管理由理论建构到问题解决，是在微观层面对企业劳动关系管理经验的系统总结，其发展受到管理思想演进的巨大影响。

所谓劳动关系策略，就是劳动关系主体在劳动关系运行过程中为达到自己的目标所制定和运用的总体行动计划和具体制衡政策。劳动关系策略理论是劳动关系运行中具体问题如何处理的具有实用性和操作性的理论分析。劳动关系策略理论虽然也涉及宏观和中观层面的劳动关系问题，但其主要关注的是微观就业组织或工作场所中的具体劳动关系问题。

可以从不同角度对劳动关系策略理论进行分类。英国学者 A. 福克斯（Alan Fox,1966）依据组织是单一目标还是允许存在不同目标，把劳动关系策略理论划分为一元论和多元论。美国学者威廉·N.库克依据企业管理者对工会的态度将企业管理者的劳动关系策略划分为工会回避策略、合作策略和混合策略。Mahoney 和 Watson 根据组织所采取的工作场所治理模式将企业劳动关系策略划分为权威式、集体协商式和员工参与式三种。英国学者迈克·萨拉蒙根据组织目标和工作场所治理模式情况从两个层次划分了劳动关系策略理论：一元论和多元论。一元论包括权威式和伙伴式，多元论包括合作与冲突及马克思主义论（又包括进化和革命）。这些分类有助于我们把握劳动关系策略及其理论的特征。

1. 罢工与谈判理论

20 世纪初，英国经济学家庇古在其《福利经济学》一书中建立了一种短期工资决定模型，该模型探讨了劳资双方关于工资的集体谈判范围。20 世纪 30 年代，英国著名经济学家约翰·希克斯（John Richard Hicks，1904—1989）建立了一个罢工与谈判模型，这是第一个同时也是最简单的谈判过程中的罢工模型。希克斯的罢工与谈判模型如图 3-4 所示。

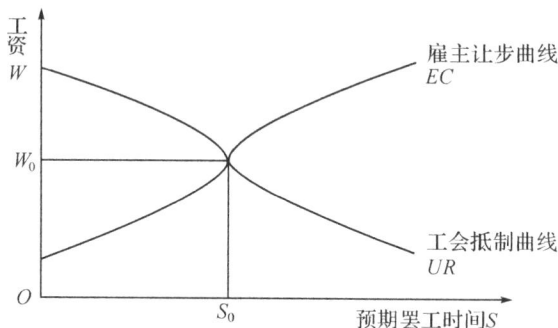

图 3-4　希克斯的罢工与谈判模型

资料来源：[英]德里克.斯沃思等.劳动市场经济学.北京，中国经济出版社，2003：444-445.

希克斯模型假定，工会和雇主仅就工资增长幅度进行集体谈判。希克斯认为，在一方或对方将接受的工资水平与所需要的罢工时间长度之间存在函数关系。如图 3-4 所示，纵轴 W 是工会和雇主正在进行谈判中的工资增长的百分比，横轴 S 是预期的罢工持续时间长度。雇主让步曲线 EC 是一条向右上方倾斜的曲线，工会抵制曲线 UR 是一条向右下方倾斜的曲线。从图中可以看出，随着罢工的持续，进行到 S_0 点时，双方达成了妥协。在这一点上，谈判的解决方案是：工资提高到 W_0，罢工结束。

希克斯模型说明，如果 EC 曲线保持不变，则任何 UR 曲线向上移动（即工会对雇主抵制力量）的因素都将同时提高预期的罢工事件和预期的工资上涨幅度；任何强化雇主拒绝能力的因素都会导致 EC 曲线的下降，同时 UR 曲线也会下降，从而拉长预期的罢工持续时间，同时降低预期的妥协工资水平。该模式显示，罢工似乎是一种不必要的浪费。

希克斯模型揭示了罢工的根本原因，并为研究集体谈判双方的谈判力量提供了分析框架。与庇古模型不同的是，庇古模型只是给定了一个大致范围，而希克斯模型则提出了精确的工资决定点，从而为更加复杂的谈判理论的发展奠定了基础。

希克斯模型也存在着一些明显的缺陷，如模型的前提假定，即谈判双方意识到对方让步的意愿是不现实的；而且假定让步曲线是固定且不受谈判中变化和动态因素影响的，没有考虑到随着谈判过程的继续，让步的可能会增加；该模型还高估了谈判双方对谈判成本计算的准确性。事实上，集体谈判是劳资双方之间的一种博弈，涉及大量的策略选择，工会或雇主要求最终得到的满足程度取决于双方的谈判力量，罢工行动的决定因素起了重要作用。

2. 劳资合作绩效理论

20 世纪 80 年代以来，国际市场竞争日益加剧，新技术不断被应用到生产过程，劳动市场发生了巨大变化，这些因素促使劳资在工作场所开展合作。

劳资合作是指工会和管理方为寻求实现共同利益而采取的一种方式。美国韦恩州立大学教授威廉·N.库克认为,劳资合作是一种建立在劳资双方共同追求更大效益目标上的劳资关系模式。在追求目标的过程中,双方都不把各自的心力放在与对方的相互对抗上,而是集中心力于目标的达成上。经过合作所带来的成果由合作双方共享。

库克认为,在劳资合作中,双方都是既可能存在收益又可能付出成本的。在管理方,其潜在的收益包括提高劳动生产率、提高产品与服务质量、改善与顾客的关系、增进与雇员的沟通、增进雇员的献身精神、减少生产浪费与返工、减少管理成本、减少抱怨与惩戒、减少缺勤和怠工、降低雇员流动率等;潜在成本主要是需要对劳资合作进行培训、丧失权利与权威、调换管理者的工作岗位和经常开会等。在工会,其潜在的收益包括会员获得经济实惠、参与管理决定、增进与管理方的沟通和减少集体协商的争议等;潜在的成本是,可能被管理方同化、丧失雇员的支持、调换雇员的工作、削弱集体谈判的力量[①]。

库克还进一步探讨了劳资合作的架构,提出了基于企业绩效改进的劳资合作模型。这一合作架构包括的因素是:合作结构、工会的相对力量、公司的相对力量、合作强度、劳资关系的改善、组织约束。在模型中,劳资合作的强度取决于工会与公司的相对力量、合作结构、组织约束,劳资合作使劳动关系发生重大变化,而这种变化又会反过来影响劳资合作的强度;工会和公司相对力量的改变会影响劳资关系,而劳资关系的改变则会影响组织成员努力的分布情况,进而达到提升组织绩效的目的。但在衡量绩效时,不需要注意到组织本身所受到的限制,以及管理层对资本、技术的投资。也就是说,劳资关系的变化、管理方的力量以及组织约束最终决定一个企业的绩效。如图 3-5 所示。

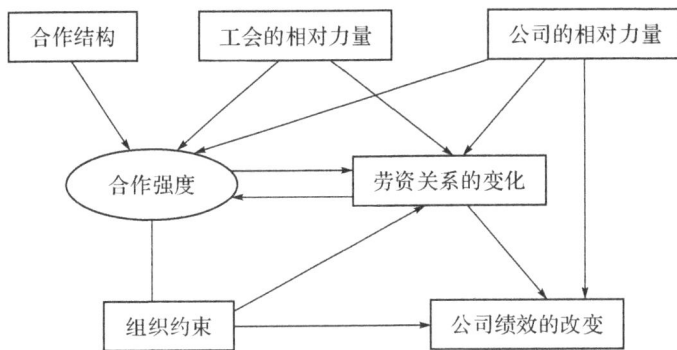

图 3-5　劳动合作对劳资关系绩效影响模型

资料来源:Cook W N. *Labor-Management Cooperation*: *New Partnerships or Going in Circles?*. Kalamazoo, MI: W. E. Upjohn Institute for Employment Research, 1990

应该看到,库克所称的劳资合作是一种劳动关系策略,其目的在于通过劳资合作提高企业运营绩效,扩大生产的总体利益,从而减少因利益不足引起的对立与冲突,使劳资双方的需求能够得到进一步满足。在这一点上,库克的理论实际上是重复了之前许多资产阶级学者的观点。当然,劳资合作绩效理论把劳动关系管理贯穿于企业生产经营及分配的各个环

---

① Cook W N. *Labor-Management Cooperation*: *New Partnerships or Going in Circles?*. Kalamazoo, MI: W. E. Upjohn Institute for Employment Research, 1990.

节,从管理技术角度看还是具有应用价值的。

3. 产业冲突和工会模式理论

在当代,尽管一元论和多元论占据了劳动关系理论的主要地盘,但"新马克思主义者"的观点在劳动关系领域依然拥有一席之地,其主要代表人物有英国的海曼、埃利奥特和伍德等。他们主要从组织学的角度来进行工会理论研究,他们对盛行的多元论持批判态度,认为这种力图在不同利益集团之间保持权力平衡的做法,实际上是掩蔽了社会权力平衡的真实意义。

关于产业冲突。新马克思主义者认为,产业冲突不仅是组织之间关系紧张的反应,更是资本主义经济制度和社会制度的内在本质。所有的冲突都源自这个社会拥有或管理生产资料的那些人与那些仅仅靠出卖劳动力的人之间的分歧。产业冲突不但是连续的,而且还是不可避免的,产业冲突和社会政治冲突是一样的。海曼指出,产业冲突的功能是"在工作组织以及更广泛的社会经济生活范围内控制整个结构的一种整体转换"[①],在这个意义上,寻求劳动关系的秩序与稳定就是对冲突功能的限制。他认为,解决冲突的途径就是要建立劳资双方都能接受的程序和规则,通过与雇主的谈判和妥协达到合作。

关于工会模式。工会是对资本主义制度不可避免的反应,是阶级冲突的产物,具有阶级意识,工会活动是同雇员阶级的发展联系在一起的政治活动,工会只要得到会员承认,并按照其政策和决定来行动就能达到自己的目标。

海曼按照工会的理念把工会划分为三种模式:第一种是把工会发展为反资本家压迫的组织,这是激进的社会民主主义、工团主义、共产主义前仆后继追求的目标。这种模式尽管有种种的"变形",但强调"战斗性"和"社会政治动员"是其共同特征。第二种是把工会作为社会整合的载体,以社会功能主义和有机主义来对抗社会主义的阶级敌对观点。该模式以追求社会福利和社会凝聚为主要目标,并因此成就了一种社会利益代表的自我"意象"。第三种是在美国广泛盛行的商业工会主义。这种模式的工会"刻意追求经济主义"的目标,强调集体协商优先,竭力避开工会与政治发生"纠缠"。

海曼指出,在工会主义的"几何图形"中,三个永恒的面向是"市场、社会、阶级"。商业主义工会把目标锁定在市场,整合主义工会关切的目标是社会,激进反抗性工会则重视阶级。尽管现代工会由于社会发展、政治力量对比乃至传统的不同而显现出种种不同风貌,但在大多数情况下,实际存在的工会往往是在上述三种模式中取两种模式的混合。

可以看出,"新马克思主义"者的劳动关系理论,既有传统马克思主义强调劳资冲突在社会结构转化中作用的观点,也含有不同于传统马克思主义的、寻求劳动关系制度规则、强调集体谈判是工会的核心工作的观点。他们的理论在英国劳动关系研究领域中占据着统治地位。

4. 策略选择理论

策略选择通常是指一种决策行为。1984 年,美国学者托马斯·A.寇肯首次将策略选择引入劳动关系研究。1986 年,寇肯、凯兹和麦克西在他们合作出版的《美国劳动关系的转型》一书中,提出了一个"策略选择模式"的理论架构。该理论以对 20 世纪 70 年代至 80 年

---

① Richard Hyman. *Industrial Relations: A Marxist Introduction*. Macmillan, 1975: 203.

代美国雇主行为的研究为基础,探讨了美国劳动关系的转型现象及其特点。他们力图克服邓洛普劳动关系系统模型对劳动关系动态性说服力不足的缺陷,把策略选择这一动态因素引入自己的模型,指出劳动关系的变化是环境的变化压力,以及劳动关系主体对环境变化予以响应共同作用的产物,劳动者、管理方、政府作为劳动关系主体的选择和判断对劳动关系系统的发展方向和结构具有很大影响,从而更好地解释了劳动关系系统的动态性问题。

寇肯等人的理论模型包括外部环境、企业层级劳动关系制度和表现结果三个部分。其中,外部环境主要由劳动市场、劳工特质与价值、产品市场、技术和公共政策等因素构成。他们认为,外部环境的变化会影响雇主调整其企业策略。同时,雇主在进行策略调整时,还会受到企业中主要决策者或企业文化中的重要成分(如价值观、信念、哲学等)、历史结构(指过去的组织决策和过去的历史事实)、目前的协商制度结构等因素的影响。

关于企业层级的劳动关系制度结构,寇肯等人提出了一个"三级阶层制度架构"——最高的策略层次、中间的集体协商和人事功能层次、最底层的工作场所层次。劳动关系各方主体在三个层次上都有自己的活动。雇主在长期策略与决策层面的制度包括企业策略、投资策略和人力资源策略,在中间层次的制度包括人事政策与协商策略,在工作场所层次有督导风格、员工参与、工作设计与组织;工会在长期策略与决策层面的制度包括政治策略、代表策略、组织策略,在中间层次的制度主要是集体协商策略,在工作场所层面的制度包括协约管理、员工参与、工作设计与组织;政府在长期策略与决策层面的制度主要是宏观经济与社会政策,在中间层面的制度主要是劳动法与劳动行政,在工作场所层面的制度主要是劳动标准、员工参与个人权利。

表现结果部分是指劳动关系主体在企业层次的活动结果会对雇主、个体劳工、工会乃至社会产生影响。如图3-6所示。

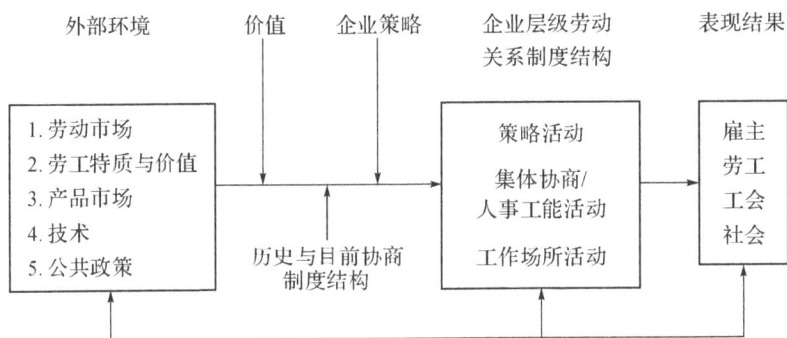

图3-6　策略选择模型

资料来源:Kochan, Kats, McKersie. The Trans formation of American Industrial Relations. New York:Basic Books,1986.

寇肯等人根据美国劳动关系变化提出的策略选择理论,在诸多方面对邓洛普理论作出了创新性的发展,是劳动关系理论研究中的重大突破性进展。寇肯相信,随着工会势力的弱化,管理策略这一因素对劳动关系发展的作用将日渐重要,而他们的这一理论模式恰恰弥补了过去以工会为主轴的分析方式的不适应。批评者则认为,寇肯等人欠缺对政府行为的系统探讨,而政府恰好就是引起美国劳动关系变迁的主要变量。此外,批评者还指出了在应用该模式研究中企业层级的不确定性等问题。

【本章小结】

西方劳动关系管理理论是伴随着工业革命以来西方资本主义社会的劳资矛盾运动而形成和发展的。劳动关系是资本主义社会最基础的社会关系,劳资矛盾是生产的社会化和生产资料的私人占有这一资本主义社会基本矛盾的集中表现,劳动关系问题是资本主义社会各种社会问题中最本质的问题。为了解决资本主义社会的劳动关系问题,各派理论家从各自不同的立场和角度出发,对劳动关系的本质及其运动规律进行了探讨,提出了各式各样的观点和理论体系。

早期作为劳动关系理论渊源的劳工运动思想,最主要的当属亚当·斯密、卡尔·马克思、马克斯·韦伯、韦布夫妇以及康芒斯等劳工运动思想,这些思想为后来各种劳动关系理论学派的形成提供了重要的思想资源。

20世纪40年代,伴随着资本主义劳动关系管理实践的发展,系统地对劳动关系管理问题进行研究的各派劳动关系管理理论体系开始形成。主要有新保守派、管理主义学派、正统多元论学派、自由改革主义学派和激进派。这些学派围绕着劳资之间利益的差异程度及其重要性、劳资力量的分布和冲突的作用、劳资矛盾的解决方案、工会的作用等问题展开了各自的体系。

第二次世界大战以来,资本主义世界的政治、经济等各领域发生了深刻变化,劳动关系领域也出现了许多新问题、新现象、新趋势。在对这些劳动关系发展的新动向进行总结中,劳动关系管理理论得到了进一步发展,其中最重要的是由邓洛普开创,经过桑德沃、安德森等人发展的劳动关系系统理论,以及希克斯、库克、海曼、寇肯等人在微观层面上的劳动关系策略理论。

【复习思考题】

1.试述近代劳动关系和劳工运动理论的主要代表人物及其观点。

2.试析新保守派的理论观点。

3.试析管理主义学派的理论观点及其现实模式。

4.试析正统多元学派的理论观点及其现实模式。

5.试析自由改革主义学派的理论观点及其现实模式。

6.试析激进派的理论观点。

7.试评述邓洛普的劳动关系系统理论。

8.试析桑德沃和安得森模型对邓洛普系统理论的发展。

9.试述劳动关系策略理论不同流派的主要观点。

....

★ 【案例讨论】　　　　　德国的工会与劳动关系

　　德国是实施正统多元派政策最典型的国家,也是该学派最为推崇的现实模式。
——德国工会与企业委员会、企业监事会的关系

　　德国工会联合会是欧洲最有实力的工会组织之一,虽然近年来,由于各方面的原因出现了工会组织率下滑、会员大量流失等问题使其影响力有所减弱,但就目前的组织力量、会员状况、经济实力综合来看,仍然是德国最有社会影响力的工人组织,在德国的经济社会发展特别是实现工人经济权益方面,发挥着不可或缺的重要作用。

　　德国工会联合会简称德工联,是德国统一的工会组织,现有会员760万,分布在德国境内的16个联邦州。德工联领导着八大行业工会:建筑业工会,农业、环保业工会,煤炭化工能源工会,教师科研工会,五金工会(塑料、纺织、钢铁),食品餐饮业工会,警察工会,运输业工会,服务业工会。其中,五金工会和服务业工会是两个最大的行业工会。八大行业工会领导着94个地区的行业工会。德工联由13人组成,其中8人是由八大行业工会选举产生的行业工会主席代表,另外5人是各个行业工会共同推选出的执行董事。德工联事实上是行业工会的服务机构,为各个行业工会提供支持和帮助,主要内容是法律援助和业务培训。行业工会的主要职能与任务:行业工会的基本职能非常明确,就是依法维护会员的经济利益,这种维护主要是通过与企业雇主方进行以工资为基本内容的行业谈判形成行业协议的方式来实现的。作为谈判结果的劳资协议具有覆盖全德国同行业的法律效力,所有德工联的会员都受到劳动协议的保护,当然也要履行劳动合同所规定的义务。必须说明两点:一是尽管在同一行业的同一企业工作,非会员的职工是不受这个劳资协议的法律保护的,二是只有八大行业工会有这样的谈判权和劳资协议的签约权,德工联本身和地区的94个行业工会没有这样的权力。

　　企业委员会的性质、地位与职能。在德国的企业中,只有工会会员但是没有工会组织,包括工会会员在内的企业全体员工的权益是由企业委员会来维护的。德国有企业委员会法,对于企业委员会的建立、职责、权限等都作了详尽的规定。从性质上看,企业委员会是代表全体员工意愿民主参与企业管理事务的工人组织:一是企业委员会由全体员工选举,并定期就休息休假、工伤补偿等事项代表职工与企业谈判;二是代表职工参与企业重大事项决策,企业在进行关闭、破产、停产、增减员工等重大事项决定前必须通知企业委员会,委员会可以代表职工提出不同意见,要求谈判或提出补偿金标准。从地位上看,企业委员会是职工在企业中的合法利益的代表者和维护者。从职能上看,企业委员会具有维护职工权益和企业利益的双重职能。企业委员会有维护企业正常生产经营秩序的责任,有组织职工技术技能培训等任务,但不能组织职工罢工。

　　工会联合会与企业委员会的合作关系。工会代表会员的权益,这种代表在很大程度上要靠企业委员会来实现,企业委员会成员中工会会员占有相当的比重,企

业委员会要依靠行业劳资协议维护企业员工权益。同时，工会与企业委员会的合作有法律的基础。工会有对企业的介入权，工会成员有参加企业委员会会议的权力，只要有25%以上的委员会成员同意，工会代表就可以参加委员会会议，发表意见，参与表决。德国规定每季度要召开一次企业职工大会，行业工会成员有权参加企业的职工大会，工会有监督权，可以列席企业的劳动争议调解委员会，监督行业劳资协定在企业中的落实情况；可以指导企业委员会工作，地区以上的工会人员都是劳动法律专家；企业委员会的成员可以要求参加行业工会举办的培训班，学习和掌握法律知识；工会可以应企业委员会的请求，对雇主一方干预企业委员会选举工作等问题诉诸法律等。

关于企业监事会的组织形态。企业监事会是企业民主管理和民主监督的一种重要形式。监事会成员的数量是由企业的规模决定的，2000人以上企业监事会由13人组成，股东7人，工人代表4人，第三方代表2人，主席由股东担任，副主席一般兼任企业委员会主席。第三方的两名代表可以是退职的官员、教师、消费协会成员，一个由工会选举，一个由股东选举。监事会中的工人代表，必须代表和维护工人的权益。监事会有两项重要职责，一是负责组成董事会，二是负责监督企业的生产经营情况。比如企业超过百万以上的投资项目、购买其他企业股份等商业活动，都要经过监事会的同意。工会坚持监事会制度来推进民主监督，工会有智囊团帮助监事会中的工人代表了解商业政策，参与企业决策。

——德国工人阶级的经济利益状况

劳动者免费接受教育培训的权利。德国是世界上为数不多的免费教育的国家，所有的公立学校都无一例外的实行免费教育。但是，给我体会最深的还是劳动者接受培训的制度。所有企业对于没有大学毕业的从业劳动者，都必须按照法律的要求对其进行长达三年半时间的免费培训，培训期间每周三天工作两天学习，享有一定的工资待遇，并且在培训结束后，还要至少允许这些劳动者在企业工作一年以上时间。经过培训合格的劳动者，其培训证书可以等同于大学学历。这种全员的培训是国家义务教育的一个重要组成部分，无论是在任何一个行业的任何一个企业都是必须完成的。

劳动者免费就医的权利。按照德国现行的法律制度的规定，劳动者在就业期间要付出相当比重的医疗保险金，同时享受除牙科以外的所有疾病的免费治疗。由于这种医疗保险金是按照工资比例交纳的，这对于中低收入阶层来说是一种社会公平的体现。由于退休后不再交纳这笔费用，劳动者退休以后的生活是很有保障的。这种医疗保险制度是全员化的，包括农业劳动者也在其范围之内，全社会的劳动者都不必受到看病吃药问题的困扰。

人性化的工资收入分配制度。德国在工资收入分配上比较重视社会公平，劳动者所有要承担的社会保险和税金都是按照工资的百分比交纳，而且，高收入者的税金要高出中低收入者相当的比例；对于单身劳动者、有婚姻的劳动者和有孩子的劳动者实行不同的工资标准，在单身劳动者组建家庭后要提高其工资标准，有了孩子后还要再次提高其工资标准，家庭每增加一个孩子都要给予一定的抚养费（每个孩子每月 170 欧元)。这种收入分配的调整,比较充分地考虑到了广大中低收入者家庭的生活实际需求,体现了人性化的鲜明特征。

由于受较长时期经济衰退的影响,德国现行的高福利政策遇到了极大的挑战,总体上看,税收与社会保险金已经难以负担相对应的支出,德国政府不得不采取应对措施。政府要降低社会福利标准,劳动者希望增加收入。无论是降低福利标准还是提高税金和社会保险金收取幅度,都会对劳动者的既得经济利益带来损害,对社会产生很大震动。2004 年 6 月,德国工会与相关组织曾在柏林和斯图加特联合举行了有 50 万人参加的游行示威,其主题就是反对消减社会福利。所以,政府的调整是非常谨慎和缓慢的。

——德国工会在协调劳动关系中的积极作用与现实问题

总体上看,在欧洲各国中德国的劳动关系还是比较稳定的。德国每年工人参与罢工的数字只有 0.9%,而在法国是 10.4%,类似法国的情况在欧洲很多国家是比较普遍的。德国之所以能够较长时期保持劳动关系的相对稳定,有很多方面的原因,其中工会发挥了独特的重要作用。

多种渠道协调劳动关系。德国工会协调劳动关系主要是通过以下一些途径:工会参与产业劳动政策的制定,代表会员与雇主委员会及其企业资方进行工资集体协商谈判,为会员提供多方面的法律援助和就业培训服务,参加企业委员会对企业的管理等。由于工会能够与进步的社会组织建立较好的合作关系,所以能够充分利用双方的合作来达成会员的意愿,为会员争取各方面的权益。工会将自身触角渗透到了多个社会政治经济领域特别是企业管理领域,充分利用工会在这些领域的代表发言权来维护会员的权益,从而达到协调劳动关系的目的。在议会的议员中有 60% 是工会成员,这些代表利用与党派建立的联系从不同角度提议有关工会会员权益的立法。在企业监事会中有工会的代表,工会有专门建立的智囊团帮助监事会中的工会代表发挥作用,监督企业的生产经营和资本运营,从而使企业的重大决策必须兼顾到劳动者的利益。

集体协商谈判促进劳动关系的和谐。工会通过行业集体协商谈判就职工工资、工作时间、员工福利等问题与企业达成劳动协议,从而尽可能避免采用游行、罢工等激烈的方式维护会员权益,是形成目前德国劳动关系相对稳定的一个极其重要的原因。德国法律明确规定,企业员工的工资由行业工会与相应的企业方组织既雇主协会协商确定,包括工资标准、劳动时间、劳动条件等。依照法律规定,德国八大行业工会每年与雇主方进行工资集体协商谈判,达成的劳动协议有上千个,覆盖了几乎所有的行业和产业。德国的企业委员会法,明确规定了如果企业没有集体合同或集体合同不健全,员工可以要求建立或完善集体合同,企业委员会可以依照行业劳动协议,就劳动双方关系、员工工作时间、工资标准及支付方式、休息和休假、职工福利事项制度等与企业协商。工会指导下的企业委员会,在维护员工整体利益方面发挥着至关重要的作用,也是缓解劳资矛盾、稳定劳动关系的重要组成部分。特别是在劳动时间和休息休假这一问题上,很多企业的劳动时间普遍低于法定的时间要求,休假长于国家的规定,其中,企业委员会的谈判起到了非常重要的作用。

　　经济全球化给德国工会集体协商谈判带来的现实问题。在经济全球化的巨大压力下,德国的失业率长期居高不下,普通劳动者的收入水平和福利水平逐渐下降。德国很多企业为了抢占市场份额和降低生产成本,纷纷采取境外建厂转移生产资本的做法,资本转移进一步加剧了国内失业状况和社会保障的压力,从而使工会进行工资行业谈判的外部环境恶化。在行业工会进行的劳资谈判中,一些企业主以"如果工会不能够妥协让步,就把企业迁出境外"相要挟,并且这种问题还有进一步扩大的趋势。工会采取了相应的策略:一是确定了劳资谈判要权衡利弊、兼顾双方的原则,以尽可能兼顾企业一方的利益,寻求劳资双方利益的契合点;二是加强与相邻国家工会的联合,参与欧洲社会政策与产业政策的制定;三是加强与本国社会力量的联合,进一步对国家的政治经济政策施加影响。

　　综上所述,尽管德国目前的劳动关系仍然相对稳定,但是,经济状况长期低迷所引发的社会保障制度等方面的诸多问题,工会力量的不断削弱带来的劳动者权益保障水平的降低,必将对劳动关系的稳定产生巨大的破坏作用。

　　讨论:

　　1. 德国劳动关系的特征。

　　2. 德国劳动关系模式给我们带来哪些启示与思考。

(本案例来源:根据 http://jyjc.acftu.org《首钢总公司工会对德国工会组织、劳动关系等问题的调研报告》整理)

第四章 中国传统文化对劳动关系管理的启示

【学习目标】

通过本章内容的学习,要求学生把握如下要点:

1. 学习中国传统文化中劳动关系管理思想的意义
2. 中国传统文化中劳动关系管理的核心理念
3. 如何学习与落实中国传统文化中劳动关系管理的核心理念

【引导案例】 "蒙牛"的成功说明了什么?

内蒙古蒙牛乳业(集团)股份有限公司(以下简称蒙牛集团)创建于 1999 年 8 月。

为适应现代化生产规模的需求和高品质乳制品的需要,蒙牛集团不断加强和引导集约化、标准化奶源建设,与现代牧业(集团)有限公司合作,在全国先后参股建成了 13 个万头奶牛现代化牧场,蒙牛的奶源基地建设已基本实现了集约化和标准化。来自现代化牧场、养殖小区的奶源已经占到了总奶源的 70% 以上,从源头上保证了牛奶质量。

在质量管理方面,蒙牛人坚持"产品质量的好坏就是人品的好坏"的理念,在原奶收购、生产过程、仓储运输等各个环节严格把关,同时,投入大量资金建立了具有国际先进水平的乳制品质量检测中心,并培养了一支高素质的质量检测队伍,使产品质量得到全面保证,使蒙牛产品成为"最信得过食品"。

"小胜凭智、大胜靠德"是蒙牛董事长牛根生的经营哲学。他在伊利任职期间,就曾将自己的 108 万元的年薪全部分给大家。他还曾用公司拨款给他购买高级轿车的 108 万元购买了 5 辆面包车送给下属部门作为交通工具使用。2005 年,他又将自己和家人所持有的约 10% 的"蒙牛"股份全部捐出,设立了"老牛基金",用于奖励对"蒙牛"作出贡献的机构和个人。他表示在"百年"以后,将把自己所得股份全部捐给"老牛基金",家人不能继承其股权,每人只可领取不低于北京、上海、广州三地平均工资的月生活费。

目前,蒙牛集团已经在中国 19 个省区市建立生产基地共 29 个,拥有液态奶、酸奶、冰淇淋、奶粉、奶酪五大系列 400 多个品项,产品以其优良的品质覆盖国内市场并出口到美国、加拿大、蒙古、东南亚等国家和地区。创立 10 多年来,蒙牛集团从最初的全国乳业排名最后一位,到 2007 至 2009 年连续三年在中国乳业排名第一。2009 年蒙牛集团名列全国大企业集团 500 强第 241 位,居全国同行业之首。在 2010 年"亚洲品牌 500 强排行榜"上,蒙牛集团位列榜单第 132 位,取代日本乳企"养乐多"荣膺亚洲第二、中国第一乳业品牌殊荣。在最新的世界乳业排行榜上,蒙牛集团已经跻身世界乳业第 16 位,已经发展为拥有总资产 141 亿多元、职工近 3 万人、年生产能力 600 万吨的规模化乳制品加工企业。

在世界四大文明古国中,唯一能够保持其自身发展延续性的国家只有中国,而在维系中华民族延续与发展中具有决定意义的是中国传统文化。中国传统文化渗透在中国人日常生活的方方面面,对中国人的政治、经济、管理等都产生了巨大影响,与中国人、中国经济、中国管理水乳交融,血肉相连,无法分割,造就了中国人、中国经济、中国管理的独特特征。不理解中国传统文化,就不会真正理解中国人的行为和想法,也就无法在中国实施有效的管理。因此,学习、整理和发掘传统文化中的宝贵财富,对于包括劳动关系管理在内的各个学科的建设具有重大理论意义,对于提高中国的管理水平具有重大现实意义,也是实现管理理论本土化的基本途径之一。

工业革命以来,资本主义经历了近三百年的发展,在这短短的两三百年中,不但创造了"比原始社会、奴隶社会、封建社会的总和还要高得多的"生产力,同时也用两三百年的时间累积了比人类几千年的总和还要高得多的人与自然、人与社会、人与人的矛盾,造成了周期性经济危机、世界大战、生态环境危机等威胁到人类生存和永续发展的严重问题,这些问题都迫使我们不得不对资本主义工商业文明进行反思,迫使我们对中国传统文化的历史价值进行重新认识与评价。

中国传统文化蕴含着丰富的包括劳动关系管理在内的管理思想,儒、释、道、法等各家透过其宇宙观、人生观、价值观体现了高度的、中国式的处理劳动关系问题的管理智慧。通过对传统文化中劳动关系管理思想的学习、挖掘与整理,可以帮助我们树立正确的劳动关系管理理念、掌握更适合中国情景的管理方法与技巧、提高我们调整和处理劳动关系问题的智慧与创造力。

本章所称"劳动关系"一词,与本书大部分章节不同,不是特指资本主义以来的现代劳动关系,而是泛指存在管理者和被管理者因利益结合在一起,进行社会生产等活动的情况下,劳动者与管理者之间的关系。所以,这种泛称的"劳动关系"不但存在于资本主义社会,而且还存在于奴隶社会和封建社会。中国传统文化中的劳动关系管理思想,是对这种"劳动关系"管理实践的理论总结,对现代劳动关系管理具有重要借鉴意义。

本章主要介绍三部分内容,即我们为什么要学习传统文化中的劳动关系管理思想,我们可以从传统文化中借鉴哪些有价值的劳动关系管理思想,我们怎样学习并落实传统文化中的劳动关系管理思想。

第一节　学习中国传统文化中劳动关系管理思想的重要意义

一、中国传统文化促进世界和谐发展的巨大作用引起世人关注

中国传统文化具有促进经济和社会和谐发展的巨大功能,这一点越来越引起有识之士的重视。

早在欧洲启蒙运动时期,伏尔泰(1694－1778)就说过:"在这个地球上曾有过的最幸福的并且人们最值得尊敬的时代,那就是人们遵从孔子法规的时代。"德国哲学家莱布尼兹也说过:"我们从前谁也不信在这个世界上,还有比我们的伦理更完善的立身处世之道、更进步的民族存在,现在从东方的中国,竟使我们觉醒了。"

在日本,明治维新以后,为适应日本工业化的需要,被誉为"日本近代经济的最高指导者"、"日本企业之父"和"日本金融之王"的企业家涩泽荣一的"一手执论语,一手执算盘",开创了日本儒家式经营之风,为儒家文化在现代的复兴提供了活生生的有力见证。他倡导的"经济道德合一说",成为日本经济高速发展的不容忽视的因素。日本现代管理思想家伊藤肇指出:"日本企业家只要稍有水准的,无不熟读《论语》,孔子的教诲给他们的激励影响至巨,实例多得不胜枚举。"

到了 20 世纪 70 年代,英国著名历史哲学家汤恩比在与日本池田大作的谈话中,在客观地研究了世界各国历史的基础上,从文化学的角度,得出了这样的结论:"真正能够解决 21 世纪社会问题的,只有中国的传统文化。"无独有偶,1988 年,70 多位诺贝尔奖获得者在巴黎聚会,这些人类智慧的骄子们,面对人类社会生存发展过程中出现的环境污染、恐怖主义、诚信缺失、秩序错乱等种种人类共同面对的问题,发出了"人类要在 21 世纪生存下去,必须到2500 年前孔子那里去寻找智慧"的宣言。

1988 年,全世界 100 多个社会组织代表在美国的芝加哥开会,共同寻求"普世伦理",会后发表了"普世伦理宣言",中国儒家的"己所不欲,勿施于人",为宣言所接受。"己所不欲,勿施于人"的思想也被认为是处理国家关系的原则,悬挂于联合国大厅内,成为国家间往来的至高准则。联合国教科文组织专家泰勒博士曾经这样说:"孔子以仁爱为核心的人本思想、希望社会稳定发展的思想、发挥人的主观能动性的思想、接受与传送文化遗产的思想,都是 2500 年来我们无力超越的。"

到了 21 世纪,汤恩比教授的话再度引起了国际社会的普遍关注。2006 年 10 月,来自全世界 192 年国家的驻法使节、团体代表、专家学者、联合国教科文组织秘书长以及法国重要官员在联合国教科文组织(UNESCO)的巴黎总部开会,会议特别邀请了中国安徽省庐江文化教育中心的学者们,围绕着儒家伦理及其当代价值等问题,进行了整整一天的演讲。汤池构建"中华传统美德示范镇"的经验,为世界各国提供了一个通过道德教育改善社会风气、构建和谐社会的成功案例。同时,以"孝悌忠信,礼义廉耻,仁爱和平"为主要内容的中国传统文化,也让那些致力于解决世界冲突、恢复世界和平的人们看到了希望和曙光。中国传统文化在构建和谐企业、和谐社会、和谐世界中的作用正逐渐得到世人的重视。

二、挖掘中国传统文化中劳动关系管理思想是时代的呼唤

学习、挖掘中国传统文化中的劳动关系管理思想,构建中国式劳动关系管理理论,是建设中国特色社会主义市场经济的客观要求,是对西方资本主义工商业文明进行省思的合理结论,也是构建和谐企业、和谐社会、和谐世界的时代呼唤。

1.构建反映时代精神的中国劳动关系管理理论的客观要求

不但"哲学是时代精神的精华",任何一种真正的思想理论都必须反映时代的呼声。真正的理论不是思想家、理论家头脑中的天才构想,而是一方面体现出时代精神的要求,另一方面批判地继承人类历史上的优秀文化成果。只有这样的理论才能真正起到指导实践的作用。

建设有中国特色的社会主义市场经济,是党中央确立的经济体制改革的总体目标。既然是"中国特色的社会主义市场经济",顾名思义,适应它要求的管理理论必须符合三个基本条件:

(1)因为是"市场经济",而不是"计划经济",因此,建立在计划经济基础上的管理理论是不适应它的要求的,取而代之的是以反映市场经济特征和规律的管理理论;

(2)因为是"社会主义市场经济",而不是"资本主义市场经济",因此,不能全盘照搬西方资本主义市场经济的管理理论与管理模式,取而代之的是以体现出社会主义本质特征和基本要求的管理理论与模式;

(3)因为是"有中国特色的社会主义市场经济",是在中国国情下搞的社会主义市场经济,而不是在其他国家搞的社会主义市场经济,因此,管理理论就必须符合中国的民族特征,而且无法割断中国的历史与文化传统、不能脱离中国的社会政治制度,并需契合中国所处的国际环境。

上述这三点正是我们时代的基本精神,这一时代精神客观上要求我们在构建劳动关系管理理论时,必须立足中国、重视传统。

构建中国式的劳动关系理论还必须具有思想材料。这些思想材料应该是对人类历史上一切优秀成果的批判性继承,既包括外国的也包括中国的,既包括过去的也包括现在的。既然是建构中国式的劳动关系管理理论,那么经过几千年实践检验的、一脉相承的中国传统文化当然是我们应该也必须首先发掘的思想宝库。

2.反思西方资本主义工商业文明消极后果的合理结论

资本主义工商业文明创造了高度发达的生产力,为人类带来了物质的丰富。但是,它同时也造成了人与人、人与社会、人与自然之间的高度紧张,甚至威胁到人类的生存和可持续发展。

自从资本主义制度诞生以来,人类历史上就出现了经济危机这个"怪胎"——一面是大量产品卖不出去被倒掉、销毁,一面是穷人无力购买所需要的商品。由于购买力不足而导致的经济危机周期性爆发,就像资本主义制度无法治愈的致命恶性"肿瘤",对经济的发展造成巨大破坏。

掠夺和战争也是资本主义制度的孪生兄弟。早在资本原始积累时期,依靠贩卖黑奴和对殖民地财富的掠夺为资本主义发展淘得了第一桶金。此后,在短短的两三百年时间里,发

生了两次帝国主义为争夺殖民地和世界霸权的世界性战争,第一次世界大战波及世界大多数国家,大约有 65000000 人参战,16000000 人失去了生命,20000000 人受伤。第二次世界大战先后有 60 多个国家和地区参战,波及 20 亿人口,占当时世界人口的 80%,战火燃及欧洲、亚洲、非洲、美洲、大洋洲和太平洋、印度洋、大西洋、北冰洋。作战区域面积为 2200 万平方千米,交战双方动员兵力达 1 亿人,直接军费开支总计约 3 万亿美元,占交战国国民总收入的 60%~70%,参战国物资总损失价值达 4 万亿美元,大约有 6000 万人死亡,至少 1.3 亿人受伤,合计伤亡 1.9 亿人。

资本主义工业化,还给人类的生存环境带来了严重危机。环境危机的表现形式主要为环境污染和生态破坏。所谓环境污染,是指因人为的活动,向环境排入了超过环境自净能力的物质或能量,导致环境发生危害人类生存和发展的事实。它通常包括大气污染、陆地水污染、海洋污染、噪音污染、固体废物污染、放射性污染、有毒化学品污染等。所谓环境破坏,则是指人类不适当地开发利用环境,致使环境效能受到破坏或降低,从而危及人类的生存和发展的事实。它通常包括土地资源的破坏、森林资源的破坏、草原资源的破坏、水资源的破坏、矿产资源的破坏、物种资源的破坏、自然景观的破坏、风景名胜地和文化遗迹地的破坏等。当前的环境危机已经具有全球化、综合化、高技术化、极限化的特征,正在将人类推到生死存亡关头。

造成这些巨大消极后果的原因,从根本上说是资本主义制度的文化基石带有巨大破坏性。正如马克斯·韦伯所指出的那样,路德的宗教改革推动了人们的财富观发生转折,从把财富看做一种中性的工具甚至是必要的恶,转变为把财富看做为不证明自明的善。路德宗教改革提出的新教义——“个人应当永远安守上帝给他安排的身份、地位和职业,把自己的世俗活动限制在生活中既定的职业范围内”——客观上推动了资本主义企业的发展。加尔文继承了这个路径,主张基督徒在尘世的社会活动完全是为了“增加上帝的荣耀”,基督徒有责任做好上帝赋予他的世俗职业。资本主义的发展,把人们的财富观念推向极致,赚钱不再是为了上帝的感召,而是为了赚钱本身,人生唯一的目的就是创造财富、消费财富。这就是资本主义精神。资本主义精神刺激了人性中的负面东西,使之恶性膨胀,为见利忘义、贪婪、无信等不道德行为提供了堂而皇之的理由。正如温家宝总理 2009 年 2 月 2 日在剑桥大学的演讲中所指出的那样:“道德缺失是导致这次金融危机的一个深层次原因,一些人见利忘义,损害公众利益,丧失了道德底线。”经济危机也好,环境危机也好,战争危机也好,危害的不是经济、环境和政治本身,而是文化、人心,人的心中丧失了道德,才是真正的危机,才会引发出环境危机、经济危机、战争危机这些外在的表现,是这种文化把人类带上了自我毁灭之路。

面对资本主义文化给人类带来的巨大灾难,我们不得不去探求能够令人类持续、和谐发展的文化。纵观全部人类文明的历史,在四大文明古国中唯一延续到现在并依然焕发着勃勃生机的只有中国。人类发展的历史证明,中国传统文化是世界上最优秀的文化之一,具有开放的、包容的博大胸怀,超越的、历史的长远眼光,辩证的、深刻的精神智慧,能够妥善处理人与人、人与社会、人与自然之间的关系,把人类引向持久的和平与发展。

3.建设和谐企业、和谐社会、和谐世界的迫切需要

建设和谐企业、和谐社会、和谐世界是时代发出的强烈呼唤。历史证明,只有以和谐文

化为指导才能建成和谐企业、和谐社会、和谐世界,只有充满和谐精神的中国传统文化才能堪当构建和谐企业、和谐社会、和谐世界的文化重任。

中国传统文化洋溢着和平与和谐的文化精神。西方文化源于多山贫瘠、三面环海的古希腊。在这样的自然环境下,古希腊人一开始就以航海、商贸为主要生产方式,原始氏族的血缘关系受到较为彻底的破坏,逐步形成了开放性的海洋文化和外向型的民族性格,造就了一种长于逻辑思维,崇尚科学,热衷知识、权力、竞争、法治,以及追求物质生活的文化传统。而中国传统文化的源头主要是黄河流域的广袤平原沃土,宗族血缘关系较完整地保留下来,逐步塑造了一种内向型的民族性格、自悟式的思维方式以及重视伦理道德与社会和谐的心理特征。

从本质上讲,西方传统文化是一种崇尚科学主义的"工具理性"文化,是一种注重自我价值和追求法治的"智性"文化。而中国传统文化则是一种崇尚人文精神、伦理道德与中庸和谐的"价值理性"文化,是一种强调集体主义、"克己复礼"的"德性"文化①。

文化是企业的灵魂、民族的灵魂、人类的灵魂,以和谐为魂的文化,造就的是和谐的企业、社会、世界,而崇尚物质与竞争的文化最终会将人类引向冲突与毁灭的深渊。为了建成和谐企业、和谐社会、和谐世界,为了人类的持续生存与发展,我们迫切需要中国传统文化的指引。

4.在中国进行有效劳动关系管理的基本要求

早在 2000 多年以前,中国古代思想家就揭示了管理本土化的重要意义。正如《晏子春秋》所指出的:"橘生淮南则为橘,生于淮北则为枳。叶徒相似,其实味不同。所以然者何?水土异也。"(《晏子春秋·内篇杂下第十》)。在中国进行管理、管理中国人,离开中国国情、民情,照搬西方科学管理方法,是不会真正实现有效管理的,因为中西方除了一些人类共同的东西外,还在社会政治制度、传统文化背景以及人的心理素质和价值观念等方面与西方社会存在重大差别,忽视这些差别,必然无法实现有效管理。

东西方传统文化的差异性,直接决定和影响着东西方人的心理定势、思维方式、价值追求和对人性的理解,也决定了在中国进行管理、管理中国人所不能忽视的管理独特性。西方文化中虽然也有人提出过性善论,但是占主导地位的是性恶论,即认为人的本性是恶的,社会上绝大多数人都是为自己谋取私利,只要客观条件允许,人就会做出损害公众利益的事。所以,西方管理学的基本原则是通过建立完善的法治体制和控制机制,使坏人无法干坏事。在中国传统文化中,虽然也有人提出性恶论,如荀子、韩非等,但占主导地位的始终是儒家的性善论,即认为人不同于动物,生而具有"仁义礼智"的善性。所以,管理学的主要原则就是通过"存天理、灭人欲"的道德教育手段,去掉人的私心杂念,恢复和发扬人的善性②。

东西方管理都把"情、理、法"作为管理的手段,但是,由于中西方传统文化的差异,对三者在管理中的重要性认识不同。西方管理将"法"放在首位,强调严格的制度化管理、高强度的物质刺激、明确的等级观念;而中国是注重血缘传统的国家,管理中自然而然地将"情"放在首位,强调人性化管理,强调管理者对人的尊重、理解、关心,以合理化的制度和合理化的

---

① 葛荣晋.中国管理哲学导论.北京:中国人民大学出版社,2007:4.
② 葛荣晋.中国管理哲学导论.北京:中国人民大学出版社,2007:4.

人情达到合理化的管理。

西方人办事的时候,按照法治传统,总是"先小人后君子",即首先签订和据理力争自己的合法权益,而后按照合约办事成为朋友。而中国人则是"先君子后小人",假设多数人是君子,碍于情面忽视契约,一旦发生利害冲突,就会反目成仇。

可见,在中国进行劳动关系管理,从管理主体到管理内容都具有鲜明的中国特色。只有充分重视这些独特性,构建有中国特色的管理理论,才能实现有效管理。而中国传统文化中蕴含的丰富的、基于中国国情和民情的管理理念与方法,正是我们构建中国化劳动关系管理理论取之不尽的宝藏。

第二节　中国传统文化中劳动关系管理思想的核心内容

一、中国劳动关系管理的基本特征

"以人为本"是中国传统文化的精华,注重"以人为本"也是中国传统文化中劳动关系管理思想的基本特征。

理解"以人为本"这个基本特征,关键要理解"人"和"本"的概念。这里的"本",是根本的意思,犹如一棵树的根,有了根,才能长出树干、树枝、开花、结果。所以,"本"是基础、是最重要的东西。而"人"在哲学上是相对于"神"或"物"而言的。西方的人本思想主要是相对于神来讲的,强调人重于神;中国传统文化中的人本思想,则主要是相对于物来讲的,是强调人重于物。具体到中国传统劳动关系管理思想中,这个"人"主要是指劳动关系主体之一——劳动者一方而言的,是组织中的被管理者、普通劳动者。

以何为本的问题,就是要回答,在我们生活的这个世界上,什么最重要、最根本、最值得我们关注。"以人为本"就是强调在劳动关系中劳动者一方的重要地位和作用,要求在处理劳动关系中,重视劳动者需要的满足,充分认识劳动者的重要作用,重视劳动者本身的发展,把劳动者的需要和发展作为组织发展的根本目的和根本动力。

最早阐述"以人为本"思想的,是儒家经典和儒家的创始人。《尚书》上说:"民为邦本,本固邦宁。"这就明确道出了人民、被管理者是国家的根本,是国家安定和谐的根本,只有根本巩固了,包括国家在内的各种组织形式才能稳定。《尚书》还指出,"民之所欲,天必从之",就是警告地上的君王和各级各类管理者都要充分尊重被管理者、被统治者的意愿。

先秦儒家重要代表人物孟子的思想中蕴含着丰富的"以人为本"思想。他说:"天视自我民视,天听自我民听。"意思是说,民心所向,连上天都不能违背,作为上天儿子的地上君王,自然要以民心所向作为管理合法性的依据了。

"执政为民"是中国古代"以人为本"思想的核心,孟子对这一核心思想的发展作出了贡献。孟子认为,君王和各级统治者、管理者都不能只追求个人的享受,不能"独乐",而应该"与民同乐"。那些终日只知独占利益自己享受而不能与被管理者分享利益、不顾被管理者需要、不顾普通劳动者疾苦的管理者、统治者,在孟子看来只是"禽兽"。儒家认为,统治者、管理者的权力虽然是天授的,但是,连天都要听民众的,管理者、统治者的权力当然也是民众给的,统治者也好,各种组织(社稷)也好,都必须为广大民众服务。因此,孟子明确主张要:"民为贵,社稷次之,君为轻。"

荀子是继孔子和孟子后的先秦第三大儒,他曾用舟水的关系比喻管理者、统治者与被管理者、普通民众的关系:管理者(君王)好比一只船,被管理者(老百姓)就是能承载船的江海之水。水能载舟,水亦能覆舟。这个比喻很精辟也很深刻,道出了管理者与被管理者关系的本质。唐朝开国初期,魏征就用这个比喻警告唐太宗李世民要以隋亡为鉴。唐太宗牢牢记住了魏征的这句话,他在《论政体》一文中写道:"民如水,君如舟,水可载舟,亦可覆舟。"当君王的要爱护百姓,给他们实惠,使他们不至于过不上安定的生活而滋扰政事。为政者应该选拔贤能的人,推举忠厚恭敬的人,提倡孝敬和友爱,收养孤寡之人,补助贫穷的人,这样,平民百姓就会安心政事政局,然后君王也就会安于政位了。

中国传统文化中的劳动关系管理思想,始终贯穿着"以人为本"的红线,从以孟子"性善论"为主流的人性论基础,到强调主体、加强自我管理、追求完善人格和儒家"义以为上"、道家"身重于物"、法家"舍小取大"、"利益双赢"的富于智慧的行事原则,以及儒家"为政以德"、法家"循法而治"、道家"无为而治"的管理模式,无不闪耀着重视被管理者重要地位与作用、重视劳动者需要和利益满足的"以人为本"的人性光辉。

二、中国劳动关系管理的人性论基础

以"性善论"为主流的人性理论,是中国劳动关系管理思想的哲学基础。

管理与人性有着密不可分的关系。正如美国管理学家麦格雷戈在《企业的人性面》一书中所指出的:"在每一个管理决策或每一项管理措施的背后,都一定会有某些关于人性本质以及人性行为的假定。"不同的人性假定可以导出不同的管理模式,任何一种形式的管理都是以各自的人性论为前提的。

中国管理的各种流派及其管理思想,都是以各自的人性假定为理论根据的。儒家"为政以德"的柔性管理以性善论为基础,"宽猛相济"、"礼法合一"的管理之道以荀子的"性恶论"为基础;法家"循法而治"的刚性管理以韩非的"自为"人性论为基础;道家"顺其自然"的"无为而治"以其"超善恶"的自然人性论为基础。

(一)孟子之前的人性论

在人性论上,儒家创始人孔子第一次从哲学高度提出了"性相近也,习相远也"(《论语·阳货》)的命题。肯定人具有生而相似的本质,只是由于后天环境习染和教育的不同,才有品性上的差异,但他未对相近之性到底是善还是恶作出说明。

战国时期,适应各诸侯国治国的需要,各派思想家围绕人性善恶展开了丰富多彩的讨论。孟子以前,至少有三种关于人性的观点。

1. 世硕的"性有善有恶"论

世硕主张人性可以为善可以为不善。世硕的著作《世子》早已散佚,只有在王充的《论衡》中略述其说:"周人世硕认为人性有善有恶,举人之善性而养之,则善长;性恶,养而致之,则恶长。如此,则有善有恶。"也就是说,世硕认为人性中有善恶两种因素,养善则善长,养恶则恶长。

2. 宓子贱的"有性善有性不善"论

宓子贱主张有些人本性是善的,如舜、微子启、比干,有些人本性是不善的,如象、纣。观点与世硕相近,承认人性中含有善恶两种本质。

3. 告子的"性无善无不善"论

告子认为:"性犹杞柳也,义犹桮棬也;以人性为仁义,犹以杞柳为桮棬也。"他又说:"性犹湍水也,决诸东方则东流,决诸西方则西流。人性之无分善与不善也,犹水之无分于东西也。"

由于告子认为"生之谓性",即饮食男女就是人性,混淆了人性与动物性的区别,忽视了人的社会性。正是针对这一缺陷,孟子着重从社会性方面探讨人性,提出了"性善论"思想。

(二)孟子的"性善论"

中国传统文化中的人性理论虽然很多,但在中国历史几千年发展中,儒家重要代表人物孟子提出的"性善论"始终占主导地位。

1. 生而具有"善端"

孟子从"人之所异于禽兽"这一根本认识出发,提出了系统的性善论。他认为,人生而具有善性。"恻隐之心、羞恶之心、辞让之心、是非之心"是生而具有的发展为"仁义礼智"的四种"善端",仁义礼智是不虑而知、不学而能的良知良能,是天赋的、不会改变的。君子内存善性,流露于外必然动止合乎礼仪,表里如一,一派圣人气度。

2. 恶缘于"耳目之官不思而蔽于物"

既然人生而具有善性,那么恶从何来呢?孟子认为,"人之所以异于禽兽者几希,庶民去之,君子存之"(《孟子·离娄下》)。这是由于人的"耳目之官不思而蔽于物"造成的。从天生的质素来看,人的性情是善良的,至于不善良,并非他无天赋之善端,而是后天"陷溺其心者然也"(《孟子·告子上》)。孟子认为,人之善恶与其生存环境有密切关系,人之后天恶性,完全是由于"耳目之官"与外物相交为外物所蒙蔽造成的。

3. "善教"与"善政"

孟子根据他的"性善论",按照孔子的"正人正己"之学,提出了"善教"与"善政"的管理之道。

所谓"善教",即主张在修心养性上"养心莫善于寡欲"。在孟子看来,"不忍人之政"是以"不忍人之心"为前提的。"人有鸡犬放,则知求之,有放心则不知求",造成"从其大体为(指善心)大人,从其小体(五官)为小人"。所以"学问之道无他,求其放心而已矣"(《孟子·告子上》)。欲恢复失去的"不忍人之心",莫若求其放心。善心与物欲是对立的,"其为人也寡欲,虽有不存焉者(指善性),寡矣;其为人也多欲,虽有存焉者,寡矣"(《孟子·尽心下》)。即认为修身养性最好的方法是寡欲,只有把物欲减少到最低限度,才能恢复失去的善性,成为具有"本心"的君子。从管理的角度看,不管是儒家的"三达德"的理想人格和具有"三忘"精神的人生境界论,还是"正人正己"和"修德于己"的"自我管理",都是从其性善论推导出来的。

孟子所谓"善政"即"仁政"。何谓"仁政"? 他指出:"以力服人者,非心服也,力不赡(足)也;以德服人者,中心悦而诚服也","人皆有不忍人之心。先王有不忍人之心,斯有不忍人之政矣。以不忍人之心,行不忍人之政,治天下可运之掌上"(《孟子·公孙丑上》)。从管理的角度看,"仁政"即是儒家的"为政以德"的柔性管理。孟子的性善论为儒家的"义以为上"的人生价值取向和"不忍人之心"为核心的仁爱管理提供了理论基础。

(三)战国后期的人性论

1. 荀子的"性恶论"

荀子在综合孟子与告子等人观点基础上,提出了"性恶论"的人性论。他主张"性(天性)伪(人为)之分",不经后天学习和人为加工的人天生就有的生理素质叫做性,而"心为之择,谓之虑;心虑而能为之动,谓之伪。虑积焉,能习焉,而后成,谓之伪。"心在人性自然趋恶过程中具有理性选择作用叫"虑",在选择基础上有所行动叫"能",通过"虑"的选择和"能"的锻炼而得到的东西,已不是天然的人性,而是"伪"。荀子进一步指出,"人之性恶,其善伪也",是"习俗移志,安久移质","化性起伪",主张"性伪合而天下治"。

性恶论是荀子"礼法并举"、"王霸合一"治国之道的人性论基础,也是"宽猛相济"、"文武兼施"和"以礼治国"管理之道的人性论基础。

2. 韩非的"自为"人性论

韩非把荀子的性恶论向极端发展,提出"自为"人性论。认为,人的本性是"好利恶害",这种"好利恶害"的本性是天生的,不是后天习得的,社会上人与人之间的关系都是以利害之心来对待他人,根本没有什么仁爱、信用之心可言,即使在家庭成员之间也是一种利害关系的结合,并没有什么亲情存在。韩非的"自为"人性论为他的"法、术、势"相结合的刚性管理提供了理论依据。

3. 道家的"自然人性论"

道家在人性论上,既不讲善,也不讲恶,而是提出"超善恶"的自然人性论。老子肯定自然无为是道的本性,禀道而生的人和动物的性也是自然无为的,"虚静、恬淡、寂寞、无为","见素抱朴、少私寡欲"是人之天然本性,而仁义礼乐与情欲则不是人之本性。人性自足完满,无需仁义或情欲的增损。

从管理的角度看,道家的"自然人性论"为其"无为而治"的管理原则、"上善若水"的理想人格论、"辅万物之自然而不敢为"的管理方法、追求"太上,不知有之"的"无为"管理境界、"身重于物"以及"少私寡欲"、"上德若谷"、"大巧若拙"、"不言之教"、"不敢为天下先"的管理智慧提供了哲学基础。

三、中国劳动关系管理的基本原则

(一)管理主体首先要"自我管理"

包括儒、释、道在内的中国管理哲学,都强调管理主体的道德修养和人格塑造,强调首先要管好自己然后再管理他人,这既是东西方管理学的本质差别,也是实现中国劳动关系和谐管理与有效管理的重要条件。

老子曰:"胜人者有力,自胜者强。"(《老子》三十二章),意思是能战胜别人的人是有力量的人,而只有首先战胜自己的缺点、管理好自己、做最好的自我的人,才是真正的强者。管理者与企业家的成败,关键在于自己能否战胜自己、能否管理好自己。只有先管好自己,才有资格去管理好他人。要战胜自己的错误、缺点和不足,就要通过修养使自己具备高尚品格,要求管理者在人格上要具有"无为"的内在品质,只有内在地具有无为的品格,才能在经营管理上有效地实施无为而治。

1. 管理主体"君子谋道不谋食"的人生价值目标

(1)"君子谋道不谋食"。孔子一生发愤忘食,就是为了实现他的人生价值。在人生追求问题上孔子坚持"君子谋道不谋食"(《论语·卫灵公》)的价值理念,世俗之人一生所发奋者无外功名利禄,孔子所追求的是"志于学"、"志于道"、"志于仁",把追求道德人格的不断提升和完善视作生命的真正价值所在。

孔子还把"成仁"(谋道)与"去仁"(谋食)看做君子与小人的根本区别。他说:"君子去仁,恶乎成名?"(《论语·里仁》)还说:"君子上达(上达于仁义),小人下达(下达于财利)"(《论语·宪问》),"君子怀德,小人怀土(安乐的地方)";"君子喻(晓得、明白)于义,小人喻于利"(《论语·里仁》)。他还批评说,"士志于道,而耻恶衣恶食者,未足与议也",因为这种人"志道不笃"。孔子并不一般地反对做官,只是坚持"天下有道则见(出仕),无道则隐(隐居)"(《论语·泰伯》),"不仕无义"的原则。当原宪请教他什么是可耻的事情时,孔子回答:"邦有道,谷(俸禄);邦无道,谷,耻也。"(《论语·宪问》)因为君子之仕是为了"行其义也",而不是为了拿俸禄。

(2)合理追求富与贵。孔子虽然一生坚持"君子谋道不谋食",但他并不一般地反对人追求富与贵的物质欲望,而是主张合理追求富与贵。他说道:"富与贵,是人之所欲也","贫与贱,是人之所恶也"(《论语·里仁》),如果"富而可求也,虽执鞭之士,吾亦为之"(《论语·述而》)。可见,孔子对人追求物质价值是充分肯定的。

在孔子看来,对待物质利益上,君子与小人的区别不是要不要富贵,而是如何合理追求富与贵的问题。其原则是:

不要过多地追求物质享受。孔子在《论语·学而》中指出:"君子食而无求饱,居无求安,敏于事而慎于言,就有道而正焉,可谓好学也已。"意思是君子饮食不必求美味,居住不必求华屋,只要做事勤敏,说话谨慎,亲近有道之人以匡正自己,就算是好学了。所谓"君子食而无求饱,居无求安"的标准,用孟子的话说,就是"仰足以事父母,俯足以畜妻子,乐岁终身饱,凶年免于死亡(《孟子·梁惠王上》)",即追求不超过自身及家人生活需要的物质享受。为什么孔子不追求物质生活上的多与美呢? 因为,他看到过多地追求物质享受是招祸之源。这是何等的智慧啊!

对于财富与权势应"以道取之"。在孔子看来,"不义而富且贵,于我如浮云"(《论语·述而》),孔子提倡的"君子谋道不谋食"、"以道取利"、"见得思义"的价值理念,对于今天营造良好的社会秩序、经济秩序,对于培育中华民族精神、塑造管理者的理想人格具有重要现实意义。如果违背"君子爱财,取之有道"的原则,一味强调利益驱动,物质欲望极度膨胀,只讲获利,大发不义之财,就会变成唯利是图、金钱至上的经济动物,就会破坏市场经济秩序和整个社会的和谐。

孔子"志于道"、"志于仁"、"无求生以害仁,有杀身以成仁"(《论语·卫灵公》)、"蹈仁而死"的价值理念,上承叔孙豹"太上有立德,其次有立功,其次有立言;虽久不废,此之谓不朽"(《左传·襄公二十四年》)的"三不朽"思想,对于培育中华民族精神和塑造理想人格产生了深远影响,民族英雄文天祥的"人生自古谁无死,留取丹心照汗青"正是孔子思想对后世影响的生动写照。

2. 管理者的智、仁、勇"三达德"理想人格塑造

劳动关系管理是管理主体进行的管理活动,因此,管理主体本身的人格品质对管理的结果具有重要影响。以儒家思想为主流的中国传统文化认为,"智、仁、勇""三达德"的"君子"人格,是优秀管理者必备的人格品质。

(1)"智、仁、勇"是管理者的理想人格要素。春秋时期,把"智、仁、勇"三者当做理想人格要素,是一种相当普遍的看法,儒家创始人孔子的看法具有代表性。孔子在《论语》中,曾三次将"智、仁、勇"三种美德视为构成君子人格的三要素。《论语·子罕》指出,君子"知者不惑,仁者不忧,勇者不惧"。在他看来,君子不做过恶之事,故"内省不疚,夫何忧何惧"。

孔子之后,《中庸》的作者指出"智、仁、勇三者,天下之达德也",从理论高度进一步将"智、仁、勇"概括为通行于天下的最基本人类美德。君子具备这三种品格,"则知所以修身;知所以修身,则知所以治人;知所以治人,则知所以治天下国家矣"(《中庸》)。可见,三达德是塑造合格管理者的君子人格的基石。

(2)"智、仁、勇"的内涵。在内涵上,"三达德"是一个有机整体,"仁"是其中的核心。孔子把"仁"的本质规定为"爱人"。爱人有两条基本原则:一是"己欲立而立人,己欲达而达人",即自己想达到想成立的事情,也要尊重他人想实现想成立的愿望与权利;二是"己所不欲,勿施于人",即自己不愿意的事,也不要强加于别人。

在《论语》中,孔子虽然没有明确提出"自爱"的概念,但其"自爱"的思想随处可见,并把"自爱"看做"爱人"的前提。在孔子看来,一个人"群居终日,言不及义,好行小惠",要想成仁"难以哉"(《论语·卫灵公》)。孔子曰:"仁远乎哉?我欲仁,斯仁至矣。"(《论语·述而》)只有从自身做起,把自己修养成仁人,才能由"自爱"进而由近及远推展到爱家人、爱社会,做到"弟子入则孝,出则悌","谨而信,泛爱众,而亲仁",只有自爱,才能以自己的爱心去对待他人,只有以爱齐家,才能以爱治国、平天下。

把这种爱人的思想贯彻于管理活动中,孔子进一步提出了"为政以德"的管理理念。他说:"为政以德,譬如北辰,居其所而众星拱之","道之以政,齐之以刑,民免而无耻;道之以德,齐之以礼,有耻且格"(《论语·为政》)。在管理中,孔子并不否认"刑治",但认为"德治"优于"刑治"。其德治的内容包括:政治上,反对不教而杀,反对滥施刑罚的暴虐统治;经济上,提倡富民、利民、养民、惠民;在人才使用上,主张"举贤才"。

智的内涵是"明",即聪明、睿智、智慧之意。明智是人生道路上的一盏明灯,只有在他的照耀下,人才能保持清醒头脑,以理智的态度辨善恶、明是非、识利害,既自知又知人,正确理解人与事物,并采取正确行动。

勇的基本内涵是无畏无惧。儒家把勇分成"德义之勇"与"违义之勇",反对有勇无义的"违义之勇",主张"持节不恐"的德义之勇。要求人们无论在什么情况下,都要坚守道义不动摇,做到"富贵不能淫,贫贱不能移,威武不能屈"。

(3)管理主体塑造理想人格的基本途径。怎样塑造管理者"智、仁、勇"的理想人格呢?儒家提出了"内省"与"外修"的修养之道。

所谓"内省",就是要通过个人不断地自我反省达到认识自己的不足、修正缺点、提高道德的活动。曾子曰:"吾日三省吾身:为人谋而不忠乎?与朋友交而不信乎?传不习乎?"(《论语·学而》)即通过内省的办法做到办事诚实、交友守信、做人依礼。孔子提倡"见贤思

齐焉,见不贤而内自省焉"(《论语·里仁》);"三人行,必有我师焉。择其善者而从之;其不善者而改之(《论语·述而》)。"孟子也提倡内省,他说:"万物皆备于我矣。反身而诚,乐莫大焉。"(《孟子·尽心上》)

所谓"外修",就是通过生活中种种具体事情的磨炼,在行动中锻炼和提升自己的人格品质。孔子所说的"非礼勿视,非礼勿听,非礼勿言,非礼勿动",就是一种不为外界富贵权势和声名所左右的外修功夫;孟子认为,将要担当重要历史使命的人,"必先苦其心志,劳其筋骨,饿其体肤,空乏其身,行拂乱其所为,所以动心忍性,增益其所不能"(《孟子·告子下》)。只有从物质和精神两方面去磨炼人的意志,才能触动人的心灵,坚韧人的性情,增强人的才干,获得事业成功,提升人格品质。

《中庸》作者提出了实现智、仁、勇"三达德"的三条修养方法:"好学近乎知,力行近乎仁,知耻近乎勇。"即君子首先要勤奋好学,以求仁的品格和渊博知识,方能明白天下事理、博爱于民;其次君子不但要好学求知求仁,还应尽力实行,使自己成为言行一致的仁德君子;最后在知、行中,君子也难免做错事,只要自知羞耻,勇于知错改过,就能成为过而改之的君子。这三条修养方法是对儒家"内省"与"外修"基本途径的具体化。

【知识链接】　　　　　现代儒商的"四商品格"

人们通常把深受儒家思想影响,在经营之道上凸显儒家道德观念和人生智慧,重视在经营管理中营造和谐人际关系的商人称为儒商。"儒商"是一个历史范畴。从先秦到汉初,是儒与商的初步结合,称之为"良商"、"诚贾"、"廉贾"。从西汉初到明中叶,从职业道德到价值观念,儒与商都处于绝对对立与分离状态,不可能提出儒商这一概念。从明中叶到现代,随着市场经济的不断发展和完善,儒与商的结合逐步趋于成熟,在"士贾"、"儒贾"基础上,20世纪后半期才正式提出了"儒商"这一概念。

21世纪,要塑造现代儒商的理想人格,必须在继承和发挥儒家"三达德"思想的基础上,不断补充和完善"智、仁、勇"的社会内涵,具体说,现代儒商要具备"德商"、"智商"、"胆商"、"情商"四位一体的人格品质。

所谓"德商",是人的品德智力(MQ)的简称,是指人的德性水平或道德品质。这是美国哈佛大学教授罗伯特·科尔斯在《孩童的道德智商》中提出的概念,主要指人的道德、品行、人格和作风等,具体内容有公而忘私、虚怀若谷、正直公道、诚实守信、以身作则、宽恕谦和、真诚待人、严于律己、从善如流、言行一致、联系群众、勤奋工作、善于合作、勇于自我批评等要素。现代儒商只有具备这些高尚品德和优良作风,才能使企业员工对其产生一种亲切感、敬佩感,才能产生巨大的号召力、动员力和说服力,从而实施有效的管理。德商对于管理者和企业家来说,具有控制企业发展方向的关键作用。

所谓"智商"(IQ),是智力商数的简称,指智力年龄与实际年龄之比,用公式表示为:智商=智力年龄/实际年龄×100,即智力达到某一年龄的水平,表示为一个人对知识的掌握程度,反映了人的观察力、记忆力、思维力、想象力、创造力以及分析和解决问题的能力。除了继承和发挥儒家"德义之知"的合理思想外,智商作为现代儒商的品格要素,主要包括知识、能力和智慧三项。从知识上,要求现代儒商不但具有渊博的现代科学知识,还要具有合理的知识结构;从能力上,要求现代儒商必须具备各种社会实践能力;从智慧上,要求现代儒商具备深度的理性哲学思维。

所谓"胆商"(CQ),是胆量、胆识、胆略智力商数的简称。它体现了一个人的决断、果敢、冒险、负责的精神,是敢于冒险、善于冒险的素质和气魄。企业家面对市场经济的巨大风险和挑战,除了继承儒家"德义之勇"的品格外,还应添加上风险意识、高瞻远瞩、把握大局的超人胆识。"胆商"是企业管理者和企业家取得成功的重要人格因素。

所谓"情商"(EQ),是情绪智力商数的简称,是测定和描述人的情绪、情感的一种指标。情商是指一个人管理自己情绪和处理与他人情绪的能力,情商在管理活动中,具有聚合协调的功能,既能把自己的身心和爱好聚合在所确定的目标上,矢志不移地坚持下去,又能与他人建立良好的人际关系,形成合力,保证事业取得成功。现代儒商既要控制自己的情绪,又要理解和善待他人的情绪,以真情对待员工,架起管理者与被管理者之间的感情桥梁,形成互相沟通、理解、支持的同志式友谊。

(二)管理主体富有智慧的行事原则

劳动关系管理主体强调修身的自我管理,是为了更好地"行事"。所谓"立身行事",就是在塑造管理主体理想人格的基础上,更好地把事情管好,并在做事过程中进一步提升自己的人格品质。儒家的"义以为上"、道家的"身重于物"、法家的"舍小取大"与"利益双赢"就是其富有智慧的行事原则。

1. 儒家的"义以为上"

(1)"义以为上"。"义以为上"是孔子为世人提出的立身行事的道德准则。什么是义呢?古人认为人遇事能做出恰当的判断,采取适宜、适中的行为,就是义,泛指道义,即人所需要的道德价值。"利"泛指物质利益,利又分为公利与私利。义与利是用来标志道德与物质利益、公利与私利的范畴。

在义利关系上,孔子明确提出"君子义以为质"(《论语·卫灵公》)、"君子义以为上"(《论语·阳货》),即君子立身行事必须以义为根本,坚持道义重于物质利益、公利高于私利的原则,行事从道义出发,以公利为指导。

(2)"见得思义"。孔子主张在利益面前人的行为应该以"义"为取舍标准。在孔子看来,"富与贵,是人之所欲也,不以其道得之,不处也;贫与贱,是人之所恶也,不以其道得之,不去也"(《论语·里仁》)。"不义而富且贵,于我如浮云"(《论语·述而》)。孟子进一步发挥道:"非其道,则一箪食不可受于人;如其道,则舜受尧之天下,不以为泰。"(《孟子·滕文公下》)

为什么要"见利思义"呢?孔子认为"放于利而行,多怨"(《论语·里仁》);孟子认为"先利后义"势必造成"天下交征利而国危";荀子认为"先义而后利者荣,先利而后义者辱"(《荀子·荣辱》)。"见利忘义"必将给自己带来祸患和耻辱,给社会带来争夺与灾难。儒家这种强调"义"的优先性、重要性的思想,在今天仍是劳动关系管理者必须遵循的道德准则。

（3）"博施于民而能济众"。当人取得财富后,应当如何处理与使用这些财富,是独吞财富,以奢侈的方式满足自己的私欲,还是将它与众人分享、回馈社会呢? 孔子主张要"博施于民而能济众",即取之于民、用之于民。后世儒家进一步阐释了孔子的思想。荀子赞赏道:"(汤、武)循其道,行其义,与天下同利"(《荀子·王霸》);北宋张载说:"义,公天下之利"(《正蒙·大易》);程颢曰:"义与利,只是个公与私也"(《河南程氏遗书》)。在孔子与后世儒家看来,从公利出发即是义,从私利出发即是利,别公私就是明义利。当公利与私利发生矛盾的时候,儒家主张牺牲私利而保存公义。孔子主张"杀身成仁",荀子主张"以义克利"。

2. 道家的"身重于物"

在对待物质、名利问题上,道家淡然处之。道家主张:

（1）"身重于物"与"淡泊名利"。在人生价值导向上,道家批判了"物重于身的观点",庄子指出:"自三代以下,天下莫不以物易其性矣。小人则以身殉利,士则以身殉名,大夫则以身殉家,圣人则以身殉天下",造成"今世殊死(死刑)者相枕也,桁杨(刑具)者相推也,刑戮者相望也"(《庄子·在宥》),整个社会处于罪恶与恐惧之中,这都是"物重于身"、追逐名利带来的恶果。

因此,道家主张"身重于物",要珍惜生命、淡泊名利。老子曰:"名与身孰亲? 身与货孰多? 得与亡孰病? 是故,甚爱必大费,多藏必厚亡。"(《老子》第四十四章)过度追求名利,必定付出巨大的代价。一个人只有"贵以身为天下,若可寄天下;爱以身为天下,若可托天下"(《老子》十三章),对人来说,生命比名利更重要。

庄子从肯定生命的价值出发,明确提出"弃隶者若弃泥途,知身贵于隶也"(《庄子·田子方》)的命题,把外在的祸福、得失、功名、财富都视作身外之物,舍之如同舍弃泥土一样。甚至世上所谓贤臣、义士重名轻死,也"不足贵也"。

道家"身重于物"、"淡泊名利"的思想,即使在现代对管理者也有重要意义,管理者只有能够看淡名利等"身外之物",才能正确处理利益关系,建立起和谐的劳动关系。

（2）"少私寡欲"与"知足常乐"。老子主张"圣人欲不欲,不贵难得之货"(《老子》五十五章),要"常使民无知无欲"(《老子》三章),"不欲以静,天下将自定"(《老子》三十七章)。这里的"不欲"、"无欲",并不是要人完全放弃欲望,而是"少私寡欲"(《老子》十九章)。老子说的"甘其食,美其服,安其居,乐其俗",庄子的"鹪鹩巢林,不过一枝;偃鼠饮河,不过满腹"(《庄子·逍遥游》),即是道家"少私寡欲"思想的形象写照。

在道家看来,人是欲壑难填的,如果无止境地追逐情欲、财货、权势是毫无益处的。就个人养生来说,"益生曰祥(祸害)"(《老子》五十五章),"五色令人目盲,五音令人耳聋,五味令人口爽(伤),驰骋畋猎令人心发狂"(《老子》十二章)。声色犬马、饮食男女,本是人的生理需要,但如果过分追求,非但无益反而有害;从个人道德来说,老子认为"难得之货,令人行妨"(《老子》十二章),过分追求名利财货,会伤德败行,身败名裂;从人性上,老子认为"我无欲而民自朴"(《老子》五十七章),只有通过"少私寡欲",才能使人保持与恢复自然朴素的本性;从治国来说,老子认为,社会混乱、国家难治,是统治者贪得无厌的结果。他认为"朝甚除(污),田甚芜,仓甚虚"(《老子》五十三章)是统治者"服文采,带利剑,厌饮食,财货有余"的结果,

"民之饥,以其上食税制之多","民之轻死,以其求生之厚"(《老子》五十七章)。只有"少私寡欲",才"能使民不为盗,不见可欲,使民心不乱","绝巧弃利,盗贼无有"(《老子》十九章)。

在老子看来,社会上的一切罪恶与灾祸,人间的一切矛盾与纷争,都源于"不知足"。老子指出:"罪莫大于可欲,祸莫大于不知足,咎莫大于欲得。故知足之足,常足矣"(《老子》四十六章),"故知足不辱,知止不殆,可以长久"(《老子》四十四章)。就是说,只有知足才能不辱,只有知止才能不殆,不辱不殆,才有人生欢乐。

3. 法家的"舍小取大"与"利益双赢"

韩非基于他的"自为"人性论,肯定自私自利是人性的基本,认为不管在什么社会,人皆有趋利性。"利之所在,民归之"(《韩非子·外储说左上》)是人类社会一条铁的原则。他认为人"非利不动,非得不用",利是从商者的价值取向,无利可图的事他们是不会干的。这里他充分肯定了商人趋利的合理性,这也就是我们今天的利益驱动原则。

但是追求利益必须坚持"舍小取大"的原则,"计其入多,其出少者,可为也"(《韩非子·南面》),这是智者的举事之道。相反,"惑主不然,计其入不计其出,出虽倍其入,不知其害,则是名得而实亡,如是者,功小而害大矣"(《韩非子·南面》)。

韩非以"公仪休嗜鱼"和"虞公借道"的故事从正反两方面说明"顾小利,则大利之残"的道理,说明只有正确处理大利与小利的关系,从长远和根本利益的角度出发,放弃某些微小的、暂时的利益,才能赢得巨大和持续的利益。

韩非还以"三虱相讼"和"虺口争食"的故事,说明不论在自然界还是人类社会,由于利益冲突而产生竞争是难免的,但应尽量避免两败俱伤的结局,应在寻求共同利益或长远利益的基础上,双方既竞争又联合,获得双赢。

韩非"舍小取大"、"利益双赢"的思想启示现代劳动关系管理者只能追求合理利润,在处理劳资关系中要懂得与员工分享企业利润,力"戒重欲无厌",实现利益双赢。

(三)以"和谐"为劳动关系管理追求的重要目标之一

在劳动关系管理追求的目标上,儒家主张"以和为贵"的思想,把"以和为贵"当成重要的人际关系管理目标。

早在先秦,儒家就把"和"放在管理的重要位置,追求最佳的和谐管理境界。孔子在《论语》中明确提出了"礼之用,和为贵"(《论语·学而》)的命题,并在此基础上提出了"君子周而不比"(《论语·为政》)、"群而不党"(《论语·卫灵公》),"四海之内,皆兄弟也"(《论语·颜渊》)。孟子主张"天时不如地利,地利不如人和"(《孟子·公孙丑下》)。荀子则认为:"上不失天时,下不失地利,中得人和,而百事不废。"(《荀子·王霸》)宋儒张载提出"太和所谓道"(《正蒙·太和篇》)的命题。历代儒家都肯定"和"在管理中的重要价值,把和谐作为管理追求的重要目标之一,强调人际关系和谐的重要性,认为做到上下左右的人际关系和谐,是管理的最佳状态。事实证明,以和谐的人际关系软化利益交换关系,确实能起到安定企业、安定人心、安定社会的巨大作用。

如何才能实现和谐的管理目标呢? 儒家提出了"君子和而不同"与"絜矩之道"两条重要原则。

在孔子之前,史伯曾对"和"与"同"概念做过讨论,提出"以他平他谓之和",即通过不同事物之间的相互补充、相互配合而构成和谐的整体。"同"则是"以同裨同",即同样事物的简单相加。前者形成事物的丰富多彩,后者则造成单调乏味。

"君子和而不同"是孔子在《论语·子路》中提出的重要命题。"和"是指在承认矛盾、肯定差异基础上的和谐,"同"是指否认矛盾、抹煞差异的"同",两者有原则上的区别。孔子的"君子和而不同"至少包括两层含义:一是强调矛盾基础上的均衡和谐。认为人际关系的和谐必须是在承认矛盾、肯定差异基础上经过协调而取得的,在处理人际关系时,要既讲原则性又讲灵活性,既讲矛盾性又讲统一性,是原则性与灵活性、矛盾性与同一性的有机统一,是通过协调矛盾而达到的一种和谐境界,而不是不讲原则、不讲矛盾的一团和气,孔子极力反对"小人同而不和"、只知盲目附和而丧失原则的"乡愿"之风。二是"以礼节和",即从适中性层面来界定"和"的内涵。无论是孔子还是荀子,都要求以礼义为手段,把人与人之间的关系化解为一种恰如其分的和谐状态,既反对"过",也反对"不及",力求避免矛盾激化。

"絜矩之道",最早见于《礼记·大学》,是在孔子"恕道"和孟子"推恩"思想基础上概括出来的。《礼记·大学》指出:"所恶于上,毋以使下;所恶于下,毋以事上;所恶于前,毋以先后;所恶于后,毋以从前……,此之谓絜矩之道。"

"絜矩之道"既是一种重要的思维方式——换位思考,又是一种处理人际关系的重要原则,是达到和谐人际关系的基本要求。人们在认识和处理问题过程中,一般习惯于站在自己的立场上单向思维,难免带有主观性、片面性和武断性,不能达到全面客观地认识和处理问题,也难以达成人际关系的和谐。要想正确判断和处理问题,达成和谐人际关系,必须跳出单向思维,采取换位思考方式,这样才能比较准确地认识事物、处理问题,达成人与人之间的相互理解与同情,求得和谐的人际关系。不懂絜矩之道,凡事以我为中心,只考虑自己,不考虑别人,是无法达成和谐人际关系的。直至今天,絜矩之道依然是一种实现和谐人际关系的最基本、最有效的方法。

四、劳动关系管理的基本模式

中国劳动关系管理模式的基本特征是"顺性而为",即在人性假设的基础上,进行抑恶扬善的管理。具有代表性的中国劳动关系管理模式有:以孔子、孟子为代表的儒家学派的"为政以德"的柔性管理模式;以韩非为代表的法家学派的"循法而治"的刚性管理模式;以老子、庄子为代表的道家学派"无为而治"的顺其自然的管理模式。

(一)儒家"为政以德"的柔性管理

1. 始于"正己"终于"正人"

"为政以德"的管理思想,要求管理者先正己而后正人、先修身而后治人、先上行而后下效。管理者只有真正做到自律,依靠自身的道德修养和实际行动,才能赢得和树立起崇高威望,获得被管理者的信任与理解,形成强大的凝聚力,达到影响下属、示范下属、约束下属的客观效果。"正己正人"的内涵包括:

(1)"政者,正也。"孔子说:"政者,正也。子帅以正,孰敢不正?"(《论语·颜渊》)"君为正,则百姓从正矣。"(《大戴礼记·哀公问于孔子》)管理之道就是使人为正之道。

(2)"正己"是"正人"的前提。孔子曰:"其身正,不令而行;其身不正,虽令不从","不能正身,如何正人"?(《论语·子路》)他形象地把"正人"与"正己"比作风与草的关系,"君子之德风,小人之德草,草上之风必偃。"上善则民善,"上好礼,则民莫敢不敬焉"(《论语·泰伯》);上恶则民恶,"民之离道,必于上之佚道"(《大戴礼记·子张问入官》),也就是俗语的"上梁不正下梁歪"的意思。

(3)从政者要"以身先之",因为身教重于言教。在孔子看来,"欲政之速行也者,莫若以身先之"(《大戴礼记·子张问入官》)。

自孔子之后,历代儒者都把"正己正人"作为治国管理之道的重要内容,非常重视管理者的表率作用。孟子说:"吾未闻枉己而正人者也"(《孟子·万章上》);荀子在《荀子·君道》一文系统地论证了修身是治国、管理的根本。他说:"君者仪(仪表,即日晷)也,民者景也,仪正而景正,君者槃也,民者水也,槃圆而水圆。"(《礼记·中庸》)他还说:"上者,民之表也,表正而何物不正?"(《大戴礼记.至言》)明儒高攀龙也认识到"身先足以率人"的道理,指出管理者"理财足以聚人,律己足以服人,责宽足以得人,身先足以率人"。

儒家的"正己正人"管理模式,突出强调了管理者自身道德修养及其内在道德感化力,而不只是注重管理者外在的权威;突出强调了自律高于他律,要求管理者通过严格的自我管理而达到管理他人的目的,从而把外在的他律变成了内在的自律,在今天仍有现实意义,是治西方管理模式弊病的一剂良药。

2."仁爱管理"与"德主刑辅"

儒家的柔性管理,除了表现在管理者的内在道德上,还突出表现在管理手段上主张"仁爱管理",强调"德主刑辅"。

孔子在《论语·为政》中指出:"道之以政,齐之以刑,民免而无耻;道之以德,齐之以礼,有耻且格。"意思是说,如果以法令引导而民违之,则以刑法齐之,这种外在控制手段的社会效果是只能使民苟免刑罚,而民心无所羞愧。如果以道德为引导,加之以"德义"为本质的礼仪约束,人们不但有羞耻之心,而且心悦诚服。这也正是孟子说的"以力服人者,非心服也,力不瞻也;以德服人者,中心悦而诚服也"(《孟子·公孙丑上》)。

当然,儒家并不一般地反对使用刑罚的外在控制,而是主张把内在控制的道德导向与外在控制的法律约束结合起来,但在"道之以政"与"道之以德"的比较中,儒家更强调以"德治"为核心的内在控制。从实际效果来看,"治心"优于"治身","以德治国"优于"以法治国"。

根据儒家"道之以德"的人文主义精神,要求企业家在管理中必须尊重人的价值,实施"仁爱管理"。对待员工应以"仁者爱人"的价值理念处之,不能像对待"机器人"那样来对待有理智、有情感的职工,努力做到"以情感人"、"以理服人",既不能简单地以权势压人,也不能片面地以规章制度卡人,而是要使管理合情、合理、合法,使企业内部充满爱,使企业成为管理者与员工真正的命运共同体。

(二)法家"循法而治"的刚性管理

法家的管理模式是以权力为基础,以"法治"、"术治"、"势治"为基本内容的刚性管理。所谓"法治",就是通过赏与罚两种基本手段,建立与实施制度和规范来管理众人行为的治理方法;所谓"术治",是通过暗藏不露的机智方法和精巧手段来有效控制下属的管理方法;所谓"势治",是以权力为基础创造管理者权威的集权管理方法。韩非认为,法、术、势三者"不可一无",都是管理者实施有效管理的基本管理手段,其中关于"法治"的思想,最能体现其劳动关系管理的基本理念。

1. "以法为本"

在管理之道上,以韩非为代表的法家学派主张"不务德而务法"(《韩非子·显学》),认为"法者,王之本也"(《韩非子·心度》),肯定"循法而治"是管理有效性的根本保证。韩非认为,国家的强弱与奉法的宽严成正比,管理者能否"循法而治"是决定国家兴衰存亡的重要问题,强调法治是统一被管理者言论与行为的最有效办法,既能克服"人治"的随意性,又能提高管理的有效性。

在管理理念上,他认为儒家的"以德治国"名虽嘉美,实则如"尘饭涂羹可以戏而不可食也",是一种有害的"人治"、"贤治"或"心治",而法令则是一种客观存在的规矩尺度,可以避免个人私欲、主观臆断、滥施淫威而造成的管理失误。所以,在管理价值取向上,要求管理者要"不道仁义"而"服之以法"。

在企业中,所谓法,主要是指企业规章制度。在现代企业中,只有根据外部环境和自身情况,不断建立与完善企业各种的规章制度,才能使企业有序运行。过分强调人情管理而忽视制度管理必会出现秩序混乱、人心涣散的局面,导致企业失败。

2. 实施"法治"的基本原则

立法不易,执法更难。为了保证法治管理的有效实施,必须遵循四条基本原则:

(1)"明法"。韩非主张把法律制度公之于众。他说:"法莫如显,……是以明主言法,则境内卑贱,莫不闻知也。"(《韩非子·难三》)商鞅也主张要"使天下吏民无不知法者"(《商君书·定分》)。这样,可以使"民莫敢为非",自觉按法律约束自己,避免因不知法而犯罪。

(2)公正执法。法家主张在法律面前一律平等,不论贫富贵贱一律依法进行赏罚。《商君书·赏刑》云:"所谓壹刑者,刑无等级,自卿、相、将军以至大夫、庶人,有不从王令、犯国禁、乱上制者,罪死不赦。有功于前,有败于后,不为损刑。有善于前,有败于后,不为亏法。"韩非强调要"法不阿贵,绳不挠曲。法之所加,智者弗能辞,勇者弗敢争。刑过不避大臣,赏善不遗匹夫"(《韩非子·有度》),只有公平执法,才能做到国治民安。

(3)率先垂范。韩非认为,管理者的言行好恶能对世人起到导向作用,因此要求被管理者不做的,管理者自己首先不能做。在现代企业中,所以会出现有令不行、有禁不止的现象,主要原因就是管理者自身不正,不能以身作则。只有管理者率先垂范,方可服人,规章制度才能得到遵守。

(4)赏罚有信。商鞅"徙木为信"的故事,是法家讲诚信的成功范例。韩非也说:"小信成则大信立,故明主积于信。赏罚不信,则禁令不行。"管理者应做到"信名(名位)、信事、信义(道义)"。管理者只有做到把信誉和信任看得比金子还重,"言必信、行必果","一诺千金",才能实现有效的管理。

(三)道家"无为而治"的顺其自然管理

道家的"无为而治",是不凭借法律和道德,而是凭借道家"顺其自然"的"无为"哲学智慧来进行管理。所谓"无为",并不是无所作为,而是一种以最小的领导行为获取最大的管理效果的高超管理艺术。《老子》第三章指出:"为无为,则无不治。"在这里,"为"是目的,"无为"是手段,"无不治"是"为无为"的结果。在《老子》五十七章中进一步解释说:"我无为而民自化,我好静而民自正,我无事而民自富,我无欲而民自朴。"可见,道家的"无为而治"并不是一种消极的、懒汉式的管理方法,而是一种"顺其自然"的"无为之有益"(《老子》四十三章)、"无为故无败"(《老子》六十四章)的积极进取的管理方法。

1. "无为而治"的社会内涵

在道家思想中,"无为"的基本内涵就是"道法自然",即老子所谓"人法地、地法天、天法道、道法自然"(《老子》二十五章)。"无为而治"基本内涵包括:

(1) "道常无为而无不为"。人道来源于天道,"无为而治"是从天道中引申出来的重要结论。在老子看来,"道"作为宇宙万物的根源,"道常无为而无不为"(《老子》三十七章),道的运行是自然的,无虚妄、无偏执、无妄为、无思念,既具有"万物恃之以生而不辞,功成而不名有,衣养万物而不为主"(《老子》三十四章)的"无为"本性,又具有化育万物的"无不为"的本性,是"无为"与"无不为"的辩证统一。

(2) 圣人"唯道是从"。道家的理想人格"圣人"、"真人"最本质的特征就是"无名"(即不以追求功名利禄为人生价值取向)、"无己"(即从精神和肉体两方面彻底忘记自己)。从天道下落到人道层面,在人格论上,道家主张圣人要按照人的"无知无欲"的自然本性,"法天贵真",做到"唯道是从","不以心捐道,不以人助天"(《庄子·大宗师》)。

(3) "上德无为而无不为"。从"道法自然"和理想人格出发,把"道常无为而无不为"的思想应用于管理,就必然引出"无为而治"的结论。道家认为,既然圣人"唯道是从"(《老子二十一章》),就应该做到"上德无为以无不为"(《老子》三十八章),即客观上只能顺应天地万物的自然本性,既不妄为也不强为,更不图达到某种人生功利目的,达到"圣人无为故无败,无执故无失"(《老子》六十四章),通过"无为"达到"取天下"、"治天下"的目的。

从"无为而治"的观念出发,道家反对儒家推行的"为政以德"的治国观念,认为"大道废,有仁义;智慧出,有大伪;六亲不和,有孝子;国家混乱,有忠臣。"(《老子》十八章),认为仁义礼乐会乱"天下之形"、乱"天下之心"。道家还反对法家的"以法治国",老子认为,"法令滋彰,盗贼多有"(《老子》五十七章)。

总之,人世间一切灾难和罪恶,皆源于"有为而治",只有推行"无为而治","处无为之事,行不言之教"(《老子》二章),才能达到"我无为而民自化,我好静而民自正,我无为而民自富,我无欲而民自朴"的理想状态。

2. "因自然以理事"的管理思想

把"道法自然"的思想运用于管理,就要求管理者做到:

(1) "以辅万物之自然而不敢为"。管理者要"以辅万物之自然而不敢为"(《老子》六十四章),要"治大国若烹小鲜"(《老子》六十章),管理就像烹调小鱼那样,小鱼又鲜又嫩,任意翻动会烂,必须小心翼翼,按照火候和小鱼的本性进行烹制,才能做出好菜。也就是要求管理者不能随心所欲、脱离实际行动,而是要"因自然以理事","遵天之道","从天之则",因势利导,严格按照自然本性和客观规律办事。

(2) "圣人无常心,以百姓之心为心"。老子主张"圣人无常心,以百姓之心为心"(《老子》四十九章)的管理原则,这就要求劳动关系管理者应该根据被管理者的特点和实际情况来制定管理制度,采取相应的管理方法,才能满足被管理者的人性需要,理顺被管理者情绪,调动被管理者的积极性。

(3) "不争之德"。老子在《道德经》中推崇"不争之德"(《老子》六十八章),认为"天之道,不争而善胜"(《老子》七十三章)。他以水为例,认为"水善利万物而不争",而水"唯不争,故无尤（怨咎）"，"以其不争，故天下莫能与之争"。也就是说，水这种善利万物而不争，是一种善胜的大争，是一种不争即大争的深刻辩证法思想。

（4）"进道若退"。老子认为"进道若退"（《老子》四十一章），意思是说"退"是为了更好的"进"，"进"是目的，"退"是进的手段。有些时候，在处理劳动关系中，退后与让步是必要的，让步是为了获得"进步"，消极的退让而不积极前进，就失去了退让的价值和意义。只有有所不为才能有所为。

第三节　学习传统文化中劳动关系管理思想的几个重要方法

掌握科学的学习方法对于各门学科的学习都非常重要。在经济转型时期的当代，掌握科学的学习方法对于学习传统文化中的劳动关系管理思想尤为重要，不但会影响学习效果的好坏，甚至会起到决定是不是肯学习的重要作用。

以作者自身的体会，传统文化中劳动关系管理思想的学习方法，主要应从以下几个方面加以注意。

一、要弄通道理

世界观是人生观、价值观的基础，只有搞清了世界的本来面目和发展规律，人们才能树立正确的人生目标和价值标准，采取科学的行动。

传统文化中的劳动关系管理思想，从主流的儒家性善论的人性假设，到管理主体的强调主体自我管理、义以为上等富有智慧的行事原则，乃至以德为正等管理模式，都蕴含着深刻的哲理。因此，弄清为什么要落实传统文化中的劳动关系管理理念，对于学生的学习和实践，是极为重要而基础的。如果不真正弄通道理，就要人们对它生起信心是相当困难的事情。

中华传统文化博大精深。儒、释、道各家都有一套系统的理论，特别是佛家的理论更是圆满微妙，想在这短短的一章中把它讲透，是根本不可能的，所以我们只能抓住对学习最关键的原理。

传统文化中的劳动关系管理理念的最基本点，就是强调劳动关系管理主体要有道德行为。人们道德行为的根源一方面是为了获得奖励，另一方面是为了避免惩罚，而传统文化为解决这一问题提出了儒释道各家相通的原理，就是每个都要承担自己行为结果的思想。比如《易经》有言："积善之家，必有余庆"；《书经》言："作善，降之百祥"；《左氏春秋》言："祸福无门，惟人自召"。道家也讲诸恶莫作，众善奉行，久久必获吉庆。只有当人们相信每个人最终都要承担自己行为的结果时，才会愿意从事道德的行为；反之，如果认为"好人没好报，祸害一千年"，就会失去道德行为的动力——获得奖励和避免惩罚。

怎么样才能相信个人无法逃避自己行为的后果，最终一定要为自己行为负责呢？要做到这一点，一方面要丰富自己的知识水平，特别是自然科学最前沿知识，因为物理学、心理学、医学等自然科学许多前沿知识有助于因果规律的理解。另一方面要学会体会感悟人生。虽然中国劳动关系管理思想中充满了人生智慧，是建立在中华民族几千年人生智慧积累基础上的,经过几千年检验对我们的人生和命运确实有益无害的,但要理解它却需要一定的人生阅历,以及对生活观察、思考、体悟的能力,这需要我们做个真正的有心人,学会用长远的、全面的、发展的观点看问题,透过现象把握本质。

二、要身体力行

中国传统文化的劳动关系管理理念,是不是有效呢?是不是能给我们的管理活动带来好处呢?回答是肯定的,但这需要你在弄通道理的基础上去身体力行。只要你亲身去实行了,就会体会到它给人带来的好处,这样又会增加人们学习与落实的信心。

对于我们一般人而言,是知易行难。如果知道了而不去按照这些道理做,等于不知道。只有身体力行,亲身实践,才能加深理解,并进一步坚定学习信念。

三、要找到"抓手"

中国传统文化典籍浩繁,从哪里入手开始学习呢?这是困惑初学者的重要问题。找不到好的切入点,不但难以掌握思想理论,难以把握传统文化的精髓,更难以从学习中收到改变现状、改造命运的巨大效果,久而久之,还会因"东一榔头西一棒子"、茫无头绪的不科学学习方法造成学习者丧失学习信心和对传统文化的信念。因此,找到一个科学的切入点也就是"抓手"是十分重要而必要的。

中国传统文化的学习也是循序渐进的,就如同现在的学生读书要从小学开始,经过中学、大学才能读到硕士、博士的道理一样,要从基础学起、做起。《弟子规》是中国古代的开蒙读物,它篇幅不长、简单易懂、易学易记,所讲述的都是处理人际关系的基本原则,是最合适的入门基础读物。它虽然是古代孩子们的开蒙读物,但对于我们这些对传统文化一无所知的大学生、成年人来说,同样是入门必修课。劳动关系管理就是处理管理者与劳动者之间的关系,不懂基本的做人和处理人际关系的道理,哪里能处理好更加复杂的劳动关系呢?因此,《弟子规》是学习、落实传统文化劳动关系管理理念的最合适入门读物,打下这个基础之后,才可以进一步系统学习儒、释、道、法等各家的理论。

....

⭐ **【知识链接】**   弟子规

"弟子"的意思有两个:一是指孩子,一是指学生,"规"就是规范。

《弟子规》原名《训蒙文》,原作者李毓秀是清朝康熙年间的秀才。以《论语》"学而篇"弟子入则孝,出则悌,谨而信,泛爱众,而亲仁,行有余力,则以学文为中心。分为五个部分,具体列述弟子在家、出外、待人、接物与学习上应该恪守的守则规范。后来清朝贾存仁修订改编《训蒙文》,并改名为《弟子规》,是童蒙养正,教育子弟敦伦尽份,闲邪存诚,养成忠厚家风,教育孺子生活中为人处世规范的最佳读物。

俗云:"教儿婴孩,教妇初来。"儿童天性未染污前,善言易入,先入为主,及其长而不易变。故人之善心、信心,须在幼小时培养。凡为人父母者,在其子女幼小时,即当教以读诵经典,以培养其辨别是非的智慧,树立正确的人生观、价值观。若幼小时不教,待其长大,则习性已成,无能为力矣!

　　三字经曰:"养不教,父之过;教不严,师之惰","教之道,贵以专",而非博与杂。故一部经典,宜读诵百至千遍,苏东坡云:"旧书不厌百回读,熟读深思子自知。"几百年来,我们中华民族的祖先,一直坚信这样一个简单的道理:小孩子在他年少时(0～13岁),记忆力非常好,应该把前辈的人生经验、生活智慧记忆下来,牢牢地背记,并烂熟于心中。尽管此时他还不理解其深刻含义,但是先记住,好比牛先把草吃下去,有时机再反刍一样,孩子随着年龄的增长,理解能力也在成长,到了一定年龄自然酝酿发酵,必然有更深的理解和领悟。如果孩子在记忆力强的时候,不给他一些经典的东西储存到脑子里,没有"厚积",怎么能"薄发"呢?怎么能融会贯通、触类旁通呢?

　　《弟子规》共360句1080字,概述简介,以精练的语言对儿童进行早期启蒙教育,灌输儒家文化的精髓。其影响之大、读诵之广,仅次于《三字经》。"弟子"是指一切圣贤人的弟子,"规"是"规",是大丈夫的见解。所以,每一个学习圣贤经典、效仿圣贤的人都应该学的。《弟子规》也是学习儒家经典和中国传统文化的基础读物,《弟子规》中的行为规范做不到,学习别的经典就很难得到真实智慧。

四、要重视榜样的示范作用

　　对于包括劳动关系管理思想在内的传统文化思想,人们往往有这样一种疑问:"传统文化教人向善,好则好矣,但是真要落实到生活和工作中的话,行得通吗?""大家都竞争我却忍让、大家都不讲诚信而我却讲诚信,岂不是要被骗、上当、吃大亏吗?""商场如战场,这样做生意还不把老本都赔光了吗?"对传统文化的实际应用效果信心不足,不敢去实行。

　　解决这个问题,当然归根到底还要靠自身去实践,但榜样和先行者的实践可以给我们增强信心。现在,国内很多企业家都在自发学习和落实传统文化,他们中很多人已经在自己的企业管理和处理劳动关系中进行了探索性的实践,并取得了很好的效果。同学们可以通过各种途径,来了解他们的学习和落实情况,帮助自己了解传统文化,了解传统文化用于劳动关系管理所产生的实际效果,可以大大增强我们学习和落实传统文化的信心。

【本章小结】

　　劳动关系管理是一门从西方引进的学科,现行教材体系基本都是沿用西方的体系。本书中加入"中国传统文化对劳动关系管理的启示"一章,目的是让国人知道,不但西方有系统的劳动关系管理理论,我们中国人也有自己丰富而深刻的劳动关系管理理念与智慧,祖宗留下的这些历经几千年检验的人生与管理智慧至今仍是行之有效的待人处事原则。我们要在中国实行有效的劳动关系管理,应该也必须了解中国传统文化中的相关思想理念。

　　本章主要介绍三部分内容。第一部分是"学习挖掘传统文化是时代精神的呼唤"——传统文化具有促进企业和谐、社会和谐、世界和谐的巨大作用,是建设中国特色社会主义市场经济的客观要求,是对西方资本主义工商业文明进行反思的结果,是构建中国式劳动关系管理理论体系的基本要求,挖掘、学习传统文化中劳动关系管理思想具有重要意义。第二部分从传统文化中劳动关系管理思想的基本特征、人性论基础、管理原则、管理模式几个方面介绍传统文化中劳动关系管理思想的核心理念。第三部分介绍学习传统文化中劳动关系管理思想的几个重要方法,包括弄清道理、身体力行、找到抓手、榜样示范几个方面。

中国传统文化典籍浩繁、博大精深,作者受功底学养的限制,在介绍中肯定是挂一漏万甚至会有错误,本章内容的增加能够起到抛砖引玉,引起学界关注传统文化的作用,就达到了全部目的。

【复习思考题】

1.为什么要学习和实践传统文化中的劳动关系管理理念?

2.对比西方工商业文明和中国传统文化中劳动关系管理的基本理念,找到它们的不同之处。

3.对比中西方人性理论,试分析其在劳动关系管理中的应用。

4.中国传统文化中劳动关系管理的基本原则有哪些?

5.中国传统文化提供的劳动关系管理模式有哪几种?

6.作为劳动关系管理者,应怎样在管理中落实传统文化的管理理念?

7.学习落实传统文化中的劳动关系管理思想为什么要做到身体力行?

8.为什么传统文化强调管理主体要先管好自己? 你打算怎样做个正人先正己的品格完善的管理者?

....

【案例讨论】 胡小林在北京汇通汇利公司落实《弟子规》

北京汇通汇利公司是销售壁挂式锅炉的企业。这种锅炉挂在墙上,主要解决两个问题:一是冬天供暖,二是平常提供洗澡用的生活热水。公司有 100 多名员工,一年有 1.5 亿元人民币的生意,在北京壁挂锅炉市场占有率达 40%～50%。

胡小林是汇通汇利公司的董事长。他出身于高干家庭,本人是研究生学历,有几亿身家,家庭美满、事业有成。但是他感到一点都不幸福。特别是 1997 年离开原来的房地产公司,成立汇通汇利公司以后,由于工作压力大,情绪愈演愈烈、愈来愈坏,经医生确诊,他得了焦虑症。焦虑症的最大特点是坐卧不宁、极度失眠、自杀倾向、自责、暴躁、情绪不能控制。医生对他说,这种病比较难治,可能要终生服药。在万般无奈之下,他开始向传统文化求救。

2006 年,他开始学习传统文化,接触到《弟子规》,并在企业中落实推广《弟子规》,按照《弟子规》来管理经营企业。公司按照《弟子规》的精神修订了规章制度,公司的日常管理和处理与客户及员工的关系也完全按照《弟子规》的要求去做,遇到难处理的事情,他也去查《弟子规》,他还在员工中开展了学习、落实《弟子规》的活动,并通过竞赛、演讲等多种形式推动《弟子规》在企业经营管理中的落实。

　　刚开始在公司落实《弟子规》的时候,胡小林也对《弟子规》应用于企业经营管理是不是有效果有些担心。他抱着试试看的态度,并没有想得到什么回报,准备尝试一年之后如果效果不好,就不再推行。没想到结果却殊胜无比。第一年,即2007年,在北京锅炉市场不景气的情况下,该公司利润同比增加了600万元。2008年北京市举办奥运会,许多工程停工,加上年底的金融危机,房地产价格下滑,对于与房地产市场紧密关联的锅炉销售非常不利,可是汇通汇利公司业绩还是与2007年持平,没有下滑。在落实《弟子规》短短两年时间里,不但他本人纾解了压力,恢复了健康,完全变了一个样,而且帮助无数个员工家庭重新找回了和谐与幸福。现在,胡小林和公司全体员工对《弟子规》对企业经营管理的效果充满了信心,并且把自己的经验通过网络等各种形式向社会推介,以期推动全社会对《弟子规》的学习与落实。

　　讨论:

　　1.《弟子规》与企业规章制度是怎样的关系?

　　2. 胡小林落实《弟子规》取得成功的经验有哪些?

(本案例根据胡小林视频《中国传统文化带动经济良性发展》编写)

下　篇

实　务　篇

第五章　劳动关系的建立与劳动合同管理[①]

【学习目标】

通过本章内容的学习,要求学生把握如下要点:
1.掌握劳动合同订立的原则与技巧
2.掌握劳动合同履行与变更的程序
3.掌握劳动合同解除与终止的条件
4.了解劳动合同约定条款协商确定的技巧

．．

【引导案例】　　　　　如何确定劳动关系建立?

　　某动漫制作公司于 2008 年年底为公司原画部部长职位招聘候选人,经过几轮面试,李某入选。但是在确定入职时间时,李某提出由于自己目前尚未离职,在原单位的项目中又担任重要角色,希望能够在两个月之后入职。公司同意了李某的要求,并与他签订了劳动合同,约定正式入职时间为 2009 年 3 月 13 日。可是公司的项目也在赶进度,急需原画设计人员,无奈之下,该公司又招聘了一位资历尚浅的设计师应急。经过一个月的磨合,这名设计师迅速表现出优异的成绩,李某的那个职位已经变得没有那么重要了。公司犹豫再三,决定将这位设计师提拔为原画部部长,通知李某解除劳动合同,此时已届 2009 年 2 月底。

　　李某接到通知马上赶到公司理论,要求公司向其支付解除合同的经济补偿金,并对他的损失承担赔偿责任,包括工资损失、向原公司支付的违反服务期的违约金等。公司认为劳动合同毕竟尚未履行,劳动关系并未建立,因此可以随时终止,不存在补偿一说,但又担心李某提起仲裁。这种情况该怎样处理?

---

　　① 本章部分观点来源:孙立如,刘兰.劳动关系实务操作.北京:中国人民大学出版社,2009:68－73;于桂兰,于楠.劳动关系管理.北京:清华大学出版社,2011:83－90;赵永乐,薛琴,方江宁.劳动关系管理与劳动争议处理.上海:上海交通大学出版社,2010:76-83.

　　劳动关系的建立是开展劳资之间冲突与合作的前提,而劳动法律是劳动关系建立与运行的法律依据。劳动关系的建立始于劳动者被用人单位雇佣的用工之日,用工是建立劳动关系的基本标志。为了明确雇佣双方当事人的权利和义务,保护劳动者的合法权益,构建和发展和谐稳定的劳动关系,《中华人民共和国劳动法》规定:"建立劳动关系,应当订立书面劳动合同。"2008 年 1 月 1 日开始施行的《中华人民共和国劳动合同法》为进一步规范劳动关系管理提供了法律依据。本章重点结合劳动法律法规就个人劳动关系的建立、维持和终止的全过程,亦即从劳动合同的订立、履行、变更到解除与终止等劳动合同管理全过程的实务操作进行探讨。

第一节　劳动关系的建立与劳动合同概述

一、劳动关系建立的标志

　　劳动合同是指劳动力使用者(或称用人单位)与劳动者协商确立劳动关系、明确双方权利和义务的契约或协议。协商所确定的权利义务为劳动合同的内容,权利义务的外在表现则为劳动合同的形式。劳动合同是确立劳动关系的法律依据,理论上讲,劳动合同订立的起始时间应该与劳动关系建立的起始时间是一致的,但是现实中常常出现两者分离的现象。

　　(一)"用工"是劳动关系建立的标志

　　《劳动合同法》第 7 条规定,"用人单位自用工之日起即与劳动者建立劳动关系";第 10 条规定,"用人单位与劳动者在用工前订立劳动合同的,劳动关系自用工之日起建立。"这就是说,引起劳动关系产生的基本法律事实是用工,而不是订立劳动合同,劳动关系的建立并不必然以订立劳动合同为标志而是以用工为标志。换言之,即使用人单位没有与劳动者订立劳动合同,只要存在"用工"行为,该用人单位与劳动者之间的劳动关系即建立,与用人单位存在事实劳动关系的劳动者即享有劳动法律规定的权利,当然也同样受到《劳动合同法》的规范。

　　实践中,"用工"往往被理解为当事人达成一致而建立劳动关系的过程。但是,这种理解并不能涵盖所有的用工行为,特别是"实际用工"行为。在很多情况下,当事人并没有建立劳动关系的意思表示,司法实践中却往往将其定性为"用工"。

　　2005 年 5 月原劳动和社会保障部《关于确立劳动关系有关事项的通知》规定,用人单位招用劳动者未订立书面劳动合同,但同时具备下列情形的,劳动关系成立:主体资格合法;劳动者受用人单位的劳动管理,从事用人单位安排的有报酬的劳动;劳动者提供的劳动是用人单位业务的组成部分。

　　同时,《关于确立劳动关系有关事项的通知》中还进一步强调,认定双方存在劳动关系时可参照下列凭证:工资支付凭证或记录、缴纳各项社会保险费的记录、工作证、服务证、登记表、报名表、考勤记录、其他劳动者的证言等。目前,《劳动合同法》还规定,用人单位应当在"用工之日"起建立职工名册。这样,"用工"的事实还可以要求用人单位出具职工名册来证明。

(二)劳动关系建立与劳动合同签订之间关系的三种情形

依据《劳动合同法》,我们将劳动关系建立与劳动合同订立之间的关系划分为以下三种情形:

(1)劳动关系建立与劳动合同订立同时发生。从通常意义上讲,这种情况可谓"理想模式",即用人单位与劳动者发生"用工"的同时订立劳动合同。《劳动合同法》第 10 条第 1 款规定"建立劳动关系,应当订立书面劳动合同。

(2)劳动关系已建立,但劳动合同并没有订立。这种情形在现实中更是大量存在,可谓"现实模式"。《劳动合同法》第 10 条第 2 款规定,已建立劳动关系,未同时订立劳动合同的,应当自用工之日起 1 个月内订立书面合同。同时,为确保书面劳动合同之证据功效,《劳动合同法》又为用人单位违反上述规定设置了严厉的法律责任,其中的第 82 条第 1 款规定,用人单位自用工之日起超过 1 个月不满 1 年未与劳动者订立书面劳动合同的,应当向劳动者每月支付 2 倍的工资。至于用人单位与劳动者已订立劳动合同,但用人单位未将劳动合同文本交付劳动者,依《劳动合同法》第 81 条规定,由劳动行政部门责令改正;给劳动者造成损害的,应当承担赔偿责任。另外,对于用人单位自用工之日起满 1 年不与劳动者订立书面劳动合同的情形,《劳动合同法》第 14 条第 3 款规定,视为用人单位与劳动者已订立无固定期限劳动合同。由此可见,对于先建立劳动关系后订立劳动合同的情形,无论从法律责任讲还是从稳定劳动关系讲,立法者都是着眼于追求劳动合同订立与劳动关系建立共存的效果。这不仅符合劳动关系建立的客观要求,而且符合劳动合同订立的实际需要。

(3)劳动合同已订立,但劳动关系并没有建立。这种情形即引导案例中的情况,双方先订立劳动合同后建立劳动关系,在签订劳动合同日与实际用工日之间的时段,劳资双方没有实际发生用工关系,雇佣双方不具有劳动关系,不受劳动法律的约束。

总之,从劳动合同法相关条款可知,劳动合同订立与劳动关系建立是既有联系又有区别的。法律要求建立劳动关系,应当订立劳动合同,但是,劳动合同订立并不必然意味着劳动关系建立,劳动合同订立以"劳动者与用人单位在劳动者合同文本上签字或者盖章"为判断根据,劳动关系建立以"劳动者为用人单位实际劳动"为判断根据。

二、劳动合同的分类

按照不同的标准划分,劳动合同有多种不同类型。常见的划分方法如表 5-1 所示。

表 5-1　劳动合同的种类

划分标准	劳动合同种类
合同形式	书面劳动合同 口头协议
合同期限	固定期限劳动合同 无固定期限劳动合同 以一定工作任务为期限的劳动合同
用工形式	全日制用工合同 非全日制用工合同 劳务派遣合同

(一)按照合同形式的不同,可划分为书面合同和口头协议

劳动合同形式作为权利义务的载体,主要用于确定劳动关系双方的权利义务,一旦发生争议,起到证据的作用。书面合同较之其他形式的合同,更为严肃、慎重、准确可靠、有据可查,一旦发生劳动争议时,便于查清事实,分清是非,也有利于主管部门和劳动行政部门进行监督检查;另外,书面劳动合同能够加强合同当事人的责任感,促使合同所规定的各项义务能够全面履行。因而,书面形式劳动合同是最常采用的劳动合同形式。口头形式劳动合同由于没有可以保存的文字依据,随意性大,容易发生纠纷,且难以举证,不利于保护当事人的合法权益。所以,《劳动合同法》首先规定劳动合同应当以书面形式签订,而根据目前国内多种形式用工的实际情况,对订立劳动合同的形式作出"特殊规定",作为例外情形,这主要是针对近几年各地出现的不断增加的非全日制用工形式,其中第69条规定"非全日制用工双方当事人可以订立口头协议",可以采用口头协议的形式建立劳动关系。但同时规定,用人单位凡是与劳动者订立全日制劳动合同的,合同都必须采用书面形式。

(二)按照合同有效期限的不同,可划分为固定期限劳动合同、无固定期限劳动合同和以完成一定工作任务为期限的劳动合同

1. 固定期限劳动合同

固定期限劳动合同是指企业与员工约定合同终止时间的劳动合同。《劳动合同法》第13条第2款规定,用人单位与员工协商一致,可以订立固定期限劳动合同;第14条第2款提到,用人单位与劳动者协商一致,可以续订劳动合同,续订后的劳动合同,劳动者主动提出订立固定期限劳动合同者即可以签订相应期限的劳动合同。劳动合同的期限一般为1年、3年、5年、8年不等。双方当事人可根据生产、工作的需要确定劳动合同期限。固定期限劳动合同的意义在于,它在明确的合同存续期内使劳动关系相对稳定;同时,在合同到期时,劳动合同双方可以选择是否续订,有利于实现用人单位用人和劳动者择业的自主权,有利于劳动力的合理流动和劳动力资源的有效配置。

2. 无固定期限劳动合同

无固定期限劳动合同,是指用人单位与劳动者约定无确定终止时间的劳动合同。《劳动合同法》第14条第2款规定,用人单位与劳动者协商一致,可以订立无固定期限劳动合同,即无论是初次就业的,还是由固定工转制的,都可以签订无固定期限的劳动合同。该条款还进一步提到"劳动者提出或者同意续订、订立劳动合同的,除劳动者提出订立固定期限劳动合同外,应当订立无固定期限劳动合同的3种情形:第一,劳动者在该用人单位连续工作满10年的;第二,用人单位初次实行劳动合同制度或者国有企业改制重新订立劳动合同时,劳动者在该用人单位连续工作满10年且距法定退休年龄不足10年的;第三,连续订立2次固定期限劳动合同,且劳动者没有本法第39条和第40条第1项、第2项规定的情形,续订劳动合同的"。此外,第14条第3款提到"用人单位自用工之日起满1年不与劳动者订立书面劳动合同的,视为用人单位与劳动者已订立无固定期限劳动合同"。无固定期限劳动合同的意义在于通过维护劳动关系的稳定,倾向性地保护劳动者的利益。

3. 以完成一定工作任务为期限的劳动合同

以完成一定工作任务为期限的劳动合同,是指用人单位与劳动者约定以某项工作的完

成为合同期限的劳动合同。《劳动合同法》第 15 条第 2 款规定,用人单位与劳动者协商一致,可以订立以完成一定工作任务为期限的劳动合同。此种合同是一种特殊的固定期限劳动合同,双方当事人把完成某项工作或工程的全过程作为劳动合同的存续期间,约定工作或工程完成后合同就可以终止。某一项工作或工程开始之日,即为合同开始之时,此项工作完毕,合同即告终止。用人单位与劳动者可以签订以完成一定工作任务为期限的劳动合同的情形主要有:以完成单项工作任务为期限的、以项目承包方式完成承包任务的、因季节原因临时用工的,以及其他双方约定的以完成一定工作任务为期限的劳动合同。合同双方当事人在合同存续期间建立的是劳动关系,员工要加入企业集体,参加企业工会,遵守企业内部规章制度,享受工资福利、社会保险等待遇。以完成一定工作任务为期限的劳动合同的意义在于,它实际上是一种特殊的固定期限的劳动合同,但又不是以具体的时间为期限,具有一定的灵活性和实用性。

(三)按照用工形式不同,可分为全日制用工合同、非全日制用工合同和劳务派遣合同

1. 全日制用工合同

全日制用工合同是传统的用工合同,即劳动者与用人单位订立的以日为工作时间单位,实行标准工作时间而确立劳动关系的协议。这是劳动合同的常态。除非特别规定,我国劳动法律法规均是按照全日制用工来加以规定的。按照《劳动合同法》的规定,全日制用工合同必须采用书面形式。

2. 非全日制用工合同

非全日制用工合同是指劳动者与用人单位约定的以小时作为工作时间单位确立劳动关系的协议。按照《劳动合同法》第 68 条规定,"非全日制用工,是指以小时计酬为主,劳动者在同一用人单位一般平均每日工作时间不超过 4 小时,每周工作时间累计不超过 24 小时的用工形式"。非全日制用工是随着市场经济的就业形式多样化而发展起来的用工形式。与全日制用工相比,非全日制用工更为便捷、灵活,具有缓解就业压力、扩大就业机会、降低用人单位成本、方便劳动者自由灵活选择劳动时间等重要作用。《劳动合同法》用专节对非全日制用工方式作出规定。与其他用工方式的规定不同,《劳动合同法》第 69 条规定"非全日制用工双方当事人可以订立口头协议"。

3. 劳务派遣合同

劳务派遣合同是指由派遣机构与被派遣劳工订立的劳动合同。由被派遣劳工向要派企业给付劳务,劳动合同关系存在于派遣机构与被派遣劳工之间,但劳动力给付的事实则发生于被派遣劳工与要派企业之间。劳务派遣的最显著特征就是劳动力的雇用和使用分离,即派遣单位"招人不用人",用工单位"用人不招人"。相对于劳动关系中的直接聘用,劳务派遣在整个用工制度中处于次要和补充的地位,它是一种非典型的雇佣关系。劳务派遣用工形式近年来在我国发展迅速,该用工方式增加了用工单位劳动用工和劳动者就业的灵活性,但同时又为用工单位规避劳动用工上的法律责任提供了便利。为规范劳务派遣人员的聘用和管理,明确用工单位、劳务派遣机构和被派遣劳动者三方的权利和义务,保证劳务用工制度的规范执行,《劳动合同法》首次用专节对劳务派遣用工方式作出规定,明确了劳务派遣三方的权利义务,以保障劳务派遣的规范运行。按照《劳动合同法》的规定,劳务派遣一般在临时性、辅助性或者替代性的工作岗位上实施,劳务派遣用工合同也必须采用书面形式,只是合同的当事人是派遣单位和被派遣劳动者。

三、劳动合同的内容

劳动合同的内容是指双方当事人在劳动合同中必须明确的各自的权利、义务及其他问题，分为法定必备条款和约定条款。法定必备条款是指法律、法规规定的劳动合同中必须具备的内容；约定条款是在法律、法规、政策的指导下，根据工种岗位的不同特点，以及合同双方当事人各自的具体情况，由双方选择约定的具体条款，劳动合同中缺乏这种条款不影响其效力。

(一)必备条款

根据《劳动合同法》第17条的规定，劳动合同的必备条款包括以下9个方面：

(1)用人单位的名称、住所和法定代表人或者主要负责人。本款旨在明确劳动合同中用人单位一方的主体资格，确定劳动合同的当事人。

(2)劳动者的姓名、住址和居民身份证或者其他有效证件号码。本款旨在明确劳动合同中劳动者一方的主体资格，确定劳动合同的当事人。

(3)劳动合同期限。劳动合同期限是双方当事人相互享有权利、履行义务的时间界限，即劳动合同的有效期，主要分为固定期限、无固定期限和以完成一定工作任务为期限三种。

(4)工作内容和工作地点。工作内容是劳动法律关系所指向的对象，即劳动者具体从事什么种类或者内容的劳动，主要包括劳动者的工种、岗位以及工作任务或职责。工作内容是劳动合同的核心条款之一，它是用人单位使用劳动者的目的，也是劳动者通过自己的劳动取得报酬的原因。劳动合同中的工作内容条款应当规定得明确、具体，便于依照执行。

工作地点是劳动合同的履行地，是劳动者从事劳动合同中所规定工作内容的地点，它关系到劳动者的工作环境、生活环境以及劳动者的就业选择。

(5)工作时间和休息休假。工作时间又叫劳动时间，是指劳动者在用人单位中，必须用来完成其所担负的工作任务的时间。工作时间一般包括工作时间的长短、工作时间方式的确定，如是8小时工作制还是6小时工作制，是日班还是夜班，是正常工时还是实行不定时工作制，或者是综合计算工时制。工作时间上的不同，对劳动者的就业选择、劳动报酬等均有影响，因此成为劳动合同的必备内容。

休息休假是指劳动者按规定不需进行工作而自行支配的时间。休息休假的权利是每个公民都应享受的权利，用人单位与劳动者在约定休息休假事项时应当遵守劳动法及相关法律、法规的规定。

(6)劳动报酬。劳动合同中的劳动报酬是指劳动者与用人单位确定劳动关系后，因提供了劳动而取得的报酬。劳动报酬是满足劳动者及其家庭成员物质文化生活需要的主要来源，也是劳动者付出劳动后应该得到的回报。劳动报酬主要包括以下几个方面：用人单位工资水平、工资分配制度、工资标准和工资分配形式；工资支付办法；加班、加点工资及津贴、补贴标准和奖金分配办法；工资调整办法；试用期及病、事假等期间的工资待遇；特殊情况下职工工资(生活费)支付办法；其他劳动报酬分配办法。

(7)社会保险。社会保险是政府通过立法强制实施，由劳动者、劳动者所在的用人单位或社区以及国家三方面共同筹资，帮助劳动者及其亲属在遭遇年老、疾病、工伤、生育、失业等风险时,防止收入的中断、减少和丧失,以保障其基本生活需求的社会保障制度。社会保险由国家成立的专门机构进行基金的筹集、管理和发放,不以营利为目的。一般包括医疗保险、养老保险、失业保险、工伤保险和生育保险。

(8)劳动保护、劳动条件和职业危害防护。劳动保护是指用人单位为了防止劳动过程中的安全事故,减少职业危害,保障劳动者的生命安全和健康而采取的各种措施。

劳动条件是指用人单位为保障劳动者履行劳动义务、完成工作任务,而提供的必要物质和技术条件,如必要的劳动工具、机械设备、工作场地、技术资料等。

职业危害是指用人单位的劳动者在职业活动中,因接触职业性有害因素如粉尘、放射性物质和其他有毒有害物质等而对生命健康所造成的危害。根据《职业病防治法》第 30 条的规定,用人单位与劳动者订立劳动合同时,应当将工作过程中可能产生的职业病危害及其后果、职业病防护措施和待遇等如实告知劳动者,并在劳动合同中写明,不得隐瞒或者欺骗。用人单位应当按照有关法律、法规的规定严格履行职业危害防护的义务。

(9)法律、法规规定应当纳入劳动合同的其他事项。

(二)约定条款

《劳动合同法》第 17 条规定除了提到劳动合同的上述必备条款外,还提出,"用人单位与劳动者可以依法并协商一致约定试用期、培训、保守秘密、补充保险和福利待遇等其他事项",与必备条款相对应,这些内容被称为约定条款。

1. 试用期

试用期是指用人单位和劳动者建立劳动关系后双方为了相互了解、确定对方是否符合自己的招聘条件或求职条件而约定的考察期。一般适用于初次就业或再次就业时改变劳动岗位或工种的劳动者。

按照《劳动合同法》,除了"以完成一定工作任务为期限的劳动合同或者劳动合同期限不满 3 个月的,不得约定试用期"外,双方可以约定试用期的时间,但是协商约定时仍受劳动法规的约束,并非可以任意延长试用期。《劳动合同法》第 19 条规定,"劳动合同期限 3 个月以上不满 1 年的,试用期不得超过 1 个月;劳动合同期限 1 年以上不满 3 年的,试用期不得超过 2 个月;3 年以上固定期限和无固定期限的劳动合同,试用期不得超过 6 个月。""同一用人单位与同一劳动者只能约定一次试用期。"试用期包含在劳动合同期限内。

2. 培训和服务期

《劳动合同法》第 22 条规定"用人单位为劳动者提供专项培训费用,对其进行专业技术培训的,可以与该劳动者订立协议,约定服务期"。这里所谓的专业技术培训与一般的职业培训有着不同内涵。《劳动法》第 68 条规定"用人单位应当建立职业培训制度,按照国家规定提取和使用职业培训经费,根据本单位实际情况,有计划地对劳动者进行职业培训。从事技术工种的劳动者,上岗前必须经过培训"。据此,单位对员工进行的必要的职业培训是用人单位应尽的义务,是不可以对劳动者约定服务期的。

所谓服务期,是劳动合同当事人在劳动合同或者其他协议中约定的劳动者应当为用人单位服务的期限。法律规定用人单位对进行专业技术培训的劳动者约定服务期,主要是考虑到:用人单位为劳动者提供培训费用及其他待遇,使劳动者学到了专业技术、技能,如果劳动者培训完后就辞职离开,势必导致用人单位计划落空、遭受损失。为了平衡双方的利益,

《劳动合同法》第 22 条还规定"劳动者违反服务期约定的,应当按照约定向用人单位支付违约金"。但违约金的规定不能侵害劳动者的择业权。第 22 条进一步规定"违约金的数额不得超过用人单位提供的培训费用。用人单位要求劳动者支付的违约金不得超过服务期尚未履行部分所应分摊的培训费用"。

3. 保守商业秘密和竞业禁止

商业秘密是指不能从公开渠道直接获取的、能为用人单位带来经济利益、具有实用性并经用人单位采取保密措施的技术信息和经营信息,主要包括设计、程序、产品配方、制作工艺、制作方法、管理诀窍、客户名单、货源情报、产销策略、招投标中的标底及标书内容等信息。所谓采取保密措施,包括订立保密协议、建立保密制度及采取其他合理的保密措施。《劳动合同法》第 23 条规定:"用人单位与劳动者可以在劳动合同中约定保守用人单位的商业秘密和与知识产权相关的保密事项。对负有保密义务的劳动者,用人单位可以在劳动合同或者保密协议中与劳动者约定竞业限制条款,并约定在解除或者终止劳动合同后,在竞业限制期限内按月给予劳动者经济补偿。劳动者违反竞业限制约定的,应当按照约定向用人单位支付违约金。"

所谓竞业限制(也称竞业禁止、竞业避止),是指用人单位与劳动者约定在劳动合同存续期间或解除、终止劳动合同后的一定期限内,劳动者不得到与原单位有竞争关系的生产或者经营同类产品、从事同类业务的其他用人单位任职,或者自己开业生产或者经营同类产品。竞业限制是基于诚信原则而产生的劳动者的基本职业道德要求,也是世界各国在法律及实践中广泛采取的做法。

对于竞业禁止的主体、地域和期限范围,《劳动合同法》第 24 条规定"竞业限制的人员限于用人单位的高级管理人员、高级技术人员和其他负有保密义务的人员。竞业限制的范围、地域、期限由用人单位与劳动者约定,竞业限制的约定不得违反法律、法规的规定"。该条款还规定:在解除或者终止劳动合同后,前款规定的人员到与本单位生产或者经营同类产品、从事同类业务的有竞争关系的其他用人单位,或者自己开业生产或者经营同类产品、从事同类业务的竞业限制期限,不得超过两年。

4. 补充保险和福利待遇

补充保险是指除了国家为劳动者提供的社会保险以外,用人单位根据自己的经济承受能力和发展战略以及具体岗位及其从业者的重要地位等为全体或部分劳动者建立的一种保险制度,旨在用来满足劳动者高于基本保险需求的愿望,包括补充养老保险、补充医疗保险、意外伤害保险等。

福利待遇主要是指用人单位为提高本单位员工生活质量而提供的资金或实物的补助与服务。一般地,企业员工福利包括以下方面:福利津贴,一般以现金形式提供,是职工工资收入以外的收入;福利设施,包括职工食堂、职工宿舍、托儿所、幼儿园、浴室、理发室、休息室等生活福利设施,以及文化室、俱乐部、职工图书馆、健身房、泳池、运动场、歌舞厅等文化、康乐设施和场所;福利服务,包括与上述各项设施相关的各项服务,以及诸如接送上下班、接送女职工子弟上学、提供健康检查等特别服务。

一个劳动合同管理周期包括劳动合同订立、劳动合同履行与变更、劳动合同解除与终止等几个阶段性工作。下面即按照上述顺序对各阶段劳动合同管理内容进行阐述。

第二节　劳动合同的订立

一、劳动合同订立的含义

劳动合同的订立,是指用人单位与劳动者经过相互选择、协商一致,以书面形式依法签订协议,确定劳动合同内容,明确双方的权利、义务和责任,建立劳动关系的法律行为。

企业劳动合同的订立,是企业劳动合同管理工作的起始环节,也是重要内容之一。它标志着企业与员工正式建立起劳动关系,双方各自享有一定的权利、履行一定的义务。

二、劳动合同当事人主体资格

劳动合同的主体是由法律规定的,具有法定资格的劳动者和用人单位。不具有法定资格的公民与不具有用工权的组织和个人都不能签订劳动合同,所签订劳动合同属于无效合同,没有法律效力。《劳动合同法》第2条规定"中华人民共和国境内的企业、个体经济组织、民办非企业单位等组织(以下简称用人单位)与劳动者建立劳动关系,订立、履行、变更、解除或者终止劳动合同,适用本法。国家机关、事业单位、社会团体和与其建立劳动关系的劳动者,订立、履行、变更、解除或者终止劳动合同,依照本法执行"。第96条规定"事业单位与实行聘用制的工作人员订立、履行、变更、解除或者终止劳动合同,法律、行政法规或者国务院另有规定的,依照其规定;未作规定的,依照本法有关规定执行"。这些规定不仅明确了我国《劳动合同法》的适用范围,同时规定了劳动合同主体的表现形式。

(一)劳动者主体资格

企业与员工订立劳动合同时,判断员工是否具备签订的必要条件,主要看其是否有劳动权利能力和劳动行为能力。劳动权利能力是指依法行使劳动权利和承担劳动义务的资格,这是由法律赋予并受法律保护的;劳动行为能力是指依法以自己的行为行使劳动权利和承担劳动义务的资格,这是员工独立实现其劳动权利能力和承担劳动义务能力的必要条件。根据这两方面的要求,员工订立劳动合同的条件主要有以下几点:

1. **达到法定劳动年龄**

《劳动法》第15条规定:"禁止用人单位招用未满十六周岁的未成年人。文艺、体育和特种工艺单位招用未满十六周岁的未成年人,必须依照国家有关规定,履行审批手续,并保障其接受义务教育的权利。"也就是说,除了文艺、体育和特种工艺单位经县级以上劳动行政部门批准可招用未满十六周岁的未成年人为文艺工作者、运动员和艺徒之外,任何单位都不得与未满十六周岁的公民建立劳动关系,否则,即使签订劳动合同也是无法律效力的。

2. **身体健康状况满足要求**

劳动者必须具有劳动行为能力或虽只具有部分劳动行为能力但能正常从事企业劳动生产。按照有关规定,我国将公民的身体状况分为有劳动行为能力、有部分劳动行为能力、无劳动行为能力和限制劳动行为能力四种情况。有劳动行为能力者,是指公民身体健康,能正常参加劳动,具有劳动权利和承担劳动义务的资格;有部分劳动行为能力者,是指其身体存在部分缺陷,不能完全参加劳动的人;无劳动行为能力者,是指智力障碍、身体残疾、完全不能参加劳动的人;限制劳动行为能力,则是指根据国家有关法律、法规,对妇女和未成年人(18周岁以下)从事有毒有害、矿山和繁重体力等行业、工种的劳动进行限制,以保护妇女和未成年人身体健康。对于只有部分劳动行为能力者,要看他存在缺陷的身体部位,是否会影响其从事的劳动生产,如腿部有残疾的人仍可从事工艺的加工制作,聋哑人仍可从事制衣生产,等等。而且只要不影响生产、不违法,国家是鼓励企业安置残疾人工作的。《中华人民共和国残疾人保障法》第30条规定"国家推动各单位吸收残疾人就业,各级人民政府和有关部门应当做好组织、指导工作。机关、团体、企业事业组织、城乡集体经济组织,应当按一定比例安排残疾人就业,并为其选择适当的工种和岗位。省、自治区、直辖市人民政府可以根据实际情况规定具体比例"。因此,员工在身体条件上,具有劳动行为能力或部分劳动行为能力,并符合限制劳动行为能力的规定,企业可以与之订立劳动合同。当然,企业绝不可借机对劳动者产生就业歧视行为。如果用人单位存在对求职者有性别、年龄、民族、种族、宗教信仰、传染病病原携带者等方面的歧视问题,劳动者有权向人民法院起诉。

3. 必须是具有人身自由,能正常享有劳动权利和履行劳动义务的公民

人身自由是公民能作为一个独立个体,支配个人劳动行为的基本前提。如果员工没有人身自由,则其所有活动都不受法律的保护,当然也就不能正常享受劳动权利和履行劳动义务,也就不具备订立劳动合同的资格。失去人身自由的员工是指那些因被人民法院判处刑罚,被公安机关收容审查、拘留、逮捕或送劳动教养的人,他们的行动不自由,企业不得与之签订合同,即使签订了,该劳动合同也不受法律的保护。

4. 必须能够在法定工作时间内提供劳动

由于企业用工形式多样,除全日制用工外还有的实行半日工作制,有的实行计时工资制。劳动者的择业观也出现了新的变化,有些员工更愿意选择灵活的工作方式,比如选择半日工、小时工的就业方式。这就会产生同一个人可能建立两个甚至两个以上劳动关系的情况,也就是说可能会签订两个或多个劳动合同。这在法律上是允许的,但必须报送有关部门备案,并且劳动者在多个企业的综合工作时间必须在法定工作时间内,这样既保护了劳动者的权益,也保护了企业的利益。因此,企业与员工签订劳动合同时,有权利要求员工告之相关情况,以便企业了解该员工的情况,进而决定是否录用、工作时间多长为宜等。

企业在与员工签订劳动合同前,必须对其劳动状况进行考察。员工只有在具备了以上四个方面的条件时,才具有签订劳动合同的资格。企业一定要注意,不能与任何不具备条件的劳动者签订劳动合同,否则,所订立的劳动合同就属无效合同,并且可能还要承担一定的法律责任。《劳动合同法》第28条规定:"劳动合同被确认无效,劳动者已付出劳动的,用人单位应当向劳动者支付劳动报酬。劳动报酬的数额,参照本单位相同或者相近岗位劳动者的劳动报酬确定。"

另外,需要注意的是,下列人员尽管具有劳动权利能力和劳动行为能力,但在被企业雇用时按照相关劳动法规是不需要签订书面劳动合同的。一是用人单位使用的已达到法定退休年龄的职工。用人单位使用这些职工只需签订劳务协议即可。二是用人单位使用的劳务派遣组织派出的劳务人员。按《劳动合同法》的相关规定,劳务派遣工由派遣单位与劳动者签订劳动合同,用工单位不用与之签订劳动合同。三是用人单位使用的在校实习生。学生

在学习期间毕业实习是教学环节的一个组成部分,实习期间与单位没有建立劳动关系,不用签订劳动合同。四是用人单位使用的非全日制用工。按《劳动合同法》的规定,非全日制用工双方当事人可以订立口头协议。

(二)用人单位主体资格

劳动合同主体的另一方即用人单位,应该是具有法人资格或能够独立承担民事责任的单位和个人;否则,就不能成为与劳动者订立劳动合同的主体。不具有用工权利能力和行为能力的经济组织或社会组织,不能建立合法的劳动关系,所签订的劳动合同是无效劳动合同。无效劳动合同不受法律保护,而且签订无效劳动合同还需承担法律责任。《劳动合同法》第 93 条规定:"对不具备合法经营资格的用人单位的违法犯罪行为,依法追究法律责任;劳动者已经付出劳动的,该单位或者其出资人应当依照本法有关规定向劳动者支付劳动报酬、经济补偿、赔偿金;给劳动者造成损害的,应当承担赔偿责任。"根据有关法律规定,用人单位的劳动合同主体资格一般应满足以下五个方面的条件。

1. 必须是依法成立,具有法人资格

用人单位必须依据法律规定的程序成立,经过有关部门的批准,其成立的宗旨、任务及其所从事的业务活动或生产经营范围,事先向有关部门申请,得到法律的许可,具备独立的法人资格。用人单位取得法人地位,不仅在法律上可以保证其行使权利、履行义务,而且也便于国家对其进行管理、指导和监督。如果用人单位的成立是非法的,比如企业擅自挂牌生产,或企业从事非法生产等,这样的企业就不具备法人资格,也就不能与员工签订劳动合同。用人单位是否具有法人资格,主要看其是否到国家相关行政管理机关办理了法人登记手续。

2. 能够独立承担民事责任

用人单位能够以本身统一组织的名义独立享有民事权利和承担民事责任,而不是以单位领导机构(如企业主管部门)和负责人的名义,或者以企业法定代理人的名义享有民事权利和承担民事责任。比如,企业的车间是一级机构,或是科室等机构,就不能独立承担民事责任。相应的,如果企业与员工发生劳动合同争议,企业必须以法人的名义起诉,承担责任。

3. 必须按照法律的规定,出示法定代表人证明

法人是一个特定的概念,法人一经依法成立即具有民事权利能力和民事行为能力,并通过法人的职能机构或代理人实现,而法人代表仅对在代理权限内的行为负责。因此,劳动合同订立时,代表用人单位一方签字的必须是法人代表或其授权的委托人。按照我国《民法通则》的规定,国有企业、集体企业的法定代表人是企业的厂长、经理;联营企业的法定代表人由联营双方在联营合同或章程中确定,是企业的董事长或总经理;股份制企业的法定代表人由企业章程确定,一般是该企业的董事长。

4. 企业必须具备一定的经济基础

用人单位必须具有一定的经济实力,拥有独立的财产或独立的财政预算。只有这样,用人单位才有可能雇佣员工进行生产经营活动,并按国家法律、法规、政策的规定和劳动合同的约定,支付给员工必要的劳动报酬和其他各项社会福利待遇,履行有关义务和法律责任。

只有同时具备了以上四个方面条件的企业才有与员工签订劳动合同的资格,其所签订的劳动合同才有可能受到法律的保护。

此外,关于用人单位设立的分支机构是否具有签订劳动合同的主体资格,按照《劳动合

同法实施条例》第 4 条规定来确定。该条款指出:"劳动合同法规定的用人单位设立的分支机构,依法取得营业执照或者登记证书的,可以作为用人单位与劳动者订立劳动合同;未依法取得营业执照或者登记证书的,受用人单位委托可以与劳动者订立劳动合同。"据此可指:依法取得营业执照或者登记证书的分支机构具有用工主体资格,可以作为用人单位与劳动者订立劳动合同,可以直接作为劳动合同中的甲方(用人单位)。未依法取得营业执照或者登记证书的分支机构,只能受用人单位委托与劳动者订立劳动合同,即劳动合同中的用人单位只能是设立该分支机构的单位,不能将分支机构直接列为用人单位。

总之,劳动合同主体双方在建立劳动关系、签订劳动合同时,彼此都要认真了解对方是否具备主体资格。如劳动者要注意考察用人单位是否具有招工、用工资质;用人单位要注意审查劳动者是否符合招用的条件,是否达到了法定劳动年龄等。只有这样,双方才能避免不必要的损失,使劳动合同得以真正履行。

三、劳动合同订立的原则

劳动合同订立的原则即指用人单位与劳动者在订立劳动合同时必须遵守的指导思想和基本准则。《劳动合同法》第 3 条规定:订立劳动合同,应当遵循合法、公平、平等自愿、协商一致、诚实信用的原则。用人单位与劳动者依法订立的劳动合同具有约束力,双方应当履行劳动合同约定的义务。

(一)合法原则

合法原则是指劳动合同订立要符合有关法律规定,合法是劳动合同有效的前提条件。具体来说,劳动合同的主体、形式、内容以及程序都必须符合法律、法规的规定。

劳动合同主体合法是指劳动者和用人单位都必须具备法律规定的劳动合同主体资格条件,即如前面已提到的劳动者必须是具有劳动权利能力和劳动行为能力的公民;用人单位必须是具有法人资格或能够独立承担民事责任的单位和个人。劳动合同当事人任何一方如果不具有法定劳动合同主体资格条件,其所签订的劳动合同则属无效劳动合同。

劳动合同形式合法是指劳动法律规定除非全日制用工可以采用口头形式外,劳动合同需要以书面形式订立。

劳动合同内容合法是指劳动合同的内容必须具备法定条款,且当事人不得订立内容违反相关法律、法规和政策规定或对社会公共利益有害的劳动合同。

(二)公平原则

公平原则是指劳动合同中双方当事人权利和义务的确定应当公平、合理,任何一方尤其是用人单位方不得以自己的强势地位制定有失公平的合同条款;在处理劳动合同纠纷时,应依照法律规定来进行。需要说明的是,《劳动合同法》在规范劳动合同双方当事人之间的权利、义务和责任的承担上,公平原则体现为在重点照顾劳动者利益的同时,兼顾用人单位的合法权益。

(三)平等自愿原则

平等原则是指劳动合同当事人双方的法律地位平等,即双方以平等的主体身份协商订立劳动合同,不存在一方为主要主体,另一方为次要主体或从属主体的问题;双方享有同样的权利和义务,任何一方可拒绝与另一方签订劳动合同,任何一方也不得强迫对方与自己签订劳动合同;双方平等地决定合同的内容。平等原则赋予双方当事人公平地表述自己权利和义务意愿的机会,有利于维护双方的合法利益。

自愿原则是指完全出自当事人自己的意志,表达了当事人的真实意愿;任何一方不得将自己的意志强加给对方,也不允许第三者进行非法干预。自愿的具体含义包括:劳动合同的订立必须由双方当事人依照自己的意愿独立自主决定,他人不得强制命令,也不能采取欺骗、诱导方式使一方当事人违背自己的真实意愿而接受另一方的条件;劳动合同内容的确定,必须完全与双方当事人的真实意愿相符合。

(四)协商一致原则

协商一致原则是平等自愿原则的具体体现。它是指当事人双方在充分表达自己真实意愿的基础上,就劳动合同的全部内容,在法律允许的范围内,经平等协商,意见一致后,合同才得以成立;双方不得以任何方式将自己的意愿强加给对方。实践中,常见的是用人单位事先拟好劳动合同草案,由劳动者作出是否签约的决定。根据我国《合同法》的有关规定,采用格式条款订立合同的,提供格式条款的一方应当遵循公平原则确定当事人之间的权利和义务,并采取合理、合法的方式提请对方注意免除或者限制其责任的条款,按照对方的要求,对该条款予以说明。

(五)诚实信用原则

诚实信用原则是指当事人双方订立劳动合同时要诚实守信,不能向另一方提供虚假信息,否则会导致所签订的劳动合同无效,而且有过错方将承担相应的法律责任。

《劳动合同法》第8条规定,用人单位招用劳动者时,应当如实告知劳动者工作内容、工作条件、工作地点、职业危害、安全生产状况、劳动报酬,以及劳动者要求了解的其他情况;用人单位有权了解劳动者与劳动合同直接相关的基本情况,劳动者应当如实说明。从这一条款可以看出,如实告知对方的规定,对用人单位和劳动者的要求是不同的:对用人单位是不由他方提请的主动告知法律规定内容的义务;对劳动者是须由他方提请的如实说明义务。这体现了平衡劳动关系双方力量,保护相对弱势地位的劳动者合法权益的劳动法理念。

四、劳动合同订立的程序

按照相关法规规定,用人单位与劳动者订立劳动合同过程中必须履行一定的手续并遵循一定步骤。按照合同的一般原理,合同订立的程序有要约和承诺两个阶段,作为合同的一种,劳动合同订立过程符合一般合同的行为原理,即劳动合同订立的程序也有要约和承诺两个阶段,但同时较一般合同又有所不同,由此决定了劳动合同订立的程序又有其特殊性。

(一)要约阶段——招收录用阶段

在一般合同中,提出订立合同的一方为要约方,另一方为被要约方。在企业劳动合同订立时已经明确了企业是要约人,劳动者是被要约人的角色。企业劳动合同的要约方是明确的,被要约方不明确,因此订立劳动合同的过程首先需要确定被要约方。被要约方确定的过程也就是企业根据自己生产经营活动的用工需求按计划招聘与录用新员工的过程,一般包括三个步骤:一是公布招工简章;二是对求职者进行全面考核;三是择优录取。

1. 公布招工简章

企业应当根据自己的岗位需要,通过报刊、网站等方式,按照有关规定向社会公布招工简章,扩大影响,以便吸引到更多的求职者前来报名。招工简章中,应当包括两部分内容:一是招工条件,其中包括招收的工种或专业、招工的对象、招工名额等;二是录用后的权利和义务,主要是指工资、福利、社会保险、劳动保护和遵守的规章制度等,以便于求职者择业应招。

企业对外公布招工简章后,要安排具体的时间、地点、人员开展报名工作,有关工作人员要负责接待求职者的咨询,接收求职者提交的有关证明文件,如身份证、学历证明、技能资格证明等,对求职者进行初步筛选,将明显不符合招工要求的求职者淘汰掉。

2. 对求职者进行全面考核

企业在接受求职者报名后,就要组织有关人员对参与竞聘者的健康状况、文化程度、技能水平、工作经历等进行全面考察。考核的标准可以根据相应招聘岗位的特定要求有所侧重。在考核当中,不能有违背求职者意愿或违反社会公德的考核条件,更不能进行违法的考核。例如,除了国家有特殊规定的岗位外,任何单位不可对乙肝病毒携带者有歧视性雇佣行为。

3. 择优录取

企业在对求职者依法进行考核之后,要择优确定被录用人员,张榜公布考核结果,公开录用。企业要向被录用人员发出书面通知,必要时,对于未被录用人员的查询和发问要进行解释。此外,企业还应当向劳动行政主管部门办理录用手续。被录用人员即为被要约人,一般是不能随意更改的,但这还不表示合同上的承诺,如情况必须,双方还可以变更其意思和行为。

在这一阶段中,企业公布招工简章即为提出要约。但此时具体与企业签订劳动合同的求职者并未确定,亦即被要约人是不确定的。招工简章具有要约的法律约束力,企业是不能随意更改其内容的,求职者报名或应试,也就是他(她)接受了企业的条件并愿意就劳动合同内容进行协商。因此,企业在拟写招工简章时,一定要实事求是,尤其是对于福利待遇、工作时间、休假等有关内容的许诺,一定要真实。

(二)承诺阶段——签订劳动合同阶段

经过前面的招收录用阶段,企业初步确定了拟签订劳动合同的录用者名单后,接着即进入第二阶段,具体签订劳动合同。企业首先提出劳动合同的草案,录用者如果完全同意合同内容,即为承诺,劳动合同也就宣告成立。如果录用者对劳动合同草案提出修改意见或要求增加新内容,应视为要约的拒绝。双方经过新的要约一再要约,反复协商,直到最终达成一致的协议。这一阶段具体分以下几个步骤完成。

1. 草拟并提交劳动合同文本

企业在决定录用求职者以后,要向预录用者提交劳动合同文本草案。劳动合同文本的草拟一般是企业的事情,由企业人力资源部分管相关工作的人员拿出劳动合同文本。在实践中,各地劳动行政部门也有自己的劳动合同示范文本(见本章后附录1),用人单位也可以采用,但是,即使使用劳动合同示范文本,用人单位也要结合自己单位的实际将文本细化。

2. 签发《签订劳动合同通知书》

签发《签订劳动合同通知书》,是向劳动者表明用人单位要签订劳动合同的意向及告知劳动者确定的劳动合同签订时间。如果不是用工之日一个月签订劳动合同,而是用工之日签订劳动合同,这个通知书应在给员工发入职通知书时即交给员工,并要求员工在回执上签字。

3. 向录用者介绍企业内部劳动规章制度

一旦签订劳动合同,录用者成为企业的一员,就必须遵守企业的各项规章制度。从某种意义上来说,企业内部劳动规章是劳动合同的附件。录用者能否接受企业的规章制度,也是决定录用者是否与企业签订劳动合同的因素之一。因而企业在向录用者提交劳动合同草案的同时,还必须向录用者详细地介绍企业内部劳动规章制度。

4. 双方协商劳动合同内容

劳动合同草案文本只是企业方单方面的意思表示,企业应与录用者就劳动合同草案中的条款逐一协商,对需要补充或修改的内容各自提出意见,反复研究,相互让步,最后达成一致意见。双方进行协商确定的合同条款主要涉及以下内容:劳动合同期限、工作任务、劳动报酬、劳动条件、社会保险和福利待遇、试用期的待遇及其他劳动权利和义务等。

5. 双方签约

当事人双方在认真审阅合同文书,确认没有分歧后,双方签字或盖章方可生效。按照《劳动合同法》第16条规定,"劳动合同由用人单位与劳动者协商一致,并经用人单位与劳动者在劳动合同文本上签字或者盖章生效"。据此,作为用人单位,是选择签字还是盖章,或是既签字又盖章,由单位自定。代表单位签字的应为用人单位的法定代表人或者其书面委托的代理人。切记,如果单位委托人力资源部相关人员签字的,一定要有书面的授权委托书。劳动者一方一定要求本人签字,未经授权,他人不得代签。此外,订立劳动合同可以约定生效时间。没有约定的,以当事人签字或盖章的时间为生效时间。当事人签字或者盖章时间不一致的,以最后一方签字或者盖章的时间为准。

如果劳动合同不需要鉴证,则至此劳动合同的订立阶段结束,所签劳动合同即具备法律效力。劳动合同文本由企业和录用者各执一份。

6. 合同鉴证

劳动合同鉴证是劳动行政部门依法审查、证明劳动合同真实性和合法性的一项行政监督、服务措施。目前,合同鉴证并非法定程序,企业和劳动者可以遵循自愿原则决定是否对所签订劳动合同进行鉴证,鉴证与否并不影响劳动合同的法律效力。

7. 劳动合同备案

劳动合同备案是劳动合同备案机关依法对劳动合同进行审查和保存,以确认劳动合同的订立、续定、变更和解除的一项监督措施。

劳动合同备案由劳动行政部门和地方工会组织分别在各自职能范围内具体实施,以订立、续订、变更的劳动合同和解除劳动合同的事实为备案对象,表明对劳动关系续存和解除的确认。各种劳动合同的解除都应当备案,而经劳动行政部门鉴证或批准的劳动合同可不必再由劳动行政部门备案。

五、劳动合同订立的注意事项

用人单位与劳动者订立劳动合同时,除要符合合同主体资格条件,遵循有关原则,并按照有关规定的程序办事外,在具体操作的过程中,还应注意以下几个问题。

(一)防止出现无效劳动合同

无效劳动合同是经当事人双方协商同意签订,但因劳动合同条款违反了法律、法规、政策的规定,因而不具有法律效力,不能产生当事人所预期的效果的劳动合同。

按劳动合同无效程度分类,无效劳动合同分为全部无效劳动合同和部分无效劳动合同。所谓全部无效的劳动合同是指劳动合同当事人的主体资格和必备条款的主要内容不合法的劳动合同。所谓部分无效的劳动合同是指合同的某些条款虽然违反法律规定,但不影响其他条款法律效力。《劳动合同法》第 26 条规定了劳动合同全部无效或部分无效的情形:

1. 以欺诈、胁迫的手段或者乘人之危,使对方在违背真实意思的情况下订立或者变更劳动合同的

采取欺诈手段订立劳动合同,是指企业或者员工隐瞒或歪曲事实真相,欺骗对方,致使对方与之订立劳动合同。欺诈的种类很多,包括在没有履行能力的情况下,签订合同。如根据劳动法的规定,从事特种作业的劳动者必须经过专门培训并取得特种作业资格。应聘的劳动者没有相应资格,提供了假的资格证书;行为人负有义务向对方如实告知某种真实情况而故意不告知的。例如一家小型化工企业招聘三班倒的化工工人,不能用孕妇。但有的妇女来应聘,故意隐瞒其已经怀孕的情况,应聘上岗后不久就提出已经怀孕不能倒班上岗,等等。采取威胁手段订立劳动合同,是指企业或者员工以对对方人身安全、财产安全乃至名誉诋毁等相要挟的行为,迫使对方同意签订劳动合同。所谓乘人之危下签订的劳动合同,是指一方利用对方的危难处境或紧迫需要强迫对方接受某种明显不公平的条件并作出违背其真实意思表示行为下所签订的劳动合同。采取欺诈、胁迫的手段或者乘人之危下签订的劳动合同,违背了平等自愿和协商一致的原则,因而全部是无效的劳动合同。

2. 用人单位免除自己的法定责任、排除劳动者权利的

在现实中,通常表现为,一些用人单位为了降低用工成本,实现其利益最大化,在劳动合同中仅规定劳动者的义务,有的甚至规定"发生工伤事故企业概不负责"、"企业有权根据生产经营变化及劳动者的工作情况调整其工作岗位,劳动者必须服从安排"等霸王条款。而一些劳动者明明知道这会严重损害自身利益,甚至具有危及生命安全的风险,但为了维持生计,自愿在用人单位不负责的劳动合同上签字。这种情况下,劳动者放弃劳动保护权的行为,即便出于自愿,亦应认定无效。由此造成的后果,用人单位要承担法律责任。

3. 违反法律、行政法规强制性规定

合同主体资格违法。如前所述,企业和员工中的一方或者双方不具备订立劳动合同的法定资格的,如签订劳动合同的员工一方必须是具有劳动权利能力和劳动行为能力的公民,企业与未满 16 周岁的未成年人订立的劳动合同就是无效的劳动合同(国家另有规定的除外),精神病患者在发病期间与企业签订的劳动合同就属全部无效合同;合同内容违背法律、行政法规的强制性规定。所谓法律、行政法规的强制性规定,是指排除了合同当事人的意思自治的相关规定,也就是说,当事人在合同中不得合意排除法律、行政法规强制性规定的适用,如果当事人约定排除了强制性规定,则构成本项规定的无效情形。例如,劳动合同中约定员工不主张参加社会保险、工伤概不负责、不准结婚、不准怀孕以及工资水平低于当地最低工资标准的条款等。这些条款虽然是员工同意的,但明显违反了国家法律的强制性规定,

属无效条款。但应注意的是,这类条款无效,如不影响劳动合同其他部分的效力的,其他部分仍然有效,这种合同属于部分无效合同。

关于无效劳动合同的处理,首先,《劳动法》第18条规定,"劳动合同的无效,由劳动争议仲裁委员会或者人民法院确认"。其次,劳动合同被确认无效的法律后果。《劳动法》第18条规定,"无效的劳动合同,从订立的时候起,就没有法律约束力"。但是,劳动合同无效是指劳动合同法律上的效力,虽不能产生当事人所预期的效果,但并不等于不产生其他法律后果。无效劳动合同作为法律事实的一种,会在当事人之间产生法律责任问题,即导致劳动合同无效的当事人基于过错而对他方承担民事责任、行政责任和刑事责任问题。《劳动法》第97规定"由于用人单位的原因订立的无效合同,对劳动者造成损害的,应当承担赔偿责任"。另外,根据《劳动合同法》第28规定,"劳动合同被确认无效,劳动者已付出劳动的,用人单位应当向劳动者支付劳动报酬。劳动报酬的数额,参考用人单位同类岗位劳动者的劳动报酬确定;用人单位无同类岗位的,按照本单位上年职工平均工资确定"。

企业在订立劳动合同时应当严格遵循劳动合同订立的原则,保证企业劳动合同的有效性以及合同的顺利履行。一旦出现无效劳动合同,责任在企业的,企业应及时调整、更正,以减少对企业生产经营带来的损失,同时使企业免于被追究法律责任;责任不在企业的,企业要维护自身的合法权益,必要时可向劳动争议仲裁机构或者人民法院申诉并追究对方的法律责任。企业方一定要注意,一些法定的带来用工成本增加的条款即使是员工方主动放弃主张该权利,也不可心存侥幸。例如有些外来工主动提出"不参加社会保险",一旦员工事后主张该权利而申诉到劳动争议仲裁机构或法院,企业便会败诉,此时,企业将不得不承担法律责任,并还要为员工补办社会保险,因而遭受更大的损失。

(二)注意合同内容的合法性、科学性、准确性

1. 既要符合法律规定,又要注意切合实际

当事人双方协商确定劳动合同条款内容时应该注意符合法律、法规和政策规定,以确保合同的合法性,但是,这并非指签订劳动合同时要严格照搬照套法律、法规和政策规定。因为法律、法规和政策是从国家整体全局出发研究制订的,不可能对各地或具体的用人单位、具体的劳动岗位作出规定,因此企业在与员工订立劳动合同时,又要注意灵活执行法律、法规和政策,在不违背法律规定的前提下,从本企业及招聘岗位和录用员工的实际出发协商确定具体的劳动合同条款。特别是容易产生争议的内容,要规定得详细具体一些。

2. 内容应科学设计,繁简结合、详略得当

劳动合同的内容应根据实际需要依法进行科学合理的设计,内容可繁可简,因人、因事、因地而论,不能强求一样。对于法律、法规和政策已有具体规定的内容,可以不必全部写入合同书中,只需写明按照某项规定执行即可,力求做到简练,如社会保险条款。由于社会保险是法定的,且缴费基数和比例都有法律或当地政府规定,所以这一条款设计时一语带过即可,如可以表述为:甲方按国家和本市有关规定为乙方办理各项社会保险,乙方应缴纳的各项社会保险费由甲方代扣代缴。相反,对于法律、法规和政策没有具体规定,涉及当事人切身利益,或者是允许变通,或者是较易发生意见分歧,引起争议的内容,则应当规定详细一些,否则可能使企业或者员工的合法权益受到影响,妨碍劳动合同的履行,如工作内容条款。由于工作内容是对劳动者从事的工作岗位、工作职责的要求,是劳动者应当履行劳动义务的主要内容。工作内容和工作岗位应明确,工作内容除了在劳动合同书中明确外,还可以签订专项岗位协议,在岗位协议中明确具体的指标。再比如,用人单位对于负有保守商业秘密义务的劳动者,可以协商签订保密协议和竞业限制条款。《劳动合同法》第 23 条规定:"用人单位与劳动者可以在劳动合同中约定保守用人单位的商业秘密和与知识产权相关的保密事项。对负有保密义务的劳动者,用人单位可以在劳动合同或者保密协议中与劳动者约定竞业限制条款,并约定在解除或者终止劳动合同后,在竞业限制期限内按月给予劳动者经济补偿。劳动者违反竞业限制约定的,应当按照约定向用人单位支付违约金。"

3. 语言表达要准确明了

劳动合同是一种法律文书,涉及合同当事人双方的权利、责任,是双方劳动合作行为的法律依据,每个字、句都会产生一定的法律后果,具有一定的法律效力。因此,劳动合同在语言表达上要力求准确明了、不产生歧义,避免因表述不清而产生争议。

(三)注意试用期问题

《劳动合同法》第 19 条至 21 条对试用期期间双方当事人的权利和义务以及试用期的期限等有明确规定,在签订劳动合同时,应遵循相关规定,并注意以下几方面问题:

(1)应当双方协商一致达成书面协议。试用期是用人单位与劳动者为了更好地了解对方在劳动合同中约定的特定期限,试用期是劳动合同中的约定条款,只有经过双方协商一致才能约定试用期。如果双方没有事先约定,用人单位不能以试用期为由随意解除劳动合同。为了明确双方的权利义务关系,尤其是给试用期的员工以明确的工作努力方向和目的以及避免试用期劳动争议发生时无据可依,试用期最好以书面形式对工作内容、工作目标、工作职责、考核时间、考核指标和办法以及考核结论将要导致的后果进行协商约定,双方签字确认。

(2)试用期的员工与其他员工享有同等权利。劳动合同法限定了试用期的约定条件,劳动者在试用期间应与其他员工一样享有全部的劳动权利。这些权利包括取得劳动报酬的权利、休息休假的权利、获得劳动安全卫生保护的权利、接受职业技能培训的权利、享受社会保险和福利的权利、提请劳动争议处理的权利以及法律规定的其他劳动权利。还包括依照法律规定,通过职工大会、职工代表大会或者其他形式,参与民主管理或者就保护劳动者合法权益与用人单位进行平等协商的权利。用人单位不能因为员工试用期的身份而加以限制。

(3)应当签订劳动合同。试用期是劳动者和用人单位劳动关系的一种表现形式,也应当签订劳动合同。试用期不签合同或者只签试用期合同,都是违法的。正确做法是与新员工签订劳动合同,合同中包含试用期的内容。

(4)同一用人单位与同一劳动者只能约定一次试用期。但要注意,对于同一双方当事人,当劳动合同到期,双方协议续签劳动合同时,即使第一次签订劳动合同时未约定试用期,在续签时,也不应再约定试用期。

(5)依据同工同酬原则商定试用期工资。按照同工同酬的原则,劳动者在试用期的工资不得低于本企业同岗位最低档工资或者劳动合同约定工资的 80%,并不得低于企业所在地的最低工资标准。这是劳动者在试用期间工资待遇的法定最低标准。

(四)注意《劳动合同法》其他相关规定

签订劳动合同时,除了需要依照劳动法律、法规和政策性规定并结合实际情况注意上面几方面问题外,依照《劳动合同法》相关规定,还应着重注意以下几点:

(1)双方在劳动合同文本上亲自签字或盖章。劳动合同经双方当事人协商一致签订劳动合同后,必须经双方在劳动合同文本上签字或者盖章才会生效。劳动者一方一定要求本人签字,未经授权,他人不得代签;用人单位一方,要有法定代表人或其书面委托的代理人签字或单位公章;劳动合同文本由用人单位和劳动者各执一份各自保存。用人单位方切记:交由劳动者保存的合同文本,要以书面形式记录劳动者已经收到劳动合同的事实,具体讲,当用人单位方把合同交给劳动者时,应要求劳动者在本人签收回执上签字,以免事后引起劳动争议。

(2)不得收取担保。签订劳动合同时用人单位不得以任何借口要求劳动者提供担保或以其他名义向劳动者收取财物,同时也不可扣押劳动者的居民身份证和其他证件。

(3)劳动关系的建立以用工为标志,建立劳动关系,应当订立书面劳动合同。已建立劳动关系,未同时订立书面劳动合同的,应当自用工之日起1个月内订立书面劳动合同。自用工之日起1个月内,经用人单位书面通知后,劳动者不与用人单位订立书面劳动合同的,用人单位应当书面通知劳动者终止劳动关系,无需向劳动者支付经济补偿,但是应当依法向劳动者支付其实际工作时间的劳动报酬。

(4)劳动报酬等不得低于集体合同规定的标准。用人单位与劳动者订立的劳动合同中劳动报酬和劳动条件等标准不得低于集体合同规定的标准,低于部分无效。

(5)关于无固定期限劳动合同。劳动合同期限的长短可以由双方当事人协商确定,但如果劳动者符合签订无固定期限劳动合同条件规定,而且劳动者又提出要求签订无固定期限的劳动合同,用人单应当与其签订无固定期限的劳动合同。

为了解决上述需要注意的问题,一般是推荐使用当地示范合同文本,用人单位可以根据自身的具体情况以示范合同文本为基础订立劳动合同的具体内容。为使劳动合同当事人双方的权利和义务清晰界定,并具有操作性,避免合同条文过于繁琐,可把用人单位依法制订的相关内部管理规定作为劳动合同的附件。(见本章后的劳动合同示范文本)

第三节　劳动合同的履行与变更

一、劳动合同履行的含义和原则

劳动合同的履行是指劳动合同订立后,劳动合同的双方当事人依照劳动合同规定,相互履行权利和义务的行为和过程。

用人单位与劳动者依法订立的劳动合同,受法律保护,双方当事人应当按照劳动合同约定的内容,全面、如实地履行自己的义务,行使自己的权力。具体来看,劳动合同的履行应当遵循以下原则。

1. 全面履行原则

全面履行原则是指劳动合同双方当事人在任何时候，均应当履行劳动合同约定的全部义务。《劳动合同法》第 29 条规定，"用人单位与劳动者应当按照劳动合同的约定，全面履行各自的义务"。

2. 合法原则

合法原则是指劳动合同双方当事人在履行劳动合同过程中，必须遵守法律法规，不得有违法行为。《劳动合同法》着重强调了三个方面：一是第 30 条规定"用人单位应当按照劳动合同约定和国家规定，向劳动者及时足额支付劳动报酬。用人单位拖欠或者未足额支付劳动报酬的，劳动者可以依法向当地人民法院申请支付令，人民法院应当依法发出支付令"。二是第 31 条规定，"用人单位应当严格执行劳动定额标准，不得强迫或者变相强迫劳动者加班。用人单位安排加班的，应当按照国家有关规定向劳动者支付加班费"。三是第 32 条规定，"劳动者拒绝用人单位管理人员违章指挥、强令冒险作业的，不视为违反劳动合同。劳动者对危害生命安全和身体健康的劳动条件，有权对用人单位提出批评、检举和控告"。

3. 亲自履行原则

亲自履行原则是指双方当事人均要以自己的行为履行劳动合同规定的义务和实现劳动合同规定的权利，不得由他人代为履行。这也意味着，用人单位要以自己的实际行为去完成劳动合同规定的任务，实现劳动合同约定的目标，要将劳动合同规定的内容融入自己的日常活动和工作中去。同时，用人单位也有权要求劳动者以自己的实际行动完成劳动合同规定的任务，实现劳动合同约定的目标。同样的，劳动者也应以自己的实际行为去完成劳动合同规定的任务，并有权要求用人单位以自己的实际行动完成劳动合同规定的任务，实现劳动合同约定的目标。

4. 协作履行原则

协作履行原则是指在劳动合同履行中双方当事人要相互理解和配合，相互协作、互相帮助，以共同完成合同规定的义务，实现合同约定的目标。也就是说，劳动合同的双方当事人不仅有自己履行劳动合同的义务，还应有协助对方履行劳动合同的义务，以便更好地完成劳动合同规定的义务，实现自身的权利。

二、特殊情形下劳动合同的履行

劳动合同履行过程中，会出现一些特殊情形，《劳动合同法》第 33 条和第 34 条规定了两种特殊情形下劳动合同履行的要求：一是"用人单位变更名称、法定代表人、主要负责人或者投资人等事项，不影响劳动合同的履行"。二是"用人单位发生合并或者分立等情况，原劳动合同继续有效，劳动合同由承继其权利和义务的用人单位继续履行"。在用人单位变更名称、法定代表人、主要负责人，或者用人单位发生合并、分立等情况时，由于劳动合同必备条款中的用人单位名称、法定代表人、主要负责人等内容发生了变更，用人单位与劳动者应当从形式上变更劳动合同，但是，没有从形式上变更劳动合同的，原劳动合同也应当继续履行。

三、劳动合同中止履行

(一)劳动合同中止履行的含义

劳动合同中止履行是指在劳动合同履行的过程中,出现法定或者约定的情形,致使不能继续履行劳动合同,但是劳动合同关系仍继续保持的状态。劳动合同中止履行的,劳动合同约定的权利和义务暂停履行(法律、法规、规章另有规定的除外),待到法定或约定的原因消除后,劳动合同仍继续履行。

(二)劳动合同中止履行的情形

按照《关于贯彻执行〈中华人民共和国劳动法〉若干问题的意见》,劳动合同中止的特殊情形有:劳动者涉嫌违法犯罪被有关机关收容审查、拘留或逮捕的,用人单位在劳动者被限制人身自由期间,可与其暂时停止劳动合同的履行。

实践中,劳动合同的中止应该是用人单位处理与特殊劳动者的劳动关系的一种情况,即由于某种特殊情形的出现,致使用人单位与劳动者之间暂时不能互相履行劳动合同约定的各项义务、享受劳动合同约定的各项权利,但双方又不能或不愿解除劳动合同的情形。凡是出现了特殊情形,劳动者与用人单位协商一致,即可中止劳动合同。例如,有的女职工怀孕保胎而暂时不能工作又不想放弃现在工作,此时双方就可以通过协商以适用劳动合同的中止。所以,劳动合同中止的情形可以根据各自的特殊情况由双方协商确定。

(三)劳动合同中止履行期间的权利义务关系

中止履行劳动合同期间,双方的权利义务可以全部不履行,也可以部分不履行。如有的用人单位中止履行劳动合同期间,用人单位一般办理社会保险账户暂停结算(封存)手续。也有些用人单位与劳动者中止合同,但仍以单位的名义给其办理各项社会保险手续,用人单位和劳动者应缴纳的社会保险费用均由劳动者个人承担。除了劳动者应征入伍而中止履行劳动合同的情形外,中止履行劳动合同期间,不计算劳动者在用人单位的工作年限。中止履行劳动合同的情形消失,除劳动合同已经无法履行外,劳动合同应当恢复履行,双方当事人的权利义务关系按照合同约定执行。

四、劳动合同的变更

(一)劳动合同变更的含义、类型及原则

劳动合同的变更是指当事人双方对尚未履行或尚未完全履行的劳动合同,依照法律规定的条件和程序,对原劳动合同进行修改或增删的法律行为。劳动合同的变更只限于劳动合同内容的变更,不包括当事人的变更。

劳动合同变更一般包括两种类型,即协议变更(或自愿变更)和法定变更(或强制变更)。

1. 劳动合同的协议变更

劳动合同的协议变更是指劳动合同订立后,由于订立劳动合同所依据的情况发生变化,当事人双方协商同意,变更原订的劳动合同的情形。只要合同中约定了变更合同的条件,当该条件出现时,双方应就变更合同事项进行变更。协议变更劳动合同的原则与订立劳动合同的原则完全一致,应遵循合法、公平、平等自愿、协商一致与诚实守信的原则。劳动合同的

协议变更是劳动合同变更的主要方面。《劳动合同法》第 35 条规定："用人单位与劳动者协商一致,可以变更劳动合同约定的内容。变更劳动合同,应当采用书面形式。"

　　2. 劳动合同的法定变更

　　劳动合同的法定变更是指在法律规定原因出现时,劳动合同经过当事人中一方的要求可以变更,对方对这种变更要求不得拒绝。显然,劳动合同的法定变更即是依法定条件出现为决定性条件,同时如何变更劳动合同应遵循合法、公平、平等自愿、协商一致和诚实守信的原则。

　　《劳动法》和《劳动合同法》均有规定"劳动合同订立时所依据的客观情况发生重大变化,致使原劳动合同无法履行"时,双方应就变更合同进行协商。所谓"劳动合同订立时所依据的客观情况发生重大变化",法律没有明确说明,根据有关劳动立法和劳动合同实践,主要指以下情形:第一,订立劳动合同所依据的法律、法规已经修改或废止,致使合同若不变更,就有可能出现与法律、法规不相符甚至是违背的情况,进而导致合同因违法而无效。例如,2008 年 1 月 1 日《劳动合同法》的颁布实施导致之前签订的劳动合同的部分条款不得不调整。第二,当事人所不能预见、不能避免并不能克服的客观情况发生重大变化,如自然灾害、意外事故、战争等,使得当事人原来在劳动合同中约定的权利义务成为不必要或不可能,客观地需要变更劳动合同。第三,由于用人单位根据市场环境的变化调整经营策略,部分岗位、工种可能被撤销,或被其他新的岗位、工种所替代,致使该类岗位的劳动合同无法继续履行。此时企业就需要根据变化了的情况与员工进行协商,变更原劳动合同的相关内容。变更的内容和条款仅限于转产等有关的条款,如工作内容、劳动报酬等。其他条款,如合同期限、试用期、违约责任等与转产没有直接关联的条款不需要变更。第四,劳动者患病或者非因工负伤,在规定的医疗期满后不能从事原工作;或者劳动者不能胜任工作,经过培训或者调整工作岗位,仍不能胜任工作的。员工有诸如上述原因时,也需要变更劳动合同内容。

　　(二)劳动合同变更的条件

　　劳动合同变更一般只是涉及劳动合同的部分条款,需要变更的条款一般要符合如下条件:一是尚未履行或尚未完全履行的有效条款,已经履行或无效的条款无变更的必要。二是依法可变更的条款,法律规定不可变更的条款,一律不可变更,例如劳动合同的当事人、劳动合同的期限。三是直接引起劳动合同变更的条款。劳动合同中的某些条款因为合同履行的主客观条件发生变化,引起对其履行成为没有必要或没有可能,这时就会引起因该条款的变更而发生的劳动合同的变更。企业劳动合同的变更就是要对这些直接引起劳动合同变更的条款进行修改或增减。

　　(三)劳动合同变更的程序

　　变更劳动合同时,一般应按以下程序进行:

　　(1)一方当事人向另一方提出请求。不管是哪一方当事人提出变更合同的请求,都要就合同变更的理由、内容、条款和条件等作出说明,并给对方当事人一个答复期限。

　　(2)被请求方按期向请求方作出答复。被请求方在接到请求方变更合同的要求后,要在请求方给出的期限内给予答复;不准对对方的请求置之不理。被请求方的这种答复可以是同意,也可以提出自己不同的意见,供双方进一步协商;对于不符合法律规定的请求,被请求方可以表示不同意。

(3)双方协商达成书面协议。双方当事人要对其变更的合同内容和条款进行协商,在取得一致意见的基础上,达成和拟定书面协议。书面协议需就变更的内容和条款进行详细说明,并就变更后的条款生效日期作出规定。书面协议需经双方当事人签名、盖章后才能生效。

(4)备案或鉴证。变更后的劳动合同仍然需要由劳动合同当事人的劳动者签字、用人单位签字并盖章,方能生效。凡在订立时经过备案或鉴证的劳动合同,变更合同的书面协议也需要送交在用人单位主管部门备案,或到鉴证机构办理鉴证手续。劳动合同变更书应由劳动合同双方各执一份。

第四节　劳动合同解除、终止与续订

一、劳动合同解除

(一)劳动合同解除的含义和类型

劳动合同的解除是指劳动合同订立后,尚未全部履行以前,由于某种原因导致劳动合同一方或双方当事人提前解除劳动关系的法律行为。从表面上看,解除劳动合同对于维护劳动合同当事人双方的劳动关系是一种消极行为,但从实质上看,规定合同当事人有权经过平等协商或者依据法定事由单方面提出解除劳动合同,有利于增强合同当事人的责任心,促进不同用人单位之间和劳动者之间在平等条件下展开公平竞争,进而从反面维护劳动合同的严肃性。

劳动合同的解除依据不同标准可以划分为以下多种类型。

1. 以解除方式不同,划分为单方解除和协商解除

单方解除是指用人单位和劳动者之间享有单方解除权的一方以单方意思表示解除劳动合同。所谓单方解除权,是指当事人双方依法享有的,无需对方同意而决定解除劳动合同的权利。按照行使单方解除权的主体不同,可分为劳动者单方解除(通常称辞职)和用人单位单方解除(通常称辞退或解雇)。

协商解除是指用人单位和劳动者协商一致而解除。协商解除包括两种情况:一是合同当事人双方均没有单方面解除权,经过双方协商同意解除;二是合同当事人双方之中的一方有解除权,一方没有解除权,没有解除权的一方经征得有解除权一方的同意后,协商解除。协商解除没有法定的条件,只要解除劳动合同的内容、形式和程序合法即可。

2. 以解除条件的依据不同,分为法定解除和约定解除

法定解除即依据相关法规进行的解除。法定解除是为了限制单方解除劳动合同,尤其是辞退的任意性,以维护劳动合同关系的稳定。对于企业劳动合同的解除,国家规定了许多的条件,只有在符合这些条件的情况下,企业才可以解除劳动合同。

约定解除即以劳动合同中解除条件的合法约定为前提。所谓合法约定包括三个含义:一是这种约定是在法律允许的范围之内;二是这种约定不得与法定的禁止性条件相悖;三是

这种约定不得与辞职的法定许可性条件冲突,亦即,如果法律允许员工在一定条件下辞职,企业劳动合同就不得约定在该条件下禁止或限制员工辞职。

(二)劳动合同解除的条件

依据《劳动合同法》的相关规定,不同解除方式的劳动合同,其解除条件有一定差别。

1. 协商解除劳动合同

《劳动合同法》第 36 条规定"用人单位与劳动者协商一致,可以解除劳动合同"。

双方协商解除劳动合同必须满足以下条件:一是解除劳动合同的行为必须是在被解除的劳动合同依法订立生效之后、尚未全部履行之前进行;二是双方自愿、平等协商;三是一方不得损害另一方利益。按照《劳动合同法》第 46 条第二款和第 47 条的相关规定,如果双方协商解除劳动合同而且是用人单位提出解除劳动合同的,用人单位应依法向劳动者支付经济补偿金。双方协商解除劳动合同,必须达成解除劳动合同的书面协议。该类型解除劳动合同情形,对于固定期限劳动合同、无固定期限劳动合同或者以完成一定工作任务为期限的劳动合同均是适用的。

2. 劳动者单方解除劳动合同

《劳动合同法》赋予劳动者有辞职权,在一定条件下,劳动者有权单方提出要求解除劳动合同。劳动者提出与用人单位解除劳动合同的情形,可分为两种:

(1)由于劳动者自身的主观原因,想要解除劳动合同。《劳动合同法》第 37 条规定:"劳动者提前 30 日以书面形式通知用人单位,可以解除劳动合同。劳动者在试用期内提前 3 日通知用人单位,可以解除劳动合同。"这是法律赋予劳动者的劳动合同任意解除权。只要尽了法定提前通知用人单位的义务,不论用人单位是否同意,到期后有权要求用人单位给其办理解除劳动合同的手续。这一规定是既照顾了劳动者的利益,也考虑了用人单位维持正常工作秩序需要。劳动者提前通知用人单位辞职意向,便于用人单位提早准备,及时安排他人接替工作,避免因解除劳动合同影响用人单位的生产经营活动,给用人单位造成不必要的损失。

《劳动合同法》及其他相关法律对劳动者解除劳动合同有条件和程序的规定,但在实践中,确有一些劳动者违反法律、法规规定的条件而提出解除劳动合同的情形,主要包括两种情况:一是违反《劳动合同法》第 37 条提前通知其解除劳动合同的法定条件,即在劳动合同履行期未提前 30 天、试用期未提前 3 天通知用人单位而解除劳动合同,要么即使提前通知但未提前 30 天(劳动合同履行期)或 3 天(试用期),要么不辞而别。二是违反服务期的约定。有些用人单位为劳动者提供了专项培训费用,对其进行专项培训并与之约定了服务期,但劳动者服务期未满而辞职。这两种情况都属于违法解除劳动合同。按照相关法律规定,劳动者违法解除劳动合同给用人单位造成经济损失的,还应当承担赔偿责任。对于第一种情况,劳动者应当赔偿用人单位招收录用其所支付的费用,以及对生产、经营和工作等暂时无人接替所造成的直接经济损失。对于第二种情况,劳动者还应当向用人单位支付未收回的专项培训费用或依法双方约定的违约金。

(2)因用人单位的过错,而使劳动者不得不与之解除劳动合同。《劳动合同法》规定了劳动者的特别解除权。所谓特别解除权,是指如果出现了法定的事由,劳动者无需向用人单位预告就可无条件单方即时解除劳动合同的权利。根据《劳动合同法》第 38 条和《劳动合同法实施条例》第18条,劳动者可以随时解除劳动合同的情形有:用人单位未按照劳动合同约定提供劳动保护或者劳动条件的;未及时足额支付劳动报酬的;未依法为劳动者缴纳社会保险费的;用人单位的规章制度违反法律、法规的规定,损害劳动者权益的;用人单位以欺诈、胁迫的手段或者乘人之危,使劳动者在违背真实意思的情况下订立或者变更劳动合同的;用人单位以暴力、威胁或者非法限制人身自由的手段强迫劳动者劳动的;用人单位违章指挥、强令冒险作业危及劳动者人身安全的;用人单位在劳动合同中免除自己的法定责任、排除劳动者权利的;用人单位违反法律、行政法规强制性规定的。

3. 用人单位单方解除劳动合同

《劳动合同法》也赋予了用人单位对劳动合同的单方解除权,但是出于对劳动关系中相对弱势地位的劳动者劳动权益保护的考虑以维护法律的公平和正义,防止用人单位滥用解除权,随意解除劳动合同情况出现,立法上严格限定了用人单位单方解除劳动合同的条件。根据不同原因,用人单位单方面解除又分以下三种情形:

(1)过失性解除(即时性解除)。过失性解除,又称即是性解除,是指人单位在劳动者存在一定过失的情况下,无须事先通知即可以单方解除劳动合同的情形。《劳动合同法》第39条规定了劳动者有下列情形之一的,用人单位可以立即解除劳动合同:在试用期间被证明不符合录用条件的;严重违反用人单位的规章制度的;严重失职,营私舞弊,给用人单位造成重大损害的;劳动者同时与其他用人单位建立劳动关系,对完成本单位的工作任务造成严重影响,或者经用人单位提出,拒不改正的;劳动者以欺诈、胁迫的手段或者乘人之危,使用人单位在违背真实意思的情况下订立或者变更劳动合同致使劳动合同无效的;被依法追究刑事责任的。上述几种情况下解除劳动合同,均是因劳动者的过错造成的,对于固定期限劳动合同、无固定期限劳动合同或者以完成一定工作任务为期限的劳动合同均是适用的;而且,解除劳动合同时无须向劳动者支付经济补偿金。

(2)非过失性解除(预告解除)。非过失性解除,又称预告解除,是指劳动者本身并不存在过失,但是由于存在特定情况,法律规定用人单位可以与劳动者解除劳动合同。《劳动合同法》第40条规定了有下列情形之一的,用人单位提前30日以书面形式通知劳动者本人或者额外支付劳动者1个月工资后,可以解除劳动合同:劳动者患病或者非因工负伤,在规定的医疗期满后不能从事原工作,也不能从事由用人单位另行安排的工作的;劳动者不能胜任工作,经过培训或者调整工作岗位,仍不能胜任工作的;劳动合同订立时所依据的客观情况发生重大变化,致使劳动合同无法履行,经用人单位与劳动者协商,未能就变更劳动合同内容达成协议的。该类型解除劳动合同的条件,对于固定期限劳动合同、无固定期限劳动合同或者以完成一定工作任务为期限的劳动合同均是适用的;但是,解除劳动合同时,需要向劳动者支付经济补偿金。

(3)经济性裁员。所谓经济性裁员,是指用人单位濒临破产进行法定整顿期间或生产经营状况发生严重困难,为改善生产经营状况而辞退成批人员。按照《劳动合同法》第41条规定,该种情形包括:依照企业破产法规定进行重整的;生产经营发生严重困难的;企业转产、重大技术革新或者经营方式调整,经变更劳动合同后,仍需裁减人员的;其他因劳动合同订立时所依据的客观经济情况发生重大变化,致使劳动合同无法履行的。

为了防止用人单位滥用经济性裁员的权力,《劳动合同法》规定了严格的程序和条件:需要裁减人员 20 人以上或者裁减不足 20 人但占企业职工总数 10％以上的,用人单位提前 30 日向工会或者全体职工说明情况,听取工会或者职工的意见后,裁减人员方案经向劳动行政部门报告,可以裁减人员。《劳动合同法》还规定,企业因"依照企业破产法规定进行重整"解除劳动合同,应向辞退人员支付经济补偿金。

同时,《劳动合同法》还规定了被裁减人员的权利,包括优先留用权和优先就业权。第一,规定经济性裁员中优先留用人员时,优先留用三类人员:与本单位订立较长期限的固定期限劳动合同的;订立无固定期限劳动合同的;家庭无其他就业人员,有需要扶养的老人或者未成年人的。可以看出,在企业经济性裁员时,法律对于不同合同期限的劳动者有了区别对待,但是,法律并没有规定不能与较长期限固定期限劳动合同、无固定期限劳动合同人员解除合同。第二,优先就业权。用人单位在 6 个月内重新招用人员的,应当通知被裁减的人员,并在同等条件下优先招用被裁减的人员。

(三)对劳动者的解雇保护

为了保护特定劳动者群体的合法权益,对于上述依据《劳动合同法》第 40 条、第 41 条规定用人单位可以单方解雇劳动合同的情形,该法又给予了一定限制。《劳动合同法》第 42 条特别规定了禁止用人单位依照该法第 40 条、第 41 条的规定解除劳动合同的情形:从事接触职业病危害作业的劳动者未进行离岗前职业健康检查,或者疑似职业病病人在诊断或者医学观察期间的;在本单位患职业病或者因工负伤并被确认丧失或者部分丧失劳动能力的;患病或者非因工负伤,在规定的医疗期内的;女职工在孕期、产期、哺乳期的;在本单位连续工作满十五年,且距法定退休年龄不足五年的;法律、行政法规规定的其他情形。

对该条规定的理解需注意以下两个方面:一是本条禁止的是用人单位单方解除劳动合同,并不禁止劳动者与用人单位协商一致解除劳动合同;二是本条的前提是用人单位不得根据《劳动合同法》第 40 条、第 41 条解除劳动合同,即只限于劳动者主观上无过错情况下的非过失性解除和经济性裁员。但是,如果由于劳动者的过错,出现了《劳动合同法》第 39 条规定的任一情形,用人单位仍可以与劳动者解除劳动合同。比如,一个怀孕女性在试用期被证明不符合录用条件的,用人单位有权解除劳动合同关系,这里的关键是,解除劳动合同的理由不是该女性怀孕而是不符合试用期考察录用条件。

《劳动合同法》对劳动者患职业病或者因工负伤并被确认部分丧失劳动能力的情形下劳动合同能否解除和如何解除作了特别规定。在这种情形下,适用《工伤保险条例》的规定。依据新修订的于 2011 年 1 月 1 日开始实施的《工伤保险条例》第 35 条相关规定:职工因工致残被鉴定为一级至四级伤残的,保留劳动关系,永久不能与其解除劳动关系,劳动者退出工作岗位,享受相应的工伤待遇。该条例第 36 条相关规定:职工因工致残被鉴定为五级、六级伤残的,保留与用人单位的劳动关系,由用人单位安排适当工作。难以安排工作的,由用人单位按月发给伤残津贴,并由用人单位按照规定为其缴纳应缴纳的各项社会保险费。经工伤职工本人提出,该职工可以与用人单位解除劳动关系,由工伤保险基金支付一次性工伤医疗补助金,由用人单位支付一次性伤残就业补助金。该条例第 37 条相关规定:职工因工致残被鉴定为七级至十级伤残的,职工本人提出解除劳动聘用合同的,由工伤保险基金支付一次性工伤医疗补助金,由用人单位支付一次性伤残就业补助金。

【知识链接】　　　无固定期限劳动合同解除的注意事项

《劳动合同法》颁布后,关于无固定期限劳动合同的规定一直是用人单位最关注的条款。很多用人单位担心无固定期限劳动合同的规定会使劳动关系僵化,导致能进不能出,最终损害了用人单位的用工自主权。很多劳动者也对无固定期限劳动合同存在误解,认为只要订立了无固定期限劳动合同就高枕无忧了,用人单位不能解雇。其实,无固定期限劳动合同并非"终身合同",在法定条件下,用人单位同样可以解除劳动合同。《劳动合同法》第 39 条规定,劳动者有下列情形之一的,用人单位可以解除劳动合同:(1)在试用期间被证明不符合录用条件的;(2)严重违反用人单位的规章制度的;(3)严重失职,营私舞弊,给用人单位造成重大损害的;(4)劳动者同时与其他用人单位建立劳动关系,对完成本单位的工作任务造成严重影响,或者经用人单位提出,拒不改正的;(5)因本法第 26 条第 1 款第 1 项规定的情形致使劳动合同无效的;(6)被依法追究刑事责任的。第 40 条规定,有下列情形之一的,用人单位提前 30 日以书面形式通知劳动者本人或者额外支付劳动者 1 个月工资后,可以解除劳动合同:(1)劳动者患病或者非因工负伤,在规定的医疗期满后不能从事原工作,也不能从事由用人单位另行安排的工作的;(2)劳动者不能胜任工作,经过培训或者调整工作岗位,仍不能胜任工作的;(3)劳动合同订立时所依据的客观情况发生重大变化,致使劳动合同无法履行,经用人单位与劳动者协商,未能就变更劳动合同内容达成协议的。第 41 条规定,有下列情形之一,需要裁减人员 20 人以上或者裁减不足 20 人但占用人单位职工总数 10% 以上的,用人单位提前 30 日向工会或者全体职工说明情况,听取工会或者职工的意见后,裁减人员方案经向劳动行政部门报告,可以裁减人员:(1)依照用人单位破产法规定进行重整的;(2)生产经营发生严重困难的;(3)用人单位转产、重大技术革新或者经营方式调整,经变更劳动合同后,仍需裁减人员的;(4)其他因劳动合同订立时所依据的客观经济情况发生重大变化,致使劳动合同无法履行的。以上的解除条件,适用范围包括无固定期限劳动合同。

总之,劳动者在与用人单位订立无固定期限劳动合同后,并没有获得"铁饭碗",劳动者存在《劳动合同法》第 39 条所规定的过错情形下,用人单位同样可以解除劳动合同,且无须经济补偿。同时,劳动者如果有不能胜任工作等情形或用人单位裁员的,用人单位也可以解除劳动合同。但是用人单位需注意,在裁员时,遇到签订无固定期限劳动合同的劳动者需优先留用。

(四)用人单位解除劳动合同的经济补偿

对于上述提到的多种劳动合同解除情形,由于劳动合同关系的提前消灭,会给非过失方造成一定的损失,因此,《劳动法》《劳动合同法》等相关法律、法规规定,过错方或对方无过错但主动提出解除劳动合同一方应该承担一定的经济补偿责任。这里重点介绍用人单位因劳动合同解除给予员工经济补偿的情况。其主要包括以下几方面。

1. 经济补偿金

按照《劳动合同法》的相关规定，下列情形企业应该依照该法第 47 条规定的计算方法向劳动者支付经济补偿金：双方协商解除劳动合同而且是用人单位提出解除劳动合同的；因为企业方存在过失而由劳动者提出解除劳动合同的；由企业方依法提出但劳动者无过失而解除劳动合同；企业"依照企业破产法规定进行重整的"而解除劳动合同的。经济补偿金额支付标准：按劳动者在用人单位的工作年限，每满 1 年支付 1 个月工资的标准向劳动者支付。6 个月以上不满 1 年的，按 1 年计算；不满 6 个月的，向劳动者支付半个月工资的经济补偿。劳动者月工资高于用人单位所在直辖市、设区的市级人民政府公布的本地区上年度职工月平均工资 3 倍的，向其支付经济补偿的标准按职工月平均工资 3 倍的数额支付，向其支付经济补偿的年限最高不超过 12 年。本条所称月工资是指员工在劳动合同解除或者终止前 12 个月的平均工资。若员工的月平均工资低于企业月平均工资的，按企业月平均工资标准支付。未按规定给予经济补助的，除全额发给应付经济补偿外，还须按其数额的 50% 支付额外经济补偿金。

关于经济补偿金的支付标准，因《劳动法》和《劳动合同法》的规定不同，所以，应以 2008 年 1 月 1 日为时间点，之前所签订的劳动合同与之后所签订的合同解除的经济补偿金分段计算。按照《劳动合同法》第 97 条的规定："……本法施行之日存续的劳动合同在本法施行后解除或者终止，依照本法第 46 条规定应当支付经济补偿的，经济补偿年限自本法施行之日起计算；本法施行前按照当时有关规定，用人单位应当向劳动者支付经济补偿的，按照当时有关规定执行。"该条规定即确定了这种情况下经济补偿金的分段计算原则。具体来讲，如果解除劳动合同的某种情形（如经济性裁员），按照《劳动法》和《劳动合同法》均要支付经济补偿金，但是计算经济补偿金的标准和计算基数不同，那么，2008 年 1 月 1 日以前的工作年限按照旧法（《劳动法》及相关法规、规制）的规定计算经济补偿金；2008 年 1 月 1 日之后的工作年限按照《劳动合同法》的规定计算经济补偿金，分别计算，再合并相加。如果有些解除劳动合同的情形（比如因企业存在过失而使劳动者一方提出解除劳动合同），按照《劳动法》的规定不需要支付经济补偿金，而按照《劳动合同法》的规定需要支付经济补偿金，那么，经济补偿金计算年限应从 2008 年 1 月 1 日起计算。

2. 医疗补助费

按照《违反和解除劳动合同的经济补偿办法》[原劳部发(1994)481 号]第 6 条规定，企业劳动合同因员工患病或非因工负伤而由企业解除的，在发给经济补偿金的同时，还发给不低于 6 个月工资的医疗补助费，对患重病或绝症者还应增加医疗补助费，其中，患重病的增加部分不低于医疗补助费的 50%，患绝症的增加部分不低于医疗补助费的 100%。

3. 禁止同业竞争补偿费

按照《劳动合同法》第 23 条规定，约定员工为保守企业商业秘密而在企业劳动合同解除或者终止后一定期间不与该企业进行同业竞争的，企业应当给予该员工一定数额的经济补偿。

(五)劳动合同解除的操作程序

依据《劳动合同法》的相关规定，结合实际需要，不同解除条件的劳动合同解除其程序有一定差别。这里主要介绍用人单位在办理劳动合同解除事务时的操作程序。

1. 协商解除劳动合同的程序

实践中,协商解除劳动合同的基本程序是:第一,向劳动者发出解除劳动合同的通知(意向书),表明单位要解除劳动合同的意思,并要求劳动者给予答复。第二,签订解除劳动合同的协议书。要写明解除劳动合同的原因是双方协商一致解除,并且要指明是劳动者还是用人单位提出了解除动议。第三,开具解除劳动合同的证明,以作为劳动者求职、享受失业保险待遇和失业登记的凭证。证明书应写明劳动合同期限、解除的日期、工作岗位、在本单位的工作年限等。如果劳动者要求,用人单位可在证明中客观地说明解除劳动合同的原因。第四,劳动者按照双方约定,办理工作交接。企业方主动提出解除劳动合同的还应依照《劳动合同法》有关规定向劳动者支付经济补偿,在办结工作交接时支付。第五,在解除劳动合同 15 日内为劳动者办理档案和社会保险关系转移手续。此外,还应对已经解除的劳动合同的文本备案,至少保存两年备查。

2. 劳动者单方解除劳动合同的程序

如前所述,劳动者单方提出解除劳动合同分为劳动者依法提前通知用人单位的合法解除、未提前通知用人单位的违法解除以及由于用人单位存在过错所致三种情形。不同的情况下,解除劳动合同的程序也有一定差别,但一般包括如下各步工作:第一,解约协议或通知。如果是协商解除劳动合同,应由双方就合同解除的日期和法律后果,依法签订书面协议;如果是用人单位无过错而劳动者主动提出的劳动合同单方解除,依法应当由劳动者提前(合同履行期为 30 天,试用期为 3 天)以书面形式通知对方;对于用人单位存在过错而使劳动者提出劳动合同解除的情形,劳动者可即时以书面形式通知对方。第二,对于因用人单位存在过错而使劳动者提出的合同解除,用人单位需要支付经济补偿金。第三,向劳动者出具解除劳动合同证明,以作为劳动者求职、享受失业保险待遇和失业登记的凭证。证明书应写明劳动合同期限、解除的日期等。如果劳动者要求,用人单位可在证明中客观地说明解除劳动合同的原因。第四,自与劳动者解除劳动关系之日起 15 日内为其办理档案和社会保险关系的转移手续。

3. 用人单位对因劳动者过失提出的单方解除劳动合同的程序

用人单位在试用期内解除劳动合同应当遵守的法定程序是:第一,向劳动者说明理由,以备举证方便,建议采用书面形式,并且要求劳动者签收。第二,应当事先将理由通知工会。用人单位违反法律、行政法规规定或者劳动合同约定的,工会有权要求用人单位纠正。用人单位应当研究工会的意见,并将处理结果书面通知工会。第三,用人单位需制作《解除劳动合同通知书》《解除劳动合同证明书》送达劳动者,并在 15 日内为劳动者办理档案和社会保险关系转移手续。

与严重违纪职工解除劳动合同的程序是:第一,发现职工违反规章制度的事实;第二,保留相关证据;第三,研究其违纪行为是否达到单位的严重违纪标准;第四,将理由通知工会并征求意见;第五,向该职工发出解除劳动合同通知书;第六,为劳动者出具解除劳动合同的证明,并在 15 日内办理档案和社会保险关系的转移手续。

与因严重失职给单位造成损失的职工解除劳动合同的程序是:第一,发现职工有严重过失或营私舞弊行为;第二,确认是否造成"严重"后果;第三,保留能证明职工过失及过失与损害之间因果关系的相关证据;第四,将理由通知工会并征求意见;第五,向职工发出解除劳动合同通知书;第六,为劳动者出具解除劳动合同的证明,并办理档案和社会保险关系的转移手续。

与因劳动者双重劳动关系进行的合同解除遵循的基本程序是:第一,发现员工与其他单位建立劳动关系;第二,对其提出警示,要求其与相关单位解除劳动关系;第三,给其改正时间,仍不改正;第四,将理由通知工会并征求意见;第五,向员工发出解除劳动合同通知书。

对于劳动者原因致使劳动合同无效的解除,以及劳动者被依法追究刑事责任而解除劳动合同的情形,确认法定解除事由后可以即时向员工发出解除劳动合同通知解除劳动合同。

4. 用人单位对劳动者非过失下提出的单方解除劳动合同的程序

因病或非因工负伤不能从事原工作解除劳动合同的程序是:第一,发现医疗期满不能从事原工作;第二,单位为该员工另行安排工作;第三,发现员工不能从事另行安排的工作;第四,将理由通知工会并征求工会的意见;第五,向员工发出解除劳动合同通知书(提前 30 日,也可不提前 30 日而以支付 1 个月工资作为对价);第六,要求员工办理工作交接,单位支付经济补偿金;第七,为劳动者出具解除劳动合同的证明,并于 15 日内办理档案和社会保险关系的转移手续。

劳动者不能胜任工作解除劳动合同的程序是:第一,以绩效考核标准考核后发现员工不能胜任工作;第二,单位对其进行培训或调整工作岗位;第三,再次以绩效考核标准对员工进行考核后,发现该员工仍不能胜任工作;第四,将理由通知工会并征求工会的意见;第五,向员工发出解除劳动合同通知书(提前 30 日,也可不提前 30 日而以支付 1 个月工资作为对价);第六,要求员工办理工作交接,单位支付经济补偿金;第七,为劳动者出具解除劳动合同的证明,并在 15 日内办理档案和社会保险关系的转移手续。

客观情况发生变化、劳动合同无法履行时解除劳动合同的程序是:第一,发现客观情况发生重大变化;第二,发现劳动合同无法履行;第三,与员工协商变更劳动合同内容,未达成协议;第四,将理由通知工会并征求工会的意见;第五,向员工发出解除劳动合同通知书(提前 30 日,也可不提前 30 日而以支付 1 个月工资作为对价);第六,要求员工办理工作交接,单位支付经济补偿金;第七,为劳动者出具解除劳动合同的证明,并于 15 日内办理档案和社会保险关系的转移手续。

用人单位的经济性裁员程序。由于经济性裁员直接涉及许多员工及其家庭的利益,可能影响社会安定,《劳动合同法》要求用人单位进行经济性裁员时必须履行一套法定程序:第一,提前 30 日向工会或者全体职工说明情况,并听取工会或者职工的意见。确定裁减人员的名单时要按照《劳动合同法》的规定,优先留用"与本单位订立较长期限的固定期限劳动合同的"、"与本单位订立无固定期限劳动合同的"、"家庭无其他就业人员,有需要扶养的老人或者未成年人的"三类人员。第二,在听取工会或全体职工意见,对原裁减人员方案进行必要修改后,形成正式的裁减人员方案。第三,就裁减方案向当地劳动行政部门报告。

经济性裁员具体的操作程序为:第一,做好裁员计划工作。包括裁员可行性和合法性分析、制订计划并进行合法性审查,制定公关和与员工、工会沟通策略,建立裁员管理协调联系小组,以及制定裁员时间表和进程安排图等工作。第二,筛选裁员名单。包括制定筛选标准与确定裁员对象,审查员工档案与确定裁员候选人,对名单进行合法性审查和人力资源评估,乃至确定最后裁员名单等工作。第三,初步确定裁员方案,包括裁员名单、裁员时间、经济补偿方案。第四,确定裁减人员方案。包括提前 30 日向工会或全体职工说明情况,并提供有关生产经营状况的资料;提出裁减人员方案;就裁减人员方案征求工会或者全体职工的意见,并对方案进行修改和完善;向当地劳动行政部门报告裁减人员方案以及工会或者全体职工的意见,并听取劳动行政部门的意见等工作。第五,企业正式公布裁减人员方案,与被裁减人员办理解除劳动合同手续,按照有关规定向被裁减人员本人支付经济补偿金,开具裁减人员证明书,办理档案和社会保险关系转移手续。

二、劳动合同终止

(一)劳动合同终止的含义与条件

劳动合同终止是指劳动合同的法律效力被依法消灭,亦即劳动合同所确立的劳动关系由于一定法律事实的出现而被终结的行为。因劳动合同终止的具体法律事件或条件不同,劳动合同终止分为自然终止和非自然终止(或因故终止)两种类型。

1. 自然终止

劳动合同的自然终止是指《劳动合同法》第 44 条前两款出现情形下的合同终止:一是劳动合同期满的。主要针对固定期限劳动合同而言,即在劳动合同规定的期限内,合同当事人双方按照劳动合同规定的条款全部适当地履行了各自的义务,全部实现了各自的权利,劳动合同履行完毕,自行终止。对于无固定期限劳动合同,用人单位不得适用期满终止这一规定。此外,对于以完成一定工作任务为期限的劳动合同来说,也是适用的。尽管该类劳动合同中没有明确的时间限定,但劳动关系双方约定以完成一定的工作任务为劳动合同期限,一旦劳动合同规定的工作任务完成,也就是劳动合同期限届满,劳动合同即自行终止。二是劳动者开始依法享受基本养老保险待遇的。上述两种情况出现时,劳动合同可以终止,但在实际操作中习惯上应提前 30 天通知劳动者。

2. 非自然终止(或因故终止)

劳动合同的非自然终止是指《劳动合同法》第 44 条中提到后四款情形下的合同终止:一是劳动者死亡,或者被人民法院宣告死亡或者宣告失踪的;二是用人单位被依法宣告破产的;三是用人单位被吊销营业执照、责令关闭、撤销或者用人单位决定提前解散的;四是法律、行政法规规定的其他情形。比如,原劳动合同签订后,因企业遭受了重大火灾、地震等不可抗力,使其无法再恢复生产和经营、履行劳动合同,该劳动合同不得不终止。对此,企业可以向劳动争议仲裁部门和人民法院提出请求,经劳动争议仲裁部门和人民法院调查和审理,有权依法裁定或判处劳动合同终止。一旦有关劳动合同终止的裁定或判决书生效,劳动合同即告终止。当然,员工也有权向劳动争议仲裁部门和人民法院提出终止劳动合同的请求。

3. 终止劳动合同的经济补偿

《劳动合同法》还对"劳动合同期满的"、"用人单位被依法宣告破产的"、"用人单位被吊销营业执照、责令关闭、撤销或者用人单位决定提前解散的"三种情形下的劳动合同终止规定了用人单位向劳动者支付经济补偿金限制条件。经济补偿金支付金额的计算标准和方法与劳动合同解除的相同;而且,对于 2008 年 1 月 1 日之前签订,之后存续的劳动合同的终止,也存在着经济补偿金分段计算的问题,方法也相同。

(二)劳动合同终止的限制与对劳动者的保护

如同在劳动合同解除中设置解雇保护条款一样,为了保护某些特殊劳动者的利益,《劳动合同法》及其他劳动法规也对因用人单位提出的劳动合同因故终止设定了一定限制。《劳动合同法》第 45 条规定,劳动合同期满时,劳动者有下列情形之一的,劳动合同期限应顺延至相应情形消失时:从事接触职业病危害作业的劳动者未进行离岗前职业病健康检查,或者疑似职业病病人在诊断或者医学观察期间的;在本单位患职业病或者因工负伤并被确认丧失或者部分丧失劳动能力的;患病或者非因工负伤,在规定的医疗期内的;女职工在孕期、产期、哺乳期的;在本单位连续工作满 15 年,且距法定退休年龄不足 5 年的;法律、行政法规规定的其他情形。

与劳动者解雇保护相同,《劳动合同法》对劳动者患职业病或者因工负伤并被确认部分丧失劳动能力的情形下劳动合同能否终止和如何终止作了特别规定。在这种情形下,同时适用《工伤保险条例》的规定。如表 5-2 所示。

表 5-2　1－10 级工伤劳动合同到期的劳动关系处理

工伤级别	合同到期后劳动关系处理	备　注
1－4 级	不得终止劳动关系	劳动关系保留到员工退休
5－6 级	一般单位不得主动终止,经员工提出可以终止	若员工不提出终止,劳动关系要保留到退休;若员工提出终止,用人单位除依照劳动合同法第 47 条规定支付经济补偿外,由工伤保险基金支付一次性工伤医疗补助金,由用人单位支付一次性伤残就业补助金
7－10 级	可以终止	用人单位除依照劳动合同法第 47 条规定支付经济补偿外,由工伤保险基金支付一次性工伤医疗补助金,用人单位支付一次性伤残就业补助金

(三)劳动合同终止的操作程序

按照《劳动合同法》的相关规定,结合实际需要,用人单位在办理劳动合同终止事务时的基本操作程序如下。

1. 提前书面通知劳动者

《劳动合同法》设定的各种劳动合同终止情形,并未要求终止劳动合同必须提前通知,但从人力资源规范管理的角度,最好是提前通知,具体提前多少天,可以由企业的规章制度来规定。如果有地方性规定的,要按地方性的规定来办理。有的企业担心提前通知后有的劳动者找麻烦,可以同时采取其他办法化解。如提前一个月通知后,可以给予其一个月带薪休假,期间可以找工作,这样既合情理,也考虑到了企业的利益。

2. 与劳动者办理工作交接,依法支付经济补偿金

在通知中向劳动者表明办理工作交接的时间,如果属于应当支付经济补偿金的情况,用人单位应在劳动者办理工作交接时支付。

3. 为劳动者出具终止劳动合同证明

终止劳动合同证明应在终止时为劳动者出具,即终止和出具证明同时进行。

4. 办理档案和社会保险关系转移手续

在终止劳动合同后的 15 日内要为劳动者办理档案和社会保险关系的转移手续。

5. 备案

用人单位对已经终止的劳动合同的文本至少保存 1 年备查。

【知识链接】　　劳动合同终止与劳动合同解除的区别

　　劳动合同终止与劳动合同解除是两个完全不同的法律概念。劳动合同终止是指劳动合同期限届满或者有其他符合法律规定的情形出现导致劳动合同关系终结。劳动合同解除是指劳动合同订立后,尚未全部履行以前,由于某种原因导致劳动合同一方或双方当事人提前消灭劳动关系的法律行为。具体来看,两者区别表现在以下几方面。第一,阶段不同。劳动合同终止是劳动合同关系的自然结束,而解除是劳动合同关系的提前结束。第二,结束劳动关系的条件都有约定条件和法定条件,但具体内容不同。劳动合同终止的条件中,约定条件主要是合同期满的情形,而法定条件主要是劳动者和用人单位主体资格的消灭。劳动合同解除的条件中,约定条件主要是协商一致解除合同情形,而法定条件是一些违法违纪违规等行为。第三,预见性不同。劳动合同终止一般是可以预见的,特别是劳动合同期满终止的,而劳动合同解除一般不可预见。第四,适用原则不同。劳动合同终止受当事人意思自治的程度多一点,一般遵循民法的原则和精神,而劳动合同的解除受法律约束的程度较高,更多地体现社会法的性质和国家公权力的介入,体现对劳动者的倾斜保护。

三、劳动合同续订

(一)劳动合同续订含义

　　劳动合同的续订是指合同当事人双方经协商达成协议,使原签订的期限届满的劳动合同延长有效期限的法律行为。与劳动合同订立的原则相同,劳动合同的续订,遵循合法、公平、平等自愿、协商一致和诚实守信等原则。

　　关于劳动合同续订,《劳动合同法》第 14 条规定,"无固定期限劳动合同,是指用人单位与劳动者约定无确定终止时间的劳动合同。用人单位与劳动者协商一致,可以订立无固定期限劳动合同。有下列情形之一,劳动者提出或者同意续订、订立劳动合同的,除劳动者提出订立固定期限劳动合同外,应当订立无固定期限劳动合同:劳动者在该用人单位连续工作满 10 年的;用人单位初次实行劳动合同制度或者国有企业改制重新订立劳动合同时,劳动者在该用人单位连续工作满 10 年且距法定退休年龄不足 10 年的;连续订立 2 次固定期限劳动合同,且劳动者没有本法第 39 条和第 40 条第 1 项、第 2 项规定的情形,续订劳动合同的。用人单位自用工之日起满 1 年不与劳动者订立书面劳动合同的,视为用人单位与劳动者已订立无固定期限劳动合同。

(二)劳动合同续订的操作程序

　　按照《劳动合同法》以及其他相关法律规定,结合实际工作需要,用人单位在办理劳动合

同续订事务时遵循的基本操作程序如下:

(1)劳动合同期限届满或其他的法定、约定终止条件出现,有意向续订劳动合同的一方,一般应提前 30 日向对方发出续订劳动合同的书面意向,如《续订劳动合同通知书》,并要求对方在劳动合同到期前的一定时期内予以答复。

(2)就续订劳动合同的有关事项与劳动者进行协商。如原劳动合同的主要条款已有较大改变,双方应重新协商签订新的劳动合同;如原劳动合同的条款变动不大,双方可以签订《延续劳动合同协议书》,并明确劳动合同延续的期限及其他需重新确定的合同条款。

(3)与劳动者协商一致,签订劳动合同续订书,劳动者签字、用人单位签字或盖章,一式两份双方各执一份。

一般地,在双方协商一致续订劳动合同后,用人单位还应将双方重新签订的劳动合同或《延续劳动合同协议书》一式两份,送有管辖权的劳动合同鉴证机构进行鉴证,并到社会保险经办机构办理社会保险延续手续。

【本章小结】

本章主要阐述我国劳动关系建立和劳动合同制度的主要内容并以企业劳动合同管理为主介绍了企业劳动合同管理各环节的操作程序。

劳动合同是指劳动力使用者(或称用人单位)与劳动者协商确立劳动关系、明确双方权利和义务的契约或协议。"用工"而不是书面劳动合同是劳动关系建立的标志,但法律上的劳动关系要求两者同时出现。

劳动合同依不同方式有不同的分类。按照有效期限的不同,劳动合同分为有固定期限、无固定期限和以完成一定的工作为期限的劳动合同;按照用工形式的不同,劳动合同分为全日制用工合同、非全日制用工合同和劳务派遣合同。

一个劳动合同管理周期包括劳动合同订立、劳动合同履行和变更、劳动合同解除与终止等几个阶段性工作。劳动合同的订立应当遵循合法、公平、平等自愿、协商一致、诚实信用的原则。企业劳动合同的订立过程包括发出合同要约和承诺两个阶段工作。

劳动合同的履行是指劳动合同订立后,劳动合同的双方当事人依照劳动合同规定,相互履行权利和义务的行为和过程。劳动合同履行应遵循合法履行、全面履行、亲自履行和协作履行的原则。在劳动合同履行过程中,因劳动合同订立时所依据的客观情况发生重大变化,致使原劳动合同无法履行,劳动合同变更成为必要。

劳动合同解除和终止是一个劳动合同管理周期的最后环节,两者均标志着劳动合同当事人双方劳动法律关系的消灭。劳动合同的终止是劳动合同关系的正常结束;而劳动合同解除是劳动合同关系的提前消灭,是企业劳动合同终止的一种特殊形式。依据不同标准,劳动合同解除可分为多种类型,企业对各类型实务操作的程序有一定差别,企业在多种劳动合同解除中应依法承担一定的义务。企业在终止劳动合同过程中也应遵循一定程序,并应承担一定的义务。

【复习思考题】

1. 劳动关系建立与劳动合同关系是怎样的？
2. 简述劳动合同的主要内容。
3. 简述订立和变更劳动合同的原则。
4. 简述劳动合同订立的程序。
5. 简述劳动合同履行的原则
6. 简述劳动合同解除的法定条件和程序。
7. 简述劳动合同终止的法定条件和程序。

【案例讨论 1】 　　　对规定试用期的劳动合同能单方面解除吗？

　　某纺织公司在报纸上登了一则招聘广告：招聘一名具备三级工技术水平的车工，小范看到后，认为自己完全符合条件，就来到这家公司人事部应聘。人事部经理听过小范的自我介绍后认为他符合公司的聘用条件，当即就决定录用他。1 周后，小范与公司签订了劳动合同，约定合同期限为 3 年，其中试用期 3 个月（自 2 月 12 日起至 5 月 11 日止）。签完合同，小范马上就开始了工作。在试用期间，小范工作热情很高，干起活儿来也认真、仔细，就是由于他的技术水平所限，有些较复杂的活儿暂时还干不了。5 月 11 日是小范试用期的最后一天，这天早上一上班，车间主任对小范说："今天，公司要对你的技术水平进行一下考核，我现在给你一张图纸，它是考三级车工专门用的，你要是能按图纸上的技术要求加工出合格的零件，就说明你具备三级工的技术水平，否则，就说明你不够三级车工的水平。"说完，车间主任把图纸交给了小范。小范对照着图纸，干了整整 4 个小时，总算把零件加工完了，5 月 12 日，技术考核组对小范加工的零件进行了考评，认为小范加工的零件精度不合格，小范的技术水平不够三级。5 月 13 日，公司作出决定，解除与小范的劳动合同。小范对此决定不服，他认为公司如果以不符合录用条件为由来解除他的劳动合同，应该在试用期内（即 5 月 11 日前）作出决定，现在（5 月 13 日）已超过了试用期，公司就无权以"在试用期间被证明不符合录用条件"为理由，决定解除劳动合同了。

　　讨论：对规定试用期的劳动合同能单方面解除吗？法律依据是什么？

★【案例讨论 2】 用人单位能否随意调动劳动者的岗位?

　　某 IT 公司经过产品研发阶段,终于取得了成果,并申请了专利投入市场。由于市场上的竞争压力,公司调整了战略部署,裁减研发中心技术人员,成立了售后服务部,部分研发中心的人员转为售后服务人员。

　　洪某原是研发人员,对公司的调整产生反感,不愿到售后服务部上班,并到人力资源部理论。人力资源部经理告诉洪某:“你与公司签订了劳动合同,公司就可以根据经营需要调整你的工作岗位,你应当服从,这是用人单位的用人自主权。”遂要求洪某立即到售后服务部上班。

　　洪某觉得很委屈,不服从调动。公司以洪某不服从管理,构成严重违纪为由解除了与洪某的劳动合同,不支付任何经济补偿。

　　讨论:公司上述做法是否合法? 如果洪某上诉能否得到仲裁庭或人民法院的支持?

★【案例讨论 3】　　　　　被终止劳动合同的罗敏

　　罗敏自 2000 年 8 月起就在泰海机械厂工作,到现在算是泰海机械厂的老员工了,他的第 1 次劳动合同期限为 3 年,从 2000 年 8 月 1 日至 2003 年 7 月 31 日,第 2 次劳动合同期限为 5 年,从 2003 年 8 月 1 日至 2008 年 7 月 31 日,工资标准为每月 4000 元。近年来,厂子引进了不少人才,他们不仅学历高,而且脑子灵活、干活利索。罗敏感到工作有些压力,眼看厂子和他的劳动合同马上就要到期,如果厂子不再和他续签劳动合同,他只能另谋出路。无意间,他从电台里听说新出台的《劳动合同法》有了新规定,像自己这样连续订立过两次固定期限劳动合同的劳动者,可以向用人单位提出续订无固定期限劳动合同,用人单位没有拒绝的权利。听到这条规定,罗敏好像吃了定心丸,觉得自己可以继续在厂子工作下去。就在这时候,厂子劳资科却于 2008 年 7 月底向他发出了终止劳动合同通知书。原来,为了减员增效,厂子以解聘或终止的名义与许多工人终结了劳动关系。一些工友们拿到了经济补偿金,而罗敏却没有得到一分钱的补偿。他心里十分不平衡,就到劳资科讲理,要求签订无固定期限劳动合同,要求平等待遇。劳资科科长告诉罗敏,他对《劳动合同法》理解得并不正确,他没有权利要求订立无固定期限劳动合同。至于为什么不向他支付经济补偿金,是由于单位与他之间是终止劳动合同而非解除劳动合同,那些被解除劳动合同的工友才有权利领取经济补偿金。罗敏感到又困惑又委屈。

　　讨论:本案中到底是罗敏对法律理解错误,还是泰海机械厂对法律认识不全面呢? 法律依据是什么?

附录 1

劳动合同书示范文本

编号：

河　北　省

劳　动　合　同

河北省人力资源和社会保障厅制

签约须知

1. 用人单位和劳动者应保证向对方提供的与履行劳动合同有关的各项信息真实、有效。

2. 有下列情形之一,劳动者提出或者同意续订、订立劳动合同的,除劳动者提出订立固定期限劳动合同外,应当订立无固定期限劳动合同：

(一)劳动者在该用人单位连续工作满十年的；

(二)用人单位初次实行劳动合同制度或者国有企业改制重新订立劳动合同时,劳动者在该用人单位连续工作满十年且距法定退休年龄不足十年的；

(三)连续订立二次固定期限劳动合同,且劳动者没有《劳动合同法》第三十九条和第四十条第一项、第二项规定的情形,续订劳动合同的。

3. 除提供专项培训费用约定服务期和竞业限制的人员两种情形外,用人单位不得与劳动者约定由劳动者承担违约金。

甲方(用人单位)名称：＿＿＿＿＿＿＿＿＿＿＿＿＿＿＿＿＿＿＿＿

单位住所：＿＿＿＿＿＿＿＿＿＿＿＿＿＿＿＿＿＿＿＿＿＿＿＿＿＿

法定代表人(主要负责人)：＿＿＿＿＿＿＿＿＿＿＿＿＿＿＿＿＿＿

联系电话：＿＿＿＿＿＿＿＿＿＿＿＿＿＿＿＿＿＿＿＿＿＿＿＿＿＿

邮政编码：＿＿＿＿＿＿＿＿＿＿＿＿＿＿＿＿＿＿＿＿＿＿＿

乙方（劳动者）姓名：＿＿＿＿＿＿＿＿＿＿＿＿＿＿＿＿＿＿＿

户籍所在地：＿＿＿＿＿＿＿＿＿＿＿＿＿＿＿＿＿＿＿＿＿＿＿

现居住地址：＿＿＿＿＿＿＿＿＿＿＿＿＿＿＿＿＿＿＿＿＿＿＿

身份证号码：＿＿＿＿＿＿＿＿＿＿＿＿＿＿＿＿＿＿＿＿＿＿＿

联系电话：＿＿＿＿＿＿＿＿＿＿＿＿＿＿＿＿＿＿＿＿＿＿＿＿

邮政编码：＿＿＿＿＿＿＿＿＿＿＿＿＿＿＿＿＿＿＿＿＿＿＿＿

根据《中华人民共和国劳动法》、《中华人民共和国劳动合同法》及相关法律、法规、规章的规定，甲乙双方遵循合法、公平、平等自愿、协商一致、诚实信用的原则订立劳动合同。

一、劳动合同期限

第一条　本劳动合同期限经双方协商一致，采取下列第＿＿种形式：

（一）固定期限：自＿＿年＿月＿日起至＿＿年＿月＿日止。其中，试用期自＿＿年＿月＿日至＿＿年＿月＿日。

（二）无固定期限：自＿＿年＿月＿日起，到法定的终止条件出现时止，其中，试用期自＿＿年＿月＿日至＿＿年＿月＿日。

（三）以完成一定工作任务为期限：自＿＿年＿月＿日起至＿＿时止。

二、工作内容和工作地点

第二条　甲方根据工作岗位的实际需要，安排乙方从事＿＿＿＿工作，工作地点为＿＿＿＿＿＿＿。甲乙双方可以签订岗位协议书，约定岗位具体职责和要求。

第三条　乙方应按照甲方安排的工作内容及要求，认真履行岗位职责，按时完成工作任务，遵守甲方依法制定的规章制度。根据甲方的工作需要，经甲乙双方协商一致，可以变更工作内容。

三、工作时间和休息休假

第四条　甲方安排乙方执行＿＿＿＿工时工作制。

（一）标准工时工作制：乙方每日工作不超过八小时，平均每周不超过四十小时。

（二）综合计算工时工作制：平均日和平均周工作时间不超过法定标准工作时间。

（三）不定时工作制：甲方在保障职工身体健康并充分听取职工意见的基础上，应采用集中工作、集中休息、轮休调休、弹性工作时间等适当方式，确保职工的休息休假权利和生产、工作任务的完成。实行综合计算工时或者不定时工作制的，由甲方报劳动保障行政部门批准后实行。

第五条　甲方依法保证乙方的休息权利。乙方依法享受法定节假日以及探亲、婚丧、计划生育、带薪年休假等休假权利。

第六条　甲方严格执行劳动定额标准，不得强迫或者变相强迫乙方加班。确因生产经营需要，经与工会和乙方协商后可以延长工作时间，一般每日不超过一小时。因特殊原因需延长工作时间的，在保障乙方身体健康的条件下，延长工作时间每日不超过三小时，每月不超过三十六小时。

四、劳动报酬

第七条　甲方结合本单位的生产经营特点和经济效益,依法确定本单位的工资分配制度。乙方的工资水平,按照本单位的工资分配制度,结合乙方的劳动技能、劳动强度、劳动条件、劳动贡献等确定,实行同工同酬。

第八条　甲方按下列第_____种形式支付乙方工资。

(一)计时工资。乙方的工资标准为_____元/月(周),绩效工资(奖金)根据乙方实际劳动贡献确定。

(二)计件工资。乙方的劳动定额为_____,计件单价为_____。

(三)按照甲方依法制定的工资分配制度确定。乙方在试用期期间的工资标准为_____
_____。

第九条　甲方于每月____日前以货币或银行转账形式足额支付乙方工资。如遇节假日或休息日,应提前到最近的工作日支付。甲方应书面记录支付乙方工资的时间、数额、工作天数、签字等情况,并向乙方提供工资清单。

第十条　甲方安排乙方延长工作时间或者在休息日、法定节假日工作的,应依法安排乙方补休或者按照国家相关规定向乙方支付加班工资。

五、社会保险和福利待遇

第十一条　甲乙双方必须按照国家和地方有关社会保险的法律、法规和政策规定参加社会保险,依法缴纳各项社会保险费。其中,乙方负担的部分由甲方负责代扣代缴。

第十二条　乙方在劳动合同期限内,休息休假、患病或负伤、患职业病或因工负伤、生育、死亡等待遇,以及医疗期、孕期、产期、哺乳期的期限及待遇,按相关法律、法规的规定执行。

第十三条　甲方为乙方提供以下补充保险和福利待遇:_____。

六、劳动保护、劳动条件和职业危害防护

第十四条　甲方建立健全生产工艺流程和安全操作规程、工作规范和劳动安全卫生、职业危害防护制度,并对乙方进行必要的培训。乙方在劳动过程中应严格遵守各项制度规范和操作规程。

第十五条　甲方为乙方提供符合国家规定的劳动安全卫生条件和劳动工具及必要的劳动防护用品。安排乙方从事有职业危害作业的,定期为乙方进行健康检查。

第十六条　甲方对可能产生职业病危害的岗位,应当向乙方履行如实告知的义务,并对乙方进行劳动安全卫生教育,预防劳动过程中的事故发生,减少职业危害。

第十七条　甲方违章指挥、强令冒险作业,危及乙方人身安全的,乙方有权拒绝。乙方对危害生命安全和身体健康的劳动条件,有权对用人单位提出批评、检举和控告。

七、劳动合同的履行、变更

第十八条　甲乙双方按照本劳动合同的约定,依法、全面履行各自的义务。

第十九条　甲方变更名称、法定代表人、主要负责人或者投资人等事项,不影响本劳动合同的履行。

第二十条　甲方发生合并或者分立等情况,本劳动合同继续有效,由承继甲方权利和义务的单位继续履行。

第二十一条　经甲乙双方协商一致,可以变更本劳动合同约定的内容,并以书面形式确定。

八、劳动合同的解除、终止

第二十二条　甲乙双方解除、终止本劳动合同,应当按照《劳动合同法》第三十六条、第三十七条、第三十八条、第三十九条、第四十条、第四十一条、第四十二条、第四十三、第四十四条的规定进行。

第二十三条　甲乙双方解除、终止本劳动合同,符合《劳动合同法》第四十六条规定情形的,甲方应依法向乙方支付经济补偿。

第二十四条　甲方违法解除或者终止本劳动合同,乙方要求继续履行本劳动合同的,甲方应当继续履行;乙方不要求继续履行本劳动合同或者本劳动合同已经不能继续履行的,甲方应当依法按照经济补偿金标准的二倍向乙方支付赔偿金。乙方违法解除劳动合同,或者违反劳动合同中约定的保密义务或者竞业限制给甲方造成损失的,应当承担赔偿责任。

第二十五条　解除、终止本劳动合同时,甲方应当依据有关法律法规等规定出具解除、终止劳动合同的证明,并在十五日内为乙方办理档案和社会保险关系转移手续。乙方应当按照双方约定,办理工作交接。应当支付经济补偿的,在办结工作交接时支付。

九、其他事项

第二十六条　甲方为乙方提供专项培训费用,对其进行专业技术培训,双方可以订立专项协议,约定服务期。乙方违反服务期约定的,应当按照约定支付违约金。

第二十七条　乙方负有保密义务的,双方可以订立专项协议,约定竞业限制条款。乙方违反竞业限制约定的,应当按照约定支付违约金。给用人单位造成损失的,应当承担赔偿责任。

第二十八条　以下协议作为本劳动合同的附件:

1. 岗位协议书

2. 培训协议书

3. 保密协议书

4. ……

第二十九条　双方约定的其他事项:

_____

_____

_____。

第三十条　甲乙双方因履行本劳动合同发生劳动争议,可以协商解决。协商不成的,可以依法申请仲裁、提起诉讼。

第三十一条　本劳动合同未尽事宜,按国家和地方有关规定执行。

第三十二条　本劳动合同自甲乙双方签字或盖章之日起生效。本合同一式二份,甲乙双方各执一份。

甲方(公章)　　　　　　　　　　　　乙方(签字)

法定代表人(主要负责人)

签字日期:　　年　月　日　　　　　　签字日期:　　年　月　日

资料来源:河北省人力资源和社会保障厅网:http://www.he.Iss.gov.con.

附录 2①

××公司员工录用通知书

编号：

先生/小姐：您应聘本公司职位，经审查您提供的申请资料和您的面试成绩，经人力资源部核定，并报总经理确认，依本公司任用规定给予录用，现热诚欢迎您加入本公司行列。有关报到事项如下，敬请参照办理。您的报到日期：　　年　月　日前。报到地点：

报到时需携带资料：

(1)录用通知书；

(2)居民身份证原件及复印件两张；

(3)最高学历证书原件及复印件一张；

(4)资历、资格证书（或上岗证）；

(5)报到日前两周内的体检合格证明；

(6)非本市户口需携带外出就业证明；

(7)一寸近期照片三张；

(8)原单位的离职证明。

如果您接受本公司的录用，请在收到本通知书后的 5 日内（以当地邮局邮戳为准）将签署后的本录用通知书回执以快递或挂号形式寄回本公司，否则视为您自动放弃该职位。如果您签署了本录用通知书的回执并回馈给公司，而又未在本通知确定的日期前报到，将承担违约金＿＿＿＿元。如果您签署了本录用通知书的回执并回馈给公司，而公司不能在本通知确定的日期接受您的报到，公司将承担违约金＿＿＿＿元。本通知书生效的前提条件如下：(1)您提供的入职申请材料真实、客观、完整；(2)您具备胜任本职位的身体健康状况。

本次录用联络人：人力资源部×××，以上事项若有任何疑问或困难，请与×××联系。

联系方式：　　　　　　　　　　　　　　电话：

××公司（人力资源部）

年　月　日

附录 3

劳动合同变更通知书与协议书格式

【背景资料】小李是 A 商场家电组的一名售货员，由于专业家电卖场大量出现，A 商场家电组的营业额大幅度下滑，于是管理层决定撤销家电组，对原家电组的售货员的工作岗位予以调整。经研究决定，将小李调整到办公用品组。请根据此情况，制作一份劳动合同变更

---

① 合同变更、解除通知、协议书、证明书等业务操作格式范本来自：孙立如，刘兰. 劳动关系实务操作. 北京：中国人民大学出版社，2009.63、74－89

通知书和劳动合同变更协议书。

劳动合同变更通知书

李先生：本商场调整经营结构,您所在的家电组将予以撤销。因此,特要求变更您 2010 年 3 月 1 日与本商场签订的劳动合同。变更内容见如下：

原合同条款	原内容	变更后内容
第 6 条	工作岗位为家电组售货员	工作岗位为办公用品组售货员
第 10 条	工资标准为每月底薪 1000 元＋营业额的 5‰	工资标准为每月底薪 1000 元＋营业额的 7‰
第 25 条	家电组售货员岗位规范为本合同的附件	办公用品组售货员岗位规范为本合同的附件

请在 15 日内予以书面答复。

申请变更人:A 商场

2010 年 7 月 1 日

劳动合同变更协议书

经甲乙双方平等自愿、协商一致,对 2010 年 3 月 1 日签订的编号为 123 的劳动合同作如下变更：

原合同条款	原内容	变更后内容
第 6 条	工作岗位为家电组售货员	工作岗位为办公用品组售货员
第 10 条	工资标准为每月底薪 1000 元＋营业额的 5‰	工资标准为每月底薪 1000 元＋营业额的 7‰
第 25 条	家电组售货员岗位规范为本合同的附件	办公用品组售货员岗位规范为本合同的附件

本协议自签字之日起生效。

甲方(盖章)   乙方(签字或盖章)

法定代表人或委托代理人(签字或盖章)

2010 年 7 月 1 日

附录 4

解除劳动合同通知(意向)书

解除劳动合同通知(意向)书(第一联)

_____同志(女士、先生)：

根据《劳动合同法》第 36 条的规定,公司欲与您协商解除与您____年__月__日所签的编号为＿＿＿的劳动合同,公司将按国家有关规定支付您经济补偿金。请您自接到本通知之日起3个工作日内到人力资源部协商解除劳动合同事宜,特此通知。

此通知一式两份,送达员工一份,公司留存一份。

用人单位(章)＿＿＿＿＿

＿＿＿年＿月＿日

此通知已送达本人。

签名:＿＿＿＿＿＿

解除劳动合同通知(意向)书(第二联)

＿＿＿＿＿＿＿同志(女士、先生):

根据《劳动合同法》第36条的规定,公司欲与您协商解除与您＿＿＿年＿月＿日所签的编号为＿＿＿的劳动合同,公司将按国家有关规定支付您经济补偿金。请您自接到本通知之日起3个工作日内到人力资源部协商解除劳动合同事宜,特此通知。

此通知一式两份,送达员工一份,公司留存一份。

用人单位(章)＿＿＿＿＿

＿＿＿年＿月＿日

此通知已送达本人。

签名:＿＿＿＿＿＿

附录5

解除劳动合同协议书格式(适用于单位动议协商解除)

解除劳动合同协议书

甲方:××公司

法定代表人:

乙方:姓名＿＿＿＿＿　身份证号＿＿＿＿＿＿　员工工号＿＿＿＿＿

甲、乙双方于＿＿＿＿年＿＿＿月＿＿＿日签订的编号为＿＿＿＿的劳动合同,现因甲方提出解除劳动合同,经甲乙双方协商一致,同意解除劳动合同,并达成如下协议:

一、解除劳动合同的日期为＿＿＿＿年＿＿＿月＿＿＿日。

二、乙方同意在＿＿＿年＿月＿日前办理工作、业务交接。

三、甲方承诺按《劳动合同法》的有关规定,支付乙方经济补偿金,数额为:＿＿＿＿＿＿相当于乙方解除合同前12个月平均工资(＿＿＿元/月)＿＿＿个月工资的经济补偿金,共计人民币＿＿＿＿＿＿元整,并在乙方办理完工作交接之日支付。

四、甲方为乙方缴纳的各项社会保险金至＿＿＿年＿月＿日止。

五、甲方在劳动合同解除之日起15日内,为乙方办理档案和社会保险关系转移手续。

六、自本协议生效之日起,甲乙双方基于劳动关系产生的一切权利义务已经结清,互无纠葛。

七、本协议自甲、乙双方签字(盖章)后生效。

八、本协议一式3份,甲、乙双方各执1份,另1份留存乙方本人档案。

甲方:××公司(盖章)   乙方(签字):

法定代表人或委托代理人:

年   月   日   年   月   日

附录6

解除劳动合同通知书

解除劳动合同通知书(一联,单位留存)

(适用于即时性解除)

_____先生/女士:

依据《劳动合同法》相关规定,××公司依法解除于____年__月__日与您签署的编号为_____的劳动合同。与您解除劳动合同的理由是:

□在试用期间被证明不符合录用条件

□严重违反用人单位的规章制度

□严重失职,营私舞弊,给用人单位造成了重大损害

□劳动者同时与其他用人单位建立劳动关系,对完成本单位的工作任务造成严重影响,或者经用人单位提出,拒不改正

□因《劳动合同法》第26条第一款第一项规定的情形致使劳动合同无效

□被依法追究刑事责任

您的劳动合同于____年__月__日解除。您的薪资结算至____年__月__日,共计元(人民币)_____。您需要在____年__月__日办理以下交接手续:

1. _____

2. _____

××公司

年 月 日

说明:本劳动合同解除通知书一式两份,公司和员工各执一份。此通知书已于本人签字之日送达本人。

职工签字:

年 月 日

解除劳动合同通知书(二联,职工留存)

(适用于即时性解除)

_____先生/女士:

依据《劳动合同法》相关规定,××公司依法解除于____年__月__日与您签署的编号为____的劳动合同。与您解除劳动合同的理由是:

□在试用期间被证明不符合录用条件

□严重违反用人单位的规章制度

□严重失职,营私舞弊,给用人单位造成了重大损害

□劳动者同时与其他用人单位建立劳动关系,对完成本单位的工作任务造成严重影响,或者经用人单位提出,拒不改正

□因《劳动合同法》第26条第一款第一项规定的情形致使劳动合同无效

□被依法追究刑事责任

您的劳动合同于____年__月__日解除。您的薪资结算至____年__月__日,共计元(人民币)_____。您需要在____年__月__日办理以下交接手续:

1._____

2._____

××公司
年　月　日

说明:本劳动合同解除通知书一式两份,公司和员工各执一份。

附录7

单位单方解除劳动合同理由说明书

单位单方解除劳动合同理由说明书(一联,人力资源部留存)

_____公司工会委员会:

本公司员工_____因_____原因,公司决定与其解除劳动合同,特此通知。

如有不同意见,请在____年__月__日前向人力资源部提出。

××公司
年　月　日

本说明书一式两份,人力资源部和工会各留存一份。

此说明书已于工会签字盖章之日起送达工会
工会(盖章)
经办人签字:
年　月　日

单位单方解除劳动合同理由说明书(二联,工会留存)

_____公司工会委员会:

本公司员工_____因_____原因,公司决定与其解除劳动合同,特此通知。

如有不同意见,请在____年__月__日前向人力资源部提出。

××公司

年　月　日

本说明书一式两份,人力资源部和工会各留存一份。

附录8

解除劳动合同证明书

解除劳动合同证明书(一联,单位留存)

本单位与_____签订的劳动合同于____年__月__日解除,档案及社会保险转移手续于____年__月__日转移。

特此证明

单位(盖章)

一式三份,一联存根留用人单位。

此说明书已于职工签字之日起送达本人

职工签字:

____年__月__日

解除劳动合同证明书(二联,职工留存)

本单位与_____签订的劳动合同于____年__月__日解除,档案及社会保险转移手续于____年__月__日转移。

特此证明

单位(盖章)

一式三份,一联存根留用人单位。

解除劳动合同证明书(三联,存入本人档案)

本单位与_____签订的劳动合同于____年__月__日解除,档案及社会保险转移手续于____年__月__日转移。

特此证明

单位(盖章)

____年__月__日

一式三份,一联存根留用人单位。

第六章　劳动关系合作管理

【学习目标】

通过本章内容的学习,要求学生把握如下要点:

1. 集体谈判和集体合同的含义及其程序
2. 集体谈判制度在劳动关系调整中的作用
3. 员工参与的含义、作用与组织形式
4. 三方协商机制内涵与运行机制

【引导案例】"行业集体合同"保障上海10万出租车司机权益

江南出租公司的"的哥"郑平工伤在家休养,2009年,他的工伤工资从每月960元增加到1975元,因为之前他签了《上海市出租汽车行业集体合同》。

由上海出租汽车行业协会制定的《上海市出租汽车行业集体合同》,是全国出租汽车行业第一份"集体合同",它使上海10万"的哥"的合法权益得到了充分保障。

上海目前共有147家出租汽车企业和3158个"的哥"个体户,带顶灯的出租车有4.7万辆,驾驶员近10万人。前几年,在职工经济补偿、违约金处置、工资支付、工伤待遇及交通事故赔偿等方面,出租汽车行业的劳动争议特别多,劳动保障一直是"的哥"们的关切,特别看重工伤保险和带薪休假等福利待遇,更企盼用集体合同把工龄计算、工资报酬等事关核心利益的内容固定下来。终于,2008年4月,在上海市人力资源和社会保障局指导下,上海出租汽车行业协会与出租汽车暨汽车租赁行业工会签订了上海首份出租汽车行业集体合同。

然而,随着《劳动合同法》实施细则和带薪年休假办法出台,人们发现一些新规定在原先的行业集体合同中没能体现,有些标准定得低了,如工伤人员的工资定为本市最低工资960元,由此引发的劳动争议诉讼依然不少。法院在受理这类案件时,也认为这个标准的确低了,但要判高又缺乏依据,只好采取调解方式给工伤人员补偿。

　　根据新情况,2009 年 3 月,出租汽车行业协会和行业工会经过协商,签订了新版的行业集体合同,充实完善了相关条款。新合同对出租车驾驶员应享受的劳动权益规定得更加明确和清晰,如首份合同仅规定"驾驶员婚、丧、病、工伤、探亲等假期按相关规定执行",此次按照劳动保障部门关于工伤人员工资待遇不变的规定,新版合同在"休息休假"章节中明确,"驾驶员探亲、婚丧、产假等假期的工资按本市最低工资标准计发"。驾驶员工伤期间的待遇按当年社会保险费缴纳基数执行。驾驶员疾病休假工资或疾病救济费不得低于最低工资标准的 80%。如果明年社会保险费缴纳基数提高,工伤人员工资还将相应提高。

　　实施新合同以来,不仅 10 万"的哥"得到了实惠,强生、大众、锦江等出租汽车公司的劳动争议案也减少了 60%。

　　资料来源:"行业集体合同保障上海 10 万出租车司机权益".上海出租车 http://shxupeng.ebdoor.com

　　劳动关系双方是既具有利益冲突又具有利益共享的对立统一体,劳动关系发展史表明,劳动关系双方由最初的劳资对立的利益冲突为主逐渐向合作共赢转变是劳动关系发展的必然规律。劳动关系合作的主要手段或方式包括集体谈判和集体合同制度、员工参与制度以及三方协商机制。这三种制度是市场经济条件下调整劳动关系的重要制度安排,在维护劳工权益、稳定劳动关系、推动现代企业制度建设、加强民主政治建设、实现社会公平正义过程中起着重要作用。本章主要就这三种制度在我国企业劳动关系调整中的运行情况进行讨论。

第一节　集体谈判和集体合同制度[①]

一、集体谈判和集体合同的含义及发展

　　集体谈判又称集体协商,是指工人(或雇员)通过自己的组织或代表(如工会、职工代表大会)与相应的雇主或雇主组织(如雇主联合会)以签订集体合同为目的的行为或活动。集体合同也称团体协约,是集体谈判双方代表之间签订的、关于劳动条件、劳动标准及劳动关系问题的书面协议。

　　集体谈判与集体合同是一对密切相关又有一定区别的范畴。集体谈判和集体合同属于同一件事情的两个部分,集体谈判是签订集体合同的前提和过程,没有集体谈判也就不会有集体合同的签订;集体合同是集体谈判的一种结果,但并不是集体谈判的唯一法律结果,当集体谈判陷入僵局,导致谈判破裂时,往往会引起罢工、闭厂等后果。但集体谈判是以签订

---

　　① 本节部分观点参考了:于桂兰,于楠.劳动关系管理.北京:清华大学出版社,北京交通大学出版社,2011:345－365;常凯.劳动关系学.北京:中国劳动社会保障出版社,2005:274－286;孙立如,刘兰.劳动关系实务操作.北京:中国人民大学出版社,2009:130－151。

集体合同为直接目的的，所以，集体谈判与集体合同是不可分离的，有关集体谈判的法律制度又称为集体谈判和集体合同制度。

集体谈判和集体合同制度发源于西方市场经济国家，它是资本主义市场经济发展到一定历史阶段的产物，是经过工人阶级长期的艰苦斗争而逐渐建立起来的。

集体谈判最早出现在 18 世纪末、19 世纪初的英国。早在 18 世纪下半叶，随着工业革命不断深入，劳资矛盾也在不断加剧，最早进行工业革命的英国陆续出现了由企业主和工人代表就劳动条件等进行协商再签订雇佣合同的情况，一定程度上缓和了企业内部劳资对立的局面。到 19 世纪末，其他发达资本主义国家通过协商、谈判签订的关于工资标准等方面的集体合同逐渐增多，集体协商和集体合同制度初步形成。此时，随着自由资本主义向垄断资本主义的发展，劳资矛盾进一步激化，工人运动日益高涨，资本主义国家为缓和矛盾，开始颁布法律，在立法上逐渐放宽了对集体谈判的限制，对集体协商和集体合同作出明确规定，逐渐将其视为劳资关系调整的重要途径。集体协商法律地位的确立进一步促进了其在西方工业国家迅速发展。集体谈判和集体合同制度的更广泛深入开展还是在第二次世界大战后，随着现代企业制度的建立和完善，以及长期以来工会不断追求与资方的平等地位和社会公正，集体谈判逐步成为员工参与企业民主和社会决策过程的主要形式，也作为西方国家劳资双方解决矛盾冲突的最主要手段。20 世纪 60 年代以来，西方各国普遍实行了集体谈判制度，立法上对其也有了比较完善的规定。

1949 年国际劳工组织通过了《组织权利和集体谈判权利原则的实施公约》，该公约第 4 条规定：“必要时应采取符合国情的措施，鼓励和推动在雇主或雇主组织同工人组织之间最广泛地发展与使用集体协议的自愿程序，以便通过这种方式确定就业条款和条件。”1981 年国际劳工组织通过了《促进集体谈判公约》，该公约规定，应当根据国家情况，采取措施促进集体谈判。

如今，在许多市场经济国家，集体协商已经成为确定劳动制度和调整劳动关系的主要手段之一，通过集体协商确定的就业条件不仅直接适用于数量庞大的雇员，而且日益成为整个部门、整个行业或一个地区的模式。在我国，新中国成立后，具有临时宪法作用的《共同纲领》规定“私人经营的企业，为实现劳资两利的原则，应由工会代表工人、职员与资方订立集体合同。为了使集体合同制度能够在私营企业中顺利推广，中华全国总工会于 1949 年 1 月发布了《关于私营工商企业劳资双方订立集体合同的暂行办法》，对集体合同的内容、订立集体合同的原则及程序、集体合同的期限等一系列问题作了规定。1950 年 6 月，由中央人民政府颁布的我国第一部《工会法》也明确规定“在国营及合作社经营的企业中，工会有代表受雇工人、职员群众参加生产管理并与行政方面订立集体合同之权”；“在私营企业中，工会有代表受雇工人、职员群众与资方缔结集体合同之权”。但 1957 年以后，由于受“左”倾思想的影响，集体协商和集体合同制度受到削弱和破坏。党的十一届三中全会以后，我国进行了全面的经济体制改革，为适应市场化改革与发展的需要，集体合同制度被再度提上议事日程。1979 年，全国总工会向全国发出了在全民所有制企业中恢复签订集体合同的倡议。之后，在 1983 年修订的《中国工会章程》和颁布的《中外合资经营企业实施条例》，1986 年颁布的《全民所有制工业企业职工代表大会条例》，1988 年颁布的《私营企业暂行条例》以及 1992 年修改颁布的《中华人民共和国工会法》中，都相继对集体合同作了规定。1994 年 7 月，我国颁布了《中华人民共和国劳动法》,第一次以法典的形式规定了集体合同制度,这标志着我国集体合同制度进入了一个崭新的发展阶段。2000 年 11 月,劳动和社会保障部《工资集体协商试行办法》的颁布,对集体协商和签订集体合同的重要内容之一工资协商,做出了详细的规定。2004 年劳动和社会保障部颁布了新的《集体合同规定》,意味着我国的集体合同工作得到了进一步深入。2007 年颁布的《劳动合同法》更是专设一章规定了专项集体合同、行业性集体合同和区域性集体合同的内容,使我国的集体协商和集体合同制度进一步完善。

二、集体谈判和集体合同制度的作用

集体谈判和集体合同制度自产生以来,在维护劳工权益、协调劳动关系、促进企业发展和西方国家政治经济民主化进程等方面起到了重要作用,逐渐被许多国家的法律所认可并成为一种劳动法律制度。我国推行这一制度时间还不长,但是其作用已经显现,引导案例中《上海市出租汽车行业集体合同》签订及其带来的积极效应即是很好的例证。集体谈判和集体合同制度在实践中的作用主要表现在以下几个方面。

1. 平衡雇主和雇员双方力量

集体谈判和集体合同制度通过工会组织力量在一定程度上改变了雇员长期处于绝对弱势地位的状况,使双方在协商谈判中的地位和权力向平衡迈进。在西方国家,集体谈判和集体合同制度诞生之前,劳动关系双方主体彼此之间劳动经济利益的形成和调整主要是以单个劳动者与雇主签订劳动合同为依据。由于劳资关系上雇主的强势地位,使得这种个别劳动合同的签订并不能保证双方主体之间的对话平等和权利对等。而实际情况却是个人劳动合同所反映的主要是雇主的意愿和意志,劳动者凭借个人的力量无法与雇主抗衡。集体谈判和集体合同制度诞生和发展之后,情况发生了根本性的变化。通过集体谈判和集体合同制度的推行,劳动者一方可以以集体的形式与雇主进行对话和抗衡,改变了劳动关系主体双方力量不平衡的状况,使得劳动者不仅在一般法律意义上,而且在劳动利益关系的实际处理上,取得了与雇主权利趋于平等的地位。我国推行社会主义市场经济十几年来,伴随非公经济的发展,由资强劳弱引发的劳动争议问题在不断增多,因而大力推行集体协商和集体合同制度对于改变我国劳动关系双方力量不平衡状况是有积极意义的。

2. 协调劳动关系、维护劳动者合法权益

集体谈判和集体合同制度是以劳动者权益保障为中心和出发点,其最终目的在于协调企业劳动关系,促进企业与职工的共同发展。集体谈判和集体合同的侧重点在于实现劳动权的保障。但集体谈判和集体合同的作用并不只是单方面地片面强调劳动者的权益,而是在劳动关系双方利益的协商处理中动态地施加保护。集体合同是“双务”合同,这就是说,劳动者在享有权利的同时也需要履行义务,雇主在承担义务的同时也享有权利。集体谈判和集体合同制度就是在兼顾双方主体利益情况下完成自己的历史使命。集体谈判和集体合同对于双方都是有益的,这种益处主要表现为劳动者可以得到相对“公平”的劳动报酬和劳动条件,雇主可以保证生产稳定而有序地进行,特别是可以通过集体谈判和集体合同来避免或减少罢工、怠工和抵制等劳动冲突事件发生。正是在这个意义上,集体谈判和集体合同的基本作用在于协调和稳定了劳动关系,从而保证雇主和劳动者双方的合法权益,促进企业和职工的共同发展。

3. 促进现代企业制度建设, 实现经济民主

现代产权制度、管理制度和劳权制度构成了现代企业制度内部权利关系及制约机制。现代企业制度的基本特征之一即是产权与劳权的利益关系应和谐、公正, 任何一方的利益得不到公平的对待和尊重, 其结果必将使双方利益均受损。市场经济也是民主经济, 其民主包括三层含义: 一是产权民主, 即产权多元化; 二是管理民主, 即劳动者广泛参与企业管理; 三是利益分配民主, 即劳方利益在劳资谈判一致基础上确定。从这一意义上讲, 集体谈判、集体合同制度不仅仅是利益保护制度, 也是现代企业的科学管理制度。

我国 2004 年颁布实施的《集体合同规定》第 12 条规定: "集体协商遵守法律、法规的规定和平等、合作的原则, 任何一方不得有过激行为。" 可以看出, 集体协商从一开始就成为工人参与工业社会决策过程的一条渠道。工人有权参与制定其工作条件的观念, 即工业民主的观念, 是集体协商本身所固有的。

4. 保障劳动者民主权利, 促进民主政治建设

劳权实质是人权, 尊重劳动者的集体谈判权实质上就是尊重人权。在一个企业中, 劳动者的政治地位是通过参与民主决策、民主管理、民主监督、民主选举等权利的实现得以体现的。集体谈判作为实现经济利益和民主权利的重要法律途径, 在推进民主政治建设中具有积极意义, 而不能把它仅仅视为劳动者实现眼前经济利益的一种手段。

5. 弥补劳动立法不足, 完善法律制度, 更好维护劳动者合法权益

目前, 现有的《劳动法》和《劳动合同法》以及一系列劳动法规等具体规定了关于保护劳动者利益的标准, 然而这是对劳动者利益保护的最低标准。若要通过劳动立法的方式规定更高的标准又很难让所有用人单位都能做到。而集体协商和集体合同就具有较大的灵活性和针对性, 可以对劳动者利益保护作出高于法定最低标准的约定, 从而使劳动者利益保护的水平能够实际高于法定最低标准。此外, 劳动立法关于劳动者利益和劳动关系的规定可能是比较低的原则, 而通过集体合同特别是专业或行业集体合同可以作出更为具体的有针对性的规定, 从而更具体地规范劳动关系, 对劳动立法的不断完善起到补充作用。

总之, 集体协商和集体合同制度的推行对于维护劳动者合法权益、协调劳动关系、促进现代企业制度建设和社会民主化进程均有积极意义。

....

【知识链接】 集体合同、劳动合同和法定最低标准的关系

集体合同、劳动合同和法定最低标准的关系包括两层含义、两个梯度: 一方面, 集体合同中的劳动条件和劳动报酬等标准不得低于当地人民政府规定的最低标准; 另一方面, 企业与员工订立的劳动合同中劳动条件和劳动报酬等标准不得低于集体合同规定的标准。这也反映出集体合同与劳动合同以及劳动法律、法规的效力关系, 即集体合同的法律效力高于劳动合同, 劳动法律、法规的法律效力高于集体合同。当地人民政府制定的最低劳动条件和劳动报酬标准等, 一般是以法规、规章的形式出现, 对于企业和员工具有普遍的约束作用。集体合同中的劳动条件和劳动报酬标准等不得低于当地法规、规章规定的标准, 这里有两种情况: 第一, 集体

合同订立之初,劳动条件和劳动报酬标准等就不得低于当地人民政府制定的最低标准,因为在报送劳动行政部门审查的时候就会提出异议,从而无法生效;第二,集体合同生效以后,当地人民政府制定的最低劳动条件和劳动报酬标准提高,高于集体合同约定标准,集体合同中的相关标准也应当变更,予以提高,否则也确认为无效。企业低于最低工资标准向员工支付工资的,违反了《劳动法》和《劳动合同法》的规定,按照《劳动合同法》第85条的规定将被追究法律责任。

资料来源:赵永乐,薛琴,方江宁.劳动关系管理与劳动争议处理.上海:上海交通大学出版社,2010:151

三、集体谈判和集体合同的主要类型

在我国,集体谈判通常被称为集体协商。一般地,集体协商和集体合同的类型有以下三种划分方法。一是按照集体协商和集体合同主体的行政管理级别可以划分为企业集体协商、区域集体协商和国家级集体协商。相应的各个层次集体协商的结果就形成了企业集体合同、区域集体合同和国家级集体合同。二是按照集体协商和集体合同的内容可以划分为综合性集体协商和集体合同、专项集体协商和集体合同。三是按照企业归属的行业不同划分等。下面对三个主要的集体协商和集体合同类型给以解释。

1. 专项集体协商与集体合同

专项集体协商是指用人单位与其职工依法就劳动报酬、某项劳动条件或者用人单位与某一类员工就某一劳动条件进行协商,签订专项协议的行为或活动。专项集体合同即是就集体协商的某项内容签订的专项书面协议。

《劳动合同法》第52条规定:"企业职工一方与用人单位可以订立劳动安全卫生、女职工权益保护、工资调整机制等专项集体合同。"

集体协商和集合合同的内容很多,劳动关系双方针对影响劳动关系的主要方面进行集体协商,可以降低谈判成本,更容易尽快达成共识,签订并履行集体合同,因而专项集体协商和集体合同有其独特优势。

2. 行业性集体协商和集体合同

行业性集体协商主要是指在一定行业内,由行业性工会联合会与相应行业内各企业的组织代表(如行业商会、协会等),就劳动报酬、工作时间、休息休假、劳动安全卫生、保险福利等事项,或者其中的某一项,抑或是与某一类员工就劳动报酬、某一劳动条件进行协商签订集体协议或专项集体协议的行为或活动。行业性集体协商所签订的书面协议即行业性集体合同。

与其他类型集体协商和集体合同相比,行业性集体协商和集体合同有其突出优势。同一领域的各企业具有行业共同性,例如在利润和职业工资水平、职业危害状况、劳动者素质等方面往往比较接近,行业内职工方代表与企业方代表就某一方面制定具体、有针对性的共同标准,容易达成一致意见,从而减少劳资谈判的成本,更广泛地保护整个行业内劳动者的合法权益,在行业内实现和谐稳定的劳动关系。

3. 区域性集体协商与集体合同

区域性集体协商是指在一定区域内如社区、镇、街道、经济开发区乃至县域、市、省域内

等,由区域性工会或工会联合会与相应经济组织或区域内企业,就劳动报酬、工作时间、休息休假、劳动安全卫生、保险福利等事项,或者是其中某一项进行平等协商签订集体合同的行为或活动。区域性集体谈判所签订的书面协议即为区域性集体合同。

《劳动合同法》第 53 条规定:"在县级以下区域内,建筑业、采矿业、餐饮服务业等行业可以由工会与企业方面代表订立行业性集体合同,或者订立区域性集体合同。"

区域性尤其是区域性行业性集体协商和集体合同在我国县域以下区域大力推行极有现实意义。随着我国社会主义市场经济的发展,大量非公企业蓬勃发展起来。这些非公企业大多集中在乡镇、街道、社区、各类经济开发区和工业园区。它们大多规模较小,管理不够规范,企业工会力量薄弱,职工权益缺乏保障,劳动关系很不稳定,矛盾凸现。在这些小型企业单独签订集体合同难度大,如果推行区域性、行业性集体协商签订区域性、行业性集体合同,就能大大降低协商谈判成本,从而构建区域和谐劳动关系,更好维护职工权益。例如,早在2003 年 8 月,全国首份民营企业区域性、行业性工资集体协议就诞生在了乡镇企业集聚的浙江温岭新河镇,该镇羊毛衫行业工资集体协议正是在"珠三角"出现"民工荒"背景下由该地羊毛衫行业职工代表(当时以镇工会负责人为代表,后成立镇羊毛衫行业工会,之后的工资集体协商的职工方代表由羊毛衫行业工会组织承担)和该行业雇主组织(几个规模较大企业的雇主组成)开展工资集体协商的结果,也正是因为工资集体协商的开展,新河镇的羊毛衫工人队伍保持了相当高的稳定度,促进了该镇羊毛衫企业的稳定发展。

⭐ **【知识链接】**　　　　　　　日本的集体谈判制度

　　日本的集体谈判形成于第二次世界大战之后,经过不断完善和发展,形成了自己的特点,主要表现在以下几个方面。一是集体谈判主要在企业内部进行。有别于欧美各国主要以产业或行业的全国性或地方性的劳资集体谈判的方式,日本劳资双方的集体谈判主要在企业内部进行,即在企业工会和该企业资方之间进行。二是"春斗"。"春斗",即集体春季工资谈判。自 1956 年起,日本团体交涉就在春天进行,并形成制度。春季谈判的主要内容是工资的涨幅,也包括劳资双方共同关心的其他问题。三是谈判内容涉及面相当广泛。由于日本《工会法》没有明确规定集体谈判的内容范围,因此,日本集体谈判的内容涉及面相当广泛。企业工会代表工人同企业主就工人的切身利益以及企业生产经营等事项进行谈判,凡是影响到工人劳动条件、工种和工作场所的变化,都可列为集体谈判的内容。四是劳资合作,罢工的情况罕见。工会除了享有集体谈判权之外,许多企业尤其是大公司,还存在着广泛的、没有立法强制规定的劳资合作协商制度。劳资双方就共同关心的问题进行协商,交换信息和意见,从而加深双方的理解和交流。由于日本劳资双方在谈判中的广泛合作,劳动市场上的争议很少出现,即使发生罢工,持续时间也很短。其争议的处理程序与其他国家类似,斡旋失败后进入调解与仲裁程序。

　　资料来源:于桂兰,于楠主编,劳动关系管理.北京:清华大学出版社,北京交通大学出版社,2011:355

四、集体谈判管理实务

集体谈判即集体协商。根据原劳动和社会保障部 2004 颁布的《集体合同规定》,集体协商是指企业工会或职工代表与相应的企业代表,为签订集体合同进行商谈的行为。用人单位与本单位职工签订集体合同或专项集体合同,以及确定相关事宜,应当采取集体协商的方式。集体协商主要采取协商会议的形式。集体协商的基本操作实务包括以下几个方面内容。

(一)协商代表及其职责

1. 协商代表

按照《集体合同规定》规定,集体协商双方的代表人数应当对等,每方至少 3 人,并各确定 1 名首席代表。

职工一方的协商代表由本单位工会选派。未建立工会的,由本单位职工民主推荐,并经本单位半数以上职工同意。职工一方的首席代表由本单位工会主席担任。工会主席可以书面委托其他协商代表代理首席代表。工会主席空缺的,首席代表由工会主要负责人担任。未建立工会的,职工一方的首席代表从协商代表中民主推举产生。

用人单位一方的协商代表,由用人单位法定代表人指派,首席代表由单位法定代表人担任或由其书面委托的其他管理人员担任。

集体协商双方首席代表可以书面委托本企业以外的专业人员作为本方代表。委托人数不得超过本方代表的 1/3。首席代表不得由非本企业人员代理,企业协商代表与职工协商代表不得相互兼任。

企业集体合同的首席代表是指企业集体合同的签约人,即企业集体合同当事人参加签订合同者,既包括企业方的签约人也包括工会或职工代表签约人。根据原劳动部的有关规定,具有法人资格的跨省市大型企业和集团的法定代表人可以委托二级企业的负责人与相应工会签约。但是只能委托一级,不可层层委托。职工一方,基层工会委员会具有集体合同签约人的资格;没有建立工会组织的企业,由企业职工民主推荐,并须得到半数以上职工同意的代表为集体合同的签约人。

2. 集体协商代表的职责

一是参加集体协商;二是接受本方人员质询,及时向本方人员公布协商情况并征求意见;三是提供与集体协商有关的情况和资料;四是代表本方参加集体协商争议的处理;五是监督集体合同或专项集体合同的履行;六是法律、法规和规章规定的其他职责。

3. 集体协商代表的保护

企业内部的协商代表参加集体协商视为提供了正常劳动。职工一方协商代表在其履行协商代表职责期间劳动合同期满的,劳动合同期限自动延长至完成履行协商代表职责之时,除严重违反劳动纪律或用人单位依法制定的规章制度的,严重失职、营私舞弊,对用人单位利益造成重大损害的,被依法追究刑事责任的之外,用人单位不得与其解除劳动合同。职工一方协商代表履行协商代表职责期间,用人单位无正当理由不得调整其工作岗位。

（二）协商的内容

集体协商双方可以就下列多项或某项内容进行集体协商，签订集体合同或专项集体合同：

（1）劳动报酬方面。主要包括：用人单位工资水平、工资分配制度、工资标准和工资分配形式；工资支付办法；加班、加点工资及津贴、补贴标准和奖金分配办法；工资调整办法；试用期及病、事假等期间的工资待遇；特殊情况下职工工资（生活费）支付办法；其他劳动报酬分配办法。

（2）工作时间方面。主要包括：工时制度；加班加点办法；特殊工种的工作时间；劳动定额标准。

（3）休息休假方面。主要包括：日休息时间、周休息日安排、年休假办法；不能实行标准工时职工的休息休假；其他假期。

（4）劳动安全与卫生方面。主要包括：劳动安全卫生责任制、劳动条件和安全技术措施；安全操作规程、劳保用品发放标准、定期健康检查和职业健康体检。

（5）补充保险和福利方面。主要包括：补充保险的种类、范围；基本福利制度和福利设施；医疗期延长及其待遇；职工亲属福利制度。

（6）女职工和未成年工特殊保护方面。主要包括：女职工和未成年工禁忌从事的劳动；女职工的经期、孕期、产期和哺乳期的劳动保护；女职工、未成年工定期健康检查；未成年工的使用和登记制度。

（7）职业技能培训方面。主要包括：职业技能培训项目规划及年度计划；职业技能培训费用的提取和使用；保障和改善职业技能培训的措施。

（8）劳动合同管理。主要包括：劳动合同签订时间；确定劳动合同期限的条件；劳动合同变更、解除、续订的一般原则及无固定期限劳动合同的终止条件；试用期的条件和期限。

（9）奖惩方面。主要包括：劳动纪律；考核奖惩制度；奖惩程序。

（10）裁员方面。主要包括：裁员的方案；裁员的程序；裁员的实施办法和补偿标准。

此外，双方还可就集体合同期限、变更或解除集体合同的程序、履行集体合同发生争议时的协商处理办法、违反集体合同的责任等进行协商，订立集体合同。

（三）协商原则

《集体合同规定》第12条规定，"双方协商应当遵循如下原则：一是应当遵守法律、法规、规章及国家有关规定；二是相互尊重，平等协商；三是诚实守信，公平合作；四是兼顾双方合法权益；五是不得采取过激行为"。

（四）集体协商的程序

1. 集体协商的提出

企业或职业任何一方均可就签订集体合同或专项集体合同以及相关事宜，以书面形式向对方提出进行集体协商的要求。一方提出进行集体协商要求的，另一方应当在收到集体协商要求之日起20日内以书面形式给予回应，无正当理由不得拒绝进行集体协商。

2. 协商前的准备

协商代表在协商前应进行下列准备工作：一是熟悉与集体协商内容有关的法律、法规、规章和制度;二是了解与集体协商内容有关的情况和资料,收集用人单位和职工对协商意向所持的意见;三是拟订集体协商议题,集体协商议题可由提出协商一方起草,也可由双方指派代表共同起草;四是确定集体协商的时间、地点等事项;五是共同确定一名非协商代表担任集体协商记录员。

3. 协商进行

集体协商采取协商会议形式。会议由双方首席代表轮流主持,并按下列程序进行:第一,宣布议程和会议纪律;第二,一方首席代表提出协商的具体内容和要求,另一方首席代表就对方的要求作出回应;第三,协商双方就商谈事项发表各自意见,开展充分讨论。

4. 协商结果

在双方充分讨论后,双方首席代表归纳讨论意见,达成一致的,形成集体合同草案或专项集体合同草案,该草案应当提交职工代表大会或全体职工讨论,半数以上人员同意,方通过。进而,由双方首席代表签字。

集体协商未达成一致意见或出现事先未预料的问题时,经双方协商,可以中止协商。中止期限及下次协商的时间、地点、内容由双方商定。

集体协商过程中发生争议,双方不能协商解决的,可以申请到劳动保障行政部门协调处理。

5. 集体合同的报送审查

《劳动合同法》第54条规定:"集体合同订立后,应当报送劳动行政部门;劳动行政部门自收到集体合同文本之日起15日内未提出异议的,集体合同即行生效。"生效的集体合同,应当自其生效之日起由协商代表及时以适当形式向本方全体人员公布。

报送审查集体合同需注意以下问题:一是企业签订的集体合同,按企业法人营业执照注册地,报所在区或县行政主管部门审核。二是报送集体合同所需材料。材料内容包括:企业参加《社会保险登记证》复印件;企业涉及协商工资增长比例的,应报《协商工资基本数据表》和《企业人工成本状况表》(报送的集体合同中未包括该项内容的,不需报送上述两表);《集体合同》或《集体合同变更、解除审核表》一式三份。其中行政主管部门存一份,退集体合同当事人双方各一份;集体合同的说明书与职工代表大会或全体职工大会审议通过集体合同草案的决议各一份;双方首席代表、协商代表或委托人姓名、性别、年龄、职务、居民身份证号码;授权委托书一份。企业法定代表人为该方首席代表、工会主席为职工方首席代表的,不需授权委托书;企业法人营业执照(副本复印件一份);工会社团法人证明材料。该材料指企业上级工会批准成立工会的文件,含原件和复印件。原件退回企业,复印件审批部门留存;职工一方协商代表劳动合同复印件;企业地址、人数。(参见本章后集体合同示范文本)

上述有关企业集体协商管理实务的四个方面内容,对于区域性、行业性集体协商过程同样适用。只是协商双方当事人为地区、行业内各企业及其职工;协商代表为地区、行业雇主组织与相应级别的地方工会(工会联合会)或地方行为(产业)工会。

五、集体合同管理实务

根据《集体合同规定》,集体合同是指用人单位与本单位职工根据法律、法规、规章的规定,就劳动报酬、工作时间、休息休假、劳动安全卫生、职业培训、保险福利等事项,通过集体协商签订的书面协议。

【知识链接】   集体合同与劳动合同的区别

　　集体合同与劳动合同是两个不同的劳动合同制度,主要区别表现在:一是双方当事人不同。集体合同双方当事人,一方是用人单位,另一方是以工会为代表的全体职工;劳动合同的当事人,一方是用人单位,另一方是劳动者个人。二是合同内容不同。集体合同的内容复杂,从全体职工利益出发,以整体利益为标准,涉及改进劳动组织、改善劳动条件和提高职工福利待遇等方面;劳动合同则以个人利益为标准,其内容比较单一,仅涉及劳动者个人。三是作用不同。集体合同的作用在于调整劳动关系;劳动合同的作用在于建立劳动关系。四是产生的时间不同。集体合同产生于劳动关系运行中,而不是产生于劳动关系建立之前;劳动合同是确立劳动关系的前提,在劳动者就业时产生。五是签订合同的方式不同。集体合同由工会代表全体职工同用人单位经过充分协商,并提交职工代表大会或全体职工讨论通过后才能形成;劳动合同由劳动者个人与用人单位协商一致就可以签订了。六是发生法律效力的时间不同。集体合同经职工代表大会讨论通过,还得交由劳动行政部门批准后才具有法律效力;劳动合同一经依法签订,即产生法律效力。七是效力不同。集体合同生效后,对用人单位和全体职工都有约束力;劳动合同只对劳动者个人和用人单位产生约束力,且集体合同的效力高于劳动合同。八是合同期限不同。集体合同的期限一般为 1～3 年;劳动合同的期限可分为固定期限、无固定期限和以完成一定工作任务为期限。

　　由于集体合同与劳动合同有较大区别,因此两者不能相互替代。与劳动合同相比,集体合同的内容有更大的不确定性。它可以规定劳动关系某一方面的内容,也可以把劳动关系的诸多方面都涵盖进来,甚至还可以把用人单位固有权利的问题,如技术引进、人力资源管理的若干制度引入集体合同。

　　资料来源:孙立如,刘兰.劳动关系实务操作.北京:中国人民大学出版社,2009:128.

（一）集体合同的内容与签订程序

集体协商的目的主要在于签订集体合同,所以,集体合同的内容和签订程序与集体协商内容和程序是一致的。

（二）集体合同的效力

集体合同的效力是指集体合同发生作用的范围,包括对人的效力、时间效力和对劳动合同的效力。

1. 集体合同对人的法律效力

《劳动合同法》第 54 条规定:"依法订立的集体合同对用人单位和劳动者具有约束力。行业性、区域性集体合同对当地本行业、本区域的用人单位和劳动者具有约束力。"

值得一提的是,在一个企业内容,只要工会与企业签订了集体合同,工会就代表了全体职工,而不只代表工会会员,这就是说,集体合同的效力对于工会会员、非工会会员都适用。集体合同生效后被企业录用的职工,也要受集体合同的约束。对企业来说,也不因企业法人代表的变动而影响集体合同的效力。

2. 集体合同的时间效力

集体合同的时间效力通常以其存续时间为标准,一般从集体合同成立之日起生效,如果是当事人另有约定的,应在集体合同中明确规定。集体合同的期限届满,其效力终止。集体合同期限一般为 1～3 年。

3. 集体合同对劳动合同的效力

对于签订集体合同的企业来说,集体合同对本企业全部劳动合同都具有约束力。集体合同的内容劳动合同中未涉及的,都应按照集体合同的规定执行;劳动合同的内容不能低于集体合同规定的标准,否则应确认为无效。集体合同规定的标准依法变更后,劳动合同的标准也应随之变更。

《劳动合同法》第 55 条规定:"集体合同中劳动报酬和劳动条件等标准不得低于当地人民政府规定的最低标准;用人单位与劳动者订立的劳动合同中劳动报酬和劳动条件等标准不得低于集体合同规定的标准。"这就是说,集体合同为个人劳动合同提供了基本标准、基本依据。

(三)集体合同的履行

集体合同的履行是集体合同制度实现的基本形式。集体合同一旦生效,就具有法律效力,合同双方必须遵守执行。执行合同,不仅指签订集体合同的双方代表,而且要确保其组织的成员从上到下都切实履行合同。

(四)集体合同的变更和解除

1. 集体合同变更或解除的条件

发生下列情况之一时,可以变更或解除集体合同:第一,当事人双方经过协商同意,并且不因此损害国家和社会利益。第二,签订集体合同所依据的国家法律、法规和政策发生变化。第三,企业破产、停产、转产而使集体合同无法履行。第四,由于不可抗力等外因致使集体合同无法履行或部分无法履行。不可抗力是指人力无法抗拒的某种外部力量,包括诸如地震、风灾、旱灾、雷击等自然界发生的突变现象。第五,由于当事人一方违约,使集体合同履行成为不必要时,允许变更或解除合同。第六,由于集体合同约定的变更或解除的其他条件出现。

2. 集体合同的变更或解除的程序

集体合同的变更或解除,一般应经过当事人双方协商,但在某些情况下,也允许单方解除合同。

双方协议变更或解除集体合同的程序:一是一方提议,向对方说明需要变更或解除的理由;二是双方协商,达成书面协议;三是协议提交职工(代表)大会通过;四是报登记机关备案。变更或解除集体合同的建议或答复,应在集体合同规定或有关法律规定的期限内作出。

单方变更或解除集体合同的程序:一是在集体合同期限内,由于签订集体合同的环境和条件发生变化,致使集体合同难以履行时,集体合同任何一方均可提出变更或解除集体合同的要求;二是签订集体合同的一方就集体合同的执行情况和变更提出商谈时,另一方应给予答复,并在 7 日内双方进行协商;三是双方协商,达到书面协议;四是协议提交职工大会通过;五是报登记机关备案。

注意合同变更后,要在规定的期限内上报劳动行政部门或企业主管部门审查。

(五)集体合同的终止

企业集体合同的终止主要包括以下几种情况:一是因合同期满而终止;二是因合同目的的实现而终止;三是因合同依法解除而终止。

(六)集体协商和集体合同的违约责任和争议

违反集体合同的责任简称违约责任,是指集体合同当事人由于自己的过错,造成集体合同不能履行或者不能全面履行,依照法律和集体合同规定必须承担法律责任。在集体合同履行中,往往因违约责任的承担问题而发生争议。

违反集体合同的责任,从承担责任的主体看,有企业及其主管部门,也有工会基层组织和上一级工会机关,以及直接责任者个人。从承担责任的性质看,可分为两种:一是当事人的违约责任,如工会或企业由于自己的原因,造成集体合同不能履行或不能完全履行,要承担违约责任;二是个人责任,是指由于直接责任者个人失职、渎职或者其他违法行为,造成重大事故或严重损失,致使集体合同不能履行或不能完全履行的,个人要承担责任。例如,因经理或工会主席等失职、渎职、拖延劳动保护设备改造计划实施,酿成事故;再比如,企业违反集体合同规定,迫使员工加班加点、迫使员工违章操作等。

在违反集体合同的责任中,当事人的违约责任是基本的责任,个人违约责任往往是在当事人违约责任基础上产生的。上级机关或业务主管部门的责任,是因其有过错造成当事人要先承担违约责任而引起的。

发生违约行为,当事人、违约责任人应承担相应的违约责任,承担违约责任的方式有以下几种:一是由直接责任人支付违约金。合同中预约违约金的数额,一般不宜过大,应以违约当事人支付后能维持基本生活为原则。二是罚款。如果是企业违反集体合同中有关劳动保护标准条件的规定,一般由劳动行政部门会同工会劳动保护监督检察员对失职人员处以罚款。三是继续履行。在违约当事人的直接责任人支付违约金或对其进行其他形式的制裁后,根据对方的要求,可以继续履行集体劳动合同。如果对方不要求,就不必继续履行原订的合同。四是单方宣布解除集体劳动合同。这是在特定情况下赋予受害方的一种特殊权利,也是一种制裁方式。基于这种权利,受害方可以不受集体合同的约束,单方宣布解除集体合同。五是行政责任。企业方有关人员违反集体合同,并同时也违反行政法规有关规定,致使集体合同不能履行或不能完全履行,该有关人员要承担行政责任,由企业有关部门给予警告、记过、撤职等行政处罚。六是纪律责任。企业员工违反集体合同规定,不履行集体合同规定的义务,属于违反了企业内部劳动规章制度,应负纪律责任。由企业按照企业内部规章制度处理。七是刑事责任。如果企业管理人员故意违反集体合同,造成严重后果,将依法追究刑事责任。

关于集体合同发生的劳动争议,我国相关法律法规将其分为两种情况:一是集体协商过程中发生的争议;二是集体合同履行中发生的争议。《劳动法》第 84 条规定:"因签定集体合同发生争议,当事人协商解决不成的,当地人民政府劳动行政部门可以组织有关各方协调处理。因履行集体合同发生争议,当事人协商解决不成的,可以向劳动争议仲裁委员会申请仲裁;对仲裁裁决不服的,可以自收到仲裁裁决书之日起 15 日内向人民法院提起诉讼。"《集体合同规定》第 49 条规定:"集体协商过程中发生争议,双方当事人不能协商解决的,当事人一方或双方可以书面向劳动保障行政部门提出协调处理申请;未提出申请的,劳动保障行政部门认为必要时也可以进行协调处理。"第 55 条规定:"因履行集体合同发生的争议,当事人协商解决不成的,可以依法向劳动争议仲裁委员会申请仲裁。"关于集体合同制度的法律当中,没有关于集体争议最高阶段——产业行动的规定。(详见第七章第五节)

六、工资集体协商和工资集体合同

(一)工资集体协商和工资集体合同制度在我国的发展

工资,一方面是劳动者生活的主要来源,另一方面又是生产者或雇主的一项重要生产经营成本。因此,在劳动关系的运行中,工资的决定方式、工资制度、工资形式与水平是关乎劳动关系双方利益的重大问题。近年来,国内一些企业的劳动者,特别是一线劳动者的工资水平普遍偏低,增长缓慢,与经济发展水平、与用人单位的经济效益水平明显不相适应。一些用人单位没有形成正常的工资增长机制,分配办法不完善,工资支付行为不规范,国家有关工资支付的法律、法规和政策措施没有真正落实到位,侵犯职工合法权益的情况等时有发生。因此,在集体协商的众多内容中,工资一直是劳动者关注的焦点;工资集体协商制度成为调整劳动关系运行的重要机制。早在 2000 年,原劳动和社会保障部就特别颁布了《工资集体协商试行办法》,对用人单位与劳动者代表依法开展工资集体协商、签订工资协议作了专门规定。近年来,全国总工会进一步加大了推动工资集体协商工作的力度。2005 年 2 月中华全国总工会与原劳动和社会保障部、中国企业联合会、中国企业家协会联合发出《关于进一步推进工资集体协商工作的通知》,建立了三方联合机制推进工资集体协商的模式。2009 年 7 月中华全国总工会推出关于积极开展行业性工资集体协商工作的指导意见(总工发〔2009〕31 号),2010 年 6 月国家协调劳动关系三方推出"彩虹计划"(以工资集体协商为重点),2011 年 1 月,中华全国总工会制发了《2011—2013 年深入推进工资集体协商工作规划》等 3 个指导性文件,提出 2011 年年底已建工会企业工资集体协商制度覆盖率要达到 60% 以上,到 2013 年年底实现已建工会组织的企业工资集体协商建制率达到 80%。据全国总工会统计,至 2010 年 9 月,已有 243.9 万家企业签订了集体合同,有 111.6 万家企业签订了工资专项集体合同。签订工资集体合同的企业连续 4 年实现两位数增长①。

(二)工资集体协商和工资集体合同的内容与程序

依据《工资集体协商试行办法》第 3 条规定:"工资集体协商是指职工代表与企业代表依法就企业内部工资分配制度、工资分配形式、工资收入水平等事项进行平等协商,在协商一致的基础上签订工资协议的行为。工资协议或工资集体合同是指专门就工资事项签订的专项集体

---

① 张鸣起. 工资集体协商如何突破. 人民网 http://acftu.people.com.cn.

合同。已订立集体合同的,工资协议作为集体合同的附件,并与集体合同具有同等效力。"

《工资集体协商试行办法》第 7 条规定:"工资集体协商一般包括以下内容:工资协议的期限;工资分配制度、工资标准和工资分配形式;职工年度平均工资水平及调整幅度;奖金、津贴、补贴等分配办法;工资支付办法;变更、解除工资协议的程序;工资协议的终止条件;工资协议的违约责任;双方认为应当约定的其他事项。"《工资集体协商试行办法》第 8 条规定:"协商确定职工年度工资水平应符合国家有关工资分配的宏观调控政策,并综合参考下列因素:地区、行业、企业的人工成本水平;地区、行业的职工平均工资水平;当地政府发布的工资指导线、劳动力市场工资指导价位;本地区城镇居民消费价格指数;企业劳动生产率和经济效益;国有资产保值增值;上年度企业职工工资总额和职工平均工资水平;企业与工资集体协商有关的情况。"

工资集体协商和工资集体合同签订的程序与普通的集体协商和集体合同签订的程序是基本一致的。我们可以参考河北省设定的企业工资集体协商法定程序[①]:一是提出要约。要约书应明确工资集体协商的时间、地点、内容。一方发出要约书后,另一方应于 15 日内予以答复。二是协商准备。协商双方要认真学习有关的法规政策,开展调查研究,掌握第一手资料,同时就拟协商内容起草初步意见。三是初步沟通。结合贯彻企业发展战略和经营思想,采取自下而上搜集意见,自上而下交换意见的方式是分层次进行初步沟通,力争在一些主要协商问题上达成一致。四是开展协商。开展工资集体协商要坚持公开、平等、协商一致的原则,兼顾企业和职工双方利益。由双方首席代表轮流担任轮值主席。轮值主席的职责是组织双方协商代表召开协商会议。五是修改定稿。经过协商后,应按照协商双方代表提出的意见对工资集体合同草案进行修改定稿。六是审议通过。工资集体协商双方就工资问题达成一致意见后,需由职工(代表)大会审议通过。七是双方签字。职工(代表)大会审议通过后,由双方首席代表在工资集体合同上签字。八是报送审查。双方签字后,应在 7 日内按工资隶属关系,将工资集体合同报送县以上劳动保障行政部门进行审查。九是公布于众。企业应当在职工工资集体合同生效后 5 日内向全体职工公布。十是监督检查。采取劳动保障部门、上级工会组织检查与企业自查相结合的方式对工资集体合同履行情况进行检查。对当年职工工资达不到工资指导线要求的,劳动保障行政部门要予以警示,并责令其改正。对连续两年被警示的企业,纳入劳动保障行政部门重点监控对象,实施全方位执法监察。(参见本章末工资集体合同文本)

第二节　员工参与制度

一、员工参与的含义与性质

"员工参与"的概念起源于 19 世纪末期在英国出现的集体谈判,内容包括员工参与管理

① 《河北省劳动和社会保障厅、河北省总工会、河北省企业家协会关于加快推进企业工资集体协商制度的通知》冀劳社〔2008〕49 号,河北省总工会 http://www.hebgh.org.

与分配。这一制度在第二次世界大战后的工业民主化运动中逐步得到法律承认并获得发展。不过员工参与的概念时至今日在西方国家并没有统一。综合西方学者对员工参与的各种定义，概括起来有以下几种：一是强调员工参与是一种政治概念或哲学；二是强调员工参与是员工对企业组织的管理施加影响的过程；三是强调员工参与是一种组织管理哲学和方式。

不仅国外学者对员工参与有不同界定，国内学者也有着不同的看法。作者比较认同著名劳动关系专家常凯教授在其主编的《劳动关系学》一书中的定义："员工参与是企业或其他组织中的普通员工依据一定的规定与制度，通过一定的组织形式，直接或间接地参与管理与决策的各种行为的总称。"[①]。这个定义包含以下基本要素：

(1)员工参与的主体是普通员工。普通员工是指在劳动关系中经常处于被管理、被领导者地位的劳动者，不包括业主和高级管理者。区分普通职工和高级管理者的标准就是，组织中那些可以无需他人参与、无需征求他人意见就可做出重大决策的成员（个人或集团）就是高级管理者（比如 CEO），同时，他们却掌握着是否为其他成员（一线职工、一般管理人员、技术人员）提供参与机会与权利的主动权，甚至决定权，而那些被提供参与机会的成员则是普通员工。

(2)参与是其最主要的特点。员工参与主要是通过各种形式的参与活动体现出来的，参与是其最主要的特点。也就是说，不管员工参与的程度有多深、参与的范围有多广，甚至改变了管理的形态，但终究不 能替代传统意义上的管理。

(3)员工参与具有明确的合法性和高度的权威性。这里指员工参与管理受国家法律保护的活动。它不是指企业职工的个别人参与，它是一种制度，是一种和民主政治、文明社会联系在一起的制度。

(4)员工参与具有层次性和广泛性。员工参与主要是以参与决策的形式出现，它适用于各行各业、各种层次的管理与决策，因而它是民主社会应该具有的最一般特征。

(5)员工参与具有明显的历史性。这主要表现在两个方面：一是员工参与管理并不是与管理同步产生，而是社会生产力发展到一定阶段的产物。当民主成为世界大多数国家认可的政治、经济与社会生活公开追求的共同价值时，它才成为工业、产业领域追寻的一项制度。民主发达程度的差异，影响着员工参与的深度和广度。二是在不同国家、不同地区乃至一个国家的不同发展时期，员工参与的内容、形式和效果都有很大的差异。

从本质上看，员工参与权是对企业管理权的一种分享即是分享权，与传统的"劳动三权"即团结权、谈判权和争议权比较起来，它是一项更高层次的权利。如果说"劳动三权"注意的是劳资双方之间的利益差别与劳资矛盾，员工参与权注重的则是劳资双方的共同利益与劳资合作。西方成熟市场经济国家的实践证明，员工参与对增进劳动关系主体双方的了解，消除意见分歧，保障劳动关系的合作稳定，促进劳动关系的和谐共赢起着积极作用。

---

① 　常凯.劳动关系学.北京:中国社会保障出版社,2005:298.

【知识链接】　　　　　　德国企业的"共决制"

德国的"共决制"是工人代表参加企业的决策机构——监事会，与资方代表一起共同决定企业重大问题的制度。"共决制"产生于第二次世界大战以后，在工会组织的强大压力下，联邦议院于 1951 年 5 月通过了《职工在矿业和钢铁工业企业的监事会和经济委员会中共决法》，即"煤钢共决法"。规定在 1000 名职工以上的煤矿和钢铁工业股份公司中，监事会由劳资双方代表对等组成，并另设一名双方都能接受的"中立"代表。监事会主席由资方出任，劳方代表担任副主席。在表决时出现意见相左两方成平局的情况下，由中立代表作最后裁决。同时还规定，在公司管理委员会内任命一名由工会提名的劳工经理。1972 年，联邦议院通过新的企业法，对 1951 年的"煤钢共决法"进行补充。新补充的共决内容是，在 2000 名职工以下的股份公司里，监事会中的职工代表应占 1/3。工会可以推荐工会代表作为职工代表参加监事会。1976 年 3 月联邦议院通过了一个新的"共决法"，此法律扩大了"共决"的范围，规定在煤炭、钢铁企业以外的拥有 2000 名职工以上的其他股份公司里也实行劳资对等共决。这样，几乎所有的股份公司都实行了"共决"，这标志着"共决制"作为一种完整的员工参与制度的最终形成。

按 1976 年共决法，职工监事包括三种人，即工人代表、职员代表和高级职员代表。这三种人按各自人数的比例选出。企业监事会组成以后，监事会以 2/3 多数票选举一名主席和一名副主席。主席由股东代表担任，副主席则由职工代表出任。监事会在做出决议时必须有半数以上监事出席会议，决议以多数票通过为有效。如果监事会在表决时出现票数相等的情况，资方主席则有两票表决权。

从"共决制"几十年的实践看，它在缓和劳资矛盾、促进企业发展方面的意义最为突出。这一制度改善了劳资双方的沟通，使职工的利益要求能够在决策层得到及时反映，并通过职工监事反映在企业决策之中。通过这种"共决制"，也促使劳资双方都能认识到双方利益的互相依赖性与一致性，在决策问题上强调双方的合作，在利益问题上互相妥协，减少了非理性化冲突。在实行"煤钢共决法"以后的 20 多年里，德国的钢铁、煤炭行业曾先后削减了 50 万个工作岗位，但由于劳资双方通过共决机制预先进行了充分的协商，共同决定，在发放遣散费和工作更换等方面大都得到了职工的理解和接受，因而并没有出现诸如西方其他国家常见的罢工等事件。另外，由于企业劳动关系稳定、和谐，职工的合法权益能够得到尊重，职工缺勤和跳槽现象大为减少，这使得企业主能够在职工在职培训方面加大投资力度，为企业后续发展创造条件。前联邦德国总理施密特在谈到共决时认为："共决是迄今我们在经济上获得国际竞争优势的一个原因。"

德国企业实行"共决制"曾被看成是西方员工参与管理的里程碑，其成功经验也影响了西欧其他国家。在 20 世纪六七十年代，欧洲各国都遭遇了工人罢工这个棘手的问题，所以它们纷纷效法德国，开始下放管理权力，吸收员工参与管理。法国、挪威、荷兰、奥地利、卢森堡等国先后颁布法律，规定职工代表要在董事会中享有 1/3 的席位。这种做法最后还影响到欧共体订立的"欧洲公司法"。该法建议共同体成员国在其所有的公司制企业中,组建由 1/3 职工代表参加的董事会。因此,德国"共决制"的影响已经突破了德国范围,其广泛的影响也足以说明它的意义和作用。

资料来源:常凯. 劳动关系. 北京:中国社会保障出版社. 2005:311、312

二、我国职工民主参与管理的形式

我国企业职工民主参与的形式主要有:职工代表大会制度、厂务公开制度、集体协商与签订集体合同制度、职工合理化建议制度、职工持股会、职工董事和监事制度等。

(一)职工代表大会制度

职工代表大会制度是我国推行最早的一种企业职工民主管理制度。职工代表大会是我国企业实行民主管理和协调劳动关系的基本形式,是职工行使民主管理权利的机构。之所以把职工代表大会作为基本形式,是因为它是直接民主和间接民主最好的结合形式。这一制度具有充分的民主性和广泛的代表性,具有充分的法律依据,它有自己的工作机构——企业工会委员会,而且根据需要还可以设立若干职工代表团(组)、专门委员会或者专门小组,负责办理职工代表大会交办的事项。这为其顺利开展工作提供了组织保证。它有法定的财力保障,其工作费用资金来源由企业管理费列支。

职工代表大会的职权随着企业改革的不断深入,也在调整,但其中的三项职权是应该固守的,即审议建议权、审查同意或否决权与民主评议监督权。这是确保职工代表大会基本规定性的本质要求。尤其是第二项,它涉及工资、劳动条件、重要规章制度等与职工切身利益相关的决策问题,因而也是职工最关心的一项职权。

这里按照《河北省企业职工代表大会条例》(2003 年),以河北省为例对这一制度略作说明。

1. 职业代表大会的职权

国有、国有控股企业职工代表大会行使下列职权:一是听取和审议企业的经营方针、发展规划、年度计划、企业财务会计报告、企业章程草案、重大技术改造方案、基本建设方案、职工培训计划、业务招待费使用情况以及实行厂务公开、履行集体合同情况的报告,并提出意见和建议。二是审议通过或者否决企业提出的经济责任制方案、劳动用工方案、工资调整方案、奖金分配方案、劳动安全卫生和女职工劳动保护措施、机构改革方案、裁员分流方案、改革改制方案、企业破产实施方案、集体合同草案、工资集体协议草案及奖惩办法等重要的规章制度。三是审议决定职工福利基金、公益金使用方案及有关职工生活福利的重大事项。四是评议、监督企业高、中级管理人员,提出奖惩及任免建议。五是企业高、中级管理人员的任免,应当听取职工代表大会或者半数以上职工代表的意见。六是选举、罢免职工董事、职工监事和职工协商代表。七是依照法律、法规规定,或者经企业与工会协商确定需要由职工代表大会行使的其他权利。城镇集体、集体控股企业的职工代表大会有权选举和罢免企业高级管理人员,决定经营管理的重大问题。具体职权内容由职工代表大会作出决定。

前两类企业以外的其他类型企业职工代表大会行使职权有:一是听取企业关于经营管

理情况、职工社会保险费缴纳情况、企业制定规章制度情况以及实行厂务公开、履行集体合同情况的报告,并提出意见和建议。二是依照法律、法规规定,审议通过或者否决企业集体合同草案、工资集体协议草案以及劳动安全卫生方案。三是监督企业实施劳动法律、法规和实行厂务公开及履行集体合同的情况。四是选举、罢免职工董事、职工监事以及职工协商代表。五是依照法律、法规规定,或者经企业与工会协商确定需要由职工代表大会行使的其他权利。

依照法律、法规及本条例规定,应当提交职工代表大会审议的事项而未提交的,企业就此事项作出的决定视为无效。职工代表大会在其职权范围内依法决定的事项,非经职工代表大会同意不得变更。

2. 职工代表

职工代表必须由职工民主选举产生。职工代表中一线职工、科技人员和一般管理人员的比例应当不低于50%。女职工代表比例一般不低于本企业女职工占全体职工人数的一定比例。

职工代表享有下列权利:一是对涉及职工权益的企业经营状况有知情权;在职工代表大会上,有选举权、被选举权和表决权。二是有权参加职工代表大会及其工作机构组织的活动,闭会期间可以对企业执行职工代表大会决议和落实提案情况进行监督、检查。三是因参加职工代表大会或者经企业同意组织的活动而占用工作时间的,其工资和其他福利待遇不受影响。

职工代表应当履行下列义务:一是认真学习国家有关法律、法规、政策,不断提高思想文化、技术业务素质和参与管理的水平。二是密切联系群众,代表职工合法权益,如实反映职工群众的意见和要求,认真执行职工代表大会的决议,做好职工代表大会交给的各项工作。三是模范遵守国家的法律、法规和企业的规章制度,保守企业商业秘密,做好本职工作。

3. 组织制度

不足100人的企业应当建立职工大会制度或者建立职工代表大会制度。100人以上的企业应当建立职工代表大会制度。职工代表大会每届任期3年或者5年,每年召开1～2次会议。每次会议必须有2/3以上的职工代表出席,并根据需要选举主席团主持会议。职工代表大会闭会期间,遇有重大事项,经企业经营者或者工会或者1/3以上职工代表的提议,应当召开职工代表大会临时会议。

工会和职工代表大会都是维护职工权益的机构,它们之间没有本质的区别。在企业内部,职工代表大会与工会的关系是行使民主管理权力的机构与其工作机构的关系,它们既有分工又不可分割,共同为维护职工合法权益而工作。具体来看,企业工会组织作为职工代表大会的工作机构承担着如下工作:一是组织职工选举职工代表;二是提出职工代表大会议题的建议,主持职工代表大会的筹备工作和会议的组织工作;三是组织专门小组进行调查研究,向职工代表大会提出建议,检查督促职工代表大会决议的执行情况,发动职工落实职工代表大会决议;四是向职工进行民主管理的宣传教育,组织职工学习政策、业务和管理知识,开展劳动竞赛和技术革新活动,开展文体活动,提高职工素质;五是受理职工代表的申诉,征集职工代表的建议,维护职工代表的合法权益;六是组织开展企业民主管理的其他工作。

我国的职工代表大会制度正在不断规范和完善,据统计,到2008年年底,全国基层工会覆盖的企事业单位共计 336.6 万个,其中建立职工代表大会制度的 156.8 万个,占 46.6%,比上年增加 48.1 万个,增长 9.0 个百分点;覆盖职工 11907.8 万人,占 57.7%,比上年增加 1636.1 万人,增长 3.3 个百分点。本年度召开了职工代表大会的企事业单位 1310 万个,占已建职工代表大会制度企事业单位的 83.6%,比上年增加 40.7 万个,增长 0.5 个百分点[①]。

(二)厂务公开制度

厂务公开是指企业通过一定的形式和程序,将有关重大事项向职工公开,实施职工民主管理、民主监督的制度。厂务公开制度是近些年在国有企业兴起的一种职工民主参与形式。在 2002 年 6 月,中共中央办公厅和国务院办公厅发布"关于在国有企业、集体企业及其控股企业深入实行厂务公开制度的通知"(简称"通知")以后,国有企业、集体企业及其控股企业等在继续推进职工代表大会制度的同时,几乎都是把厂务公开作为了一项单独的工作来开展,从而使其体现出很强的独立性,成为职工民主参与的又一形式。

通过职工大会、职工代表大会实行公开是厂务公开的基本形式。厂务公开的日常形式还包括厂务公开栏、厂情发布会、党政工联席会和企业内部信息网络、广播、电视、厂报、墙报等,并可根据实际情况不断创新。同时,在公开后应注意通过意见箱、接待日、职工座谈会、举报电话等形式,了解职工的反映,不断改进工作。按照《河北省厂务公开条例》(2001 年)的规定,属于职工大会或者职工代表大会审议的事项,应当每半年公开一次,其他事项应及时公开,或根据职工大会或者职工代表大会的要求予以公开。

和职工代表大会制度相比,厂务公开制度拥有内容更具广泛性、时间更具灵活性、形式上多样性等特点。厂务公开民主管理,不仅可以搭建职工知情、参与、监督的平台,让广大职工充分参政、议政、共建共享和谐,同时可以为企业铺就科学发展的道路。企业性质不同,公开制度的内容、形式等也不同。总体而言,可以通过公开栏、专题会议等多种形式,做到重大决策公开、制度管理公开、经营绩效公开、人事调整公开等。实践证明,厂务公开,能够调动员工的积极性、主动性和创造性,提高企业的经济效益,促进企业健康持续发展。厂务公开制度有利于形成和谐合作、互利共赢的员工关系。

(三)集体协商与集体合同制度

集体协商与集体合同制度是规范与调整劳动关系的重要手段,也是职工参与管理的重要形式。由于集体合同具有劳动合同"母合同"的性质,因此它与劳动者集体中所有成员的个人利益都密切相关,因而也最容易引起广大职工的重视。为了能够在谈判中心中有数,切实维护自己的合法权益,也为使集体谈判和签订集体合同的过程更能符合企业实际,职工劳动者会积极主动地设法了解企业的生产经营状况,提出自己的看法和要求。因此,集体合同的提出、协商、订立过程也是职工参与管理的过程。把这一制度与职工代表大会制度、厂务公开制度有机地结合起来,可极大地增强集体合同的权威性,也有利于增强企业经营者与职工群众双方的契约意识,在享有各自权利的同时,尽上自己的义务。这对于确保劳动关系的稳定、和谐,促进企业与职工共同发展都有积极意义。关于集体谈判和集体合同相关法律规定、实施办法以及操作程序参见本章第一节。

[①]　总工会研究室. 2008 年工会组织和工会工作发展状况统计公报. 2009-5-1.

(四)职工合理化建议活动制度

企业职工合理化建议是指职工围绕企业重大决策和日常经营管理,内容包括民主科学决策、改进和完善经营管理等多方面,提出的建设性意见、建议或构思。我国在企业中开展合理化建议活动已经有数十年的历史,这项活动因具有范围广、投资少、见效快等优点,一直受到人们的重视。在过去,它是与企业技术革新和技术改造连在一起的。在科学技术高度发展的今天,这项活动依然有着很强的现实意义。当前,一些企业开展合理化建议活动的着眼点也在提高管理效能、管理制度创新、消化和应用先进技术等方面。为了调动职工参与管理的积极性,企业都会设计合理化建议奖励制度,有的企业还举行职工合理化建议评比活动,使合理化建议提出者名利双收。

(五)职工持股会

职工持股会是指依法设立的从事内部职工股的管理,代表持有内部职工股的职工行使股东权利并以公司工会社团法人名义承担民事责任的组织。职工持股会适用于职工持股的公司制企业。在这种企业中,职工购买了本公司的股票,成为公司的股东,与公司之间又增加了一层产权关系。他们作为股东有权参加股东大会,参与产权管理。但在一般情况下,职工每人持股数量有限,且股份额度不均匀,尽管人数众多,如果分别参加股东会,难以形成维护共同利益的统一力量和一致的意见。因此,在工会组织的指导下,有些企业就把持股职工组织起来,建立由工会主持的职工持股会。持股会的主要工作是:按照国家有关法规和公司章程,选派代表参加股东会;将持股职工的意见和要求集中起来,在股东大会上充分表达,行使股东权力。组织职工持股会,有利于维护持股职工的共同利益,有利于将职工自发的利益要求引导到关心和维护企业发展上来,也有利于充分发挥工会的作用,更好地维护职工的合法权益。目前,职工持股需要妥善解决的问题是,处理好持股职工与不持股职工之间的利益关系。

(六)职工董事和监事制度

职工董事和监事制度是指公司制企业的职工依照法律规定,选举一定数量的职工代表进入董事会、监事会,担任董事、监事,参加企业重大决策的制度。职工董事、监事是相对于所有者而言的职工代表,即董事、监事。按《公司法》规定,国有独资公司和两个以上国有企业或两个以上国有投资主体设立的有限责任公司,由公司职工民主选举一定数量的职工代表参与董事会;其他各类公司制企业的董事会中可以有职工代表。所有公司的监事会都应由公司职工民主选举一定数量的职工代表参加。

这里以河北省为例,说明员工董事、监事的权利和义务。依据2007年12月河北省颁布的《河北省公司员工董事、员工监事管理办法》,员工董事可以行使下列权利:一是在董事会会议上行使表决权;二是向董事会反映员工对工资、奖金、福利、劳动保护、社会保险、劳动关系变更、裁员等涉及员工利益的重大事项的要求,代表和维护员工合法权益;三是在董事会研究确定公司高级管理人员的聘任、解聘事项时,反映公司员工代表大会或者员工大会的意见;四是按其在董事会的职责分工参加公司的有关会议;五是法律、法规、规章和公司章程规定的其他权利。

员工监事可以行使下列权利:一是在监事会会议上行使表决权;二是参与检查公司对涉

及员工利益的法律、法规、规章和公司规章制度的贯彻执行情况;三是监督检查公司对员工各项保险基金、工会经费的提取缴纳情况以及劳动用工、员工工资、福利、劳动保护和社会保险等制度的执行情况;四是列席与其职责有关的公司会议;五是向工会和有关部门反映与其职责履行有关的情况;六是法律、法规、规章和公司章程规定的其他权利。

员工董事、员工监事应当履行下列义务:一是熟悉有关法律、法规、规章和公司生产经营状况,不断提高依法履行职责的能力;二是经营或者定期听取员工意见、建议,为董事会、监事会提供决策依据;三是因故不能出席董事会、监事会会议时,以书面形式委托其他董事、监事代为反映意见,并在委托书中明确委托范围;四是参加公司员工代表大会或者员工大会的有关活动,在董事会、监事会会议上全面、准确地反映员工代表大会或者员工大会的决议、决定;五是及时、准确地向员工传达董事会、监事会会议的内容,广泛收集、整理员工的意见和建议,为董事会、监事会提供决策依据;六是定期向公司员工代表大会或者员工大会报告工作,接受员工代表、员工的监督、质询和考核;七是保守公司商业秘密。

在我国,员工董事和监事制度是一项新制度,主要是借鉴了西方工业发达国家的做法。由于员工代表直接参与公司高层管理、决策和民主监管,体现了员工作为企业劳动关系主体一方应享有的权利,因而它是完善企业法人治理结构过程中员工民主参与管理制度的重大发展。和其他员工民主管理形式相比,员工董事、监事制度有层次高、参与管理直接性强等特点,具有其他民主参与管理形式不可替代的作用。

综上可知,目前,我国企业民主管理框架初步形成,但要进一步推进其制度化、规范化,必须坚持因企制宜、分类指导。比如,对国有企业的经验要既借鉴又不照搬,积极进行制度创新,从而使职代会制度更好地与市场经济体制相衔接、相适应,尤其应推动民主管理渗透、融入到企业法人治理结构之中,使之成为企业管理的有机组成部分。而在工作目标上,对不同企业也应有不同的要求。对基础较好的单位,如国有、集体企业及其控股公司,要促其形成和完善良好的运行机制,并注重工作创新;对改制企业,要求其坚持职工代表大会制度,理顺和处理好职工代表大会与股东会、董事会、监事会的关系;对非公有制企业,则力求其建立以职工代表大会为基本形式的民主管理制度,搭建必要的工作平台,逐步规范完善。

第三节　三方协商机制

一、三方协商机制的含义和发展

三方协商机制又称三方机制或劳动关系三方原则,是政府、雇主组织和工会就劳动关系相关的社会经济政策和劳动立法以及劳动争议处理等问题进行沟通、协商、谈判和合作的原则与制度的总称。所谓"三方"是指代表国家利益的政府、代表雇主利益的雇主组织和代表工人利益的工会组成的三方利益主体。

三方协商机制是国际劳工组织创建的一种特殊制度。1960年,国际劳工组织通过《行业和国家级别协商建议书》(第113号),对三方协商机制的总目标提出以下要求:"这种协商与合作的总目标应是促进公共当局与雇主组织和工人组织之间以及这些组织之间的相互了解和良好关系,以求发展总体经济或发展其中某些部门,改善劳动条件和提高生活水平。"这一要求概括了三方协商机制的基本内涵,即三方协商是国家、雇主和工人三方的有组织、有目的的共同行为;三方协商是通过地位对等的协商、谈判及其他的各种合作性的手段和形式来实现其目的;这种合作的基本目的是为了促进三方的相互了解和良好关系,进而促进经济的发展特别是改善劳动条件和提高生活水平。

三方协商的实质在于社会活动中有差异的三方之间实行三方权利分享,共同协商、消除误解、增进了解、弱化争议,取得共识。在市场经济条件下,不同的利益主体有着不同的利益追求,构成不同的利益倾向。雇主最关心的是尽量降低劳动成本,保证有序生产,增强竞争力,以获取更大的利润,实现更大的发展;劳工及其代表组织(工会)最关心的则是自身的权益和利益,让劳动者更多地分享劳动成果,提高生活水平;政府则倾注于经济增长和社会和谐与政局稳定。在这种情况下,对劳动关系的一系列重大问题就难免出现分歧、产生争议,任何一方都不能单独作出决定。现代市场经济社会主张社会生活民主化,尤其推崇决策民主,认为任何一项宏观经济政策和社会政策的制定,必须广泛发扬民主,吸收与之有关的团体、组织的意见和建议,以制约相互关系,达到不同社会群体之间的协调与平衡。劳动关系是社会利益关系的实现方式,更应保持不同利益集团之间的协调与平衡。因此,三方协商原则体现了劳动关系领域的民主化,是平衡各方实力、保持和谐统一的重要机制。

目前,三方协商机制已在世界各国得到了较为普遍的实施。在国际劳工组织和各国的努力下,1987年国际劳工组织的150个会员国中有43个国家批准了144号公约,即承担起实施三方协商机制的义务。而到1996年,174个会员国中已有包括中国在内的79个国家批准了144号公约。在1996年第83届国际劳工大会上,"在国家一级就经济与社会政策进行三方协商"的问题,又被列入该次会议的议事日程,进行了一般性的讨论。20世纪90年代以来,三方协商机制的实施已经成为世界性的趋势。三方协商机制已经成为西方市场经济国家处理劳动关系的一项基本制度,三方协商达成框架协议已成为劳资双方谈判签订集体合同的重要依据。三方协商机制业已成为劳资谈判破裂、面临罢工危机时解决矛盾的十分有效的手段。

二、我国三方协商机制的建立与发展现状

早在1990年11月2日,我国就批准了国际劳工组织1976年发布的144号文件《三方协商促进履行国际劳工标准公约》,表明我国促进三方协商机制的积极态度。2001年5月,国际劳工局和中国劳动和社会保障部在北京签订合作谅解备忘录,其中第二章双方同意的目标和优先领域第四项社会对话中还列出了五项相关措施,指出协助加强中央一级和省一级的三方协商机制、促进和完善企业集体协商制度、协助完善劳动合同立法和集体合同实践、促进和完善劳动争议处理制度并加强劳动仲裁队伍建设、为社会伙伴的能力建设提供支持等。2001年8月3日国家协调劳动关系三方会议成立暨第一次会议在北京召开,会议通过了《国家协调劳动关系三方会议制度》《国家协调劳动关系三方会议组成人员》,使中国的劳动关系协调工作有了一个较为规范和稳定的工作机制,这也是我国协调劳动关系三方机制正式建立的标志。2001年10月27日九届全国人大24次会议通过的修改后的《中华人民共和国工会法》第34条第2款规定:"各级人民政府劳动行政部门应当会同同级工会和企业

方面代表,建立劳动关系三方协商机制,共同研究解决劳动关系方面的重大问题。"这是我国首次在立法上对这一制度加以明确规定。2002 年 8 月 13 日,劳动和社会保障部、中华全国总工会、中国企业联合会、中国企业家协会在《关于建立健全劳动关系三方协调机制的指导意见》中,强调"三方要本着相互理解、相互信任、相互支持和兼顾国家、企业、职工利益的原则,充分发挥三方协调机制的优势,在最广泛的范围内达成一致意见。要紧紧围绕本地区劳动关系方面的突出问题开展工作。根据不同时期的实际情况,突出工作重点,抓住职工普遍关心的影响劳动关系和谐稳定的全局性问题,开展工作,充分发挥三方协调机制的作用"。进一步明确了有关三方机制工作的原则与内容。2008 年实施的《劳动合同法》总则第 5 条对劳动关系三方机制进行了规定:"县级以上人民政府劳动行政部门会同工会和企业方面代表,建立健全协调劳动关系三方机制,共同研究解决劳动关系方面的重大问题。"同年实施的《劳动争议调解仲裁法》第 8 条提出:"县级以上人民政府劳动行政部门会同工会和企业方面代表建立协调劳动关系三方机制,共同研究解决劳动争议的重大问题。"至此,我国建立劳动关系三方协商机制有了明确的法律依据,同时也说明我国的三方机制具有两项功能,即"解决劳动关系方面的重大问题"与"解决劳动争议的重大问题"。还值得提出的是,2006 年 3 月 14 日十届全国人大四次会议审议批准的《国民经济和社会发展第十一个五年规划纲要》中,明确提出"……要健全协调劳动关系三方机制,完善劳动争议处理体制",三方协商机制工作首次被纳入国民经济和社会发展总体布局中。"十一五"期间,在国家协调劳动关系三方协同努力、积极推动下,劳动合同制度在各类型企业得以推行,劳动关系和谐企业与工业园区创建活动如火如荼地开展起来。国家三方积极参与《劳动合同法》、《劳动争议调解仲裁法》和《社会保险法》等法规草案拟定工作。尤其是,在应对 2008 年下半年开始蔓延至我国的金融危机过程中,国家三方机制发挥了重要作用,2009 年 1 月国家协调劳动关系三方联合发布《关于应对当前经济形势 稳定劳动关系的指导意见》,2009 年 5 月中华全国总工会推出《关于深入推进"共同约定行动"的意见(总工发〔2009〕11 号)》。2010 年 5 月三方联合发布《关于深入推进集体合同制度实施彩虹计划(人社部发〔2010〕32 号)》(简称"彩虹计划")。上述文件的颁布实施充分体现了三方合作机制在我国劳动关系调整中的独特功能。在 2011 年 3 月 14 日十一届全国人大四次会议审议通过《国民经济和社会发展十二五规划纲要》,单独设立一节"构建和谐劳动关系",提出"健全协调劳动关系三方机制,发挥政府、工会和企业作用,努力形成企业和职工利益共享机制,建立规范有序、公正合理、互利共赢、和谐稳定的劳动关系"。足见政府对协调劳动关系三方机制问题的重视,以及三方机制在协调劳动关系中的重要性。

总之,在政府的强力推动下,我国劳动关系三方协调机制自 2001 年建立以来,获得快速发展,在国家级三方机制建设的基础上,省级三方机制组织机构全部建立,运行规则基本健全,大部分省、自治区、直辖市已在市(地)一级普遍建立了三方机制,有的地方已延伸到县(市)、乡镇(街道)和村(社区),各级三方机制在协调劳动关系、促进改革发展和社会稳定中发挥了积极作用。在三方机制按行政层级结构纵向发展的同时,按照行业分行政层级的三方机制也在发展。2002 年 8 月,全国建设系统建立了协调劳动关系三方会议制度,这是全国第一个行业性最高层面的劳动关系三方协调机制,标志着行业性三方机制的启动,之后各省陆续建立省级建设系统协调劳动关系三方机制。2009 年 12 月 23 日,全国海上劳动关系三方协调机制成立暨《中国远洋船员集体协议》首签仪式在北京举行,这标志着我国海上劳动关系协调有了全国层面的机制保障。

不同层级和不同行业三方机制的组织机构均由相应级别的政府方代表、职工方代表和企业方代表共同组成;其职责任务、工作内容不同,会议制度也有一定差别。以国家级三方机制功能的发挥为主,各层级三方机制分工合作,使三方机制在我国劳动关系调整中显现出其他机制不可替代的作用。

(一)国家级三方机制

在各层级的三方协商机制中,国家级协商是最主要和最基本的。这是因为国家一级协商的成果是全国性的,适用于全国范围,它所确定的原则与标准,构成产业、地方、企业三级协商的范围与依据。

1. 三方会议的组成

政府方由人力资源和社会保障部代表;职工方由中华全国总工会代表,企业方由中国企业联合会/中国企业家协会联合代表;人力资源和社会保障部领导同志担任主席,中华全国总工会和中国企业联合会/中国企业家协会领导同志担任副主席。

组成单位各自确定相对固定的部、室的人员参加三方会议。代表因故空缺或在任期内不能履行职责时由其所在单位及时选定其他人员递补,并通知其他方。三方代表除因病或工作原因请假外,每次会议均应按时出席。

人力资源和社会保障部的成员由劳动工资司、办公厅等相关部门人员组成;中华全国总工会的成员由办公厅、集体合同部、法律工作部、保障工作部、政策研究室等相关部门人员组成;中国企业联合会/中国企业家协会的成员由雇主工作部、雇主工作委员会、维护企业和企业家合法权益委员会、研究部等相关部门人员组成。

经国家协调劳动关系三方会议第九次会议批准,国家三方会议办公室于2005年6月19日设立常设办事机构,由三方各派专职工作人员组成,办公地点设在人力资源和社会保障部。

2006年国家协调劳动关系三方会议第十次会议的决定批准了劳动关系法律政策研究委员会、企业工资分配研究委员会和集体协商委员会三个专业委员会。各专业委员会设主任1名,副主任2名。劳动关系法律政策研究委员会主任由劳动和社会保障部的国家三方会议副主席担任;企业工资分配研究委员会主任由中国企业联合会/中国企业家协会的国家三方会议副主席担任;集体协商委员会主任由中华全国总工会的国家三方会议副主席担任;第一副主任由国家三方会议聘请科研机构、大专院校的专家学者担任;第二副主任由国家三方会议成员担任。各专业委员会的成员由三方的专业工作人员以及其他有关政府职能部门和教学、科研机构的专家、学者组成。国家三方会议各专业委员会是政策研究和咨询机构,负责围绕国家三方会议在不同时期协调劳动关系的重点工作、开展专业性的调查研究,提出解决实际问题的政策建议,为国家三方会议积极参与国家有关劳动关系立法,以及社会经济政策的制定与实施提供参考意见。

2. 三方协商原则

三方协商工作遵循如下基本原则:一是合法、公正、及时原则。二是平等协商、信任合作原则;三是兼顾各方利益的原则。四是化解矛盾的原则。

3. 三方会议的职责任务

三方会议的职责主要有五个方面：第一，研究分析经济体制改革政策和经济社会发展计划对劳动关系的影响，提出政策意见和建议。第二，通报交流各自协调劳动关系工作中的情况和问题，研究分析全国劳动关系状况及发展趋势，对劳动关系方面带有全局性、倾向性的重大问题进行协商，达成共识。第三，对制定并监督实施涉及调整劳动关系的法律、法规、规章和政策提出意见和建议。第四，对地方建立三方协调机制和企业开展平等协商、签订集体合同等劳动关系协调工作进行指导、协调，指导地方的劳动争议处理工作，总结推广典型经验。第五，对跨地区或在全国具有重大影响的集体劳动争议或群体性事件进行调查研究，提出解决的意见和建议。

4. 三方会议工作内容

三方会议的工作内容主要包括：一是有关参加国际劳工大会的事宜和批准或履行国际劳工公约或国际劳工建议书的建议；二是推进和完善平等协商、集体合同制度以及劳动合同制度；三是国有企业改制改组过程中的劳动关系；四是企业工资收入分配。五是最低工资、工作时间和休息休假、劳动安全卫生、女职工和未成年工特殊保护、生活福利待遇、职业技能培训等劳动标准的制定和实施。六是劳动争议的预防和处理。七是职工民主管理和工会组织建设。八是其他有关劳动关系调整的问题。

5. 三方会议制度规则和程序

第一，每四个月召开一次。如有需要，可临时召开会议。第二，会议的每季例会轮流在三方机关或其他地点召开。每次召开会议前两周，各方向三方会议办公室提出议题，由办公室将各方确定的议题报告会议主席和副主席。临时会议召开的时间、地点、议题等，由提议方提出并由办公室与另两方协商确定，会议由主席或主席委托副主席主持。第三，每次召开三方会议，指定专人记录并形成会议纪要。根据议题的重要程度，可将会议纪要上报或下发。

(二)地方三方机制

地方一级的协商主要是指省级及其以下行政级别的三方协商。其协商的三方主体一般为同层级的地方政府劳动和社会保障部门、工会组织和雇主组织。省级及以下地方三方机制可以进一步分为省级，地市级，区(县)级和街道、社区或镇村级三个行政层次。2002年以来，全国各省(市)根据原劳动和社会保障部、中华全国总工会、中国企业联合会/中国企业家协会三方联合发布的《关于建立健全劳动关系三方协调机制的指导意见》，结合实际，陆续建立了各省(市)协调劳动关系三方机制，一些工作先进省份，也在地市级乃至县及以下层次开展了三方机制建设工作。不同地区，各层级三方协商的内容、职责任务以及工作方式等都有很大差别，从内容看，上一层级协商内容是下一级协商的基准，同时又通过下一级协商得以体现和落到实处。从制度建设的重要性和完备性来讲，省级三方机制是地方三方机制的主体，所以，我们主要介绍省级三方协商机制。

受资料可得性限制，我们以河北省为例，通过《河北省劳动和社会保障厅、河北省总工会、河北省企业家协会关于建立劳动关系三方协调机制的意见》①，了解省级协调劳动关系三方机制的运行。

1. 三方协调机制组织构成

由劳动保障部门代表同级政府，同级地方总工会代表职工，同级企业家协会代表企业（经营者）方共同组成三方组织机构。

三方组织人员组成：正式成员为 9 人，每方 3 人，由各方领导担任首席代表，有关职能部门的负责人担任代表。正式代表因故空缺时，由本方及时选定人员递补，并通知其他两方。

各级协调机制的名称分别为：省、市、县（区）劳动关系协调委员会。

2. 三方协调的原则

三方协商所遵循的基本原则与国家级三方协商所遵循的基本原则相同。

3. 三方协调的内容

三方协商的主要内容包括：第一，认真分析和研究本地劳动关系状况，特别是劳动争议案件中带有普遍性、规律性的问题，提出解决问题的对策和意见。第二，三方各自按职责对劳动法律、法规的执行情况依法实施行政或群体性监督检查，对发现和掌握的主要的、普遍的、重大的问题相互交换情况，通过协商提出解决问题的对策和意见。第三，认真分析和研究本地劳动关系方面带有全局性的重大问题，为同级人大和政府制定有关劳动法规和政策提供情况及建议。第四，对本地贯彻《河北省集体合同条例》，企业推行平等协商、签订集体合同制度进行工作指导，相互及时交换情况，通过协商提出解决问题的对策和意见。第五，其他有关劳动关系的重要事项。

4. 三方协调的程序和方法

第一，定期协调会议一般每年召开两次，分别安排在每年的 6 月中旬和 12 月中旬。各方需要提出协调议题并附送有关背景材料，提前 15 日送达其他两方。三方首席代表应出席，与会人员不得少于应到会人数的三分之二。第二，临时协调会议可根据任何一方的提议随时召开。一般情况下可由三方担任代表的有关部门负责人出席。协调会议认为有必要，可以邀请有关专业人员或其他部门人员列席或旁听。第三，协调会议由三方首席代表轮流主持。临时协调会议由提议方代表主持。三方共同指定一名记录员，负责会议记录。拟协商的具体事项及时间、地点，由主持方与另两方协商后确定。第四，召开协调会议时，先由提出议题的一方介绍有关情况及意见和建议，三方共同研究讨论。每次召开协调会议时，应对上次协调会议的执行情况进行通报。第五，经协商形成一致意见的事项，可由主持方（提议方）起草有关文件或形成纪要，印发三方相应机构和有关企业。第六，协调会议未达成一致意见或出现事先未预料的问题时，可以暂休会，具体休会期限及下次会议的具体时间、地点、内容由三方商定。

5. 三方协调的分工与合作

建立劳动关系三方协调机制，是依法维护国家、企业和劳动者合法权益，形成稳定和谐劳动关系的重要措施，县级以上地方人民政府劳动和社会保障行政主管部门要依据《中华人

---

① 河北省劳动和社会保障厅河北省总工会河北省企业家协会关于建立劳动关系三方协调机制的意见. 河北省工会网 http://www.hebgh.org.

民共和国劳动法》,切实履行好劳动关系工作的管理、协调、指导和服务的职能;同级地方工会组织要积极依法维护职工的合法权益;各级企业家协会要保证企业履行好国家赋予的权利、责任、义务。三方既要顾全大局,密切合作,着力促进和建立稳定和谐的劳动关系;同时要履行好各自的职责,保证国家、企业和劳动者的合法权益不受侵犯。

(三)行业三方机制

行业三方机制,即是该行业行政部门代表政府一方、该行业工会代表职工一方、该行业的协会等代表企业一方,就该行业有关调整劳动关系的重大问题进行相互沟通、平等协商、共谋对策、合作共事的协商机制。

2002 年 8 月,全国首个行业三方会议制度在建设系统建立,之后在多个省市得到发展。我们依据《建设部(已撤销)、中国海员建设工会全国委员会、中国建筑业协会关于在全国建设系统推行协调劳动关系三方会议制度的意见》[①],对行业三方机制作一介绍。

1. 三方会议的组成

建设系统三方会议分为全国、省和城市三级。上级三方会议与下级三方会议为工作指导关系。各级三方会议均由建设行政部门、建设工会、建筑业协会及其他建设系统的行业协会三方组成。建设行政部门领导同志担任主席,建设工会和建筑业协会领导同志担任副主席。三方会议机构的成员由三方相关部门的负责人担任。鉴于建设系统没有统一的协会组织,企业一方由建筑业协会代表各行业协会参加三方会议,同时吸收建设系统其他主要行业协会参加三方会议。

三方会议下设办公室。建设行政部门派人担任办公室主任,建设工会和建筑业协会派人担任办公室副主任。三方各派出数量大体相当的人员参加办公室工作。办公室的主要职责是收集信息、调查研究、起草文件、筹备会议、组织落实会议精神、参与监督检查等。办公室设在建设行政部门的人事劳动部门。

三方会议成员及办公室成员要相对固定,全部兼职。三方会议由主席主持召开,三方会议组成人员出席,会议议题由主席、副主席确定。根据会议议题需要临时增加出席会议人员时,可经一方提出,由主席、副主席商定。

2. 三方会议的职责

三方会议的职责主要包括:第一,研究分析经济体制改革政策和经济社会发展计划对建设系统企事业单位的劳动用工制度、工资收入分配、最低工资标准、工作时间和休息休假、劳动安全卫生、女职工特殊保护、生活福利待遇、职业技能培训、社会保险等劳动关系问题的影响,提出政策意见和建议。第二,通报交流各自协调劳动关系的工作情况和问题,研究分析建设系统劳动关系状况及发展趋势,对建设系统劳动关系带有全局性、倾向性的重大问题进行协商,达成共识。第三,参与对群体性事件和集体劳动争议调查,提出解决问题的意见和建议。第四,督促建设产业工会和建设系统行业协会加强组织建设,促进产业工会和行业协会强化代表职工和企业具体利益的职能,使产业工会和行业协会更好地代表职工和企业参加三方会议。第五,支持企业和事业单位依法建立健全工会组织、职工代表大会和劳动争议

---

① 建设部(已撤销)、中国海员建设工会全国委员会、中国建筑业协会关于在全国建设系统推行协调劳动关系三方会议制度的意见.法邦网 http://code.fabao365.com.

调解委员会,积极推行劳动关系平等协商制度和集体合同、劳动合同制度,定期总结和推广典型经验。

3. 三方会议制度

建设系统全国和省级三方会议原则上每年召开一次,城市级三方会议原则上每半年召开一次,如有需要,可临时召开三方会议。

4. 三方会议工作原则

与国家协调劳动关系三方原则相同。

三、三方协商机制在企业劳动关系调整中的运用

三方协商机制在企业劳动关系中功能的发挥从上述各层级和行业三方协商的内容及职责中可以看出。其主要表现为《工会法》、《劳动合同法》和《劳动争议调解仲裁法》的规定中所提及的"解决劳动关系方面的重大问题"和"解决劳动争议的重大问题"两个方面。从企业层面而言,"解决劳动关系方面的重大问题"和"解决劳动争议的重大问题",主要包括劳动报酬、社会保险、职业培训、劳动安全卫生、工作时间和休息休假、生活福利、集体合同和劳动合同签订与履行等劳动关系相关问题。三方机制在企业劳动关系调整中功能的发挥体现在以下两个方面。

1. 劳动关系正常运行期间三方机制的功能

企业一级的劳资协商,签订集体合同,要以国家、省、地市以及本行业三方协商结果为基准,政府发挥指导作用。从集体合同的内容到具体合同条款的标准所涉及的地区或行业最低工资标准、工时制度、带薪休假制度、劳动安全卫生标准等都要以国家或省、地市相应三方协商结果为基准。调整企业劳动关系的法律法规、政策,例如《工会法》、《劳动合同法》、《劳动争议调解仲裁法》以及国家协调劳动关系三方发布的"共同约定行动"、"彩虹计划"等的实施也往往是在劳动关系三方的宣传、发动、督导下得以实现的。

在区域性、行业性的集体协商和签订集体合同的过程中,区域性、行业性"三方机制"发挥着重要作用。从我国经济发展实际情况看,外资企业、中小私营企业越来越多,区域性、行业性的工会组织也会越来越多,所以区域性、行业性劳动关系协调组织的功能将凸显。在进行区域性、行业性集体协商和签订集体合同中,由工会、政府和企业代表组织等组成的区域性、行业性三方协商组织,起到了扩大集体合同覆盖面、降低单个企业进行集体协商成本、增强集体合同权威性等的重要作用,对维护劳动者利益、协调劳动关系有着积极意义。

2. 劳动争议处理中三方机制的功能[①]

在企业发生个体劳动争议或是集体劳动争议时,三方机制在调解、仲裁和诉讼等各个争议处理程序中都起着一定作用。

《劳动争议调解仲裁法》第 4 条规定:"发生劳动争议,劳动者可以与用人单位协商,也可以请工会或者第三方共同与用人单位协商,达成和解协议。"第 5 条规定:"发生劳动争议,当事人不愿协商、协商不成或者达成和解协议后不履行的,可以向调解组织申请调解。"劳动争议的调解组织包括企业劳动争议调解委员会、基层人民调解组织以及乡镇、街道设立的具有

---

① 黎建飞."三方机制"的法律规制.工会博览,2010:17.

劳动争议调解职能的组织。在基层的劳动争议和解或者调解中,有的地方建立了协调劳动关系三方会议制度,并且制定《街道、乡镇协调劳动关系三方会议职责》一类的规范文件(如北京市就有此规定①),从组织上、制度上加强街道、乡镇协调劳动关系三方机制建设。要求基层三方会议及时协调、处理影响社会稳定的重大劳动争议,准确掌握涉及稳定和全局的劳动关系矛盾,及时向街道办事处、乡镇政府和区县有关部门报告,协助有关部门化解劳动关系矛盾,充分发挥街道、乡镇协调劳动关系三方会议的作用。在调解集体合同争议中,三方机制之一方的政府机构(主要指劳动行政部门)作用突出。在集体合同中一般都规定了发生争议时应当进行协商。如果双方难以达成一致的意见,政府机构可以为集体利益争议提供调解,促使双方重新回到集体协商的谈判桌上。在政府机构参与调解下,争议双方可以寻求变更或终止相关的集体合同,并且在一定期限内争议双方均不得采取任何不利于和解的行动。

与区域性、行业性三方机制在区域性、行业性集体协商和集体合同签订中起着重要作用一样,在区域性、行业性的集体争议和解或者调解中,由工会、政府和企业代表组织等组成的区域性、行业性劳动争议调解组织,同样可以发挥重要作用。

不仅在劳动争议调解环节,三方机制起着重要作用,而且在仲裁和诉讼过程中也有着不可替代的功能。《劳动争议调解仲裁法》第19条规定:"劳动争议仲裁委员会由劳动行政部门代表、工会代表和企业方面代表组成。"这一规定是"三方机制"在劳动争议仲裁程序中的直接体现。在我国的劳动争议诉讼中,现行的人民陪审员制度为在审判中体现三方原则提供了条件(详见第七章相关内容)。

尤其值得强调的是,在集体劳动争议或可能发生一定范围工潮的情况下,通过三方委员会的努力,调解矛盾、化解冲突,可以缓解劳资矛盾和社会不满,防止社会动乱的发生。一般来说,在调解劳资矛盾问题上,三方委员会与政府或工会等单一的组织机构相比,其意见和态度更易于为社会接受。近年来,我国集体劳动争议案件明显增多,外资企业中停工、罢工事件频发,在这类问题的处理上,三方协商机制已经显示出其积极作用。例如,2010年广东佛山的日资企业南海本田罢工事件的处理,劳动关系三方机制显示了其优势。此外,三方机制在国有企业改制过程中,在协调职工与企业的劳动关系、化解矛盾、帮助企业顺利改制等方面也起着积极作用。有些基层三方会议正是将"国有企业改制改组过程中劳动关系的处理"作为协商的主要内容之一(如江苏连云港市②)。

总之,三方协商机制,在企业劳动关系的建立、劳动合同管理过程中,尤其是在企业集体协商和集体合同的签订、劳动争议甚至产业行动的处理和解决过程起着不可替代的作用。

四、我国三方协商机制存在的问题与建议

1.明确劳资代表的主体定位、加快培育劳资双方主体

与西方国家相比,我国三方机制的建立虽然比较晚,但是发展速度却比较快,从发展状

---

① 北京市《关于印发街道、乡镇协调劳动关系三方会议职责的通知》(京人社劳发(2009)185号.北京市人力资源和社会保障局 http://www.bjld.gov.cn.

② 江苏省连云港探索建立街道(乡镇)协调劳动关系三方会议制度.江苏省人力资源社会保障网 http://www.jshrss.gov.cn.

况、机构建设规模以及覆盖层面上,都体现了不同于其他国家的特征——政府强力推动下的发展或政府主导型。在三方机制中,政府一方作用显著是毫无疑问的。但是,与之相对,在三方机制中本应处于与政府平等地位的工会组织和雇主组织的力量及其代表性,都显得非常不足。从工会组织来看,一方面,许多非公企业还没有建立工会组织,有些即使建立了工会组织,却是"老板工会";另一方面,工会组织维权力量和维权能力亟待提高。从企业方的代表——雇主组织来看,目前的企业家协会还更像是一种官方机构,其主要功能是交流企业管理经验,组织开展企业家的联谊活动,而难以体现劳动关系中与劳方相对应的企业家利益集团的作用,作为三方协商机制中企业一方代表不完全适合;其他的充当雇主方进入三方机制的如商会、行会组织等更是与三方的定位不相匹配。

如何增强工会组织在三方机制中对职工的代表性?工会组织需要在各类企业扩大工会覆盖面的同时,还应通过职业化、社会化、行业化的方式对工会进行自身改革。具体而言,一是严格按照《工会法》和《企业工会工作条例》建立健全工会组织,尤其是在尚未设立工会的外商投资企业内,应由各地区总工会帮助建立工会,并成立企业劳动争议调解委员会。在一些规模小、人员少、流动性大的私营企业,可考虑建立行业工会、联合工会。二是各地区总工会可以设立流动争议调解组织,发挥工会熟悉法律政策、贴近单位和职工的优势,帮助化解一些在尚未建立工会的企业内发生的劳动争议,降低争议解决成本,稳定劳资关系。三是考虑到企业内部工会维权的难度,可以由地区总工会出面,与企业订立有关工会干部特殊权益保护的协议,使工会干部能够独立于企业,真正成为维护职工合法权益的组织。四是可推广工会与企业就职工权益进行集体协商制度,对每年的薪资方案、奖金方案、住房补贴、职工股的分红方案等一系列重大的涉及员工权益的措施,均应该与工会协商或通过职工代表大会讨论通过后才能实施。五是加强工会干部的培训学习,提高职业素质,增强维权能力。通过采取上述措施,使工会组织在三方机制中真正能发挥如下功能:维护职工群众合法权益;协调劳动关系;代表职工进行集体谈判和签订集体合同;代表职工参与有关法律、法规、政策的制定。

关于企业方代表的培育和代表性的增强。企业联合会/企业家协会一方面需要进一步加强组织建设,广泛联系各种类型的企业,倾听企业的呼声,其中雇主组织的代表构成要真正具有代表性,尽可能淡化官方与半官方色彩,使三方协商更能反映社会真实和各方关注的大问题、新问题。另外,作为雇主组织的代表,企业联合会/企业家协会应进一步明确所肩负的参与、协调、推进、反映、培训等五项职责,做到"到位"不"虚位"。"参与",就是积极参与劳动关系三方协商机制的重大活动。"协调",就是要协调好劳动关系三方机制和企联劳动关系协调工作委员会的工作,对劳动关系方面带有全局性、倾向性的问题进行协商,达成共识,做好工作。"推进",就是积极推动开展三方机制建设工作,指导加强组织体系建设和开展业务。"反映",就是通过开展劳动关系"热点"议题的调查研究,积极反映企业、企业家的呼声,做好与政府、各界沟通的桥梁。"培训",即积极培训劳动关系协调员和兼职劳动仲裁员[①]。

2.政府依法居中调节,履行宏观平衡职能

我国自开展三方机制工作以来,政府方起了主导性作用,但也显示出政府包办太多,挤占了其他两方在三方机制中发挥作用空间的现象,这在一定程度上有违"平等协商"的三方

---

① 王裕明,吴国庆等.劳动关系与争议处理.北京:北京大学出版社,2009:162.

性原则。所以,为继续良好推进协调劳动关系三方机制工作,需要在前述的培育职工方和企业方主体,增强其在三方机制中双方代表性的同时,政府方也应该调整在三方中的定位,展示应有的职能。

在三方机制中,政府部门的重要职能应该是:立法、指导、服务和监督检查。人力资源和社会保障部门作为政府代表参加联席会议,其职责在于指导和服务,在于引导劳动关系的两大主体开展协商。在现阶段,政府部门可以改变对劳动关系直接监控的管理方式,积极构筑协商平台,促进劳资双方的沟通协商。政府应坚持"政府搭台、劳资双方唱戏"的原则,努力发挥沟通三方信息、协调双方利益的作用,始终关心指导这一制度的运作与完善。三方联席会议办公室设在政府,政府就有责任牵好头,主动做好协调服务工作。目前,政府应当进一步突出沟通,当好劳动关系协调的召集人、调停人角色;同时,政府还要有服务意识,作为"居间人"为劳资双方创造谈判机会。当然,这需要有一套严格的程序和规则相辅助[①]。

3. 健全法律法规、完善制度规范

我国虽然在 1990 年就批准了国际劳工组织的第 144 公约,而且在以后颁发的《劳动合同法》、《工会法》、《劳动争议调解仲裁法》中都有三方机制的原则性规定,但面对日益复杂的劳动关系矛盾,尤其是近年来集体争议和集体行动事件明显增加,三方机制的运行仅仅依靠这些原则性的规定已远远不够。因此,应该尽快完善有关三方机制的立法,制定三方机制的专门法律,明确三方机制的原则、组成、职责以及运行等具体规则,构建三方机制的基本法律框架,逐步增强三方机制的职能和作用,为切实发挥三方机制在调整劳动关系方面的重要作用提供完备的法律支撑。

三方协商机制源于西方国家,经过几十年的发展,其在机构设置的科学性、运行的有效性、制度的完备性等方面,都远远高于那些刚刚实行这一制度的国家,当然也包括我国。因此,学习和鉴西方国家三方机制调节劳动关系方面的成功经验,对加快我国三方机制的健康、快速发展,增强三方机制在协调劳动关系中的功能是十分必要的。

【本章小结】

本章以劳动关系双方利益合作、共享为目标,从员工参与、集体谈判和集体合同与三方协商机制三个调整劳动关系的制度模式进行讨论。这三个制度均源于西方国家,是伴随工业化的进行和资本主义经济的发展,劳动关系双方力量对比的变化以及国家社会民主制度推进而产生和发展起来的。集体谈判和集体合同制度是西方市场经济国家调整劳动关系的基本法律制度;三方机制是西方市场经济国家从宏观层面上调整劳动关系的一项基本制度。员工参与是我国历来都非常重视的制度,而集体谈判和三方机制随着市场经济的发展,在政府强力推动下也获得较快发展。集体谈判和集体合同涉及谈判主体、内容、程序,集体合同签订的程序与实施,违反集体合同的法律责任、争议处理等内容;员工参与涉及员工参与的内涵、内容、形式等方面;三方协商机制涉及三方协商机制的含义、三方责任定位、功能及运行等方面内容。

---

① 王裕明,吴国庆等.劳动关系与争议处理.北京:北京大学出版社,2009:164.

【复习思考题】

1. 简述集体谈判和集体合同的含义。
2. 集体谈判与集体合同相互关系是怎样的?
3. 集体谈判制度在劳动关系调整中的作用是什么?
4. 简述企业集体协商制度的运行。
5. 简述员工参与的含义和作用。
6. 员工参与的方式有哪些?
7. 何谓三方协商机制? 三方所承担的责任和拥有的权力是怎样的?

【案例讨论 1】 集体合同对于劳动合同的效力问题

2008 年 3 月 5 日,某纺织公司工会代表全体职工与公司签订了集体合同。合同规定:职工工作时间为每日 8 小时,每周 40 小时,周六、周日为公休日。如果在周六、周日安排职工加班,便在加班后的一周内安排补休;在上午和下午连续工作 4 个小时期内安排工间操各一次,每次时间为 20 分钟,此 20 分钟计入工作时间之内;职工的工资报酬不低于每月 1000 元,加班加点的工资及其他实物性福利不包括在内;工资于每月 5 日前支付;合同的有效期为自 2008 年 4 月 1 日至 2009 年 4 月 1 日,双方对于集体合同都要严格遵守,任何一方都不能违反,否则要赔偿对方所造成的损失。

此合同于 2008 年 3 月 20 日被劳动行政部门确认。2008 年 8 月 1 日,纺织公司从人才市场上招聘了一批女工,去充实新建立的一个纺织分厂。2008 年 8 月 3 日纺织公司与这批女工签订了劳动合同。其内容包括:本合同有效期为 1 年,自 2008 年 8 月 5 日至 2009 年 8 月 4 日;工人工作时间为每周 40 小时,每天 8 小时,上下午各 4 个小时;没有工间休息时间;工作实行每月 1100 元的工资制度。

双方签字盖章后合同生效。当 2008 年 8 月 1 日招聘的工人到纺织公司下属的纺织分厂上班后,发现车间细尘很多,连续工作 4 小时就头昏脑涨,以陶某为首的分厂职工就向分厂领导提出工作期间休息一会儿,换换空气。分厂领导答复说,在上班时间不休息是劳动合同中已经规定了的,集体合同中规定职工报酬是每月 1000 元,你们的报酬是每月 1100 元,就是因为取消了 20 分钟的中间休息时间。集体合同中规定职工的中间休息 20 分钟是与其报酬数量少相对应的;在公司与你们签订的劳动合同中把工资提高到 1100 元/月,所以取消了 20 分钟的工间休息。

讨论:分厂领导答复能否得到法律支持?

【案例讨论2】   让员工做主

　　B公司董事会正在讨论是否关闭其下属的一家元器件加工厂,理由是这家工厂不能给B公司创造利润。如果这个决议执行的话,将会导致200名工人失业,这对于总人数只有700人的B公司而言,将会引起工人们的恐慌,而造成更大的损失,显然这样的局面不是管理者所希望面临的。

　　解决方案:管理层决定让工人决定自己的命运,于是在元器件加工厂由B公司管理层主持召开了一次职工大会,主要是宣读董事会的想法和倾听员工的意见。果然,关闭加工厂的提议一经宣读,会场便议论开来了,管理层希望大家踊跃建议,提出帮助加工厂降低成本、增加利润以摆脱被关闭的命运。并给大家一周的时间,用书面报告反映上来,管理层再三告之,元器件加工厂的命运掌握在广大员工手上,换言之,失业与否,由员工自己决定。

　　一周以后,管理层收到了来自全体员工的很多份报告,其中有生产第一线的工人、车间的管理者、采购部门等。管理者将以下几份认为重要的报告呈给了董事会:

　　(1)元器件加工厂的生产原材料采购成本过高,直接对工厂的利润造成影响;(2)工人的素质及操作技能参差不齐,一部分操作工极需要进行上岗培训,以降低元器件的报废率;(3)检验环节形同虚设,使很多不合格品流向市场,直接增加了产品的售后服务成本;(4)管理人员超编,冗员现象严重,职工反映工厂管理人员最低可减去一半;(5)工厂缺少激励制度,仍有大锅饭现象,干好干差一个样,工人很难想象出合资公司会出现此类问题。

　　这些触目惊心的报告在董事会产生很大震动,管理者被要求在最短的时间内解决这些使得元器件厂长期亏损的根本问题。管理者依据问题,健全了元器件加工厂的管理制度,具体有以下做法:采购实行招标及审批制度,收回部分下放权力,杜绝此环节的腐败给工厂的致命打击;员工按岗位要求统一上岗培训,根据考核及实际操作水平择优录取,以保障正常优质生产;管理人员根据其领导的部门制定分目标,对元器件加工厂的质量目标进行分解,上岗签订责任合同,完成不了目标任务的解雇或换岗;在工厂进行"保证质量,提高效益"的奖惩活动,如检验员岗位,发现不合格产品的予以奖励,而放走不合格产品的则予以重罚或解雇。

　　两个月后,元器件厂的产品一次检验合格率由原来的90%增加到97%,仅此一项便减少损失30余万元,清理不合格员工给工厂每月减少薪资发放达5万元。而采购环节每月更是降低采购成本近10万元。5个月后,整顿后的元器件厂实现赢利。

　　讨论:元器件厂起死回生的原因?本案给我们的启示是什么?

　　资料来源:博瑞管理在线 http://www.boraid.com.

【案例讨论3】　　　　　　　　　　"韶星现象"

河南韶星实业有限公司是一个由生产硫酸的家庭作坊式企业发展起来的资产上亿元、年产值超亿元的中型化工企业。韶星公司成长经历表明,在非公有制乃至家庭式民营企业开展民主管理工作,对于促进企业和谐健康平衡发展,实现向现代企业制度跨越具有重要的意义。

韶星公司是1987年由一家八姐妹共同投资创建的典型家族式企业,职工人数有300多人。在2004年,企业生产经营一度走入困境,面临停产关门的局面。严峻的形势逼迫韶星公司作出生死抉择。韶星公司作出了正确的选择。以职工为本,实施民主管理,依靠职工办企业。

韶星公司建立了以职工代表大会为基本形式的民主管理制度,选举职工代表参与生产经营管理活动,每年公司生产经营情况、财务运营状况、发展规模目标等坚持向职代会报告,听取职工的意见和建议。每月定期三次生产经营分析会,都邀请部分职工代表参加,请职工会诊献策。韶星公司还建立了书记、经理、主席党政工三人日常决策管理小组,对于生产经营、财务运营、材料采购、产品销售、工资发放、社保基金交纳以及领导班子车管费、招待费、差旅补助费等实行厂务公开,让职工参与管理和监督。

韶星公司建立了职工工资共决机制、正常增长机制和支付保障机制,让职工参与工资分配、监督工资发放。由工会组织职工代表对公司工资分配进行调查,提出定岗、定责、定员、定资方案,公开征求职工意见,尔后成立由工会、职工代表、行政方面参加的工资民主调整小组进行协商核定,提交职代会审议通过,并确定了公司在发展正常情况下实行职工工资年递增制,从公司转换管理机制三年来,公司职工工资已翻一番多,职工得到了实惠。

群众自治,构建和谐,把企业建成职工之家。韶星公司开通职工热线电话,设立了总经理信箱,共促企业发展,共建和谐企业,根据职工意见公司建起了餐馆化的食堂,建起了公寓化的宿舍,安装了卫星接收天线,建立了图书室、阅览室、职工培训中心,选送职工到清华大学、武汉大学、西安交通大学等深造。进一步完善了职工带薪病假、住院护理、困难帮扶、休养旅游等制度等。

讨论:如何看待"韶星现象"?

资料来源:节选自韩卫东."韶星"现象启示和思考.工人日报,2008-1-22.

附录 1

公司工资集体合同书

　　　　　年　　月　　日
名称(章)：
经济类型：
法人代码：
企业地址：
邮政编码：

企业方首席代表：
姓名：
职务：
身份证号码：
联系电话：

职工方首席代表：
姓名：
职务：
身份证号码：
联系电话：

协商双方代表名单

	序　号	姓　名	性　别	年　龄	职　务	身份证号码
企业方代表	1					
	2					
	3					
	4					
	5					
	6					
	7					
职工方代表	1					
	2					
	3					
	4					
	5					
	6					
	7					

工资集体合同书

第一条 依据《劳动法》、《劳动合同法》、《工会法》、《工资集体协商试行办法》、《河北省企业职工工资集体协商条例》等有关规定,结合本企业实际,经企业方与职工方协商一致,签订本合同。

第二条 协商双方经对企业生产经营和经济效益状况分析与预测,结合其他相关经济因素,对照政府颁布的工资指导线,经平等协商,达成以下意见:

1. 在上年度企业职工人均工资＿＿＿元的基础上,本年度企业职工人均工资水平调整幅度为＿＿＿＿%。

2. 工资调整办法:＿＿＿＿＿＿＿＿＿＿＿＿＿＿＿＿＿＿＿＿＿＿＿＿。

3. 加班加点工资的计算基数和计发标准:＿＿＿＿＿＿＿＿＿＿＿＿＿＿＿。

4. 企业最低工资标准:＿＿＿＿＿＿＿＿＿＿＿＿＿＿＿＿＿＿＿＿。

5. 企业以法定货币(人民币)形式,于每月＿＿＿日支付全体职工工资,如遇节假日、休息日可提前或推后至最近的工作日支付。

6. 职工在法定节假日、休息日,以及依法享受婚假、丧假、探亲假、年休假、计划生育假、产假期间,应视为提供正常劳动,支付工资。

7. 职工在病假、事假及工伤医疗期间的工资待遇,企业应根据国家有关规定,结合企业实际情况确定,具体支付办法为:＿＿＿＿＿＿＿＿＿＿＿＿＿＿＿＿＿。

8. 奖金的分配形式:＿＿＿＿＿＿＿＿＿＿＿＿＿＿＿＿＿＿＿＿。

9. 生产性津贴的分配形式为:＿＿＿＿＿＿＿＿＿＿＿＿＿＿＿＿＿＿。

10. 生活性补贴的分配形式为:＿＿＿＿＿＿＿＿＿＿＿＿＿＿＿＿＿＿。

11. 各项福利待遇为:＿＿＿＿＿＿＿＿＿＿＿＿＿＿＿＿＿＿＿＿。

第三条 凡遇下列情况之一的,经双方协商一致,可以对合同进行修改或变更:

1. 企业生产经营发生重大变化,工资集体合同中的部分条款难以履行时;

2. 本地区或同行业职工平均工资水平发生较大变化;

3. 城镇居民生活费用价格指数发生重大变化,影响职工实际工资收入较大。

第四条 凡遇下列情况之一的,经双方协商一致,可以提前终止合同:

1. 企业破产或濒临破产;

2. 合同双方发生重大分歧,企业生产经营不能正常运行;

3. 发生人力不可抗拒的自然灾害。

第五条 违约责任:

1. 由于协商双方中任何一方的过错造成合同不能履行或部分条款不能履行,由有过错的一方承担法律责任;

2. 因不可抗拒因素造成合同不能履行,双方均不承担法律责任;

3. 协商双方中任何一方违反合同时,应按有关规定承担违约责任;

4. 协商双方任何一方违反合同,给对方造成损害的,应根据后果和责任,按国家有关规定承担违约责任。

第六条 本合同由集体合同监督小组负责监督,监督小组每年不少于两次向企业和工会联席会议汇报。联席会议有权针对问题适时协商。

第七条 本合同有效期为一年,于____年__月__日起到____年__月__日止。合同期满前六十日内,双方应当重新签订职工工资集体合同。

第八条 本合同未尽事宜,按照现行有关规定执行。

第九条 本合同一式四份,甲乙双方各一份,当地劳动部门和企业上级工会各一份。

以上所列条款已经协商双方确认无误。

企业方首席代表签字　　　　　　　　　职工方首席代表签字

（章）　　　　　　　　　　　　　（章）

年　　月　　日　　　　　　年　　月　　日

说明:该样本所列条款仅供企业在进行工资集体协商时参考,各企业可根据经济效益和职工工资水平等具体情况增加或减少协商条款。

资料来源:唐山市总工会 http://www.tsgh.gov.cn.

第七章 劳动关系纠纷及冲突管理[①]

【学习目标】

通过本章内容的学习,要求学生把握如下要点:

1. 劳动争议的含义、分类及特征
2. 劳动争议处理的相关组织
3. 劳动争议处理的一般原则、手段和程序
4. 集体劳动合同争议处理的主要手段和程序
5. 劳动关系冲突的最后手段——产业行动

......

【引导案例】 未经协商随意变更业务提成比例引发的争议

陈某于 2004 年年底进入某公司从事业务员工作,工资结构是基本工资加业务提成。2009 年年底陈某与某公司签订了最新一期劳动合同。2009 年 2 月陈某于公司签订了业务提成条例一份,详细规定了业务提成的比例,并于条例最后载明"本规定最终解释权为本公司,如有变动,本公司另行通知"。2009 年 6 月、9 月、12 月,某公司连续三次以公司内部张贴告示的形式对原来的提成条例进行调整,涉及陈某的提成比例有不同程度的降低。2010 年 5 月,陈某向某公司递交了离职申请书,并在离职原因陈述一栏中注明薪酬不能及时发放、公司制度不稳定,经常更改并不与利益相关人协商。此后,陈某申请仲裁,请求解除劳动合同,某公司支付陈某经济补偿金并补足拖欠的业务提成款。该公司不服,认为用人单位有用工自主权,双方协议约定"本规定最终解释权为本公司,如有变动,本公司另行通知",此表明用人单位可以单方调整业务提成比例,且每次调整都通知了陈某,但陈某在调整

① 本章部分观点来源:于桂兰,于楠.劳动关系管理.北京:清华大学出版社.北京交通大学出版社,2011:390—430;常凯.劳动关系学.北京:中国劳动社会保障出版社,2005:379—395;赵永乐,薛琴,方江宁.劳动关系管理与劳动争议处理.上海:上海交通大学出版社,2010;王裕明,吴国庆.劳动关系与争议处理政策与实务.北京:北京大学出版社,2008:103—108。

期内未提出异议,其对于提成比例变动是明知的,系双方在事实上形成了变更合意。遂向法院提起诉讼。

（案例来源:江苏法院 2011 年度劳动争议十大典型案例. 中国江苏网:http://news. jschina. com. cn）

市场经济条件下,企业劳动关系双方是矛盾的对立统一体,两者之间既要互相依存与合作,又会相互对立与冲突,两者之间因实现劳动权利或履行劳动义务而发生的矛盾纠纷即劳动争议不可避免;当劳动争议通过和缓、常规处理机制无法化解时,劳动关系纠纷可能会因矛盾激化而升级为激烈冲突。一定意义上讲,劳动关系纠纷(或劳动争议)与劳动关系冲突是同一问题的两个发展阶段。当然,劳动争议并不必然发展为劳动关系冲突(简称劳资冲突),大多数劳动争议可以通过适当的方法加以化解,而不必走向激化的形式;劳资冲突也并不必然通过劳动争议阶段才会发展起来,劳动关系双方的矛盾有时就直接趋向于激烈的形式,表现为劳动关系冲突。按照两种标准,劳动争议有个别劳动争议与集体劳动争议之分以及权力争议与利益争议之别。目前在我国,个体劳动争议和集体劳动争议中的权利争议,其化解的常规机制是协商谈判和"一调一裁两审",基本手段是协商、调解、仲裁和诉讼;而集体劳动争议中的利益争议以及关于集体劳动关系冲突的法律制度还不健全。西方一些国家的做法值得借鉴。在多数西方国家,法律明确规定了劳动者的罢工权合法性(相应的企业方有闭厂权),当集体劳动争议不能通过集体协商、谈判等和缓的、常规性交涉机制及行政、司法机制等解决而升级为劳资冲突时,劳动者一方采取怠工、罢工、示威等,企业方采取关闭工厂、雇佣替代工人、黑名单等各种形式的产业行动,成为双方寻求矛盾化解的最后手段,以期压制和胁迫对方妥协让步;而罢工或闭厂等产业行动又会通过第三方介入的方式(如斡旋、调停、调解等)得到解决,双方再次走向谈判与合作。

本章主要介绍企业劳动争议的概念、分类以及劳动争议处理的一般原则和常规机制;重点论述企业劳动争议处理的相关组织、主要手段及其基本程序;尝试着结合我国实际,对不同类型的集体劳动争议处理制度、基本程序以及劳动关系冲突的表现形式与手段——产业行动进行探讨。

第一节　劳动争议概述

一、劳动争议的含义与分类

劳动争议是指劳动关系的双方当事人——用人单位与劳动者之间,因实现劳动权利或履行劳动义务而发生的矛盾纠纷。与劳动关系实质上是劳动关系当事人之间的经济利益关系相对应,劳动争议实质上正是劳动关系当事人之间的经济利益矛盾纠纷的表现。

实践中,劳动争议当事人中,用人单位一方既可能是单个雇主,也可能是雇主团体,相对应的,劳动者一方既可能是单个雇员,也可能是受雇于同一用人单位的多个雇员(部分雇员或全体雇员),还可能是受雇于多个雇主的多个雇员(通常是全体雇员)。劳动争议标的的性质、内容既可能是因既定权利义务关系的确认与实现引发的矛盾纠纷,也可能是因待定权利义务关系的确认与实现引发的矛盾纠纷。藉此,劳动争议可以划分出多种类型,不同类型的劳动争议,其特点不同,处理的机制和方法也不同。常见的单个企业的劳动争议(简称劳动争议,本章第 1 至第 5 节均如此)分类如下。

(一)个体劳动争议与集体劳动争议

按照劳动者一方人数的多寡,劳动争议分为个体劳动争议和集体劳动争议。

1. 个体劳动争议

个体劳动争议,又称个人劳动争议、个别劳动争议,是指单个劳动者与其受雇的用人单位之间发生的劳动争议。个体劳动争议的特点表现在:一是发生劳动争议的劳动者一方人数少(10 人以下)[①];二是争议内容只是关于个别劳动关系、劳动问题的,而不是关于一类劳动关系、劳动问题或集体合同的;三是个体劳动争议处理时,必须由发生争议的劳动者参加或委托代理人参加,不能由他人代表参加;四是个别劳动争议通过仲裁方式处理时不适用特别程序。一般个别劳动争议处理的常规机制是协商谈判和"一调一裁两审",基本手段是协商、调解、仲裁和诉讼。

2. 集体劳动争议

集体劳动争议是指劳动者一方当事人在 10 人以上且因共同理由与其受雇的同一用人单位之间发生的劳动争议。集体劳动争议又有多种类型。

按照劳动者一方是受雇于同一用人单位的部分员工还是全体员工以及劳动者一方是否形成了自己的组织和组织化程度大小,集体劳动争议又被划分为团体性劳动争议或集体劳动合同争议与非团体性劳动争议或个体性集体劳动争议两种类型。

所谓团体性劳动争议又称集体劳动合同争议,通常是指受雇于同一用人单位并具有组织性(工会组织)的劳动者集体与用人单位之间因签订集体劳动合同或履行集体劳动合同而发生的争议。其中,签订集体劳动合同发生的争议是指工会组织代表劳动者一方与用人单位之间就如何确定合同条款(包括集体劳动合同的订立和变更)所发生的争议;而履行集体合同发生的争议是指工会组织代表劳动者一方与用人单位之间在集体合同订立并发生法律效力后就如何将合同条款付诸实现所发生的争议。与个体劳动争议和非团体性集体劳动争议相比,团体劳动争议的特点:一是劳动者一方是受雇于同一用人单位的全体员工,而且有真正代表自己利益的工会组织,组织化程度高。二是争议内容相同,而且争议标的及争议所指向的权利(利益)、义务,是劳动者集体共同享有和承担的。三是争议处理时,劳动者一方由工会组织代表与用人单位交涉,处理结果对全体劳动者具有法律意义。四是签订集体劳

---

① 关于个别劳动争议和集体劳动争议的区别之一是劳动者一方的人数,大部分学者界定为 3 个人,即劳动者一方在 3 人以下者为个体劳动争议,3 人及其以上者为集体劳动争议。其法律法规依据为 1993 年 6 月 11 日国务院第五次常委会通过、同年 8 月 1 日施行的《中华人民共和国企业劳动争议处理条例》(简称《条例》)的第 5 条"发生劳动争议的职工一方在 3 人以上,并有共同理由的,应当推举代表参加调解或者仲裁活动"。考虑到《条例》已被 2008 年 5 月 1 日施行的《中华人民共和国劳动争议调解仲裁法》替代,编者认为应该依据现行的《中华人民共和国劳动争议调解仲裁法》第 7 条"发生劳动争议的劳动者一方在 10 人以上,并有共同请求的,可以推举代表参加调解、仲裁或者诉讼活动",个别劳动争议和集体劳动争议区别之一的劳动者一方人数应该为 10 人,即 10 人以下者为个别劳动争议,10 人及其以上者为集体劳动争议。

动合同发生的争议,当事人协商不成者,当地人民政府劳动行政部门协调处理;履行集体劳动合同发生的争议,当事人双方协商不成者,可以依法申请仲裁、提起诉讼予以处理,而且争议处理适用特别程序,可优先立案,优先审理。

所谓非团体劳动争议或个体性集体劳动争议,是指受雇于同一用人单位且缺乏组织性的部分劳动者或者全体劳动者因相同的劳动权利义务问题与用人单位发生的法律纠纷。目前在我国,个体性集体劳动争议又简称为集体劳动争议,而与集体劳动合同争议和个体劳动争议并称。与个体劳动争议相比,个体性集体劳动争议的特点:一是劳动者一方当事人人数多,而且劳动者内部在争议发生前缺乏组织性(没有工会组织,即使有工会组织,也没有起到应有作用),发生争议后因共同的权利(利益)诉求自发组织起来。二是争议内容相同,而且争议标的及争议所指向的权利(利益)、义务,是各个劳动者个人所享有和承担的。三是争议通过调解、仲裁、诉讼方式处理时,劳动者一方应推举代表与用人单位交涉,处理结果只对其代表的部分劳动者有法律效力;裁决后,部分劳动者不服的,可以向法院起诉,裁决结果只对未起诉的劳动者发生法律效力。四是争议通过仲裁方式处理时,适用特别程序,仲裁委员会可优先立案,优先审理。

与个体劳动争议只是影响劳动者个人不同,无论哪种类型的集体劳动争议,其影响是广泛的,如果处理不及时或不得当,极易导致当事人双方矛盾激化升级,出现怠工、游行示威、罢工、闭厂等激烈冲突情形。

(二)权利争议与利益争议

按照劳动争议标的的性质,劳动争议可以分为权利争议和利益争议。

权利争议是指劳动关系当事人之间因法定或约定权利而产生的纠纷。具体讲,权利争议是指劳动关系当事人的权利义务已由劳动法律、法规确立或劳动合同、集体合同事先签约确定,当事人就执行法律、法规或履行劳动合同、集体合同而发生的争议。权利争议又被称为法律争议、现实权利争议或既定权利争议。

利益争议是指劳动关系当事人就如何确定双方的未来权利义务关系发生的争议,它不是现实的权利争议,而是对如何确定期待的权利而发生的争议。具体讲,利益争议是指当事人主张的权利义务没有通过法律、法规或劳动合同、集体合同事先确定,而是当事人在协商、谈判中就新的权利提出要求却难以达成一致时而发生的争议。利益争议,也称事实争议、经济争议或待定权利争议。

综合上述两种分类标准,劳动争议又可以进一步划分为多个类型:个体劳动争议中的权利争议(劳动者个体与用人单位之间因履行劳动合同或执行法律法规规定而发生的争议)、个体劳动争议中的利益争议(劳动者个体与用人单位之间因签订或变更劳动合同而发生的争议)、集体劳动争议中权利争议和利益争议。集体劳动争议中权利争议和利益争议又具体包括个体性集体劳动争议中权利争议(受雇于同一用人单位的多个劳动者与用人单位之间因履行劳动合同和法律法规规定发生的争议)、个体性集体劳动争议中利益争议(受雇于同一用人单位的多个劳动者与用人单位之间因劳动合同的签订或变更等发生的争议)、团体劳动争议中的权利争议(履行集体劳动合同发生的争议)、团体劳动争议中利益争议(签订集体劳动合同发生的争议)等多个劳动争议类型。我国现有的法律法规对不同类型的劳动争议所规定的调处机制和方法有异同。

随着我国集体协商和集体合同制度的发展,行业性、区域性集体协商和集体合同也将得到推广。与行业性、区域性集体协商和集体合同制度相联系,与个体劳动争议和单个企业的集体劳动争议相对称的行业内、区域内多个企业发生的集体劳动争议类型将可能出现,它是指受雇于行业内、区域内多个雇主的众多劳动者因相同的劳动权利义务问题与行业内、区域内多个雇主(通常是雇主团体或雇主组织)之间发生的矛盾纠纷。该类集体劳动争议,通常是行业性、区域性的集体协商过程中或集体合同履行过程中因共同的权利义务问题发生的劳资矛盾纠纷。目前,该类集体劳动争议在我国还不多见,本章未作讨论。

二、劳动争议处理立法和制度

目前,我国劳动争议处理的基本法律依据是《劳动法》《劳动合同法》《劳动争议调解仲裁法》《民事诉讼法》《劳动人事争议仲裁办案规则》《企业劳动争议协商调解规定》《集体合同规定》以及《最高人民法院关于审理劳动争议案件适用法律若干问题的解释》等。依据上述法律法规,劳动争议处理的基本制度是协商和"一调一裁两审"制度。

劳动争议处理的"一调一裁两审"机制主要依据 1993 年国务院颁布实施的《企业劳动争议处理条例》构建,2007 年 12 月第 10 届全国人民代表大会常务委员会第 31 次会议通过的《中华人民共和国劳动争议调解仲裁法》又对劳动争议处理"一调一裁两审"机制进行了补充、修改,缩短了争议处理周期,对公正、及时、高效解决劳动争议,降低当事人维权成本,保护当事人合法权益,促进劳动关系和谐稳定发挥着重要作用。

企业是劳动争议产生的源头,也是处理矛盾的主体,争议在企业内部解决,成本最小,效果最好。贯彻《劳动争议调解仲裁法》,落实劳动争议管理的"预防为主、基层为主、调解为主"的工作方针,2011 年 11 月人力资源和社会保障部第 76 次部务会审议通过并于 2012 年 1 月 1 日实施的《企业劳动争议协商调解规定》(简称《规定》)使企业自主开展劳动争议协商、调解工作有了可遵循的法规依据。企业劳动争议协商和调解有助于积极预防劳动争议和快速解决劳动争议,将矛盾化解在基层,及时恢复正常劳动关系,防止矛盾进一步激化扩大。当前,我国正处于社会经济发展的关键期、改革的攻坚期、社会矛盾的凸显期,企业特别是非公企业劳动争议易发、多发,劳动争议总量呈居高态势,加强企业劳动争议协商和调解工作,对减少转型期大幅增长的劳动争议案件对劳动关系的冲击和震荡,促进就业稳定,加快转变经济发展方式有着积极意义。

我国现行的劳动争议处理制度体系还有待进一步健全和完善。目前,常规的劳动争议处理机制(协调和"一调一裁两审")主要适用于个别劳动争议;关于集体劳动争议的处理,只是在相关劳动立法中散见了几个原则性条款,操作中不易把握,这与我国劳动关系状况的现实需要存在矛盾。实践中,集体劳动争议中的权利争议,部分适用现行的常规调处制度;签订集体劳动合同争议,主要依靠劳资双方协商和劳动行政部门的行政协调解决,而不能通过常规机制中的调解、仲裁和诉讼等程序解决,同时,对于行政协调未果或争议双方对行政协调的结果不满意而拒不执行时该如何处理,现有法律制度没有说明。还有,对于现实中大量存在的个体性集体劳动争议的利益争议处理,现有法律法规没有明确规定。总之,现行的劳动争议立法、制度已经不能很好适应我国正在大力推行的集体协商和集体合同制度以及日趋增加的各类集体劳动争议案件的发展需要,集体劳动争议处理的立法和制度亟待健全和完善。

依照我国现行法律法规规定,劳动争议处理实行"一调一裁两审"制度,仲裁是诉讼的前置程序,即不经仲裁,当事人不能直接向人民法院提起诉讼。因而,劳动争议诉讼程序适用的范围与《劳动争议调解仲裁法》适用的范围应当一致,所以,依据《劳动争议调解仲裁法》,我国现行的劳动争议处理制度适用的争议内容主要包括:一是因确认劳动关系发生的争议;二是因订立、履行、变更、解除和终止劳动合同发生的争议;三是因除名、辞退和辞职、离职发生的争议;四是因工作时间、休息休假、社会保险、福利、培训以及劳动保护发生的争议;五是因劳动报酬、工伤医疗费、经济补偿或者赔偿金等发生的争议;六是法律、法规规定的其他劳动争议。

三、劳动争议处理原则

《劳动法》第 78 条规定:"解决劳动争议,应当根据合法、公正、及时处理的原则,依法维护劳动争议当事人的合法权益。"第 77 条规定:"调解原则适用于仲裁和诉讼程序。"《劳动争议调解仲裁法》第 3 条规定:"解决劳动争议,应当根据事实,遵循合法、公正、及时、着重调解的原则,依法保护当事人的合法权益。"

(一)合法原则

合法原则是指劳动争议处理机构在处理劳动争议过程中必须坚持以事实为根据,以法律为准绳,依法处理劳动争议。这里"合法"的法,既包括劳动实体法,也包括处理劳动争议的程序法。劳动实体法由我国《劳动法》、劳动行政法规和地方性法规,以及劳动规章和相关政策构成,是处理劳动争议的基本依据。需要注意的是,在劳动争议处理中,依法签订的劳动合同、集体合同,以及依法制定的并经职代会或员工大会讨论通过的企业规章,也可成为处理案件的依据。

(二)公正原则

公正原则是指劳动争议处理机构在处理劳动争议时,要坚持秉公执法,不徇私情;保证争议双方当事人处于平等的法律地位,具有平等的权利和义务。

(三)及时处理原则

劳动争议与劳动者的生活和企业生产密切相关,一旦发生争议,不仅影响工作、生产的正常进行,而且直接影响劳动者及其家人的生活,甚至影响社会的稳定。因此,对劳动争议必须及时处理,及时保护权利受侵害一方的合法权益,以协调劳动关系,维护社会和生产的正常秩序。我国有关处理劳动争议的法律法规的规定都体现了这一原则,主要表现在:一是争议发生后,当事人应及时协商,协商不成的应及时向劳动争议处理机构申请调解、仲裁,避免超过申请时效;二是劳动争议处理机构应当在收到当事人劳动争议申请后及时做出受理与否决定,受理后应及时调解、审理和结案;三是当事人应及时执行处理决定,如果对调解结果有异议及时提起仲裁申请,若对仲裁结果不服可提出上诉。(具体时间限制见本章 2、3、4 节相关内容)

(四)调解原则

《劳动法》第 77 条规定:"用人单位与劳动者发生争议,当事人可以依法申请调解、仲裁、提起诉讼,也可以协商解决。调解原则适用于仲裁和诉讼程序。"第 79 条规定:"劳动争议发生后,当事人可以向本单位劳动争议调解委员会申请调解。调解不成可以申请仲裁,对仲裁裁决不服的,可以向人民法院起诉;当事人也可以不经过调解,直接向劳动争议仲裁委员会申请仲裁。"《劳动争议调解仲裁法》第 3 条也确定了"着重调解"是处理劳动争议应当遵循的一项基本原则。

从上述法律规定看,调解原则包含两方面的内容。一是调解作为解决劳动争议的基本手段贯穿于劳动争议处理的全过程。在劳动争议发生后,当事人双方就可先行协商;在进入调解程序后,企业劳动争议调解委员会的全部工作就是进行调解;当进入劳动争议仲裁和诉讼程序后,劳动争议仲裁委员会和人民法院在处理劳动争议时,仍必须先进行调解,调解不成的,才能作出裁决和判决。二是调解不能违反自愿原则,即在双方当事人自愿的基础上进行,不能勉强和强制,否则即使达成协议,因违反自愿原则,企业调解委员会的调解协议书、仲裁委员会或人民法院的调解书都不能发生法律效力。

四、劳动争议处理的程序和手段

根据《劳动法》《劳动争议调解仲裁法》的规定,我国劳动争议处理的方式包括协商、调解、仲裁和诉讼,实行协商和"一调一裁两审"的处理程序。为了进一步保护劳动者权益,对于几种特殊的案件可以实行一裁终局制,即不能再向法院起诉,裁决书具有最终效力,可以申请法院强制执行。

劳动争议实行"一调一裁两审"的处理程序是指发生劳动争议后,当事人除先进行协商外,可以向企业劳动争议调解委员会申请调解;调解不成,或者不愿意调解的,当事人可以向劳动争议仲裁委员会申请仲裁;对仲裁裁决不服的,可以向人民法院提起诉讼,其诉讼程序按照民事诉讼法的规定,实行两审终审制。"一调一裁两审"的制度将仲裁作为诉讼的一个前置程序,不经仲裁,当事人不能直接向人民法院提起诉讼。劳动争议处理的常规程序见图 7-1。

劳动争议协商是指发生劳动争议的用人单位和劳动者双方,一方当事人可以通过与另一方当事人约见、面谈等方式自我协商,或者一方通过委托其他组织或个人作为其代表与对方协商,达成和解协议,依法解决双方之间劳动争议的行为或方式。目前,企业劳动争议协商程序的主要法规依据是《企业劳动争议协商调解规定》。

劳动争议发生后,争议双方当事人可以在平等、自愿基础上直接就争议事项进行协商,争取达成一致意见,避免事态扩大。劳动争议协商是劳动争议调解、仲裁的前置程序,适用于争议开始之初双方矛盾还未激化时,但并非是解决劳动争议的必经程序。

与其他劳动争议处理方式相比,劳动争议协商方式的特点表现在:一是协商主体是双方当事人,无第三方组织(劳动争议处理组织)参与;二是简便、没有法定程序约束;三是灵活、快捷,当事人双方不愿协商或协商不成,还可以选择调解程序或仲裁程序。劳动争议发生后,双方当事人通过协商来解决纠纷,对于稳定劳动关系、避免双方矛盾激化、及时解决纠纷有着其他处理制度不可比拟的优点。

依照《企业劳动争议协商调解规定》的相关条款,劳动争议的一方当事人提出协商要求后,另一方当事人应当积极做出口头或者书面回应。5 日内不做出回应的,视为不愿协商。协商的期限由当事人书面约定,在约定的期限内没有达成一致的,视为协商不成。当事人可以书面约定延长协商期限。双方协商达成一致,应当签订书面和解协议。和解协议对双方当事人具有约束力,当事人应当履行。企业发生劳动争议,当事人不愿协商、协商不成,或者达成和解协议后,一方当事人在约定的期限内不履行和解协议的,可以依法向调解委员会或

劳动者和用人单位

劳动关系双方因劳动权利和义务发生争议

可以先相互协商，协商不成可以申请企业劳动争议调解委员会、依法设立的基层人民调解组织或在乡镇、街道设立的具有劳动争议调解职能的组织进行调解，并在15日内完成调解程序

争议发生后一年内到企业所在地劳动争议仲裁委员会申请劳动仲裁，并提交书面申述书及副本

调解不成

仲裁委员会受理登记，5日内决定是否受理立案

受理立案

不予受理

向申诉人下达受理通知书

当事人如委托代理人应按规定提交委托证书

向被诉人下达应诉通知书，告知其10日内提交答辩书

书面告知本人并说明理由

仲裁委员会组成仲裁庭，按照法定程序审理案情

开庭审理前5日告知诉、被双方开庭事项和仲裁人员组成情况

如期开庭（如案情需要，可休庭后择期再次开庭），查明案情，调处争议，并在45天内审结

促成双方达成和解，签署调解书

调解失败，依法仲裁，下达裁决书

受理法院按法定程序审理，如调解不成下达一审判决

当事人如不服一审法院判决，依法向上一级法院上诉，上级法院再审，如调解不成下达终审判决

按期履行调解协议

一方不履行协议，另一方15日内申请法院强制执行

按期执行仲裁裁决

当事人如有不服，15日内向规定的人民法院起诉

劳动争议处理程序终结

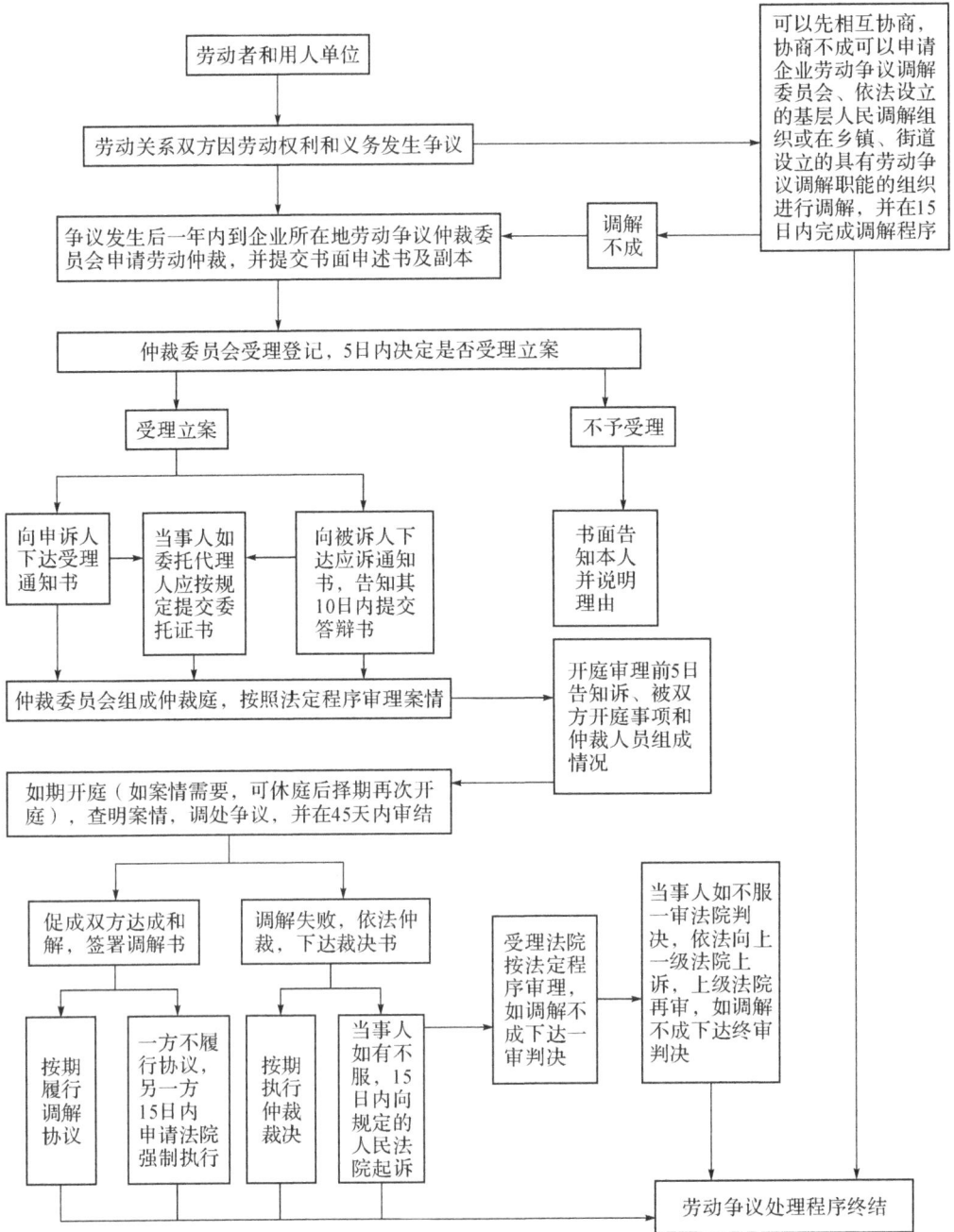

图 7-1　劳动争议处理程序

资料来源：赵永乐，薛琴，方江宁.劳动关系管理与劳动争议处理.上海：上海交通大学出版社,2010:178.

者乡镇、街道劳动就业社会保障服务所(中心)等其他依法设立的调解组织申请调解,也可以依法向劳动人事争议仲裁委员会(以下简称仲裁委员会)申请仲裁。

关于劳动争议调解、仲裁和诉讼等处理方式的内容详见本章第2—4节。

一些特殊劳动争议案件的"一裁终局"制,是《劳动争议调解仲裁法》对劳动争议处理"一调一裁两审"体制所做的例外规定。该法第47条:"下列劳动争议,除本法另有规定的外,仲裁裁决为终局裁决,裁决书自作出之日起发生法律效力:追索劳动报酬、工伤医疗费、经济补偿或者赔偿金,不超过当地月最低工资标准12个月金额的争议;因执行国家的劳动标准在工作时间、休息休假、社会保险等方面发生的争议。"对涉及金额不大的上述简单劳动争议案件实行"一裁终局"制度,使劳动纠纷终止于仲裁环节,不再走"一调一裁两审"程序的完全过程,有效解决了以往一些用人单位面对上述争议案件恶意诉讼,拖延履行义务而导致的劳动争议处理周期过长的问题,使得大多数劳动争议案件得以及时化解,降低了劳动者的维权成本,有效维护了劳动者的合法权益。

第二节　劳动争议调解管理

一、劳动争议调解的含义

劳动争议调解是指依法设立的劳动争议调解机构或者其他组织,依照法律、法规和有关政策,在查清事实、分清责任的基础上,对发生劳动争议的双方当事人运用说服教育、劝导协商的方式,促使其在互谅互让的基础上解决争议的一种活动。

劳动争议调解有广义和狭义之分。广义的劳动争议调解,包括各种组织以各种方式对劳动争议案件进行调解:企业劳动争议调解委员会调解,依法设立的基层人民调解组织调解,乡镇、街道设立的具有劳动争议调解职能的组织调解,仲裁委员会处理劳动争议时的仲裁庭调解,人民法院审判中的调解以及劳动争议诉讼前的专家调解等。狭义的劳动争议调解,是指企业劳动争议调解委员会对本企业发生的劳动争议案件进行的调解。本部分主要讨论狭义的劳动争议调解。

企业劳动争议调解委员会调解劳动争议,是解决基层劳动争议的重要形式。通过调解把大量争议及时解决在基层,有利于员工和企业达成调解协议,增进团结;有利于维护企业正常的生产秩序和工作秩序,维护双方合法权益。企业劳动争议调解程序的基本法律、法规依据是《劳动争议调解仲裁法》和《企业劳动争议协商调解规定》。

二、企业劳动争议调解委员会的设立与责权

(一)企业劳动争议调解委员会的设立

大中型企业应当依法设立调解委员会,并配备专职或者兼职工作人员。有分公司、分店、分厂的企业,可以根据需要在分支机构设立调解委员会。总部调解委员会指导分支机构调解委员会开展劳动争议预防调解工作。调解委员会可以根据需要在车间、工段、班组设立调解小组。对于小微型企业,可以设立调解委员会,也可以由劳动者和企业共同推举人员,

开展调解工作。企业应当支持调解委员会开展调解工作,提供办公场所,保障工作经费。

(二)企业劳动争议调解委员会责权

企业劳动争议调解委员会主要职责有:一是宣传劳动保障法律、法规和政策。二是对本企业发生的劳动争议在争议双方自愿基础上依法进行及时调解。当事人不愿调解、调解不成,或者达成调解协议后,一方当事人在约定的期限内不履行调解协议的,调解委员会应当做好记录,由双方当事人签名或者盖章,并书面告知当事人可以向仲裁委员会申请仲裁。三是监督和解协议、调解协议的履行。四是聘任、解聘和管理调解员。五是参与协调履行劳动合同、集体合同、执行企业劳动规章制度等方面出现的问题。六是参与研究涉及劳动者切身利益的重大方案。七是协助企业建立劳动争议预防预警机制。由此可以看出,劳动争议调解委员会重在履行劳动争议预防职责。

调解委员会的职权主要有三个方面:一是依法独立进行调解工作,有权从事下列活动:接受企业或员工一方或双方的申请;对所接到的申诉进行审查,明确是否是劳动争议,以及是否属于调解委员会的受案范围并决定是否受理申诉;对要处理的案件进行调查取证,制作调查笔录,企业和员工及有关人员应当协助;召集企业和员工进行调解,向双方提出调解建议和调解意见,促使双方在自愿的基础上达成一致意见;制作调解书,送达企业行政和员工,促使双方自觉履行等。调解委员会的上述活动,企业行政、各级管理人员、任何员工个人、任何群众组织,都不得插手干扰。二是有权获得必要的帮助和物质便利。调解委员会设在企业工会委员会,企业行政或有条件的企业工会应该为调解委员会提供办公场所等便利设施,如房屋、办公用品以及必要的活动经费等。对于专职的调解员,企业应给予编制,负责专职调解员的工资、保险、福利等事项;兼职的调解员参加调解活动,需要占用生产或工作时间,企业应予以支持,并按正常出勤对待。三是有权在本企业开展民主法制教育和宣传活动。

三、企业劳动争议调解委员会的组成人员及其职责

(一)企业劳动争议调解委员会组成人员的产生与调整

调解委员会由劳动者代表和企业代表组成,人数由双方协商确定,双方人数应当对等。

调解委员会成员中,劳动者代表由工会委员会成员担任或者由全体劳动者推举产生,企业代表由企业负责人指定。

调解委员会主任由工会委员会成员或者双方推举的人员担任。

调解员由调解委员会聘任的本企业工作人员担任,调解委员会成员均为调解员。调解员应当公道正派、联系群众、热心调解工作,具有一定劳动保障法律政策知识和沟通协调能力。

调解员的聘期至少为1年,可以续聘。调解员不能履行调解职责时,调解委员会应当及时调整。调解员在调解过程中存在严重失职或者违法违纪行为,侵害当事人合法权益的,调解委员会应当予以解聘。

(二)企业劳动争议调解员的职责

调解员的职责主要包括:一是关注本企业劳动关系状况,及时向调解委员会报告;二是接受调解委员会指派,调解劳动争议案件;三是监督和解协议、调解协议的履行;四是完成调解委员会交办的其他工作,主要包括及时制作、送达调解协议文书,整理调解案卷等。

四、企业劳动争议调解委员会调解应遵循的原则

《企业劳动争议协商调解规定》提出："协商、调解劳动争议,应当根据事实和有关法律法规的规定,遵循平等、自愿、合法、公正、及时的原则。"平等、合法、公正和及时原则是企业劳动争议调解与劳动争议仲裁和诉讼程序所共同遵循的基本原则,自愿原则是企业劳动争议调解需遵循的特殊原则,及时原则在企业劳动争议调解中也有不同的体现。平等、合法、公正原则与本章第一节中所述的相关内容相近,这里重点介绍自愿原则和及时原则。

企业劳动争议调解的自愿原则包括三个方面:一是企业劳动争议当事人双方申请调解自愿。只有当事人都同意调解,调解委员会才会受理,有一方不同意则不得受理。二是调解过程自愿。调解人员在调解过程中不能采取任何强制或命令的手段,强迫当事人接受调解意见,而应该是在通过协商、说服教育、分清是非的基础上达成一致,不得勉强。三是履行协议自愿。除了因支付拖欠劳动报酬、工伤医疗费、经济补偿或者赔偿金事项达成的调解协议外,调解协议达成后,当事人自愿履行,一方或双方不履行或反悔的,则为调解不成,调解委员会不得强迫当事人履行。

企业劳动争议调解的及时原则,要求企业劳动争议调解委员会在接到当事人一方或双方调解申请后一定时限内及时做出受理与否的决定,在决定受理后更要及时进行调解结案。依据《企业劳动争议协商调解规定》,企业劳动争议调解委员会在接到调解申请后,对属于劳动争议受理范围且双方当事人同意调解的,应当在 3 个工作日内受理,对不属于劳动争议受理范围或者一方当事人不同意调解的,应当做好记录,并书面通知申请人;企业劳动争议调解委员会在受理案件后应当自受理调解申请之日起 15 日内调解结束,只有当双方当事人同意调解时限延期才可以延长。

五、企业劳动争议调解委员会调解的程序

企业劳动争议调解委员调解劳动争议一般按照如下程序进行。

(一)调解前准备工作

调解前应当做好的准备工作,主要包括下述内容。

1. 审查调解申请

当事人申请劳动争议调解可以书面申请(即《劳动争议调解申请书》),也可以口头申请。口头申请的,调解委员会应当当场记录申请人基本情况,申请调解的争议事项、理由和时间。

调解人员在调解工作开始前,应当对当事人递交的《劳动争议调解申请书》或申请人的口头申请记录载明的内容进行认真审查,如果发现内容有欠缺的,应及时通知申请人补充有关材料和证据。

以企业方申请调解为例,企业方应当在知道或应当知道企业权利被侵害之日起 15 日内提出,并填写《劳动争议调解申请书》,企业不管是书面申请还是口头申请,申请时都要说明三方面内容:一是与哪个员工或哪些员工、在哪些问题上发生了争议;二是调解请求,即希望通过调解保护企业哪些合法权益,要求员工履行哪些义务;三是企业的请求所依据的事实和理由。

2. 案件受理

案件受理是指调解委员会在收到调解申请后,经过审查,决定接受案件申请的过程。调解申请可以是双方共同提出,也可以是一方提出,但必须是双方合意的情况下方可受理。调解委员会应当在 3 个工作日内作出受理或不受理申请的决定。对不受理的,应做好记录,并书面通知申请人。

3. 通知被申请人

劳动争议调解委员会在调解案件前,应通知被申请人提交答辩书,同时提供相关的证据资料,做好参加调解工作的准备。如果被申请人是企业方,应通知其指定专人或委托他人参加调解,以保证调解工作按预期顺利进行。

4. 告知与征询

企业劳动争议调解委员会应事先告知劳动争议的双方当事人调解人员名单。征询双方当事人是否申请回避。同时,告知双方当事人在调解活动中各自的权利和义务以及有关的注意事项。

5. 进行调查

调解前,应弄清劳动争议发生的原因、发展的过程、争议的焦点,了解申请人的调解请求;同时,调解人员要查阅有关法律、法规和政策,调阅劳动合同及企业的劳动规章制度等,以便分清是非,为调解做好准备。

调解人员针对案件的具体情况,深入做好调查工作。实践中,调解委员会调查的途径主要有:一是向企业或员工调查,听取双方对争议的意见和要求;二是向周围的员工和有关人员调查;三是向有关部门和单位调查,如了解劳动合同鉴证、劳动保护的有关问题,要向劳动行政部门或有关专家请求帮助,提供情况或勘察、鉴定结论;四是到现场调查。

6. 分析证据

调解人员在调解前,对当事人提供的证据材料及调查取得的证据作全面分析,去粗取精,去伪存真,掌握真实有用的证据,以供调解时使用。

7. 做好当事人的思想工作

企业劳动争议调解属群众性调解,调解人员是本企业人员,因此,调解前既有可能又有必要通过各种形式做好当事人的思想工作,学习有关政策法规,缓和双方的矛盾,创造融洽的气氛,为顺利调解打下基础。

(二)实施调解

调解的实施采取调解会议方式进行。调解会议一般由调解委员会主任主持,参加人员是争议双方当事人或其代表,其他有关部门或个人也可以参加,协助调解。调解的主要内容包括:要求争议双方当事人就调解申请的理由及争议的事实提出自己的意见和依据;调查争议所涉及的其他有关人员、单位和部门以及他们对争议的态度和看法;查看和翻阅有关劳动法规以及争议双方订立的劳动合同或集体合同等。

简单的争议,可以由调解委员会指定 1~2 名调解员进行调解。

实施调解一般按下列几个步骤进行:一是调解会议开始后,由记录员先向会议主持人报告到会人员情况,然后由调解委员会主任宣布调解的目的和纪律,以及争议企业和员工双方应当注意的事项;二是听取企业和员工对本案事实的陈述以及有关证人的证言;三是公布调解委员会调查核实的情况,并依照有关劳动法律、法规以及依照法律、法规制定的企业规章和劳动合同等进行公正调解,提出调解意见;四是企业和员工对调解委员会公布的情况和意见发表看法,并在此基础上进行协商;五是调解委员会对企业和员工的各种意见及最后达成的调解协议做记录存档。

(三)调解结果

实施调解的结果有以下两种:

(1)经调解后双方当事人达成协议的,制作调解协议书。协议书应载明争议双方当事人的姓名(单位名称)、职务,法定代表人姓名及职务,争议事项、调解结果和协议履行期限、履行方式等事项,由调解委员会主任(简单争议由调解委员)以及双方当事人签名或盖章,并加盖调解委员会印章。调解协议书一式三份(争议双方当事人、调解委员会各一份)。

(2)经调解不成的劳动争议案件,应做好记录,制作调解意见书并在调解意见书上说明情况,由当事人双方签名或盖章,并加盖调解委员会印章,调解意见书一式三份(争议双方当事人、调解委员会各 1 份)。

(四)调解协议的执行

劳动争议调解协议书由双方当事人签名或者盖章,经调解员签名并加盖调解组织印章后生效,对双方当事人具有约束力,当事人应当履行。

调解制度本身的性质决定了通常情况下调解协议书并没有法律强制执行力。因此,如果一方当事人不履行调解协议书,另一方当事人只能申请仲裁。值得注意的是,为了及时保护劳动者的合法权益,遏制少数用人单位故意拖欠劳动报酬、工伤医疗费等行为,《劳动争议调解仲裁法》对调解协议的效力做了特别规定。该法第 16 条指出:"因支付拖欠劳动报酬、工伤医疗费、经济补偿或者赔偿金事项达成调解协议,用人单位在协议约定期限内不履行的,劳动者可以持调解协议书依法向人民法院申请支付令。人民法院应当依法发出支付令。"也就是说,这些事项达成的调解协议,具有法律强制执行力,劳动者可以根据调解协议要求法院发出支付令,强制企业按照调解协议约定执行。

(五)调解结束

按照《劳动争议调解仲裁法》的规定,企业劳动争议调解委员调解劳动争议的时限为 15日,即在受理调解申请之日起的 15 日内调解工作必须结束。实践中,调解的具体终结方式有以下五种情形。

(1)企业和员工自行和解。即在调解过程中,按规定,企业和员工双方可以自行协商解决争议。双方和解达成协议的,劳动争议的调解即行终结。

(2)在调解过程中,企业或员工撤回调解申请。企业或员工因自觉理由不足,感到自己的要求依法不可能被支持,对方不可能接受,或产生争议的原因已解除等,根据调解自愿的原则,企业或员工可以撤回自己的调解申请,调解委员会应当准许,并终结调解。

(3)拒绝调解。在调解申请过程中,企业或员工对另一方调解申请可以拒绝;即使进入调解阶段,在调解过程中,争议双方都有权拒绝调解,直接进入仲裁阶段。

(4)企业和员工达成调解协议。达成调解协议是终结调解最多的一种方式,也是较理想的结果。达成调解协议后,一方当事人在协议约定期限内不履行调解协议的,另一方当事人可以依法申请仲裁。

(5)因达不成调解协议而终结调解。调解委员会在调解过程中,企业与员工之间是否能达成调解协议并不能确定,但法定的调解时间已到,调解工作即告终结。自劳动争议调解委员会收到调解申请之日起15日内未达成调解协议的,当事人可以依法申请仲裁。

第三节 劳动争议仲裁管理

一、劳动争议仲裁的含义

劳动争议仲裁是指劳动争议当事人依法向法定专门处理劳动争议的劳动争议仲裁委员会提出申请,由劳动争议仲裁委员会对当事人双方因劳动权利、义务等问题产生的争议进行裁决的活动。

劳动争议仲裁与企业劳动争议调解的主要区别在于:劳动争议仲裁的处理结果具有法律效力。劳动争议仲裁既有企业劳动争议调解的灵活、快捷的特点,又具有法律强制执行的特点,弥补了劳动争议调解委员会调解不具有强制力的弱点,比法院判决强制色彩弱,便于当事人接受和自觉执行。劳动争议仲裁是一项带有准司法性质的处理劳动争议的方式,在劳动争议处理工作中具有重要的作用。

劳动争议仲裁程序的基本法律、法规依据是《劳动争议调解仲裁法》和《劳动人事争议仲裁办案规则》。

二、劳动争议仲裁组织及其职责

劳动争议仲裁组织,是国家法律授权处理劳动争议的机构,是劳动争议仲裁的主体。劳动争议仲裁组织包括劳动争议仲裁委员会及其办事机构和仲裁庭。

(一)劳动争议仲裁委员会的设立及职责

1. 设立

劳动争议仲裁委员会是国家授权依法设立的独立处理劳动争议案件的专门机构。劳动争议仲裁委员会按照统筹规划、合理布局和适应实际需要的原则设立。省、自治区人民政府可以决定在市、县设立;直辖市人民政府可以决定在区、县设立。直辖市、设区的市也可以设立一个或者若干个劳动争议仲裁委员会。劳动争议仲裁委员会不按行政区划层层设立。

2. 组成成员

劳动争议仲裁委员会由劳动行政部门代表、工会代表和企业方面代表组成。劳动争议仲裁委员会组成人员应当是单数。

仲裁委员会主任由劳动行政部门的负责人担任,副主任由仲裁委员会协商产生。三方中每一方代表的具体人数,由三方协商确定。仲裁委员会的组成不符合规定的,由同级政府予以调整,其委员会成员的确认或更换,须报同级政府批准。

3. 职责

劳动争议仲裁委员会的主要职责:一是聘任、解聘专职或者兼职仲裁员;二是受理劳动争议案件;三是讨论重大或者疑难的劳动争议案件;四是对仲裁活动进行监督。

(二)劳动争议仲裁委员会办事机构的设立及职责

1. 设立

劳动争议仲裁委员会的办事机构是仲裁委员会领导下负责处理劳动争议日常事务工作的机构。劳动争议仲裁委员会的办事机构是设在劳动行政部门的劳动争议处理机构。地方各级劳动行政主管部门的劳动争议处理机构(仲裁处、仲裁科或仲裁委员会办公室)为仲裁委员会的办事机构。

2. 职责

劳动争议仲裁委员会的办事机构的职责主要包括:根据仲裁委员会的决定和授权组织仲裁活动,承办劳动争议处理的日常工作;宣传劳动法律、法规和政策,负责培训和管理仲裁员,进行劳动仲裁咨询服务;负责管理仲裁委员会文书、档案、印鉴等工作;向仲裁委员会和劳动保障行政部门汇报、请示工作;五是办理仲裁委员会授权或交办的其他事项。

(三)劳动争议仲裁委员会工作人员的主要职责

劳动争议仲裁委员会办事机构的人员即为仲裁工作人员。仲裁工作人员的主要职责:一是接待劳动争议当事人的来访和接受当事人的仲裁申请;二是对经审查决定受理的劳动争议案件进行日常处理;三是拟订劳动争议处理方案,提出处理意见;四是承担劳动争议仲裁委员会会议的准备工作;五是负责仲裁文书的制作、送达和归档工作;六是承办劳动争议仲裁委员会和本部门委派的其他工作。

(四)劳动争议仲裁员及其职责

仲裁委员会处理劳动争议,实行仲裁员、仲裁庭制度。仲裁庭由三名仲裁员组成,设首席仲裁员。简单劳动争议案件可以由 1 名仲裁员独任仲裁。

1. 仲裁员

仲裁委员会可以聘任劳动行政主管部门或者政府其他有关部门的人员、工会工作者、专家学者和律师为专职的或者兼职的仲裁员。

劳动争议仲裁委员会应当设仲裁员名册,便于当事人挑选仲裁员。仲裁员应当公道正派且符合下列条件之一者才符合资格条件:一是曾任审判员的;二是从事法律研究、教学工作并具有中级以上职称的;三是具有法律知识、从事人力资源管理或者工会等专业工作满五年的;四是律师执业满三年的。

2. 仲裁员职责

劳动争议仲裁员具有以下职责:一是接受仲裁委员会办事机构交办的劳动争议案件,参加仲裁庭;二是进行调查取证,有权向当事人及有关单位、人员进行调阅文件、档案,询问证人、现场勘察、技术鉴定等与争议事实有关的调查;三是根据国家的有关法律、法规、规章及政策提出处理方案;四是对争议当事人双方进行调解工作,促使当事人达成和解协议;五是审查申诉人的撤诉请求;六是参加仲裁庭合议,对案件提出裁决意见;七是案件处理终结时,填报《结案审批表》;八是及时做好调解、仲裁文书工作及案卷的整理归档工作;九是宣传劳动法律、法规、规章、政策;十是对案件涉及的秘密和个人隐私保密。

三、劳动争议仲裁委员会的受案范围和仲裁管辖

1. 受案范围

目前,我国劳动争议仲裁委员会受理用人单位与劳动者发生的下列劳动争议情形:一是因确认劳动关系发生的争议;二是因订立、履行、变更、解除和终止劳动合同发生的争议;三是因除名、辞退和辞职、离职发生的争议;四是因工作时间、休息休假、社会保险、福利、培训以及劳动保护发生的争议;五是因劳动报酬、工伤医疗费、经济补偿或者赔偿金等发生的争议;六是法律、法规规定的其他劳动争议。

2. 仲裁管辖

劳动争议仲裁管辖是指各级仲裁委员会之间、同级仲裁委员会之间,在受理劳动争议案件上的分工和权限。它向劳动争议当事人表明,劳动争议发生后,应当向哪一级或哪一个仲裁委员会申请仲裁;同时,它也向劳动争议仲裁机构表明,对于当事人申请仲裁的劳动争议案件,是否应当由本机构处理。目前,我国劳动争议仲裁案件管辖的规定主要为:第一,劳动争议由劳动合同履行地(即劳动者实际工作场所地)或者用人单位所在地(即用人单位注册、登记地,用人单位未经注册、登记的,其出资人、开办单位或主管部门所在地为用人单位所在地)的劳动争议仲裁委员会管辖,双方当事人分别向劳动合同履行地和用人单位所在地劳动争议仲裁委员会申请仲裁的,由劳动合同履行地的劳动争议仲裁委员会管辖。第二,发生劳动争议的双方当事人不在同一地区的,由员工当事人工资关系所在地(即向员工发放工资的单位所在地)的仲裁委员会受理。第三,我国公民与国(境)外企业签订的劳动合同,因履行而发生争议,若履行地在我国领域内,由劳动合同履行地仲裁委员会管辖,也可以由合同中约定的仲裁地管辖。第四,劳动争议仲裁委员会已经受理的劳动争议案件,劳动合同履行地和用人单位所在地发生变化的,不改变争议仲裁的管辖。第五,多个仲裁委员会都有管辖权的,由先受理的仲裁委员会管辖。具体讲,劳动争议仲裁委员会在受理立案前发现其他有管辖权的劳动争议仲裁委员会已经受理的,不应再重复立案。受理后,发现其他有管辖权的劳动争议仲裁委员会已先受理的,应将案件移送至最先受理的劳动争议仲裁委员会。第六,劳动争议仲裁委员会发现已受理的案件不属于其管辖时,应当移送至有管辖权的仲裁委员会。对上述移送案件,受移送的仲裁委员会应依法受理。劳动争议仲裁委员会之间因管辖权发生争议,由双方协商解决;协商不成时,应当报请共同的上一级仲裁委员会主管部门,由共同的上级劳动行政主管部门指定管辖。

四、劳动争议仲裁的当事人及其权利和义务

(一)当事人

发生劳动争议的劳动者和用人单位为劳动争议仲裁案件的双方当事人,其中,为了保护自己在劳动方面的权利而以自己的名义向仲裁委员会提出申请的一方为仲裁申请人,另一方为被申请人。

按照《劳动争议调解仲裁法》的规定,如果发生争议的用人单位被吊销营业执照、责令关闭、撤销以及用人单位决定提前解散、歇业,不能承担相关责任的,依法将其出资人、开办单位或主管部门作为共同当事人。对于劳动者与个人承包经营者发生争议,依法向仲裁委员

会申请仲裁的,应当将发包的组织和个人承包经营者作为当事人。对于劳务派遣单位或者用工单位与劳动者发生劳动争议的,劳务派遣单位和用工单位为共同当事人。

当事人可以委托代理人参加仲裁活动。委托他人参加仲裁活动,应当向劳动争议仲裁委员会提交有委托人签名或者盖章的委托书,委托书应当载明委托事项和权限。丧失或者部分丧失民事行为能力的劳动者,由其法定代理人代为参加仲裁活动;无法定代理人的,由劳动争议仲裁委员会为其指定代理人。劳动者死亡的,由其近亲属或者代理人参加仲裁活动。

（二）当事人的权利和义务

根据劳动争议处理有关法律、法规的规定,当事人在仲裁活动中享有以下权利:一是当事人有向劳动争议仲裁委员会提出仲裁申请的权利,申请人有放弃、变更和撤销仲裁请求的权利;被申请人有承认、反驳以及提起反诉的权利。二是当事人在仲裁进行过程中有请求调解和自行和解的权利。三是当事人双方有委托代理人参加仲裁的权利。四是当事人有申请办案人员回避的权利。五是当事人有权向仲裁委员会提供证据,请求勘验、鉴定、调查取证。六是当事人在仲裁过程中有权进行质证和辩论。七是当事人有查阅、复制与争议案件有关的材料及法律文件的权利。八是当事人有权要求仲裁委员会及其工作人员对调查劳动争议案件涉及的企业技术或商业秘密、个人隐私予以保密。九是当事人的任何一方对劳动争议仲裁委员会的裁决不服时,有权向人民法院提起诉讼。十是对已经发生法律效力的仲裁调解书或仲裁裁决书,如果一方当事人不履行,另一方当事人有权向人民法院申请强制执行。

当事人在仲裁活动中享有上述权利的同时,亦应承担下述义务:一是当事人对自己提出的主张,有责任提供证据。与争议事项有关的证据属于用人单位掌握管理的,用人单位应当提供;用人单位不提供的,应当承担不利后果。二是当事人应当按时参加仲裁活动,遵守仲裁活动中的纪律和程序。三是当事人对发生法律效力的调解书、裁决书,应当依照规定的期限履行。

五、劳动争议仲裁的原则

劳动争议仲裁应遵循合法、公正、及时、着重调解的原则,依法保护当事人的合法权益。在本章第一节已经对上述原则做了一定说明,在此只做补充。

（1）着重调解原则。调解简便易行,能够灵活迅速地调解矛盾。解决劳动争议应当遵循"着重调解原则",意在突出调解的重要性,先行调解,调解不成再实施仲裁,但要贯彻当事人双方自愿的原则,当事人如果不自愿,仲裁机关不能强行调解。

（2）及时、迅速的原则。仲裁庭处理劳动争议必须在法律规定的期限内结案。如前所述,仲裁庭裁决劳动争议案件,应当自劳动争议仲裁委员会受理仲裁申请之日起 45 日内结束。案情复杂需要延期的,经劳动争议仲裁委员会主任批准,可以延期并书面通知当事人,但是延长期限不得超过 15 日。限定办案时间的目的在于有效地保护当事人的合法权益。

六、劳动争议仲裁程序

依据《劳动争议仲裁法》和《劳动人事争议仲裁办案规则》,劳动争议仲裁办案程序如下（见图 7-2）。

1.申诉人与本案有直接利害关系
2.申诉仲裁的争议是劳动争议
3.争议属于本仲裁院管辖
4.申请书及有关资料符合要求

← **申诉** ←

当事人应当从知道或应当知道其权利被侵害之日起1年内，以书面形式向仲裁庭申请

仲裁庭自受到申诉书之日起5日内作出受理与否决定，受理的从决定之日起5日内将申诉书的副本送达被诉人。被诉人应当自收到申诉书之日起10日内提交答辩和有关证据，不提交和不按时交不影响案件的审理

← **立案** ←

1.因企业开除、除名、辞退职工和职工辞职、自动离职发生的争议
2.因执行国家有关工资、保险、福利、培训、劳动保护的规定发生的争议
3.因履行劳动合同发生的争议
4.法律、法规、规定应当依照本条例处理的其他劳动争议

调解

1.调解委员会调解劳动争议自当事人申请调解之日起30日内结束，未结束的视为调解不成；当事人在规定期限内可以向仲裁院申请仲裁
2.仲裁庭对双方当事人达成协议的，根据协议内容制作调解书，调解书自送达之日起具有法律效力
3.一方当事人对发生法律效力的调解书逾期不履行的，另一方当事人可以申请人民法院强制执行

1.企业法人由其法定代表人参加仲裁活动。依法成立的其他企业或单位由其主要负责人参加
2.当事人可以委托1~2名律师或其他代理人代理参加仲裁活动，并出示书面委托
3.无民事行为能力和限制行为能力的职工可由其法定代理人代为申诉；死亡职工可由其利害关系人代为申诉，法定代理人 利害关系人不明确的，由仲裁委员会指定
4.发生争议职工3人以上，有共同理由，应推举代表参加仲裁活动，人数由仲裁委员会确定
5.与劳动争议处理结果有利害关系的第3人由仲裁委员会通知其参加

← **仲裁**

1.送达仲裁文书须有送达回执，受送达人在送达回执上注明收到日期、签名或盖章。
2.仲裁文书直接交受送达人，本人不再交其同住成年亲属签收
3.受送达人是企业或单位可交其负责收件人
4.拒绝接受的可邀请有关组成代表或他人到场，在送达回执上注明拒收理由、时间、地点、见证人，由见证人签名或盖章把仲裁文书留在送达人的住所即视为送达
5.受送达人下落不明，可公告送达

← **送达** ←

1.开庭5日前，将开庭时间、地点以书面形式送达当事人
2.当事人不服仲裁判决，自收到裁决书之日起15日内可以向人民法院起诉
3.自组成仲裁庭之日起45日内结案，案情复杂的可延期，延长期限不超过15日

存档

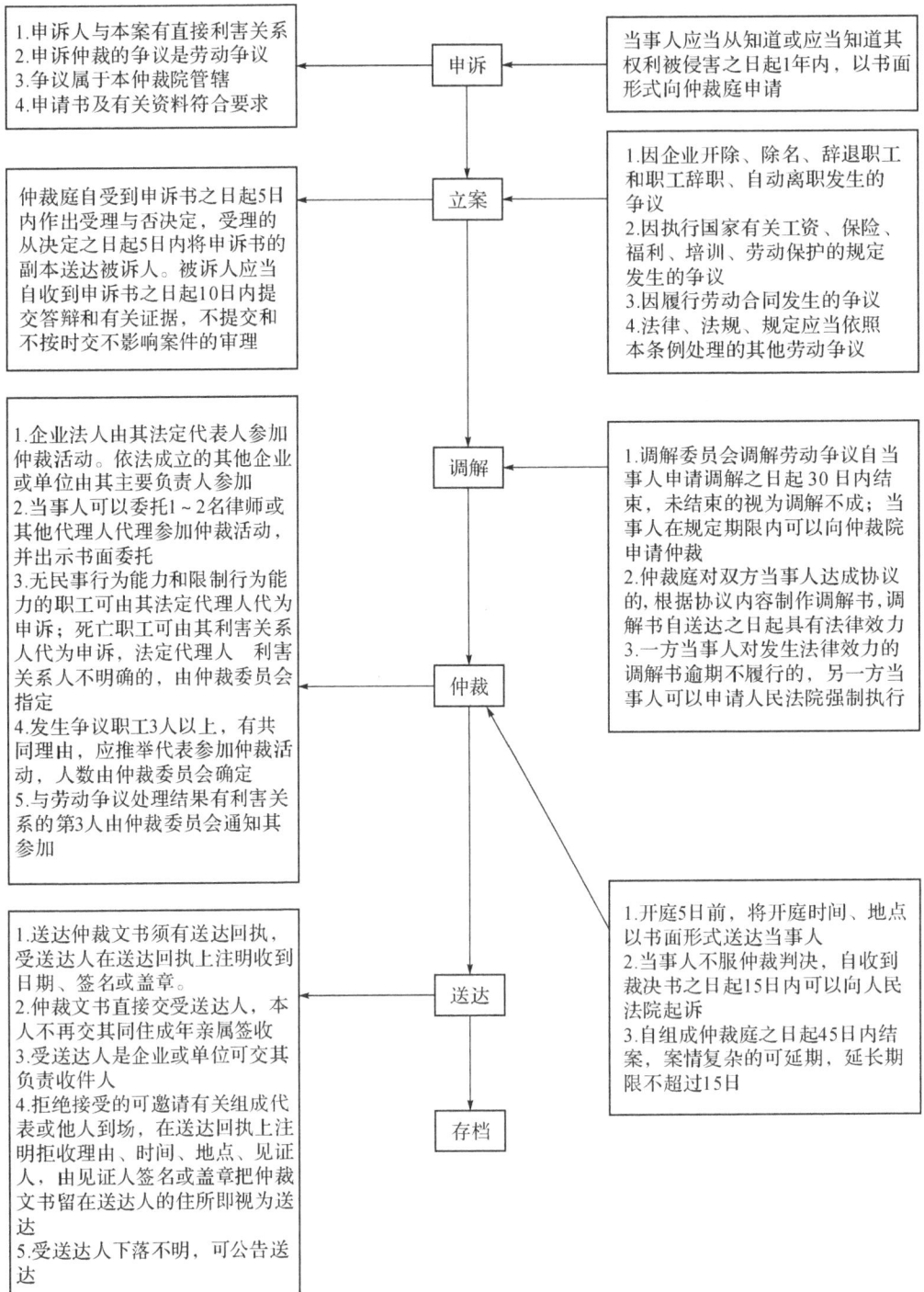

图7-2 劳动争议仲裁处理程序

资料来源:赵永乐,薛琴,方江宁.劳动关系管理与劳动争议处理.上海:上海交通大学出版社,2010:210.

(一)申诉——申请受理

提出仲裁要求一方应当自知道或者应当知道其权利被侵害之日起1年内向劳动争议仲裁委员会提出书面仲裁申请,并按被申请人人数提交副本。仲裁申请书空白文本可从各地区劳动保障服务网下载打印,也可在各劳动争议仲裁委员会的申诉接待点领取(见表7-1)。

表7-1　劳动争议仲裁申请书

申(被)诉人				被(申)诉人		
姓名		性别		单位名称		
身份证件号				单位性质		
出生日期			代表人	姓名		
国籍				性别		
户籍		民族		职务		
住址				单位地址		
电话				电话		
邮编				邮编		

请求事项:

_____

_____

_____

_____

事实和理由:

_____

_____

_____

_____

_____

申请人确认以下为文书送达地址:

申请人姓名:_____　　被申请人姓名:_____

文书送达地址:_____　　文书送达地址:_____

邮政编码:_____　　邮政编码:_____

　　　　　　　　　　　　　　此致

_____劳动争议仲裁委员会

　　　　　　　　　　　申请人:_____(签名或盖章)

　　　　　　　　　　　　　　年　　月　　日

仲裁申请书应载明下列事项:一是劳动者的姓名、性别、年龄、职业、工作单位和住所,用人单位的名称、住所和法定代表人或者主要负责人的姓名、职务;二是仲裁请求和所根据的事实、理由;三是证据及来源、证人姓名和住所。书写仲裁申请确有困难的,可以口头申请,由争议仲裁委员会笔录,并告知对方当事人。

　　附:证据材料清单

　　注:1.申请书内容请用钢笔或水笔填写或按格式提供打印文本,并由申请人签名或盖章;

　　　2.事实和理由部分空格不够用时,可用同样大小纸增加续页。

附件:

证据材料清单

编号	材料内容	页数

提交人(当事人或代理人)签名:
仲裁机构签收并确认:

　　(二)受理

　　仲裁委员会的办事机构负责劳动争议案件受理的日常工作。仲裁委员会办事机构工作人员接到仲裁申请书后,应对下列事项进行审查:一是申请人是否与本案有直接利害关系;二是申请仲裁的争议是否属于劳动争议;三是申请仲裁的劳动争议是否属于仲裁委员会的受理内容;四是确认该劳动争议是否属于本仲裁委员会管辖;五是申请书及有关材料是否齐备并符合要求;六是申请时间是否符合申请仲裁的时效规定。

　　对申请材料不齐备或有关情况不明确的仲裁申请书,应指导申请人予以补充。

　　仲裁委员会办事机构工作人员对于经审查符合受理条件的案件,应立即填写《立案审批表》并及时报仲裁委员会或其办事机构负责人审批。劳动争议仲裁委员会收到仲裁申请之日起5日内,认为符合受理条件的,应当受理,并通知申请人;认为不符合受理条件的,应当书面通知申请人不予受理,并说明理由。

　　对劳动争议仲裁委员会不予受理或者逾期未作出决定的,申请人可以就该劳动争议事项向人民法院提起诉讼。劳动争议仲裁委员会受理仲裁申请后,应当在5日内将仲裁申请书副本送达被申请人。被申请人收到仲裁申请书副本后,应当在10日内向劳动争议仲裁委员会提交答辩书。劳动争议仲裁委员会收到答辩书后,应当在5日内将答辩书副本送达申请人。被申请人未提交答辩书的,不影响仲裁程序的进行。

　　(三)仲裁准备——立案

　　劳动争议案件仲裁的准备工作主要包括两项:一是组成仲裁庭;二是进行开庭前的调查。

　　仲裁委员会决定受理的劳动争议案件,应依法组成仲裁庭。仲裁庭由3名仲裁员组成,设首席仲裁员。对事实清楚、案情简单、适用法律法规明确的案件,可以由1名仲裁员独任仲裁。劳动争议委员会应当在受理仲裁申请之日起5日内将仲裁庭的组成情况、开庭日期、地点书面通知双方当事人。当事人有正当理由的,可以在开庭3日前请求延期开庭。是否延期,由劳动争议仲裁委员会决定。

仲裁员有下列情形之一,应当回避,当事人也有权以口头或者书面方式提出回避申请:一是本案当事人或者当事人、代理人的近亲属的;二是与本案有利害关系的;三是与本案当事人、代理人有其他关系,可能影响公正裁决的;四是私自会见当事人、代理人,或者接受当事人、代理人的请客送礼的。劳动争议仲裁委员会对回避申请应当及时作出决定,并以口头或者书面方式通知当事人。

仲裁委员会在处理劳动争议时,有权向有关单位查阅与案件有关的档案、资料和其他证明材料,并有权向知情人调查,有关单位和个人不得拒绝。仲裁庭成员应认真审阅申请、答辩材料,调查、搜集证据,查明争议事实。仲裁员进行调查时,应当先向被调查人出示证件。调查笔录经被调查人校阅后,由被调查人、调查人签名或盖章。仲裁委员会及其工作人员对调查劳动争议案件中涉及的秘密和个人隐私应当保密。

仲裁委员会之间可以互相委托调查。受委托方仲裁委员会应当在委托方仲裁委员会要求的期限内完成调查,因故不能完成的应当在要求期限内函告委托方仲裁委员会。仲裁庭对专门性问题认为需要鉴定的,可以交由当事人约定的鉴定机构鉴定;当事人没有约定或者无法达成约定的,由仲裁庭指定的鉴定机构鉴定。

(四)仲裁审理

劳动争议仲裁案件的审理一般包括通知、开庭、调解、裁决等程序。

1. 通知

仲裁庭应当在开庭5日前,将开庭日期、地点书面通知双方当事人。当事人有正当理由的,可以在开庭3日前请求延期开庭。是否延期,由劳动争议仲裁委员会决定。

申请人收到书面通知,无正当理由拒不到庭或者未经仲裁庭同意中途退庭的,可以视为撤回仲裁申请。

被申请人收到书面通知,无正当理由拒不到庭或者未经仲裁庭同意中途退庭的,可以缺席裁决。

2. 开庭

仲裁庭开庭可以根据具体案情选择有关程序:第一,由书记员查明双方当事人、代理人及有关人员是否到庭,宣布仲裁庭纪律;第二,首席仲裁员宣布开庭,宣布仲裁员、书记员名单,告知当事人的申请、申辩权利和义务,询问当事人是否申请回避并宣布案由;第三,听取申请人的申请和被申请人的答辩,当事人有权进行质证和辩论;第四,质证和辩论终结时,首席仲裁员或者独任仲裁员应当征询当事人的最后意见。当事人提供的证据经查证属实的,仲裁庭应当将其作为认定事实的根据。劳动者无法提供由用人单位掌握管理的与仲裁请求有关的证据,仲裁庭可以要求用人单位在指定期限内提供。用人单位在指定期限内不提供的,应当承担不利后果。

3. 调解

仲裁庭在裁决前应当先行调解,在查明事实的基础上促使当事人双方自愿达成协议。协议内容不得违反法律、法规。经调解达成协议的,按规定制作仲裁调解书,调解书应当写明仲裁请求和当事人协议的结果。调解书由仲裁员签名,加盖劳动争议仲裁委员会印章,送达双方当事人。调解书经双方当事人签收后,发生法律效力。调解未达成协议,或仲裁调解书送达前当事人反悔的,以及当事人拒绝接收调解书的,仲裁庭应及时裁决。当事人申请劳动争议仲裁后,仲裁庭作出裁决前,可以自行和解。达成和解协议的,可以撤回仲裁申请。

4. 裁决

调解不成时,仲裁庭应及时裁决。

裁决应当自劳动争议仲裁委员会受理仲裁申请之日起 45 日内结束。案情复杂需要延期的,经劳动争议仲裁委员会主任批准,可以延期并书面通知当事人,但是延长期限不得超过 15 日。逾期未作出仲裁裁决的,当事人可以就该劳动争议事项向人民法院提起诉讼。

仲裁庭对追索劳动报酬、工伤医疗费、经济补偿或者赔偿金的案件,根据当事人的申请,可以裁决先予执行,移送有关人民法院执行。仲裁庭裁决先予执行的,应当符合下列条件:一是当事人之间权利义务关系明确;二是不先予执行将严重影响申请人的生活。劳动者申请先予执行的,可以不提供担保。

仲裁庭裁决劳动争议案件,实行少数服从多数的原则,裁决应当按照多数仲裁员的意见作出,少数仲裁员的不同意见应当记入笔录。仲裁庭不能形成多数意见时,裁决应当按照首席仲裁员的意见作出。

裁决结果以书面形式呈现。裁决书由仲裁员签名,加盖劳动争议仲裁委员会印章。对裁决持不同意见的仲裁员,可以签名,也可以不签名。

仲裁裁决书应写明:仲裁请求、争议事实、裁决理由、裁决结果和裁决日期。通常仲裁裁决书一般会写明下列内容:一是申请人和被申请人的姓名、性别、年龄、民族、职业、工作单位和住址,单位名称、地址及其法定代表人(或负责人)或代理人的姓名、职务;二是申请的理由、争议的事实和要求;三是裁决认定的事实、理由和适用的法律、法规;四是裁决的结果及费用的负担;五是不服裁决而向人民法院起诉的期限。

(五)送达

仲裁委员会依法定方式,将仲裁文书送交受送达人。

(六)裁决的效力与执行

根据《劳动争议调解仲裁法》第 47 条规定,下列劳动争议,仲裁裁决为终局裁决,裁决书自作出之日起发生法律效力:第一,追索劳动报酬、工伤医疗费、经济补偿或者赔偿金,不超过当地月最低工资标准 12 个月金额的争议;第二,因执行国家的劳动标准在工作时间、休息休假、社会保险等方面发生的争议。

为了保护劳动者及用人单位的合法权益,《劳动争议调解仲裁法》第 49 条还对第 47 条作了例外规定:一是劳动者对上述仲裁裁决不服的,可以自收到仲裁裁决书之日起 15 日内向人民法院提起诉讼;二是用人单位有证据证明上述仲裁裁决有下列情形之一,可以自收到仲裁裁决书之日起 30 日内向劳动争议仲裁委员会所在地的中级人民法院申请撤销裁决:适用法律、法规确有错误的;劳动争议仲裁委员会无管辖权的;违反法定程序的;裁决所根据的证据是伪造的;对方当事人隐瞒了足以影响公正裁决的证据的;仲裁员在仲裁该案时有索贿受贿、徇私舞弊、枉法裁决行为的。

当事人对《劳动争议调解仲裁法》第 47 条规定以外的其他劳动争议案件的仲裁裁决不服的,可以自收到仲裁裁决书之日起 15 日内向人民法院提起诉讼;期满不起诉的,裁决书即发生法律效力。

当事人对发生法律效力的调解书、裁决书,应当依照规定的期限履行。一方当事人逾期不履行的,另一方当事人可以依照民事诉讼法的有关规定向人民法院申请执行。受理申请的人民法院应当依法执行。

第四节　劳动争议诉讼管理

一、劳动争议诉讼的含义及其与调解和仲裁的区别

劳动争议诉讼是指发生劳动争议的当事人不服劳动争议仲裁委员会的仲裁处理,在法定的期限内依法向人民法院起诉,由人民法院依法进行审理和判决的活动。

劳动争议诉讼是人民法院通过司法程序解决劳动争议的一种方式,是处理劳动争议的最后一道程序。它与劳动争议调解和劳动争议仲裁有着很大的区别。

(一)劳动争议诉讼与调解的区别

劳动争议诉讼与调解的区别主要表现在两个方面:一是争议解决的机构不同。劳动争议诉讼的争议解决机构为人民法院,为国家专门的审判机关;而劳动争议调解是由有关调解组织负责,调解组织通常不具有国家机关的性质。二是法院判决书的法律效力高于劳动争议调解书。人民法院对劳动争议案件判决生效后就具有法律强制执行力,一方当事人不履行法院生效的判决书,另一方当事人可以要求人民法院强制执行;而劳动争议调解书生效后,除特殊规定外,并不具有法律强制执行力,如果一方不履行调解书,另一方无权要求人民法院直接强制执行调解书的内容。

(二)劳动争议诉讼与仲裁的区别

仲裁委员会行使的是仲裁权,各级人民法院行使的是审判权。仲裁是一种具有法律效力的解决争议方式,是一种准司法性质的程序;人民法院审判是一种司法程序,仲裁权与审判权不同。两者的具体区别是:第一,法院在审理过程中享有的某些权力,如必要时拘传被告人到庭,对伪造证据、变卖或转移查封财产、拒绝执行法院的司法协助执行通知书等行为给予罚款、拘留处分等权力,仲裁机关是不具有的。在仲裁过程中,遇有当事人不到庭的情况,仲裁机关只能作撤诉处理或缺席仲裁;对于当事人干扰调解、仲裁活动,扰乱仲裁工作等行为,只能按照《中华人民共和国治安管理处罚条例》的有关规定处理;构成犯罪的,则由司法机关依法追究刑事责任。第二,依据我国的法律,只有人民法院享有劳动争议的最后决定权。除极少数情况外,仲裁委员会依法裁决后,如果当事人一方或双方不服,在法定期限内有权向人民法院起诉。当事人起诉后,原仲裁裁决即对当事人无约束力,该案件如何处理,将由人民法院独立审判。第三,依据我国的法律,只有人民法院享有劳动争议的最后处理权。仲裁委员会作出的调解书或裁决书生效后,当事人一方不执行时,原仲裁机关无权强制执行,只能由另一方当事人向法院提出强制执行的请求。这就说明,劳动争议的最后处理权不在仲裁机关而在审判机关,仲裁的法律效力由人民法院的司法权来保障。

目前,我国劳动争议诉讼程序基本的法律法规依据是《劳动争议调解仲裁法》、《民事诉

讼法》《最高人民法院关于审理劳动争议案件适用法律若干问题的解释》等。

二、劳动争议案件的诉讼管辖

劳动争议案件的诉讼管辖是指各级法院之间和同级法院之间受理第一审劳动争议案件的分工和权限。劳动争议案件的诉讼管辖应遵循"两便原则",即便于当事人进行诉讼,便于人民法院审理案件。根据我国《民事诉讼法》的规定和劳动争议案件的实际情况,劳动争议案件的诉讼管辖有级别管辖、地域管辖、移送管辖和指定管辖四种。

(一)级别管辖

级别管辖是指不同级别的法院在受理第一审劳动争议案件中的分工和权限。根据相关规定,当事人对各级仲裁委员会的裁决不服而提起诉讼的,应由基层(区、县)人民法院作为一审法院。但另有规定的除外。当事人对一审判决不服的,可以向有管辖权的上一级人民法院上诉。

对于用人单位有证据证明仲裁裁决符合《劳动争议调解仲裁法》第 47 条规定应予撤销情形的,可以自收到仲裁裁决书之日起 30 日内向劳动争议仲裁委员会所在地的中级人民法院申请撤销裁决。

(二)地域管辖

地域管辖是指不同地区的法院在受理第一审案件上的分工和权限。根据《最高人民法院关于审理劳动争议案件适用法律若干问题的解释》的规定,劳动争议案件由用人单位所在地或者劳动合同履行地的基层人民法院管辖。劳动合同履行地不明确的,由用人单位所在地的基层人民法院管辖。

(三)移送管辖和指定管辖

移送管辖是指人民法院将已受理的案件移送给其他人民法院审理。《民事诉讼法》规定:人民法院发现受理的案例不属于自己管辖时,应当移送有管辖权的人民法院,受移送的人民法院不得自行移送。如果不该移送的进行移送或受移送的法院无管辖权,根据法律规定不得再自行移送,所以受移送法院只能提出意见,报请和移送法院共同的上一级法院,由其指定管辖。

指定管辖是指上级法院以裁定方式将某一案件指定交由下级人民法院管辖。《民事诉讼法》规定有管辖权的人民法院,由于特殊原因不能行使管辖权的,由上级人民法院指定管辖。人民法院对管辖权发生争议,由争议双方协商解决;协商不成的,报其共同上级人民法院指定管辖。

人民法院受理案件后,当事人对管辖权有异议的,应当在提交答辩书期间提出。人民法院对当事人提出的异议,应当审查。异议成立的,裁定将案件移送由管辖权的人民法院;异议不成立的,裁定驳回。

三、劳动争议诉讼当事人及其权利和义务

(一)当事人

劳动争议诉讼当事人是指劳动关系当事人双方——用人单位(包括自然人、法人和具有

经营权的用人单位)和劳动者,以及劳动法律关系中权利的享有者和义务的承担者。劳动争议诉讼当事人在不同的诉讼阶段中有不同的称谓。在第一审程序中,称为原告和被告;在第二审程序中,称为上诉人和被上诉人;在审判监督程序中,称为申诉人和被申诉人;在执行程序中,称为申请执行人和被申请执行人。当事人在不同诉讼阶段的不同称谓,不仅仅是一个名称问题,它直接表明了当事人在诉讼中的诉讼地位及其所享有的诉讼权利和应承担的诉讼义务。

1. 原告和被告

凡为保护自己劳动权益,以自己名义向法院起诉,并引起劳动争议诉讼程序发生的人,称为原告;与原告相对称的人即为被告,是指被原告起诉称侵犯其劳动权益或者与其发生劳动利益争议,并被人民法院通知应诉的人。在劳动争议诉讼中,原告和被告是利害关系相反的双方当事人。如果一方不服劳动争议裁决,向人民法院起诉,起诉方为原告。如果当事人双方均不服仲裁裁决,依法向同一人民法院起诉的,则先起诉方为原告。如果劳动争议一方有两个以上的当事人,只有部分当事人对仲裁裁决不服,向人民法院提起民事诉讼,起诉的当事人为原告,对方当事人为被告,没有起诉者不再是劳动争议诉讼的当事人。

2. 诉讼代表人

当具有利害关系的一方或双方人数众多时,由其中一人或数人代表众多当事人起诉或应诉,其他当事人则不参加诉讼程序,但法院所作的裁判仍然对全体有效,其中代表全体进行诉讼的当事人称为诉讼代表人。

3. 第三人

第三人是指为了维护自身的民事权利或利益,而参加到已经开始的民事诉讼中来的第三方当事人。最高人民法院《关于审理劳动争议案件适用法律若干问题的解释》第 11 条规定,用人单位招用尚未解除劳动合同的劳动者,原用人单位与劳动者发生的劳动争议,可以将新的用人单位列为第三人。原用人单位以新的用人单位侵权为由向人民法院起诉的,可以列劳动者为第三人。

(二)当事人的权利和义务

1. 当事人的权利

当事人在劳动争议诉讼中享有的权利有:第一,申请回避的权利。当事人有权申请本案的审判人员、书记员、鉴定人、勘验人、翻译人员回避。第二,委托代理人的权利。当事人不能亲自诉讼,或者虽能亲自诉讼而需要别人给予法律上的帮助时,有权委托代理人。第三,提供证据的权利。当事人为维护自己的经济权益有权提供证据。第四,进行辩论的权利。当事人可以论证自己的诉讼请求,反驳对方的诉讼请求,就有争议的事实、适用法律等问题展开辩论。第五,请求调解的权利和自行和解的权利。第六,诉讼过程中,原告变更诉讼请求的权利。第七,被告提起反诉的权利。反诉是在已经开始的民事诉讼程序中,被告以本诉的原告作为被告,向人民法院提出与本诉之标的和理由有牵连的保护自己权益的诉讼请求。第八,查阅本案的有关材料和自费复制本案有关材料和法律文书的权利。第九,提起上诉的权利。对人民法院作出的判决、裁定不服,有权提出上诉。第十,申请执行的权利。对已发生法律效力的判决、裁定、调解书,一方当事人拒不履行,对方当事人有权申请人民法院采取强制措施来实现自己的权利。第十一,当事人的其他诉讼权利,主要包括:申请证据保全、财产保全和先予执行的权利;对人民法院采取的强制措施如罚款、拘留决定不服的,有申请复议的权利;对人民法院发布的支付令有提出异议的权利。

2. 当事人的义务

当事人在劳动争议诉讼活动中享有上述权利的同时,亦应履行下面一些义务:第一,遵守诉讼秩序,按照法定程序和法庭纪律进行诉讼活动;第二,服从审判人员的组织指挥,尊重对方当事人和其他诉讼参加人的诉讼权利;第三,自觉履行发生法律效力的判决、裁定和调解协议。第四,对自己的诉讼主张提供证据。根据《民事诉讼法》的规定,当事人对自己提出的主张,有责任提供证据,即"谁主张,谁举证"。因此,在劳动争议案件中,原告、被告必须对自己的主张提出相应的证据,否则人民法院将不予采信。但对于因用人单位作出开除、除名、辞退、解除劳动合同、减少劳动报酬、计算劳动者工作年限等决定而发生劳动争议的,根据规定,应由用人单位负举证责任。劳动者无法提供由用人单位掌握管理的与仲裁请求有关的证据,人民法院可以要求用人单位在指定期限内提供。用人单位在指定期限内不提供的,应当承担不利后果。

四、劳动争议案件的诉讼程序

由于我国没有专门的劳动争议诉讼法,因此人民法院在审理劳动争议案件时适用的是《民事诉讼法》的一般规定,即根据普通民事案件的诉讼程序来处理劳动争议案件。

(一)一审诉讼程序

一审诉讼程序是指人民法院审理第一审劳动争议案件通常适用的程序。它具有程序的完整性和适用的广泛性特点。人民法院审理劳动争议案件均按普通程序进行。这里以企业作为原告为例说明。

一审普通程序可分为起诉、受理、审理前的准备、开庭审理四个阶段。

1. 起诉

劳动争议诉讼实行"不告不理"原则,因此,起诉和受理是劳动争议诉讼的启动程序。如果企业是原告,作为诉讼申请人必须具备法定的条件,否则法院不予受理。这些条件主要包括以下几个方面:第一,企业必须是劳动争议的直接利害关系人即当事人。企业因故不能亲自起诉的,可以委托代理人代为起诉,其他人未经委托无权起诉。第二,必须是因不服劳动仲裁委员会的裁决向法院起诉。企业不能在未经仲裁程序之前,直接向人民法院提起诉讼。第三,必须是属于法律规定人民法院受理的劳动争议的范围。第四,必须有明确的被告。第五,有具体的诉讼请求和事实、理由。明确具体的诉讼请求包括三点:一是给付的请求。请求法院认定原告企业的请求给付权,责令对方员工履行给付的义务,如给付违约金、给付赔偿金、给付培训进修费用等。二是确认的请求。请求法院确认企业与员工之间存在或不存在某种实体法律关系,如确认劳动合同关系有效或无效等。三是变更的请求。请求法院改变或消除企业与员工之间原有的劳动法律关系,如改变劳动合同的内容,解除劳动合同或劳动关系等。提出诉讼请求要具体,有事实根据,包括劳动争议如何发生、争议的内容、能证明劳动争议案件情况的一切证据材料。第六,必须在法律规定的时效期限内提起诉讼。企业向法院起诉,务必在收到仲裁决定书之日起 15 日内向人民法院起诉,超过这一期限的,除有正当理由外,法院不予受理或裁定驳回。第七,企业起诉必须依法向有管辖权的法院起诉。

2. 受理

受理是指人民法院对原告的起诉进行审查,认为符合起诉条件的,决定接受原告的起诉并开始审理该案件的诉讼行为。

对于企业的起诉,人民法院要进行审查,符合条件的必须受理,不符合条件的则分别情况予以处理:依照行政诉讼法的规定,属于行政诉讼受案范围的,人民法院会告知原告企业提起行政诉讼;依照法律规定,企业若与员工对劳动合同纠纷自愿达成书面仲裁协议向人民法院申请仲裁时,人民法院会告知企业向仲裁机构申请仲裁;依照法律规定,应当由其他机关处理的争议,人民法院应告知企业向有关机关申请解决;对不属于本法院管辖的案件,人民法院有义务告知企业向有管辖权的人民法院起诉;对判决、裁定已经发生法律效力的案件,企业又起诉的,人民法院应当告知企业按照申诉处理,但人民法院准许撤诉的裁定除外。

人民法院收到起诉状后,经审查认为符合起诉条件的,应当在企业起诉的 7 日内立案,并通知当事人;认为不符合起诉条件的,也应当在 7 日内裁定不予受理;原告企业对裁定不服的,可以提起上诉。

3. 先予执行

先予执行仅指人民法院在审理劳动争议案件中,因员工一方生活的急需,在作出判决之前,裁定企业给付员工一定数额的款项或特定物,或者停止某些行为,或实施某些行为,并立即执行的措施。

企业在先予执行制度中,地位是被动的,但人民法院裁定先予执行是有条件的,员工申请先予执行也必须符合法定的条件。《民事诉讼法》第 97 条规定:人民法院对下列案件,根据当事人的申请,可以裁定先予执行:一是追索赡养费、抚养费、抚育费、抚恤金、医疗费用的;二是追索劳动报酬的;三是因情况紧急需要先予执行的。上述情况中抚恤金、医疗费用、劳动报酬的追索及情况紧急需要先予执行的,都有可能产生在劳动争议诉讼中。对此劳动争议的员工有权申请先予执行。

根据《民事诉讼法》第 98 条规定,劳动争议的员工申请先予执行必须符合以下条件:一是劳动争议诉讼必须具有抚恤金、医疗费用、劳动报酬等给付内容;二是劳动争议企业与员工之间权利义务关系明确;三是员工生活确有困难,若不立即采取先予执行措施,员工的生活将受严重影响,造成严重后果;四是被申请人(企业)有履行能力。人民法院在裁定先予执行时,可以责令申请人(员工)提供担保,申请人(员工)不提供担保的,驳回申请。申请人(员工)败诉的,应当赔偿被申请人(企业)因先予执行遭受的财产损失。这样可以防止申请人(员工)滥用权利,使被申请人(企业)遭受损失情况的发生。被申请先予执行的当事人(企业)对先予执行裁定不服的,可以申请复议一次,但申请复议期间,不影响先予执行裁定的执行。

4. 审理前准备

人民法院受理案件后,应当在立案之日起 5 日内,将起诉状副本发送被告(员工)。如果原告(企业)是以口头起诉的,人民法院也应在 5 日内将口诉笔录的复制本发送被告员工,或者口头将企业起诉的内容通知被告员工。被告员工在收到起诉状副本后,应当自收到之日起 15 日内向人民法院提交答辩状及答辩状副本。人民法院收到答辩状和答辩状副本后,应当自收到之日起 5 日内将答辩状副本发送给企业。人民法院对决定受理的案件,会在受理案件通知书和应诉通知书中记明原告企业或被告员工在诉讼中的权利和应承担的诉讼义务;并在确定审判组织后 3 日内将承办该案件的审判人员告知企业和员工双方,以便双方当事人及时行使申请回避等诉讼权利。在此阶段,人民法院按照法定程序,全面地、客观地审查核实原被告双方提供的诉讼材料,必要时将依职权调查取证。

5. 开庭审理、判决

人民法院在完成上述审理前的准备工作后,即开庭审理。开庭审理包括开庭审理前的准备、法庭调查、法庭辩论、法庭调解及评议宣判阶段。法庭调查是对案件进行实体审理的中心环节,应当按照下列程序进行:第一,当事人陈述。法庭调查开始,由企业和被告员工陈述各自的主张及事实和证据;陈述的顺序是先由原告陈述,后由被告陈述,如果有第三人的,再由第三人陈述。第二,证人作证,法庭宣读未到庭的证人证言。第三,出示书证、物证和视听资料。第四,宣读鉴定结论。第五,宣读勘验笔录。在法庭调查中,当事人可以提出新的证据,要求重新进行调查、鉴定或者勘验。

法庭调查完毕,即进入法庭辩论阶段,由企业和被告员工就案件的事实和法律问题进行交叉辩论。法庭辩论结束以前,由审判长征询双方的最后意见,法庭辩论终结,应当依法作出判决,并制作判决书,判决书由审判人员、书记员署名,加盖人民法院印章。

判决前,如果企业和员工之间有意调解和好的,还可以在人民法院主持下进行调解,调解不成,应当及时判决。如果调解达成协议,人民法院应当制作调解书。调解书经企业和员工双方当事人签字后,即产生法律效力,当事人不能就同一事实再次上诉。

按照《民事诉讼法》第 131 条规定,原告企业在起诉后宣判前还可以撤诉,但是否准许由人民法院裁定。另外,按照该法第 129 条规定,人民法院在案件审理过程中,原告企业若经传票传唤无正当理由拒不到庭,或者未经法庭准许中途退庭时,人民法院可以按撤诉处理。被告员工反诉的,可以缺席判决。

为了防止案件久拖不决,《民事诉讼法》第 135 条规定,适用普通程序审理的案件,应当在立案之日起 6 个月内审结。有特殊情况需要延长的,由人民法院院长批准,可以延长 6 个月,还需要延长的,报请上级人民法院批准。

(二)二审诉讼程序

二审诉讼程序是指上级人民法院根据当事人的上诉,对下一级人民法院发生法律效力的判决、裁定进行审理和裁判的程序,也可称为上诉程序或终审程序。根据《民事诉讼法》第147 条的规定,当事人对于一审人民法院的判决或裁定不服的,有权在上诉期内(判决上诉期为 15 日,裁定的上诉期为 10 日,期限从当事人收到判决、裁定书的次日计算)向上一级人民法院上诉。当事人提起上诉应当递交上诉状,上诉状应由原审人民法院提出。二审人民法院对上诉案件,应当组成合议庭,开庭审理。经过阅卷和调查,询问当事人,在事实核对清楚后合议庭认为不需要开庭审理的,也可以不开庭而直接进行判决、裁定。

二审人民法院,根据原判决认定事实、适用法律的情况,分别作出驳回上诉、维持原判、撤销原判、发回原审法院重审、依法改判等决定。对判决不服而上诉的案件审理期限为 3 个月,有特殊情况需延长的,由院长批准。对裁定不服而上诉的案件审理期限为 30 日。

(三)审判监督程序

审判监督程序是人民法院对已经发生法律效力的判决或裁定,发现确有错误,根据法律规定对案件再次进行审理的程序,又称再审程序。

　　根据《民事诉讼法》的规定,各级人民法院院长对本院已经发生法律效力的判决、裁定,发现确有错误,认为需要再审的,应当提交审判委员会讨论决定。最高人民法院对地方各级人民法院、上级人民法院对下级人民法院已经发生法律效力的判决、裁定,发现确有错误的,有权提审或指令下级人民法院再审;人民检察院提出抗诉的案件,人民法院应当再审。

　　劳动争议当事人对已经发生法律效力的判决、裁定认为确有错误,可以依法提出再审申请。但当事人申请再审并不必然引起再审程序的开始。当事人申请再审,应当在判决、裁定发生法律效力后两年内提出;两年后据以作出原判决、裁定的法律文书被撤销或者变更,以及发现审判人员在审理该案件时有贪污受贿、徇私舞弊、枉法裁判行为的,自知道或者应当知道之日起 3 个月内提出。

　　(四)执行程序

　　执行程序是指人民法院执行机构依法对于不履行生效法律文书所确定的义务当事人,依法强制其履行义务的程序。

　　执行程序因企业或员工的申请而开始。当事人一方因对方拒不履行已经发生法律效力的判决、裁定、调解书等所确定的义务,可依法向第一审人民法院提出申请,要求执行。人民法院在接到申请执行书后,应当向被执行人发出执行通知,责令其在指定的期间履行,逾期不履行的,依法予以强制执行。

第五节　集体劳动争议管理

　　如本章第 1 节所述,集体劳动争议主要是指 10 人以上受雇于同一用人单位的劳动者与同一用人单位之间因相同的劳动权利义务问题而发生的矛盾纠纷。集体劳动争议可分为团体性劳动争议(或集体劳动合同争议)和非团体性劳动争议(或个体性集体劳动争议,简称集体劳动争议)两类;同时,上述两类又分别有权利争议和利益争议之分,因而集体劳动争议包括个体性集体劳动争议的利益争议、个体性集体劳动争议的权利争议、团体劳动争议的利益争议(签订集体劳动合同发生的争议)以及团体劳动争议的权利争议(履行集体合同发生的争议)等四个类型。我国现行劳动法律法规对各类集体劳动争议处理制度的规定存在一定差别。

一、个体性集体劳动争议及其处理

(一)个体性集体劳动争议的含义及形成机理

　　个体性集体劳动争议是指受雇于同一用人单位且缺乏组织性的 10 人以上的劳动者因相同的劳动权利义务问题与用人单位发生的矛盾纠纷。该类集体劳动争议实质上是若干相同争议标的个体劳动争议的集合,其形成过程是:第一,受雇于同一雇主的多名劳动者与同一雇主发生了大体相同标的的劳动争议;第二,多名劳动者各自采取申请调解、仲裁、诉讼等方式,主张其个人权利、利益;第三,由于各劳动者个体当事人的能力限制或者主管部门不能依法正当履行职责,劳动者为了产生更大的影响力或节约成本,相互联合,形成了有一定组织性的当事人集体,从而使多个个体劳动争议变成了集体劳动争议,亦即该类劳动争议的各个劳动者之间的组织性、集体性形成于各个劳动者与同一雇主因相同理由发生争议之后,这一点是与团体性集体劳动争议中劳动者的组织即代表劳动者利益的工会形成于争议发生之前有着明显的不同。

正因为个体性集体劳动争议实质上是多个个体劳动争议的集合,个体性集体劳动争议尤其是其中权利争议的处理制度与个体劳动争议的权利争议处理有许多相同之处。关于个体性集体劳动争议中利益争议的处理制度,现有劳动法律法规没有明确规定。下面介绍的主要是针对个体性集体劳动争议中权利争议的处理。依法签订的各个个体劳动合同条款以及相关法律法规的规定等是个体性集体劳动争议权利争议的缘由,也是处理个体性集体劳动争议中权利争议的基本依据。当事人违背劳动合同约定或违反相关法律规定应该承担相应的违约责任或违法责任。

(二)个体性集体劳动争议处理的基本程序

依据现行劳动法律法规相关规定,个体性集体劳动争议中权利争议,一般情况下,其处理机制与个体劳动争议的常规处理机制大体相近,即争议发生后当事人协商不成的,通过"一调一裁两审"机制,遵循"协商、调解、仲裁、诉讼"程序。具体来讲,企业集体劳动争议发生后,当事人双方不愿协商、协商不成或者达成和解协议后不履行的,可以向企业劳动争议调解委员会申请调解;不愿调解、调解不成或者达成调解协议后不履行的,可以向劳动合同履行地(即劳动者实际工作场所地)或者用人单位所在地(即用人单位注册、登记地,用人单位未经注册、登记的,其出资人、开办单位或主管部门所在地为用人单位所在地)等有管辖权的劳动争议仲裁委员会申请仲裁;对仲裁裁决不服的,可以向管辖地人民法院提起诉讼。同时,对于因支付拖欠劳动报酬、工伤医疗费、经济补偿或者赔偿金事项达成调解协议,用人单位在协议约定期限内不履行的,劳动者一方可以持调解协议书依法向管辖地人民法院申请支付令。人民法院应当依法发出支付令。

(三)个体性集体劳动争议处理的特别规定

现有法律法规对处理一般的集体劳动争议做出了特别规定。

第一,《劳动争议调解仲裁法》第7条:"发生劳动争议的劳动者一方在10人以上,并有共同请求的,可以推举代表参加调解、仲裁或者诉讼活动。"《劳动人事争议仲裁办案规则》第6条规定:"发生争议的劳动者一方在10人以上,并有共同请求的,劳动者可以推举3~5名代表人参加仲裁活动。"《民事诉讼法》第54条规定:"当事人一方人数众多的共同诉讼,可以由当事人推选代表人进行诉讼。代表人的诉讼行为对其所代表的当事人发生效力……"。也就是说,在集体劳动争议的处理过程中,劳动者一方应当通过自己推举的代表参加劳动争议的调处而不是每个个体劳动者全部参加,劳动者一方当事人推举出的代表,在授权范围内,代表争议的劳动者一方全体当事人参加争议的调解、仲裁、诉讼,表达全体劳动者当事人的共同意志,行使当事人的权利,履行相应的义务,而调解、仲裁和审判的结果则由全体劳动者当事人共同承担或分享,即推举代表的行为及调解、仲裁、审判的结果对其代表的当事人均有效。

第二,《劳动人事争议仲裁办案规则》第 4 条规定:"劳动者一方在 10 人以上的争议……,仲裁委员会可优先立案,优先审理。"也就是说,集体劳动争议通过仲裁程序解决时,适用特别审理程序,多是通过组成特别仲裁庭并比一般的个体劳动争议案件更短的时间内确定立案与否、审理和结案,这只是原则性规定,具体如何实施,现行法律法规没有明确规定。目前,大部分省市仍然遵照 1993 年 10 月原劳动部发布的 276 号文件《劳动争议仲裁委员会办案规则》的规定,对于劳动者一方在 30 人以上的重特大集体劳动争议①案件的仲裁适用特别审理程序。一是仲裁委员会处理该类集体劳动争议,应当组成特别仲裁庭。特别仲裁庭由三名以上仲裁员单数组成。县级仲裁委员会认为有必要,可以将集体劳动争议报请市(地、州、盟)仲裁委员会处理。二是仲裁庭对该类集体劳动争议应按照就地、就近的原则进行处理,开庭场所可设在发生劳动争议的企业或其他便于及时办案的地方。三是仲裁委员会应当自收到集体劳动争议申诉书之日起 3 日内作出受理或者不予受理的决定。仲裁委员会在做出受理决定的同时,组成特别仲裁庭用通知书或布告形式通知当事人;决定不予受理的应当说明理由。四是受理通知书送达或受理布告公布后,当事人不得有激化矛盾的行为。五是仲裁庭处理集体劳动争议应先行调解,或者促成职工代表与企业代表召开协商会议,在查明事实的基础上促使当事人自愿达成协议。调解达成协议的,调解书自送达或布告公布之日起即发生法律效力。调解或协商未能达成协议的仲裁庭应及时裁决。六是仲裁庭作出裁决后,应制作裁决书送达当事人,或用"布告"形式公布。七是仲裁庭处理集体劳动争议,应当自组成仲裁庭之日起 15 日内结束。案情复杂需要延期的经报仲裁委员会批准,可以适当延期,但是延长的期限不得超过 15 日。八是仲裁委员会对受理的集体劳动争议及其处理结果应及时向当地人民政府汇报。

第三,如果当事人不服仲裁裁决而进入诉讼程序后,集体劳动争议适用《民事诉讼法》中有关共同诉讼和群体诉讼的一般规定。《民事诉讼法》第 53 条规定:"当事人一方或者双方为两人以上,其诉讼标的是共同的,或者诉讼标的是同一种类、人民法院认为可以合并审理并经当事人同意的,为共同诉讼。共同诉讼的一方当事人对诉讼标的有共同权利义务的,其中一人的诉讼行为经其他共同诉讼人承认,对其他共同诉讼人发生效力;对诉讼标的没有共同权利义务的,其中一人的诉讼行为对其他共同诉讼人不发生效力"。

此外还应该注意,由于劳动者一方当事人推举的代表,其行为对其代表的劳动者当事人每个个体的利益有着重大影响,故被劳动者当事人推举的代表在参加劳动争议的调解、仲裁、诉讼活动时应当提交全权委托书。如果代表人变更,放弃仲裁、诉讼请求或者承认对方当事人的仲裁、诉讼请求,进行和解,必须经被代表的所有当事人同意。

二、签订集体劳动合同发生的争议及其处理

签订集体劳动合同发生的争议,是工会组织代表劳动者一方与雇主之间就如何确定集体劳动合同条款而进行协商谈判的过程中发生的矛盾纠纷。该类争议属于利益争议,其处

---

① 目前一些省市相关地方性劳动法规规定中,按照劳动者一方的人数,集体劳动争议划分为如下三类:一是一般性集体劳动争议,劳动者人数在 10 人以上 30 人以下;二是重大集体劳动争议,劳动者人数在 30 人以上 50 人以下;三是特大集体劳动争议,劳动者人数在 50 人以上。

理的现行法律法规依据,主要是《劳动法》第 84 条的规定:"因签订集体合同发生争议,当事人协商解决不成的,当地人民政府劳动行政部门可以组织有关各方协调处理。……"执行劳动法的该条款规定,《集体合同规定》中又做了具体说明。《集体合同规定》第 49 条提到:"集体协商过程中发生争议,双方当事人不能协商解决的,当事人一方或双方可以书面向劳动保障行政部门提出协调处理申请;未提出申请的,劳动保障行政部门认为必要时也可以进行协调处理。"第 50 条规定:"劳动保障行政部门应当组织同级工会和企业组织等三方面的人员,共同协调处理集体协商争议。"可以看出,现行法律法规关于签订集体合同发生争议的处理,主要是通过双方协商谈判和劳动行政部门协调的行政手段解决,它不能通过一般劳动争议案件常规处理机制中的调解、仲裁和诉讼程序解决。

(一)争议处理的地方管辖

依据《集体合同规定》第 51 条,集体协商争议处理实行属地管辖,具体管辖范围由省级劳动保障行政部门规定。中央管辖的企业以及跨省、自治区、直辖市用人单位因集体协商发生的争议,由劳动保障部(即现在的人力资源和社会保障部)指定的省级劳动保障行政部门组织同级工会和企业组织等三方面的人员协调处理,必要时,劳动保障部(即现在的人力资源和社会保障部)也可以组织有关方面协调处理。

(二)争议的协调处理组织

劳动保障行政部门在接到签订集体合同发生争议的当事人之申请后,应当组织同级工会和企业组织等三方面的人员建立争议协调处理机构,共同协调处理集体协商争议。协调处理机构的主要职责:一是受理协调处理申请;二是调查了解争议的情况;三是研究制定协调处理争议的方案;四是对争议进行协调处理;五是制定《协调处理协议书》并监督处理结果的执行;六是将争议处理申请、争议的事实和协调结果等统计归档并将处理结果报上级劳动行政部门备案;七是必要时向政府报告并提出有关建议。

(三)争议的协调处理程序

签订集体合同过程发生争议,一般按下列程序处理:第一,用人单位的工会组织选派代表与用人单位代表就解决争议问题进行平等协商。第二,如果双方协商不成,一方或双方可向当地劳动保障行政部门的劳动争议协调处理机构书面提出协调处理申请;为避免争议升级、矛盾激化,对双方乃至当地社会经济发展带来不利影响,当地劳动保障行政部门可以在双方没有申请争议处理要求的情况下,主动出面干预。第三,当地劳动行政部门受理协调处理申请。第四,当地劳动保障行政部门主导并组织同级工会和企业组织组建协商谈判小组,三方共同进行协商处理。协商谈判小组成员由劳动行政部门工作人员代表、工会代表、企业方面的代表及其他有关方面的代表构成;劳动争议的双方当事人各选派代表 3~10 名,并指定 1 名首席代表参加。第五,协商小组调查了解争议的情况。劳动争议双方及其代表应如实提供有关情况和材料。第六,研究制定协调处理争议的方案,对争议进行协调处理。按照现有法律法规规定,协调处理集体协商争议,应当自受理协调处理申请之日起 30 日内结束协调处理工作。期满未结束的,可以适当延长协调期限,但延长期限不得超过 15 日。第七,协调处理结束,由劳动行政部门制作《协调处理协议书》。

《协调处理协议书》的内容包括:协调处理申请、争议的事实和协调结果;双方当事人就某些协商事项不能达成一致的,应将继续协商的有关事项予以载明。

《协调处理协议书》由协调处理负责人和争议双方首席代表签字、盖章后生效。争议双方均应遵守生效后的《协调处理协议书》。争议处理的结果对于企业全体员工均有法律效力。

需要指出的是,签订集体合同中发生争议处理的现行法律制度规定有三个重要问题并没有解决:一是当事人双方无意愿请求当地劳动保障行政部门帮助协调解决,或者当地劳动保障行政部门认识上的偏差,在当事人不主动申请且当地行政部门认为不必要时一些争议如何解决。依照《集体劳动合同规定》第49条:"集体协商过程中发生争议,双方当事人不能协商解决的,当事人一方或双方可以书面向劳动保障行政部门提出协调处理申请;未提出申请的,劳动保障行政部门认为必要时也可以进行协调处理。"此条规定中只是提到:当事人一方或双方"可以"(不是"必须")申请劳动保障行政部门协调解决;劳动保障行政部门"认为必要时也可以"(认为不必要时可以不主动处理)。二是在《协调处理协议书》无法达成的情况下,争议如何处理没有相关法律规定。三是《协调处理协议书》达成后,如果一方拒绝执行,该如何处理法律尚未做出规定。

三、履行集体劳动合同发生的争议及其处理

履行集体劳动合同发生的争议是指工会组织代表劳动者一方与雇主之间在集体合同订立并发生法律效力以后一方违反集体合同的规定而发生的矛盾纠纷。该类争议属于权利争议。

《劳动合同法》第54条第2款规定:"依法订立的集体合同对用人单位和劳动者具有约束力。行业性、区域性集体合同对当地本行业、本区域的用人单位和劳动者具有约束力。"劳资双方依法平等协商所签订的集体合同在发生法律效力后,其具体条款所规定的双方权利、义务关系的实现是争议的缘由,也是处理因履行集体合同发生争议的基本依据。如果当事人违背合同约定则应该承担违约责任。

关于履行集体合同发生争议的处理,现有法律中《劳动法》、《劳动合同法》中有明确规定。《劳动法》第84条规定:"因履行集体合同发生争议,当事人协商解决不成的,可以向劳动争议仲裁委员会申请仲裁;对仲裁裁决不服的,可以自收到仲裁裁决书之日起15日内向人民法院提起诉讼。"《劳动合同法》第56条规定:"用人单位违反集体合同,侵犯员工劳动权益的,工会可以依法要求用人单位承担责任;因履行集体合同发生争议,经协商解决不成的,工会可以依法申请仲裁、提起诉讼。"执行劳动法的相关规定,《劳动人事争议仲裁办案规则》第5条具体提出:"因履行集体合同发生的劳动争议,经协商解决不成的,工会可以依法申请仲裁;尚未建立工会的,由上级工会指导劳动者推举产生的代表依法申请仲裁。"第4条规定:"……对于因履行集体合同发生的劳动争议,仲裁委员会可优先立案,优先审理。仲裁委员会处理因履行集体合同发生的劳动争议,应当按照三方原则组成仲裁庭处理。"

综上可知,履行集体合同发生争议的处理,其基本程序是:由工会组织代表劳动者一方(尚未建立工会的,由上级工会指导劳动者一方推举产生的代表)与企业方代表进行平等协商解决;如果协商不能达成一致意见,当事人一方或双方可以到当地劳动争议仲裁机构申请仲裁,通过仲裁程序解决;如果对仲裁机构仲裁裁决不服,可以到当地基层人民法院申请诉

讼判决。在申请仲裁时,与个体性集体劳动争议的权利争议处理制度相近,适用特别审理程序,仲裁委员会可以优先立案,并按照三方原则组成仲裁庭对该案件优先审理,亦即,通过组成特别仲裁庭并在比一般的个体劳动争议案件更短的时间内确定立案与否、审理和结案。争议处理的结果对企业全体员工均有法律效力。

需要指出的是,在履行集体劳动合同争议的处理中,当事人如果违背集体合同约定,怎样承担违约责任,在我国现行法律法规中没有相关方面的具体规定。首先,关于企业违背集体合同约定的责任问题,在《劳动合同法》第 56 条提到:"用人单位违反集体合同,侵犯职工劳动权益的,工会可以依法要求用人单位承担责任。"《工会法》第 20 条中提到"…… 企业违反集体合同,侵犯职工劳动权益的,工会可以依法要求企业承担责任……"可找到的上述两个相关法条中均未说明企业究竟如何承担责任。第二,对于代表劳动者一方当事人的工会是否承担违约责任,我国相关法律法规也没有规定。从世界其他国家情况看,多数国家的劳动立法对工会所承担的义务以及相应的物质责任规定得较少或者予以免除,而仅规定工会应对职工和上级工会承担道义上和政治上的责任;根据情况接受会员代表大会、职工代表大会和上级工会的处理。这是由集体合同的性质以及工会社团法人的地位所决定的。从立法完善角度讲,工会是否承担违约责任应该在相关法律条款中明确规定。

四、关于集体争议处理的其他规定

《企业劳动争议协商调解规定》第 7 条第 3 款提到:"人力资源和社会保障行政部门应当指导企业开展劳动争议预防调解工作,协调工会、企业代表组织建立企业重大集体性劳动争议应急调解协调机制,共同推动企业劳动争议预防调解工作。"《劳动争议调解仲裁法》第 8 条规定:"县级以上人民政府劳动行政部门会同工会和企业方面代表建立协调劳动关系三方机制,共同研究解决劳动争议的重大问题。"这里提到的"企业重大集体性劳动争议"和"劳动争议的重大问题"理应包括涉及人数众多(一般在 30 人以上)的各类集体劳动争议,上述规定应适用于重大集体性劳动争议中的权利争议和利益争议预防和处理,尤其是各地应重视协调劳动关系三方机制建立和健全工作,积极发挥三方机制居中调停、调解等方式在重特大集体劳动争议案件处理中的特殊功能。

第六节　产业行动[①]

一、产业行动的含义及功能

产业行动,亦即集体行动,是指劳动关系双方当事人为了建立劳动关系或改变劳动关系状况、实现其权利主张或利益诉求,而集体采取的影响集体权益的单方面地(暂时)停止正常工作(经营)活动或者不与对方合作,(对相对方)施加斗争压力的行动或措施。它是劳资双

---

① 本节部分观点主要参阅常凯. 劳动关系学. 北京:中国劳动社会保障出版社,2005:379-395;常凯. 罢工权立法问题的若干思考. 学海,2005(4):43-55;程延园. 劳动关系. 北京:中国人民大学出版社,2002:295-297、304-306.

方当事人都能够发动的、足以影响产业关系的行动。它是集体劳动争议中劳资矛盾激化时，双方当事人都可能采取的最后、最有力的压力手段，是集体劳动争议的最高斗争手段。

产业行动是劳资冲突解决的最后手段，也是劳动关系双方利益博弈的一种工具，具有调整劳动关系双方力量向着均衡方向发展的功能。在劳动关系双方力量较量中，产业行动对于行动主体来说，可以适当提高自己的影响力和谈判能力；对于对方而言，则是一种压力和挑战。对于整个劳动关系，这种机制、手段具有一定的推动理性妥协、矫正利益偏差、促进劳动关系均衡发展的功能。

二、产业行动的分类和原因

通常，产业行动可以按照行动主体和行动目的的不同划分为多种类型，按照行动主体分为劳方采取的行动和资方（雇主或雇主组织）采取的行动两类。前者如怠工、罢工、示威、联合抵制等；后者如关闭工厂、黑名单等。按照行动目的的不同分为旨在推动集体谈判的行动和自我救济（保护）性产业行动。

（一）旨在推动集体谈判的行动

旨在推动集体谈判的行动，即以集体谈判的进行，胁迫对方妥协为目的。该类产业行动通常是集体谈判过程中发生的争议不能通过集体谈判、行政和司法等常规机制解决时，劳资矛盾激化，一方或双方所采取的压制、胁迫对方的最后手段。可以看出，该类型产业行动是集体劳动合同争议且主要是签订集体合同中发生争议的最高斗争手段。西方成熟市场经济国家发生的产业行动以该类型为主。

在多数西方国家的立法中为了促进集体谈判的实现和签订集体合同，规定了合法的条件下劳方罢工、怠工，相应的资方闭厂、雇佣罢工替代者等集体行动的权利，将劳方罢工、资方闭厂等产业行动方式作为与集体谈判以及辅助集体谈判实现的第三方介入方式的调解、调停、仲裁等利益争议处理制度体系的重要组成部分。具体来看，为了进行集体谈判和签订集体合同，劳资之间在进行协商、谈判过程中就确定集体合同条款发生利益纠纷，劳资关系陷入僵局、互不妥协，此时，可以通过两个密切相关的途径打破僵局，促使双方恢复谈判：一是可由劳资双方都能接受的第三方出面斡旋、调停、调解或仲裁等方式促使双方达成协议并签订集体合同，争议得以解决；如果调解无效或仲裁裁决不被当事人接受，劳资矛盾纠纷升级为激烈冲突，此时，劳资双方都可以采取产业行动（如工会组织罢工、设置纠察线、怠工等；也包括雇主采取的关闭工厂、雇用替代工人等）以向对方施加压力，迫使对方妥协退让，进而双方一般会重新进行谈判、缔结合同，利益争议和冲突即被解决。二是劳资一方或双方不经过第三方介入调停、调解或仲裁方式处理而直接采取产业行动。这些行动不仅给对方，也给行动主体自身带来巨大的直接经济损失（以罢工为例，劳动者一方，罢工期间劳动报酬中断，一般只能从工会或工会保险中得到很少的津贴来维持生活；而雇主因为雇员罢工，生产经营活动停止，利润剧烈下降），可能迫使一方或者双方最终放弃自己的主张，从而走出僵局。当然，在第一条路径的第二阶段和第二条路径，也有可能因劳资采取的产业行动行为最终导致双方关系的彻底破裂而使谈判无法继续进行。不过，一般这种极端的僵局是劳资双方都不愿意看到的。

(二)自我救济(保护)性产业行动

自我救济(保护)性产业行动,即以自我保护、私力救济为目的。它是在无法通过(或者没有主动寻求)集体谈判、行政和司法有效救济等手段保护自己权益的情况下,多个劳动者个体自发联合起来所采取的最后手段。可以看出,该类型产业行动是个体性集体争议的最高斗争手段。目前,我国工会力量还比较薄弱,代表性差,劳动者组织化程度不高,我国发生的产业行动多属于此种类型。现实中,无论是个体性集体争议中的权利争议还是利益争议,都有可能直接升级为劳资冲突,诱使劳动者自发地组织起来以罢工、游行、示威等方式表达自己的不满情绪。对于集体劳动合同争议,尤其是集体合同签订中发生的争议随着集体合同制度的发展必将有增加之势,集体争议在现行的常规机制下不能得以解决的情形是客观存在的。国内近些年来在多个省市频繁发生的停工、罢工、示威、游行等工人集体行动事件已经表明推行社会主义市场经济体制的中国不能再回避产业行动尤其罢工现象的客观存在,也不能无视产业行动在解决劳资矛盾冲突中的应有作用。

三、产业行动的基本方式

(一)西方国家产业行动的主要方式

在西方成熟市场经济国家,劳资双方均有较规范的产业行动形式。就劳方而言,产业行动一般包括罢工、怠工、联合抵制、纠察、拒绝加班加点、游行示威、好名单与坏名单等,而资方为对抗之可以关闭工厂、停工、雇用罢工替代者、雇主充当罢工破坏者、复工运动、黑名单或白名单等。其中,罢工、联合抵制、纠察、关闭工厂、停工、黑名单或白名单等为常见的产业行动方式。产业行动作为劳资双方在关系冲突中经常使用的基本斗争方式,罢工和关闭工厂被世界各国普遍认为是最有影响力的产业行动方式,也是劳方和资方能够采取的最后的斗争手段。

【知识链接】　　　　罢工、怠工、联合抵制、纠察和黑名单

罢工是雇员为了提高劳动报酬、改善劳动条件而集体拒绝工作的情形。罢工通常由代表雇员共同利益的工会组织发起,是工会在集体谈判中威胁资方的手段和解决劳资冲突的最后武器,也是工会比较偏爱的一种方式。

怠工即懈怠工作,是指工人们不离开工作岗位也不进行就地罢工,只是放慢工作速度或破坏性地进行工作(如浪费雇主或企业的原材料等)的情形。怠工不同于罢工,但也有与罢工相同之处。它们都需要劳动者的团结和共同行动,才能对雇主或管理方产生威慑和胁迫作用,在多数国家被认为是合法的产业行为。

联合抵制是指阻止雇主出售最终产品,分为初级联合抵制和次级联合抵制。初级联合抵制是指工会通过直接对雇主施加压力迫使其接受谈判条件的运动;次级联合抵制是指工会向没有直接卷入劳资争议的雇主施加压力,使当事雇主面临不利地位而展开的有组织的运动。两者的区别是:初级抵制直接针对雇主施加压

力,迫使其接受谈判条件,而次级抵制是针对其他雇主施加压力,迫使当事雇主接受条件。

纠察是指罢工工人对靠近工厂的入口处或有关区域实行的警戒。纠察通常伴有标语或者旗帜,是一种很有声势的活动。纠察有助于罢工和联合抵制完成行动任务。在罢工中,纠察可以保证工会实现停产的目的,阻止雇主利用罢工替代者;对于那些软弱、缺乏纪律的工会来说,纠察可以防止工会会员穿越罢工划定的纠察禁区。在联合抵制中,纠察可以增加抵制人数。

黑名单又叫黑表,是指雇主通过秘密调查,将一些不安分或有可能在劳资冲突中发挥主要或带头作用的劳动者,秘密登记在一张表上,并暗中通知本行业其他雇主不要雇用他们,致使被列在表上的劳动者丧失被雇用的机会。与工会在冲突中对雇主使用联合抵制手段一样,黑名单是雇主对劳动者采取的一种秘密报复行为,它损害了劳动者的名誉,因而在许多国家,雇主使用黑名单被视为非法行为,要承担法律责任。

(资料来源:程延园.劳动关系.北京:中国人民大学出版社,2002:295—297)

(二)我国产业行动的主要方式

与我国处于社会经济的转型期,市场经济体制还不成熟,劳动法律体系还需进一步健全完善等有关,我国目前的产业行动方式既有与西方市场经济国家相同的类型,也有我国特殊的方式,主要表现为劳动者一方采取的行动,包括集体信访,政权机关前的静坐、请愿,封堵道路,组织护厂纠察队或联合抵制等。上述诸方式在实践中还会交叉、交替、混合、组合。例如,劳动者可能在企业内实行了罢工,如果认为党政、执法机关关注不够、对雇主制约不力,则可能走出企业,在街道、公路等公共场所主张其权益。其行动方式的转换与组合,往往与地方政府对该类事件的认识、定位以及所采取的行动有关。

在我国,由劳动者自发联合起来,为改善劳动条件、实现自己的经济利益而进行的停工、怠工、罢工、上访、静坐、集会、游行等对抗企业正常运营的行为,被称为群体性突发事件。之所以被称为群众性突发事件,是因为:上述各种产业行动方式是众多劳动者个体自发联合起来,在企业、工会、当地政府不知情的情况下突然出现的,而且多数情况下,劳资矛盾并没有经过集体争议常规处理机制的处理而直接升级为激烈冲突,其具有不可预见性和无序性、较大破坏性甚至暴力性等特点。自20世纪90年代中期以来,上述事件爆发的次数、涉及人群规模和影响范围呈增加、扩大之势,尤其是在近几年,各类性质的企业中以停工、罢工为主轰动全国的群体性突发事件频繁发生,例如2007年广东接连发生由工资问题引发的外商投资企业职工停工事件;2008年以重庆出租车司机停运为开端,在全国各地引发了多起出租车停运事件;2009年以吉林通钢和河南林钢为代表的国有改制企业的职工停工,甚至伤人事件;2010年日资企业广东佛山南海本田汽车零部件制造有限公司上百工人持续20多天的罢工事件等。上述事件的发生说明,社会主义市场经济发展到今天,广大劳动者自我维权意识在增强,他们已经开始意识到,在资强劳弱的劳动关系格局中,仅靠个人的力量无法维护自己的权益,在没有有效的工会组织力量支撑的情况下,共同的目标和相同的处境将他们聚集在一起以期通过集体行动迫使企业满足己方提高薪酬福利待遇和改善劳动条件要求;同时,还说明,我国的劳动关系正在从个别调整向集体调整转变,劳资矛盾纠纷的形式也将主要表现为集体劳动关系下的集体争议和劳资冲突,以怠工、罢工为主的集体行动的发生难以避免。因而,从法律制度上规范罢工行为(相应的也会同时规范资方闭厂的行为),提供切实可行、合法、高效的罢工处理方法是当前我国劳动争议处理制度体系建设的一项重要任务。

四、西方国家罢工治理策略

罢工被西方成熟市场经济国家普遍认为是劳方发起的最有影响力的产业行动方式,也是劳方在劳资冲突中能够采取的最后斗争手段,是一种常态的社会经济现象。正视罢工所具有的积极功能和消极后果,西方国家经过多年探索和实践经验总结,形成了一套有效的治理策略。

(一)罢工权与合法罢工要件

目前,罢工权是市场经济下劳动者的基本权利,是市场经济国家普遍承认的公民权利,它是工资劳动者与雇主阶级长期斗争而获得成果,也是市场经济发展的客观要求。这一权利,在大多数国家是作为宪法权利规定的。有些国家除宪法规定了罢工权外,还在劳动法中有罢工权行使的具体规定;有的国家虽然宪法没有规定罢工权,但在劳动法中明确予以规定。

确认罢工权即罢工的合法地位,意味着,劳动者在合法罢工期间享有特定的法律保障——民事免责和刑事免责。所谓民事免责,是指确认合法的罢工,劳动者以享有罢工权为依据而不履行具有私法性质的劳动合同上的义务。如日本法律明确规定:"因同盟罢工或其他对抗性行为而造成损失时,凡正当者,雇主不得以此为理由而要求工会或者工会会员赔偿。"所谓刑事免责,是指罢工权作为公民权或劳动者的基本权利,只要是合法行使这一权利便不承担任何刑事上的责任。罢工权的刑事免责,主要是对于国家而言,即合法罢工,国家不得以危害社会治安、妨害社会经济秩序或骚扰、胁迫等名义提起公诉。

在成熟市场经济国家,在法律上承认劳动者罢工权的同时,也对罢工做了诸多限制。合法的罢工,一般由以下具体要件构成。

1. 组织主体合法

组织主体合法是指必须由合法的工会组织组织劳动者罢工。罢工权的主体,与谈判权一样,是由劳动者通过工会来享有的。劳动者是权利的意志主体,工会是权利的形式主体。劳动者与工会是罢工权利的一个整体,没有谁这一权利都无法实施。由工会组织罢工,能够保证罢工行为的有序性,避免社会混乱情形,也有利于劳资双方的协商谈判。在劳动基本权立法比较健全的国家,把那些没有工会领导的、劳动者自发的、无组织的罢工,称作"野猫罢工"。"野猫罢工"是一种侵害团结权和滥用争议权的行为,实际上损害了其他劳动者的权利,因而不符合合法罢工的要件,不受法律保护,该类罢工不具备民事免责和刑事免责的资格。

2. 目的合法

目的合法是指必须以缔结集体合同为目的。许多西方国家的罢工立法都有此规定。罢工的基本作用,是以其作为压力手段来促使劳资集体谈判的进行和集体合同的缔结,从而达到劳动关系之调整。罢工应当以集体合同未规定或未履行的事项,作为其目的才为合法。

在集体谈判中若发生争议,经调停、调解或仲裁,劳资双方不能达成一致,缔结集体合同,劳方即可通过罢工来达此目的。

3. 行为主体合法

行为主体合法指罢工者所从事的职业和行业是法律所允许的,目的在于罢工时不对社会和经济秩序的稳定和安全构成威胁。一是对职业的限制。主要是规定国家公务员、国有企业的职员以及其他公职人员,不得举行或参与罢工并不得举行和参与怠工、静坐等一切集体争议行为,违者将受到免职或解雇的行政处分,严重者追究其刑事责任。例如,美国的《行政部门与政府官员和雇员法》规定,禁止政府雇员罢工,对罢工的政府雇员要立即予以解雇,剥夺其公务员身份,并丧失三年被任何国家机关雇佣的资格;海员在船上任职期间,即使船停在港口也不得罢工。二是对行业的限制。主要是对于公用事业以及关系国计民生或国家安全等行业的罢工进行限制,其中包括运输、邮电、煤气、公共交通、医疗、军事工业等。有些限制是对于某些行业的关键部门,如矿山罢工,其发电和通风部门不得参与,以保证矿井和没有参加罢工的人员安全。例如,1990年意大利通过《公共部门限制罢工法》(2001年修改),明确要求"关键服务行业"必须在罢工期间确保"最低水平的服务标准"。以公交部门为例,罢工时必须保证上下班高峰期有足够路线和车辆满足市民基本需要。2007年,法国也通过类似的"最低服务法案"。

4. 程序合法

各国法律一般规定,在集体谈判的正常处理机制(行政机制和司法机制)运行期间不得举行罢工,资方也不得采取闭厂等对抗手段,也就是说,只有在劳动争议处理的正常机制不能奏效的情况下,劳方才可发动罢工,罢工只能作为解决争议的最后的手段。许多国家要求,决定罢工时需要提前申请,而且罢工必须在多数工人赞同的情况下才可举行(如工会在举行罢工之前,要在会员中进行秘密投票),工会必须严格履行信息告知程序。如《日本国工会法》规定,工会应举行工人无记名投票表决是否罢工。

5. 方式、手段合法

各国法律一般会规定,罢工必须遵循和平的义务。罢工必须采用和平、正当而非暴力的手段进行,罢工者不得借罢工之名对雇主及他人实施人身和财产侵害,更不能以暴力手段危害其他社会成员的合法权益。

总之,在西方国家,罢工权是一项劳动基本权、一项公民权利,受法律的保护,也受法律的限制。合法的罢工必须满足一定的法定条件。劳动者罢工权利的行使是在遵循"有理"、"有节"的原则下"有序"进行的。合法的罢工起因于集体合同缔结时双方经济利益矛盾激化谈判无法达成一致意见,劳动者利用自己享有的罢工权,在履行合法手续后,依法发动罢工,通过罢工期间制度化的解决办法,使双方恢复谈判,进而达成一致意见变更或签订集体合同。

(二)罢工的解决

罢工是市场经济条件下不可避免且多数人希望能避免的一种公开冲突。采取积极措施提前化解以及尽快结束罢工是各国劳动争议处理制度完善和进步的方向。经过多年的实践探索,西方国家已经总结出一套治理罢工的有效方法。

1. 斡旋、调停、调解

斡旋、调停、调解的含义非常接近,有时甚至可以混用,作为特定的程序,统称为调解。它们的功能是通过沟通和协商,帮助劳资纠纷双方澄清事实,互谅互让、自愿达成协议,或者通过公众压力说服双方直接或间接地改变立场,以降低由于误解而引起罢工的频率。

斡旋是由中立方(斡旋员)为争议当事人创造协商交涉的机会,力促争议当事人通过自主协商达成一致意见以解决争议的过程。在斡旋过程中,是否需要提出争议解决方案,由斡旋员根据具体情况予以决定;而且,斡旋员即使向争议双方当事人提示了斡旋解决方案,争议双方当事人有接受或不接受的自由。斡旋员经过努力后,如果认为无法通过斡旋解决争议的,可以决定中止斡旋程序,该争议案件如何处理和解决,交由争议当事人自行决定。

调停是指由中立方(调停员)帮助发生争议的双方当事人举行和平谈判活动,使双方纠纷消除,停息争执的过程。斡旋和调停都有调解的意思,但是调停者直接参加或主持谈判,并可提出解决争端的建议和条件;斡旋者不直接参加谈判,但可提出建议供参考。

调解是指中立方(调解员)通过对劳动争议双方当事人进行说服教育和劝导协商,在查明事实、分清是非和双方自愿的基础上支持双方谈判达成协议,解决矛盾纠纷的过程。调解的目的在于帮助解决劳资争端;而采用一个第三者来实施的干预策略可能会因为中介而更有用。在调解过程中,中立者的角色不是法官、仲裁者,不是通过裁决方式解决纠纷,而是通过调解员的劝说,促使双方达成协议。调解员通过对双方主张争议的调查分析以及讨论,向双方提出争议的解决方案。调解员的建议不具有法律约束力,但实践中争议双方通常都会认真考虑将其作为解决矛盾纠纷的基础。调解是一个比斡旋、调停更积极的争议处理程序。与斡旋、调停相比,调解是一种自愿的商定,在这种情况下,双方通过雇用一个中立的第三方来帮助他们达成协议。

总的来说,斡旋、调停、调解,都是以罢工是一个因双方误解而产生的错误这一基本假设为前提的,若双方都极力想使问题得到解决就会存在一个可行性方案,那么斡旋、调停、调解等也就更为有效。如果罢工是在反映大众的呼声中产生,这些方式则可能都是无效的,并且可能使事情变得更加难以解决。尤其是如果第三方推行的方案,对一方或者双方来说都不能接受,其结果只能使双方变得更加固执己见。

2. 仲裁

仲裁是最为正规的劳资谈判的外部干预手段。它是在集体谈判双方发生矛盾冲突时,通过一个由第三方作出决定的裁决过程来代表工会与资方谈判过程的策略。仲裁有两种方式:"常规仲裁"和"最后出价仲裁"。

"常规仲裁"是仲裁员或由工会代表、企业管理方代表和仲裁员三方组成的仲裁委员会,在劳资双方提出建议的基础上,对最终的解决方案进行的裁决。而"最后出价仲裁",是指劳资双方都提出他们的最终出价,由仲裁员从中选择一种最为合理的方案。

与斡旋、调解相比,仲裁更注重让双方承担最后的仲裁结果,而不是试图让劳资双方自己来解决冲突,只是仲裁者的决定,而不是双方的联合决定他所要接受的协议。所以,有观点认为,仲裁不仅否定了劳资双方的民主权利,迫使双方接受一方或双方都不满意的决定,还阻止了真正的谈判。同时,人们认为,对实际情况最了解的应该是当事人自己即工会和资方,而不是仲裁员,劳资双方才应该是最能有效地解决冲突的人。所以,总体上说,在劳资谈判过程中,矛盾纠纷的解决应避免过多地使用利益仲裁。

　　上述中立方提供的斡旋、调停、调解及仲裁等机制是西方国家集体协商谈判的干预策略或辅助措施,是西方国家整个集体谈判体制中的重要组成部分,与劳资协商谈判一起共同构成了西方国家的集体谈判体制。也就是说,中立方介入集体谈判中的矛盾纠纷所进行的斡旋、调停、调解及仲裁活动,其目的在于通过化解劳资矛盾纠纷,促成劳资协商谈判。客观地,这些机制在罢工发生前实施可以起到预防罢工的作用,而在罢工不可避免地发生后实施会起到尽快结束罢工的作用。斡旋、调停、调解等活动,既可以是个人提供,也可以是组织实施,抑或是两者兼有,不同国家有不同的安排;作为一个集体劳动争议处理程序,斡旋、调停、调解、仲裁等既可能是自愿程序,也可能是强制程序,抑或自愿与强制相结合。总的来讲,西方国家政府参与下的斡旋、调停、调解、仲裁等程序的组织实施可分为四种制度模式①,它们在各自国家的集体劳动关系调整、集体劳动争议的处理、罢工的预防与处理中发挥着重要作用。

　　3. 三方协商机制

　　三方协商机制是西方市场经济国家调整劳动关系的一项基本制度,具有协调劳资关系、调解劳资矛盾、化解劳资冲突的功能。当劳资谈判破裂、面临罢工危机时或罢工发生后,通过三方委员会的努力,协调和化解劳资矛盾冲突,促使劳资双方重新走向谈判合作之路,尤其是面临工潮危机时,三方机制发挥着其他程序和方法所不可替代的作用。

　　五、借鉴西方经验,完善我国罢工处理立法和制度

　　(一)关于罢工权定位

　　目前,我国在司法实践中对罢工现象还是采取回避的态度,在集体劳动关系调整已经成为我国劳动关系调整主题的背景下,罢工的明确定位比以往显得更为必要。

　　从国内现有法律依据来看,我国的基本法——《宪法》,新中国成立以来几经修改,1954年和1982年的《宪法》中没有对罢工权的规定,而1975年和1978年《宪法》都规定了工人的罢工权利。1982年《宪法》之所以删掉了对罢工权的规定,其理由是工人不能罢自己国家的工,因为当时还没有自由市场化改革,那时的工人是国家的工人,与市场化下工人是企业的工人,罢工只是罢老板的工是不同的。而且,中国宪法虽然没有明确规定工人有罢工权,但是也没有禁止罢工。法无禁止即可行,所以,罢工在中国起码不违法,不能以罢工罪来惩罚罢工者。2001年修订的《工会法》第3章第27条规定:"企业、事业单位发生停工、怠工事件,工会应当代表员工同企业、事业单位或者有关方面协商,反映员工的意见和要求并提出解决意见。对于员工的合理要求,企业、事业单位应当予以解决。工会协助企业、事业单位做好工作,尽快恢复生产秩序。"尽管这一规定没有直接使用"罢工"这一概念,但这里所说的"停工、怠工事件",其实就是指集体停工、怠工,所谓的集体停工和罢工即是罢工是没有疑义的。中国政府签署人大批准的《经济、社会及文化权利国际公约》中第8条规定,工人有权罢工。中国批准公约时对这一条没有做任何说明和保留,这就证明中国向全世界宣布,中国承认罢

---

① 刘诚. 不同模式劳动争议调解制度异同分析. 中国劳动. 2006(5):33—34.

工自由这一基本权利[①]。

(二)关于罢工处理的几点思考

无论是否承认罢工的合法性,罢工已经是我国社会主义市场经济发展至现阶段的客观存在,将发生频次和涉及劳动者规模不断增大的罢工事件仅仅当做突发性事件不见得有助于问题的及时解决。相反,如果客观地承认罢工在市场经济条件下产生的必然性,从而积极寻求制度化、规范化的解决办法应该更有现实意义。西方成熟市场经济国家对待罢工的一些做法也许对我国罢工问题的解决会有些启示。

1. 尽快从法律制度上确认罢工地位、规范罢工行为

多个劳动者个体自发联合起来无序地采取集体行动,是我国当前以罢工为主的各种产业行动的突出特点,其带来的负面影响显然比有组织、有序进行的罢工行动所带来的负面影响要大得多。借鉴西方国家对合法罢工规制的做法,具体讲,合法的罢工,应该符合如下条件:有工会组织的领导;以签订集体合同为目的;常规协商调解机制无法解决;会员投票表决并提前通知对方和行政主管部门;以和平方式在法律允许的场所进行。如果我们也有类似的规制,那么,目前出现的许多罢工事件,首先可以通过事前协商、调解等办法部分地被化解;即使罢工依然发生了,因为企业方和上级行政主管部门提前知道罢工可能发生的情况,企业方可以积极主动应对,上级主管部门也会心中有数地关注事态发展而见机行事,这样自然有利于最大限度地减少罢工可能带来的负面影响,有利于劳动关系冲突的尽快消除。当然,做到这些的前提:一是真正代表劳动者利益的工会组织的建立、权责科学定位以及维权能力切实的增强;二是集体协商谈判和集体合同制度的大力推行;三是适应罢工合法性规制要求的劳动争议处理行政和司法制度的进一步健全和完善。

2. 建立中立的劳动争议"调解"机构、组建一支社会调解员队伍

鉴于我国签订集体合同争议之协调处理尤其是现实中大量存在的个体性集体争议中利益争议处理的法律制度不明确,考虑到随着集体协商谈判和集体合同制度的发展,因签订集体合同而发生劳动争议将会急剧增加,集体劳动争议协调处理机构应该专门化,即取消目前劳动行政部门内部的劳动争议协调处理机构,代之以中立的劳动争议调解机构。该机构可以考虑实行"三方原则",即政府劳动部门代表、工会代表和企业代表各三分之一组成集体劳动争议调解委员会,政府劳动部门代表出任一把手(如集体劳动争议调解委员会主任);该机构可挂靠在相应行政级别的(如国家、省、市等)人力资源管理和社会保障部门下,经费来自财政拨款。考虑到行政成本,该调解机构可设置国家、省两级,根据实际需要个别省市可以增加建制。该机构的职责是委派专业人员(如斡旋员、调停员、调解员、仲裁员等)提供斡旋、调停、调解等方面的服务,在劳资协商谈判、签订集体合同过程中发生的劳资纠纷和冲突的化解以及罢工等问题的预防与治理中发挥积极作用。完成该调解机构的职责任务,需要组建一支专业化的劳动争议社会调解员队伍,调解员可以是专职,也可以是兼职。

在当前集体劳动争议中的利益争议过分依赖行政机制解决的情况下,中立的劳动争议"调解"机构的设立,有着积极意义:有助于克服资方、劳方和官方由于信息不对称所带来的沟通障碍;有助于平衡劳资力量,获得各方信任;有助于避免因为政府不作为或干预失当等

---

① 常凯. 工人集体意识与劳动关系转型,天则经济研究所第 412 期学术报告会,2010-9-7.

导致劳资矛盾升级或僵局过久甚至关系破裂;有助于降低政府执法成本和行政管理成本。

独立于劳方、资方和官方的劳动争议社会调解员队伍,应是由一批公道正派、密切联系群众、热心调解工作并具有一定劳动法律知识、政策水平和文化水平的成年公民组成,除了可以来自资方、劳方并符合上述条件的人员外,还可以包括来自律师、大学教师、新闻界人士和政府部门离任的资深干部等符合劳动争议调解职业素养条件的社会公益人士。2010 年广东佛山南海本田事件中,社会调解员所起的作用即是很好的例证。在该事件的处理过程中,广州汽车集团股份有限公司总经理曾庆洪和中国人民大学教授常凯即承担着社会调解员角色。由于他们热心调解工作,而且具有丰富的协调经验和法律的专业知识,成为调解员后能利用各自人际关系和专业知识,对劳资双方进行有效协调,促进劳资双方沟通理解,对尽快解决劳资冲突能起积极作用。

具体来讲,关于中立的劳动争议"调解"机构的组建和调解员队伍建设,英国的劳动咨询调解仲裁委员会(Advisory,Conciliation and Arbitra-tion Service,ACAS)和美国的联邦调解调停局(Federal Mediation and Conciliation Service,FMCS)是两个很好的模板。

英国的 ACAS 成立于 1974 年,是独立的非政府组织,但运行资金主要来自于国家商业创新与技能部,所有委员以及主席由国家商业创新与技能部部长任命,因此又带有浓重的政府色彩。ACAS 的使命是:"通过提供独立和中立的服务来防止和解决争议,建立和谐的劳动关系,以促进组织的运行和效率。"ACAS 由 1 名主席领导,管理机构是三方委员会,成员由 4 名雇主代表、4 名雇员代表、3 名独立代表组成,ACAS 的调解员、仲裁员是来自企业、工会组织、独立部门以及学界等领域的人士,都是兼职。目前,ACAS 有大约 800 名员工,拥有伦敦总部和遍布英格兰、苏格兰和威尔士的 11 个地区中心,其重要职责是通过咨询、调停和仲裁的方式帮助解决集体矛盾纠纷(但不能保证当事人双方接受帮助或强制其执行解决方案)[①]。

美国的 FMCS 成立于 1947 年,是联邦政府出资组建的下属独立机构。局长由总统在听取参议院的意见并取得参议院的同意后予以任命,FMCS 的重要职责之一是帮助产生集体争议的各方通过调停、调解与仲裁解决争议,尤其是 FMCS 组建了一支专业化的调解人团队,调解员有政府雇员身份但是在调解中完全处于中立立场,以第三方的中立身份随时向劳资双方提供调解服务,帮助解决双方之间集体合同纠纷。目前,FMCS 雇用了 200 多名劳动争议专家作为调解人,帮助企业和工会就工资、工时、劳动条件等合同条款进行协商谈判。调解人分散在全国各地,把大部分时间花在他们所在的社区里,并为他们所在区域的劳工代表、企业方代表所熟知,取得了各方的信任,经常会有人请求他们协助,通过关系发展培训方案改善企业方代表与劳工代表之间的关系。[②]。

3. 积极发挥劳动关系三方协调机制的作用

健全和完善我国各级协调劳动关系三方机制,积极发挥三方委员会在劳动关系调整、劳动关系纠纷及冲突的预防和化解中的功能。当罢工等集体行动不可避免地发生后,当地三

---

① 刘彩凤. 英国劳动关系的发展——工会、集体谈判与劳动争议处理. 当代经济研究,2010(3):62;李文沛. 英美集体争议处理机制及其对中国的启示. 国家行政学院学报,2011(5):119.

② 刘诚. 国外劳动争议调解制度及其启示. 中国劳动关系学院学报,2006(10):109;李文沛. 英美集体争议处理机制及其对中国的启示. 国家行政学院学报,2011(5):120.

方机制应适时介入,通过三方委员会的努力,调解矛盾、化解冲突。在这里,值得注意的问题是,当地政府或行政主管部门在事态发展中如何定位。作为三方机制中的一方,政府应该保持中立,应该从保护当事人双方利益乃至其他利益相关者利益的目标出发,坚持选择时机"居中调停",不可偏袒任何一方。

做到上述几点,有助于我国集体劳动争议处理立法和制度的健全、完善;有助于我国目前出现的自我救济性产业行动的有效化解,客观地讲,应该是自我救济性产业行动将因工人组织化程度提高、工会力量的增强以及集体谈判制度的推广而大大减少;有助于"旨在推进集体谈判的产业行动"(将是我国工人产业行动的主要类型)的预防和解决走向法治化和规范化之路。

【本章小结】

我国社会主义市场经济的建立和发展,对劳动争议处理提出了新课题。本章在对劳动争议的概念、性质、特点及分类等问题阐述的基础上,着重阐释了劳动争议的常规处理机制,尤其是较为系统地对劳动争议调解、劳动争议仲裁、劳动争议诉讼的制度运行、操作程序和技巧等进行了阐述;最后对集体劳动争议的处理与劳资冲突的最后手段进行了探讨。

劳动争议是指劳动关系的双方主体及其代表之间在实现劳动权利或履行劳动义务等方面所产生的争议或纠纷。按照不同的标准,劳动争议可以划分为不同类型:个体劳动争议与集体劳动争议;权利争议与利益争议。不同类型的劳动争议处理方法不同

劳动争议的第三方参与处理主要有三种基本办法:调解、仲裁和法院审理。劳动争议处理的原则为合法性原则、公正原则、及时处理原则、调解原则。我国专门处理劳动争议的机构主要有企业劳动争议调解委员会、劳动争议仲裁委员会和人民法院。我国劳动争议实行"一调一裁两审"制度。

个体劳动争议和集体劳动争议的多数情形能够通过"一调一裁两审"的基本制度得到化解。但是,仍有一些集体劳动争议(主要是利益争议)不能通过常规处理机制解决,当集体劳动争议中双方矛盾激化升级为冲突时,产业行动成为冲突化解的最后手段。

西方国家对罢工这一最普遍的劳工产业行动方式有着明确的法律定位,并有着规范化、制度化的处理办法。在集体劳动关系逐渐成为我国企业劳动关系主体的情况下,我国亟待对罢工给予合理定位以及法制化、规范化的管理制度设计。

【复习思考题】

1.如何理解劳动争议的概念?

2.劳动争议处理应遵循哪些原则?

3.我国处理劳动争议有哪些程序?各处理程序之间的关系是怎样的?

4.结合实例说明企业集体合同争议的处理程序。

5.简述集体劳动争议与产业行动的关系。

6.结合实例,谈谈你对罢工的认识。

【案例讨论 1】 因劳动合同解除或终止以及企业后续义务引发的争议

朱某曾系某计算机公司的员工,该公司于 2010 年 7 月 19 日作出开除朱某的决定。朱某以某计算机公司员工开除决定错误,要求某计算机公司支付工资及经济补偿金为事由申请仲裁。后计算机公司不服仲裁,提起诉讼。经法院调解,双方达成协议,双方终止劳动关系,某计算机公司支付 26000 元经济补偿金。

后朱某以某计算机公司未向朱某出具解除劳动合同证明,未为其办理档案和社会保险关系转移手续,导致其失业至今,社会保险无法缴纳,经济受损为由再次申请仲裁。仲裁委作出裁决后双方均不服,诉至法院。

法院认为某计算机公司作为用人单位未能依法为朱某出具终止劳动关系证明、失业证明书并办理档案和社会保险关系转移手续,影响朱某再就业,判决某计算机公司赔偿朱某相应的工资损失。

讨论:

1. 该案例隐含了劳动争议处理的哪些原则?

2. 该案例朱某得到支持的法律依据是什么? 带来的启示有哪些?

(案例来源:江苏法院 2011 年度劳动争议十大典型案例. 中国江苏网:http://news. jschina. com. cn)

【案例讨论 2】 集体劳动合同中因劳动报酬拖欠发生的争议

2008 年 4 月,张某、王某等 50 人与某公司签订了为期两年的集体劳动合同。由于经营不善,公司拖欠张某等人 2009 年 3 月至 5 月的工资。张某等人多次找公司协商,均未果。2009 年 6 月 2 日,张某、王某代表 50 名公司职工向公司所在地的县劳动争议仲裁委员会提出申诉,要求公司支付拖欠的工资。劳动争议仲裁委员会受理此案后,组成特别仲裁庭在公司开庭审理了此案,并依据有关法律法规作出仲裁:自裁决生效之日起 15 日内,公司应支付张某、王某等 50 名职工 2009 年 3 月至 5 月的工资 15 万元。

讨论:

1. 案例中县劳动争议仲裁委员会办案的法律依据是什么?

2. 在该案的裁决过程中,当事人是谁? 他们在裁决过程中的权利和义务有哪些?

【案例讨论3】　　　美国西海岸码头工人罢工事件

2002年9月27日至10月9日,美国西海岸29座主要港口1万多码头工人同时罢工,引发了三十年来历时最长的封港事件,给美国经济造成很大影响,受到世界广泛关注。事件以布什总统根据劳资关系法案启动紧急措施,联邦法院下令强制工人复工,劳资双方通过谈判达成新的协议而解决。

罢工的起因

罢工的起因是,代表美国中西部船运公司和码头业主的"太平洋海洋运输协会"与代表码头工人的"国际港口与仓库工人联合会"所签署的集体合同于2002年7月1日到期,而劳资双方由于在薪酬待遇以及雇员权利等问题上分歧过大,一直未能签订新的合同。主要矛盾是,"海运协会"准备使用新技术以提高劳动生产率,具体是指安装新的运输轨道系统。工会担心此举将导致工人失业,因而要求资方保证技术更新带来的新岗位由工会成员补充。资方认为自己无此义务,从而无法达成新的劳动合同协议。

9月27日,"海运协会"以码头工人消极怠工为由,决定采取警告行动,通知10500名工人全部"临时下岗"36小时,对其所属的西海岸29个港口全部关闭。工会方面立即采取行动,号召全体码头工人集体罢工以示抗议。整个西海岸港口就此陷入瘫痪。

事件的影响

美国西海岸主要港口每年货物吞吐量总值超过3000亿美元,占美国外贸总量的一半。据估计,每停工一天的直接损失为10亿美元,加上其他相关经济损失的话,每天超过20亿美元。

事发后一个星期,就有200多艘大型集装箱运输船靠岸,价值数十亿美元的进口货物等待卸货,另有美国中西部大量农产品和肉类无法装船外运。物流的突然中断对美国进出口商、制造商和零售商冲击巨大。来自亚洲的电脑、汽车零配件、电器、家具、成衣和玩具等日用品无法卸货,开始造成市场短缺。已有一些工厂因进口配件无法到货而关闭生产线,一些进口商无法按时交货而面临退订索赔,还有更多零售商正焦急等待为年终购物黄金季节而订购的货物。一些公司的赢利可能降低4%~15%,一些工厂为了挽回损失,已开始通过裁员来降低成本,从而对美国的失业率产生影响。更为严重的是,封港导致许多军事装备无法按时启运,直接影响到美国政府打击伊拉克的军事部署。

此次事件对我国和其他亚洲国家也造成很大损失。估计仅我国中远集团损失即达数亿元人民币。另据法国"百富勤"咨询公司发表的报告指出,罢工除对美国经济造成影响外,还会拖累中国、马来西亚、泰国、菲律宾等地区的经济。

各方的反应

美国工商界基于自身利益对事件表示极大关注,纷纷要求政府出面,采取应急措施解决问题。全美零售商联合会等致函布什总统,催促他"立即采取行动",重新开放码头,并警告说,码头若继续停运,将进一步引发裁员、零售网点关门以及年底节假日期间的商品短缺等恶果。

工会方面站在码头工人一边,支持工人争取权利的行动。部分交通运输行业工会领导人呼吁布什总统不要插手。他们认为,如果布什动用权力让联邦法庭强迫工人复工,有可能使资方在谈判中指望政府偏袒而采取强硬立场。有些工会领导人则敦促码头工会与资方尽早谈判。

美国经济学界认为,这次事件在短期内对美国经济影响有限,但如果劳资纠纷长期拖延,将对处于脆弱状态的美国经济造成严重打击。

美国政府的应对措施

一般情况下,美国政府不对劳资纠纷进行直接干预。但美国1947年《劳资管理关系法》,即《塔夫脱—哈特利法》规定,在国家经济和安全受到劳资争议严重威胁时,总统有权要求联邦法院下令停止罢工80天,以利劳资双方冷静处理。由于此法案带有明显的强制色彩,历届政府实际很少使用。

布什政府对这次事件初期反应谨慎。直到罢工发生后第6天,即10月2日,布什总统仍表示,他对西海岸的劳资纠纷"感到忧虑,正密切关注事态发展",并呼吁劳资双方接受联邦政府派出的调解人的调解,尽快达成协议,但拒绝回答是否会动用《塔夫脱—哈特利法》赋予的权力终止罢工。

随着事态发展和影响不断扩大,特别是劳资之间的谈判于10月6日再次破裂,布什总统开始采取行动。他首先指示劳工部组织专门委员会调查事件情况和给美国经济造成的损失,要求委员会在次日向他报告调查结果。随后于10月8日根据《塔夫脱—哈特利法》,指示司法部向法院寻求下令停止罢工,重新开放港口。布什在发表的声明中表示,港口停工伤害美国整体经济,连带使其他未涉入这项争议的运输业者、制造业者、农业和牧场经营者、批发零售业者以及消费者都受到伤害,重要的军需物资也因港口封港停工而被耽搁。布什认为,这件事已经伤害美国国家安全,政府必须有所行动。

根据总统的指示,美国司法部10月8日向法院申请下令重新开放西部地区29个港口。旧金山联邦法院随即声明,联邦政府的做法符合下达重新开港、复工命令的法律规定,因此法院已于10月8日晚正式发出命令,要求"太平洋海运协会"迅速开港恢复正常作业。"太平洋海运协会"立即遵照此令,通知码头工人于10月9日下午6时返回工作岗位。工会方面则在得知总统8日的决定后率先表示同意复工,并于10日晨全面复工。

根据美国法律规定,法院的强制性复工命令为劳资纠纷的解决提供了80天的"冷却期"。劳资双方在此期间必须在联邦政府调停人的协调下继续谈判,谋求就争议问题达成协议,但政府不得强制任何一方作出让步。如果届时仍达不成协议,劳方有权重新发起另一轮罢工。

码头工人复工后,劳资谈判继续进行。到11月23日,美国劳工部宣布,经过一个月的谈判和联邦调停人的斡旋,美国西部港口劳资双方终于达成协议,同意延续劳动合同6年,从而宣告这场令人瞩目的劳资纠纷结束。

美国劳工部首席调解员说明,这项协议不久将交付码头工会投票批准后正式生效,协议将顾及双方的利益,一方面大幅提高工人的工资和劳保待遇,另一方面将允许资方使用先进的码头货物处理技术,加快装卸作业进度和劳动生产率。布什总统当天发表声明,对劳资双方达成协议表示祝贺。他说,这项协议不仅对工人有利,也对资方有利,更对美国经济有利。

讨论:

1. 在美国,集体劳动合同签订中发生劳资冲突的解决办法是什么?

2. 结合该案例,分析罢工产生的原因及其所带来的影响。美国各界对罢工的态度以及罢工的解决方式给我国如何对待罢工问题带来哪些启示?

（本案例来源:刘燕斌.美国西海岸码头工人罢工事件.劳动保障通讯 2003(1):52—53)

参考文献

1. 常凯.劳动关系学.北京:中国劳动社会保障出版社,2005.

2. 程延圆.员工关系管理.上海:复旦大学出版社,2004.

3. 程延圆.劳动关系.北京:中国人民大学出版社,2002.

4. 郭庆松.企业劳动关系管理.天津:南开大学出版社,2001.

5. 常凯.当代中国权力规范的转型.天津:天津人民出版社,2000.

6. 常凯.理论工会学概论.北京:经济管理出版社,1998.

7. 常凯.劳动关系、劳动者、劳权——当代中国的劳动问题.北京:中国劳动出版社,1995.

8. 常凯,乔健.WTO:劳工权益保障.北京:中国工人出版社,2001.

9. 常凯等.全球化下的劳资关系与劳工政策.北京:中国工人出版社,2003.

10. 常凯.劳权论——当代中国劳动关系的法律调整研究.北京:中国劳动保障出版社,2004.

11. 陈恕祥,杨培雷.当代西方发达国家劳资关系研究.武汉:武汉大学出版社,1998.

12. 陈建安.日本的经济发展与劳工问题.上海:上海财经大学出版社,1999.

13. 陈秉权.中国工会的改革与建设.北京:中国工人出版社,1996.

14. 陈东琪.新政府干预论.北京:首都经贸大学出版社,2000.

15. 程延圆.集体谈判制度研究.北京:中国人民大学出版社,2004.

16. 崔义,崔生祥.民主管理通论.北京:企业管理出版社,1990.

17. 戴元晨,陈东琪.劳动过剩经济的就业与收入.上海:上海远东出版社,1996.

18. 董保华.劳动法论.北京:世界图书出版公司,1999.

19. 董保华.劳动关系调整的法律机制.上海:上海交通大学出版社,2000.

20. 范战江.劳动争议处理概论.北京:中国劳动出版社,1995.

21. 风笑天.私营企业劳动关系研究.武汉:华中理工大学出版社,2000.

22. 冯兰瑞等.论中国劳动力市场.北京:中国城市出版社,1991.

23. 冯同庆,常凯.社会主义民主与工会参政议政.北京:中国工人出版社,1987.

24. 黄越钦.劳动法新论.北京:中国政法大学出版社,2003.

25. 姜颖,吴亚平.劳动争议处理教程.北京:中国工人出版社,2000.

26. 李德齐.政府企业工会:劳动关系国际比较.北京:华文出版社,1998.

27. 李敏.雇佣双赢——私有企业雇佣冲突管理.北京:经济科学出版社,2003.

28. 李琪.改革与修复——当代中国国有企业的劳动关系研究.北京:中国劳动保障出版社,2003.

29. 厉以宁,吴世泰.西方就业理论的演变.北京:华夏出版社,1998.

30. 厉以宁.经济学的伦理问题.北京:生活·读书·新知三联书店,1995.

31. 林燕玲.国际劳工标准.北京:中国工人出版社,2002.

32. 陆学艺.当代中国社会阶层研究报告.北京:社会科学文献出版社,2002.

33. 齐志荣,徐小洪.中国劳动关系导论.杭州:杭州人民出版社,1995.

34. 邱小平.劳动关系(第二版).北京:中国劳动社会保障出版社,2004.

35. 任扶善.世界劳动立法.北京:中国劳动出版社,1991.

36. 石美遐.集体合同集体谈判.北京:法律出版社,1996.

37. 王家宠,钱大东.市场经济国家的劳动关系.北京:中国工人出版社,2004.

38. 向世陵.中国哲学智慧(第二版).北京:中国人民大学出版社,2005.

39. 曾仕强.胡雪岩的启示.西安:陕西师范大学出版社,2008.

40. 刘刚.中国传统文化与企业管理.北京:中国人民大学出版社,2010.

41. 曾仕强.中道管理.北京:北京大学出版社,2008.

42. 葛晋荣.中国管理哲学导论.北京:中国人民大学出版社,2007.

43. 彭新武等.管理助学导论.北京:中国人民大学出版社,2006.

44. 南怀瑾.中国佛教发展史.上海:复旦大学出版社1996.

45. 南怀瑾.楞严大义今释.呼和浩特:远方出版社,1998.

46. 诸子集成(1—13册).石家庄:河北人民出版社,1986.

47. 韩凤娟,赵凤敏.现代企业人力资源管理.合肥:安徽人民出版社,2000.

48. 陈国强.法官说案——劳动关系纠纷案例.北京:中国经济出版社,2008.

49. 孙立如,刘兰.劳动关系实务操作.北京:中国人民大学出版社,2009.

50. 王裕明,吴国庆等.劳动关系与劳动争议处理:政策与实务.北京大学出版社,2008.

51. 佘云霞.国际劳工标准:演变与争议.北京:社会科学文献出版社,2006.

52. 刘昕.人本之道——中国人力资源管理沉思录.北京:中国劳动社会保障出版社,2007.

53. 曹凤月.企业伦理学.北京:中国劳动社会保障出版社,2007.

54. 约翰·W.巴德.人性化的雇佣关系——效率、公平与发言权之间的平衡.北京:北京大学出版社,2007.

55. 茅于轼.中国人的道德前景.广州:暨南大学出版社,1997.

56. 吴宏洛.转型期的和谐劳动关系.北京:社会科学文献出版社,2007.

57. 孔德威.劳动就业的国际比较研究.北京:经济科学出版社,2008.

58. 吴孟复.中国民营企业劳动关系状况调查.北京:中国财政经济出版社,2008.

59. 常凯.中国劳动关系报告——当代中国劳动关系的特点和趋向.北京:中国劳动社会保障出版社,2009.

60. 张天开.各国劳资关系制度.台北:文化学院,1998.

61. 左祥琦.劳动关系管理.北京:中国发展出版社,2007.

62. 张伺. 劳动关系管理. 北京:电子工业出版社,2008.

63. 孙立如,刘兰. 劳动关系实务操作. 北京:中国人民大学出版社,2009.

67. 李琪. 产业管理概论. 北京:中国劳动社会保障出版社,2008.

68. 巴德. 人性化的雇佣关系:效率、公平与发言权的平衡. 解格先,马振英译. 北京:北京大学出版社,2007.

69. 阿姆斯特朗. 战略人力资源方法. 张晓萍,何昌邑,译. 北京:华夏出版社,2004.

70. 于桂兰,于楠,劳动关系管理. 北京:清华大学出版社,北京交通大学出版社,2011.

71. 王裕明,吴国庆等. 劳动关系与劳动争议处理:政策与实务. 北京:北京大学出版社,2008.

72. 赵永乐,薛琴,方江宁. 劳动关系管理与劳动争议处理. 上海:上海交通大学出版社,2010.

73. 李文沛. 英美集体争议处理机制及其对中国的启示. 国家行政学院学报,2011(5).

74. 刘诚. 不同模式劳动争议调解制度异同分析. 中国劳动,2006(5).

75. 刘诚. 国外劳动争议调解制度及其启示,中国劳动关系学院学报[J],2006.10.

76. 刘彩凤. 英国劳动关系的发展——工会、集体谈判与劳动争议处理. 当代经济研究,2010(3).

77. 刘燕斌. 美国西海岸码头工人罢工事件. 劳动保障通讯,2003(1).

78. 常凯. 合法罢工框架下的工会和政府角色反思. 中关村,2012(8).

79. 常凯. 罢工权立法问题的若干思考. 学海,2005(4).

80. 补牢. 南海本田集体谈判始末. 中国工人. 2010(9).

81. 杨正喜,潘军. 新时期我国产业行动及其法律规制. 2009(2).

82. 高凌霄. 论集体合同制度下的罢工权. 南京理工大学学报(社会科学版),2010(6).

83. 熊新发. 比较视野下中国罢工治理的反思与展望—常态与非常态:积极解决与消极应对. 云南社会科学,2010(5).

84. 张光宇. 论劳动法范围内的罢工与罢工制度的实质. 长春大学学报,2005(3).

85. 黄燕东,杨宜勇. 美、德、日集体谈判制度的比较研究. 首都经贸大学学报,2006(6).

86. 程延园. 集体谈判:现代西方国家调整劳动关系的制度安排. 教学与研究,2004(4).

87. 王玫. 西方劳资集体谈判如何走出困境. 国际经济评论,2005(3).

88. 张荣芳. 美国劳资争议处理制度及其借鉴. 法学评论,2004(1).

89. 李琪,周畅. 集体谈判中利益争议的处理——加拿大模式的借鉴与讨论. 中国人力资源开发,2011(4).

90. 高瑾. 集体劳动争议调整机制之路径选择——劳资矛盾引发的群体性事件带来的法律思考. 社会科学研究,2011(5).

91. ILO Word Comission on the Social Dimension of Globalization. A Fair Globalization Creating Opportunities for all. International Labour Offce,2004.

92. Argyris C. Understanding Organizational Behavior. London:Tavi-stock Publications. 1960.

93. Beaumont P. Government as an Employer:Seting an Example. London:Royal Institute of Public Administration,1981.

94. Beaumont P. Public Sector Industrial Relations. London: Rout-ledge,1992.

95. Bean R. Comparative Industrial Relations. 2nd ed Routledge,1994.

96. Hyman, Richard. Industrial Relations: A Marxist Introduction. London: Macmilan, 1975.

97. Hyman, Richard. New Frontiers in European Industrial Relations. Oxford: Blackwel, 1994.

98. Hyman, Richard. Understanding European Trade Unionism: BetweenMarket, Class and Society, Sage Publications Ltd, 2001.

99. Bohlander, George, Scott Snell. Managing Human Resources, South-Western, 2004.

100. Cappeli, Peter. The New Deal At Work, Harvard Business School Press,1999.

101. Chamberlain, Neil W. A General Theory of Economic Process. New York: Harper & Row, 1955.

102. Chamberain, Neil W, Kuhn J W. Collective Bargaining, McGraw-Hill ,1965.

103. Crouch Colin. The Politics of Industrial Relations. 2nd ed , London: Fontana,1982.

104. Dessler, Gary. Human Resource Management, 6t ed. , Prentice Hall Inc. 1994.

105. Becker, Gary S. Human Capital. 2nd ed. New York: National Bureau of Economics Research,1975.

106. Ferner, Anthony, Richard Hyman (eds.). Changing Industrial Relations in Europe. 2nd ed , Blackwell Publishers, Oxford, UK&Malden, Massachusetts, 1988.

107. Anthony, Wilian P. Human Resource Management: A Strategic Approach. 4thed. , South-Western,Thomson Learning. 2002.

108. Adors T, Roy J. Industyial Relations Theory: Its Nature, Scope and Pedagogy. Rutgers University,1993.

109. Dunlop, John T. W. Galenson. Labor in the Twentieth Century. New York: Academic Press, 1978.

110. Farnham, David, John Pimlit. Understanding Industrial Relations. 3rd ed. , Cassell, 1986.

111. Ferner, Anthony, Richard Hyman (eds.). Changing Industrial Relations in Europe. 2nd ed. , Blackwel Publishers, Oxford, UK & Malden, Massachusets,1988.

112. Dunlop,John T. Industrial Relations Systems (1958). Harvard Business School Press, 1993.